21世纪高等教育经管类经典书系

U0648974

项目管理

操作指南

PROJECT MANAGEMENT

Hands-on Guide

刘建荣 著

东北财经大学出版社·大连
Dongbei University of Finance & Economics Press

图书在版编目（CIP）数据

项目管理：操作指南 / 刘建荣著．—大连：东北财经大学出版社，
2021.7

（21世纪高等教育经管类经典书系）

ISBN 978-7-5654-4180-6

Ⅰ．项… Ⅱ．刘… Ⅲ．项目管理–高等学校–教材 Ⅳ．F224.5

中国版本图书馆CIP数据核字（2021）第069221号

东北财经大学出版社出版

（大连市黑石礁尖山街217号 邮政编码 116025）

网 址：http://www.dufep.cn

读者信箱：dufep@dufe.edu.cn

大连图腾彩色印刷有限公司印刷 东北财经大学出版社发行

幅面尺寸：185mm×260mm 字数：448千字 印张：20.5 插页：2

2021年7月第1版 2021年7月第1次印刷

责任编辑：郭 洁 石建华 责任校对：喜 多

封面设计：张智波 版式设计：钟福建

定价：57.00元

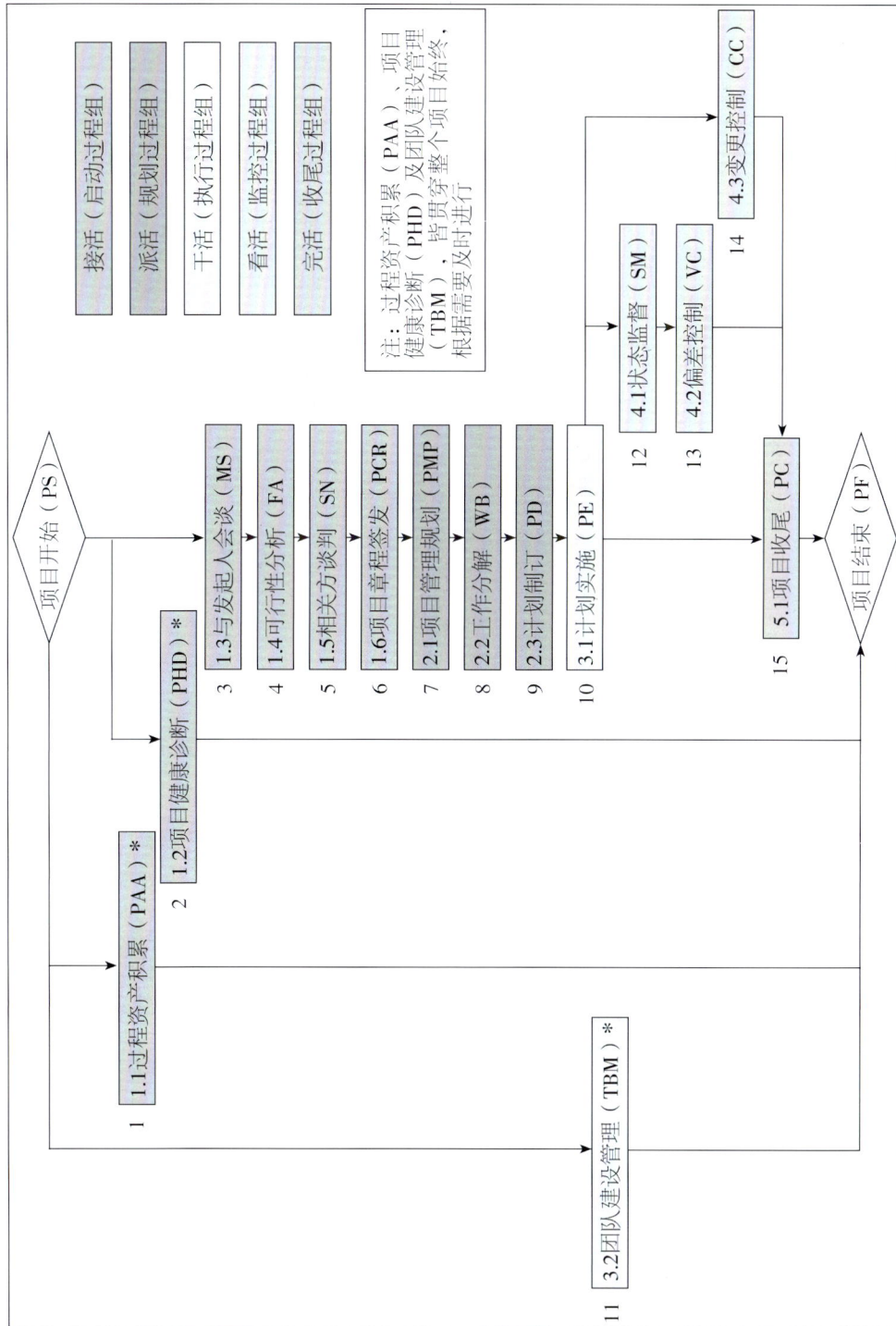

插页图　项目管理的十五个步骤

项目开始（PS）

项目结束（PF）

1　1.1过程资产积累（PAA）＊

2　1.2项目健康诊断（PHD）＊

3　1.3与发起人会谈（MS）

4　1.4可行性分析（FA）

5　1.5相关方谈判（SN）

6　1.6项目章程签发（PCR）

7　2.1项目管理规划（PMP）

8　2.2工作分解（WB）

9　2.3计划制订（PD）

10　3.1计划实施（PE）

11　3.2团队建设管理（TBM）＊

12　4.1状态监督（SM）

13　4.2偏差控制（VC）

14　4.3变更控制（CC）

15　5.1项目收尾（PC）

接活（启动过程组）

派活（规划过程组）

干活（执行过程组）

看活（监控过程组）

完活（收尾过程组）

注：过程资产积累（PAA）、项目健康诊断（PHD）及团队建设管理（TBM），皆贯穿整个项目始终，根据需要及时进行．

PMP

A：项目概述

②项目经理：乔治·穆勒　　①项目名称：阿波罗登月计划　　④报告日期：1965 年 12 月 25 日

③项目目标：1970 年前花 5.31 亿美元把人类送上月球并安全返回地面

B：项目健康诊断（PHD）

⑤整合 ● ⑥进度 ● ⑦范围 ● ⑧收益 ● ⑨质量 ● ⑩资源 ● ⑪沟通 ● ⑫风险 ● ⑬团队 ● ⑭相关方 ●

⑮主要问题	⑯计划行动	⑰结果
（上次）电火花会点燃阿波罗飞船座舱的纯氧，进而引发舱内大火	安装熔断器等防护装置（防尘、防松、防爆、防静电等）；检查设备和线路；安全操作培训	已解决
（本次）预算削减	向国会申请增加项目预算	

C：主项目计划

阶段里程碑/节点/主要交付物等描述	⑲进度计划		⑳成本计划（美元）		㉑责任矩阵（RACI）			
	计划用时（或完成日期）	实际用时（或完成日期）	预算	花费	负责（R）	审批（A）	咨询（C）	知情（I）
1. 制订登月方案	30 天	30 天	0.31 亿	1 亿	迈克	韦纳	威廉	丽莎
2. 拟订登月准备的 4 项辅助计划	30 天	30 天	1 亿	100 亿	约翰	韦纳	威廉	卡特琳娜
3. 研制"土星"号运载火箭	30 天	32 天	1 亿	100 亿	戴维	韦纳	威廉	琼
4. 研制"阿波罗"号宇宙飞船	30 天	60 天	1 亿	100 亿	路易斯	韦纳	威廉	蒂娜
5. 进行试验飞行	30 天	15 天	1 亿	0.9 亿	马丁	韦纳	威廉	乔治亚
6. 实现载人登月	30 天	30 天	1 亿		菲利浦	韦纳	威廉	艾丽斯
总计：	180 天	167 天	5.31 亿	301.9 亿				

D：项目绩效

㉒进度绩效指标（SPI）(>1 为提前)：0.65 ●	任务完成百分比（PC）：48% ●
㉓成本绩效指标（CIP）(>1 为低于计划成本)：057 ●	成本消耗百分比（PS）：5 685.50% ●
㉔完工时间预测（ETTC）：188 天 ●	完工时间延误预测（ED）(+值为延迟，-值为提前)：8 天 ●
㉕完工估算（EA）（预计完工总费）：400 亿 ●	完工偏差（VAC）(超预算金额，+值为超支，-值为结余)：-394.69 亿 ●

插页表　一页纸项目管理（PMP）示例

项目管理好，只需一页 Excel 表！这是本书最大的亮点。

借助笔者研发的"一页纸项目管理（Project Management Page，简称 PMP）"和 15 个可复制的步骤就可以把各类项目轻松"搞定"。

本书最大的特点就是实务操作性强，除了简易实用的项目管理方法之外，还介绍了华为、大众、通用电气、IBM 等国内外知名项目管理标杆企业经过实战检验过的项目管理最佳案例。同时，书中还提供了这些标杆企业的实务操作模板和提示，并使用下划线标注了特别需要注意的事项。

项目无处不在。

美国项目管理专业资质（PMP）认证委员会主席鲍尔·格雷斯（Paul Grace）认为："在当今社会中，一切都是项目，一切也将成为项目。"生活中，买房、装修、结婚、聚会、旅游等，都是项目。工作中，人力资源部的招聘培训、销售部的打单、市场部的推广、物资部的采购、质量部的改善、工程部的设备改造、研发部的产品开发等，也都是项目。

项目管理的方法可以用来指导我们工作和生活的方方面面，在靠驾驭项目制胜的商业时代，每位渴望成功的商业人士都需要具备高效的项目管理能力，上至 CEO（知名项目管理专家罗德里格斯认为，当不了项目经理的 CEO，真的危险了！）下至普通员工（美国经济学人情报部 2010 年对全球 600 位高管的调查结果显示，"下属最重要的技能是项目执行"）无不如此。

伴随着公司战略从产品驱动逐渐向项目驱动的转变，项目管理的重要性日益凸显。实践证明，项目管理不仅关乎企业生存，还关乎个人职业发展——它不仅是个人职位升迁的铺路石，还是个人测试、扩展技能的绝佳机会。中国企业成熟的领导者无不重视项目管理。华为的任正非很早就在华为开始了项目管理的试点，而今天，华为的项目管理工作已成为国内业界的一个亮点。

《财富》杂志曾经断言，项目经理将成为 21 世纪的黄金职业。在美国，从事项目管理工作的初级人员年薪一般可达 4.5 万~5.5 万美元，中级人员一般可达 6.5 万~8.5 万美元，高级人员可达 11 万~30 万美元（MBA 毕业生的平均年薪一般在 6 万~8 万美元）。在国内，项目管理在外企及效益良好的中资企业越来越受重视，项目经理的作用日渐突出，薪金水平也一路飙升，在时髦职业排行榜上的排名不断上升。据美国项目管理协会（PMI，Project Management Institute）发布的《项目管理就业增长与人才缺口报告

（2017—2027）》分析，到2027年，我国的项目管理职位空缺将达4 600万人。

前途是光明的，道路却是曲折的，现实更是严峻的，而这本《项目管理：操作指南》，可以帮你少走弯路。

本书共分四个大部分：

第1章，项目管理导入。本章重点介绍"一页纸项目管理（PMP）"、项目经理胜任素质的三角模型、项目管理的五个过程组、项目成功执行的"七化"、项目经理经常犯的九大错误等内容。

第2章，项目管理过程。本章重点介绍项目管理的15个步骤，每一步都对应着实践操作工具，并提供模板和案例。

第3章，项目管理工具。本章除对项目管理实践、企业经营战略和企业管理模式的演变进行简要概述外，重点将前面涉及的20个工具进行了汇总介绍，提供详细的使用说明（包括来源、定义、用途、模板、操作步骤、实例、局限性等）。其中，除了经过笔者优化的常用项目管理经典工具，如细化到任务的WBS、"七合一"甘特图等外，还有全球项目管理标杆企业独创并使用的工具，如华为的项目知识库、通用电气的关键质量特性、IBM的沟通矩阵等，以及笔者结合多年实践经验独家研发的项目管理工具，如项目健康诊断、相关方分析图、灵活性矩阵、资源池等。同时，每个工具都特别标注了在Scrum敏捷环境中如何运用该工具。

第4章，案例资料附录。本章提供了三个项目管理上的最佳实践案例，归纳汇总了本书中常用的专业名词缩写与术语（书中带框线的名词），给出了项目工具清单。

对本书及项目管理的理论与实践有兴趣或存有任何疑问的读者，都可致信eliu@sh163.net与刘建荣博士联系。不便收录在书中的资料案例可到东北财经大学出版社教学支持平台获取。

刘建荣

2020 年 12 月

第1章

项目管理导入

1.1　一页

项目（Project）是为创造独特的交付物（产品、服务或成果）而设立的临时性工作。它是一种组织单位，是包括在固定预算以及固定时间内，为了达到某一明确的最终目标而临时组合在一起的一组资源。每个项目只能进行一次，它具有具体的起始和结束时间，以及最后交付的成果。项目具有一次性、独特性、渐进性和不确定性等特点。

有了项目，就需要对项目进行管理。项目管理（Project Management，简称PM）就是将知识、技能、工具与技术应用于项目活动，以满足项目的要求的过程。

"一页纸项目管理（Project Management Page，简称PMP）"模板，可以让你把任何项目，无论大型的还是小型的、传统的还是时尚的，都压缩在一页A4纸上（Excel格式），通过它你就可以有效地沟通和展示项目，进而帮助组织和项目经理节省时间、提高效率。

1.1.1　简化

VUCA时代[①]，项目亦呈现以下四个特点：易变（计划赶不上变化）、不确定（风险无处不在）、复杂（项目多、方法多、相关方多、要求多等）和模糊（项目边界不清）。PMP方法化繁为简，帮助我们关注项目绩效的重要维度，及时做出正确的决策。

PMP使所有参与项目的相关各方（包括董事会、高管层、供应商、客户、上级、下级、项目团队成员等）之间能保持持续有效的沟通。特别是项目经理在向公司高层提交项目进展报告（书面、口头或电子媒介）时，PMP是一个有效的工具。你无须汇报项目计划和执行的所有细节，高层关注的是重点，他们想要看到或听到的是关于项目绩效的关键指标和重要信息。给他们看太多页的资讯甚至一整本的报告，或讲太多的细节

---

① VUCA时代，指的是变幻莫测的时代。VUCA是Volatility（易变性）、Uncertainty（不确定性）、Complexity（复杂性）、Ambiguity（模糊性）四词的简写。

哪怕讲上半天，只能让他们失去耐心和对你的信心。高层的时间总是有限的，他们可能无暇倾听你的长篇大论，也可能你汇报得过于详细却忽视了重点，他们会因此对项目产生怀疑和困惑，继而会问你许多问题。在这种情况下，公司高层很可能会拒绝提供额外的项目资源，并否决你的变更申请，他们甚至会对你的个人能力产生怀疑。高层既希望充分了解项目，也希望报告的格式简单易懂，而PMP正巧妙地平衡了这两者间的矛盾。与其提供长达几十页、布满甘特图的项目计划，不如定期向发起人或高层汇报重要的信息。高层拿到手的虽然只有一页A4纸，但其中的关键信息足够！PMP用通俗易懂和容易编写的格式，及时地向高层等相关方传达所须知的全部重要信息，无疑是让高层简单快速地了解情况、吸引相关方的注意但又不浪费他们的时间的极佳沟通工具。

项目报告要遵循 电梯法则 ，就是简明扼要（Keep It Simple & Short，简称KISS），直奔主题、直击要点、直言结果，即让高层等相关方在30秒内快速了解关于项目绩效的重要信息。对项目经理而言，项目口头汇报要在30秒内把结果说清楚，书面报告要让高层在30秒内能看明白。PMP帮你做到这一点。

简而言之，PMP使项目经理与所有相关各方之间的沟通简单、明了、高效。

1.1.2 可视化

视觉表达总是拥有非凡的力量，能够快速、准确、清晰地传达大量信息。管理大师德鲁克认为，"一个卓越的领导者，有时候需要像鹰一般飞得足够高，才能纵览全局"。PMP帮助领导者做到这一点。

PMP提供高度可视化的项目进度信息，清晰、准确地体现项目计划、执行和监控情况，让相关方能在30秒内就了解项目绩效。高层其实不需要也不想去了解太多的细枝末节，特别是技术细节。他们只需要了解项目主计划与实际执行之间的偏差、主要问题及应对措施、预计完工时间及预算等关键信息。

PMP运用数字、符号（R/O/Y/G）、颜色（红、橙、黄、绿）、图形等展示项目进展信息，一目了然。高层透过PMP一眼就可看出项目哪里出问题了，计划该是什么样，主要负责人是谁、表现得如何，因为都可以展示得一清二楚。

总而言之，PMP帮助公司高层快速纵览全局（Big Picture）。

1.1.3 文化

PMP文件简单，直接促进了高效、诚实、担责、节约等健康的项目文化建设。

PMP文件就一页，不仅可以节约管理层的时间，还可以减少和项目成员开会的时间，强烈地传递"项目要高效"这一重要的信息。

项目经理在汇报时，一定要以身作则，"实话实说"，不隐瞒、不说谎。没有人喜欢意外的"惊喜"。实事求是地报告项目进展情况，才能让别人在你的项目遇到困难时提供帮助，而不是项目后期特别是最后关头，给别人太多"惊讶"。项目经理同样要求所有项目成员都如实地反映项目进展信息，确保项目状态透明。

PMP列出项目的主要阶段、里程碑或交付物的负责人，可以增强他们的责任心。因为高层只要看一眼PMP马上就知道谁做得好、谁没有做好，这对这些负责人是一种重要的激励和鞭策。他们清楚地知道自己的角色和表现会不断地被高层管理者看到，而谁也不希望在高层面前丢脸。

PMP只是一页直观的Excel表格，不仅易于创建和维护，还可以实现项目的无纸化管理。用Excel还有一个好处：专业的项目管理软件（如微软的Project、甲骨文的Primavera等）虽然功能强大，但价格不菲，最关键的是项目经理如果用这些软件来制作项目文件，而别人没有安装同样的软件，那么他们连打都打不开，所以，用Excel制作的PMP文件对于专业的项目管理软件而言，是锦上添花，并非取而代之。

PMP使用说明书详见3.2.1工具1。

1.2　三角

项目中有很多三角关系，其中比较重要的有项目管理三角形、项目角色三角形、项目经理素质三角形等。

1.2.1　项目管理三角形

项目管理三角形（Project Management Triangle，亦有称作项目管理"金三角"或"铁三角"的），指的是项目的三个要素：时间（Time）、成本（Cost）和范围（Scope）[①]（见图1-1）。

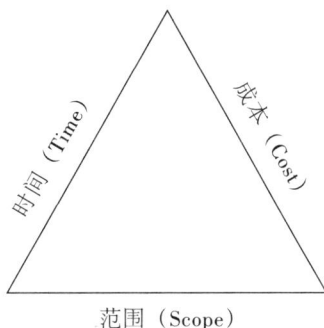

图1-1　项目三要素

时间指项目的工期。成本指项目的预算，对应的是项目的人力、物力、财力等资源。范围包括两个含义：一是产品范围（Product Scope），指某项产品、服务或成果所具有的特性和功能；二是项目范围（Project Scope），指为交付具有规定特性与功能的产品、服务或成果而必须完成的工作。项目范围有时也包括产品范围。

所谓的项目目标声明（Project Objective Statement，简称POS），就是回答与项目三个要素有关的问题，即花多少时间、用多少成本、达到什么范围。一般不超过25个字，用词要尽量清楚精确。如肯尼迪登月项目的项目目标声明是：在1970年以前（时间）用5.31亿美元（成本）将人类送上月球并安全返回地面（范围）。

项目的三个要素联系紧密、相互影响，共同形成项目管理三角形。如果这三项中任

---

① 有不少人将项目管理三角形的三条边定义为时间、成本和质量，这种定义不够科学和严谨。

何一项发生变化，都势必影响另外两项中的至少一项发生变动：

（1）为了缩短项目时间，就需要增加项目成本（资源）和/或缩小项目范围。

（2）为了节约项目成本（资源），就需要缩小项目范围和/或延长项目时间。

（3）如果需求变化导致项目范围增加，就需要增加项目成本（资源）和/或延长项目时间。

项目管理，归根到底就是时间、成本、范围这三个要素的动态平衡管理，即要根据三个要素中某个或某两个要素的变化及时调整另外一个或两个要素，甚至如果三个要素都发生了变化，就要调整三个要素，重新构建三角关系。但是，实现动态平衡绝非易事，因为这三个要素是互相制约的。这也是为什么大部分家庭装修房子，时间肯定是延期的，预算肯定是超支的，最终装修出来的房子也不是自己最想要的，总有差距、遗憾，甚至不满。项目的三个要素如果平衡不好，最终带来的风险就如同装修房子一样：进度延期、（和/或）成本超支、（和/或）范围缩小。

1.关键驱动力与次要驱动力

在项目三个要素中，有一个要素是关键驱动力（Key Driver）。所谓关键驱动力，是指这个要素必须百分之百无条件地得到满足，没有讨价还价的余地。相对而言，其他两个要素就是次要驱动力（Weak Requirement），为了满足关键驱动力可以对它们做出灵活调整，即次要驱动力可以做出牺牲和让步。不排除三个要素中有两个是关键驱动力，那么，项目管理的难度会因此大为增加，因为只有一个次要驱动力可以调整。如果三个要素都是关键驱动力，即三条边都被锁死了，这种项目注定是不可能完成的任务（Mission Impossible[①]），项目经理接到这种活，也是被锁死了，因为三条边都没有调整的余地了。

谁来界定关键驱动力呢？发起人（Sponsor）。发起人是为项目提供资源和支持的个人或团体，负责为项目的成功创造条件。发起人通常包括你的老板，或者你的客户。

做项目就怕发起人要的是交期，而项目经理还在那里拼命控制成本或范围。因此，关键驱动力一定不能搞错。关键驱动力搞错，可能会给项目带来灾难性后果。例如，2017年日本为英国造高铁，由于过分关注成本，导致开通首日高铁就沦为"水帘洞"，后期英国政府第二条高铁招标时直接就将日本踢出了局。美国波音公司制造737Max时过分追求进度，无视飞机防失速系统的设计缺陷，导致了2018年和2019年两起严重空难，最终此机型在全球遭停飞。

三角平衡时，应用最广的策略就是关键驱动力，即满足关键驱动力而牺牲次要驱动力。比如2020年的武汉火神山医院建设项目，时间（10天）和范围（419间可用病房和1 000张病床及配套设施）是关键驱动力，为了与时间赛跑，让确诊病人早日住进病房，国家调动了一切可用的资源（对应的是巨额成本），包括调用北斗卫星系统，只为更快、更多地救治患者。

---

① Mission Impossible是美国好莱坞著名影星汤姆·克鲁斯主演的电影《碟中谍》系列的英文片名。

2.项目管理九边形

有人建议在项目管理三条边的基础上增加第四条边——质量。质量从来都不应该成为三角平衡的牺牲对象，因为这关系到客户的满意度和企业的生死存亡。现实中，有的项目经理为了追求项目进度和范围，又不愿意牺牲成本，就在客户和最终用户一时半会儿都看不到、摸不着的质量上做手脚，结果，不该被牺牲的地方反而成了最容易被牺牲的地方，这种有违职业道德的行为就解释了为什么现在的汽车行业有那么多的召回现象。

第五边应该是风险。项目的独特性导致项目存在很大的不确定性，也就是风险。如果项目风险管控不到位的话，就会导致前面的四边：时间、成本、范围和质量受影响。

第六边应该是相关方。不同相关方的要求不一样（正如质量部看重质量，财务部看重成本，很多时候不同相关方的要求是相互冲突的），需要平衡；有的时候时间、成本、范围、质量等都满足要求了，相关方未必满意，这同样需要平衡。

第七到第九边应该是资源、采购和沟通。这三个要素也需要平衡，因为它们最直接对应的就是成本。比如，进行设备安装调试时，客户要求资深工程师进行现场安装调试（资源），备件要求是进口件（采购），每天举行项目会议（沟通），这些都意味着项目成本（人力成本、采购成本和沟通成本）的增加。

因此，项目经理需要平衡的是九条边（时间、成本、范围、质量、风险、相关方、资源、采购和沟通）。平衡就是整合。这九条边加上整合就构成了 PMBOK（项目管理知识体系，Project Management Body of Knowledge 的缩写，由美国项目管理协会推出）的十个知识体系。当发起人（如客户）提出一条边的变更时，他往往只是考虑一条边（线），没有考虑到整体（面）。这时就需要项目经理从整合平衡的角度帮他看到其他的边，看到整个的面。变更谈判的基本思路无非就是表示理解+分析影响（对其他边的影响，如带来的风险、增加的成本、拖延的进度等）+表示同意（不是不可以变，但是……）+谈判条件（变更其他边，如加钱、加时间、少干活、减范围等）。记住：发起人跟你谈一条边，我们不要跟着他的节奏，而是应该跟他谈另外两条边甚至八条边，前提是我们一定要事先了解发起人最关注的是哪条边（即关键驱动力）。有时你谈你的，我要我的，双方更容易达成共识。

3.应用项目管理三角形

应用基于可行性分析：在现有（或变更）的时间限制下，凭现有（或变更）的成本，能不能满足相关方对范围（或变更后的范围）的要求。项目经理有了可行性分析的数据，就可以更好地接受项目、制订和调整计划、管理客户变更要求。

（1）客户要增加需求

现实中遇到的最多的情况就是客户要变更需求。例如，增加需求就是常见的一种情况。面对客户费尽心思憋出来的"创意"，作为乙方的项目经理，如果直接拒绝显然不合适，因为这样会让甲方很没有成就感，在以后的合作中可能会故意刁难。

项目经理管理项目的过程就是在与不确定性作斗争，也就是说项目经理孜孜以求的"太平盛世"就是需求不要变，因为需求一变，一系列的问题就会接踵而来。项目经理如果直接和客户讨论需求的合理性，试图用更专业的方法证明并说服甲方放弃他的想法（特别是在甲方的沟通对象还不太懂技术的情况下），往往可能导致甲乙双方的对立。如果你让甲方感觉到你"不好合作"，他就可能会去找你的上级来协调，到时你还得硬着头皮搞。

所以，建议项目经理采用迂回的方法来"逼"客户认真考虑一下这个新需求是否值得添加。基本思路如下：不否定客户，而是先夸奖一下客户，肯定这个创意很不错；然后帮助客户分析一下新需求对现有项目体系的影响，并且说"新需求可增加"，记住说完这句话之后一定要说"但是……"，后面说什么呢？这就要回过头来看三角形上有什么可以用来讨价还价的。先说因为新增加需求，所以需要增加投入，那么作为甲方要"加钱"，加完钱之后别忘了还要争取"加时间"。客户增加需求不可怕，可怕的是项目经理不知道争取对们自己有利的条件。

（2）客户要压缩进度

客户可能为了赶某个特定的时间点而要求乙方压缩进度，这本身无可厚非。市场环境瞬息万变，有些机会一旦错过就再难抓住了，项目经理应该对甲方表示理解。但是，理解归理解，我们不应该用不专业的方法做项目。不能让客户感觉似乎压缩进度很容易，否则他就会形成这样的观念："啊哈！原来乙方藏了这么多缓冲，看来这次还压少了。"所以，作为乙方的项目经理，收到这样的请求时，不能像谈范围那样比较痛快地说"可以"，而应该在分析影响之后据理力争，但要掌握火候，在感觉客户快要翻脸之前，或者刚刚翻脸的时候，咬牙切齿，很不情愿地说出五个字——"不是不可以"，当你说完这句话之后，客户就仿佛在黑暗中看到了一丝亮光，在快要沉入水底的时候抓住了一根稻草。前面的"争"实际上是在攻心，为后面争取利益、减少项目风险做铺垫。接下来要引导甲方看三角形，可以谈的方向首先是范围，所以应该谈能不能减少范围，或者把范围重新排一下优先级，在有限的时间内保证重要的工作先完成，以不影响客户的时间点为原则。然后接下来谈成本，因为要加班或赶进度，所以成本会增加，需要甲方给予相应的补偿。若甲方咄咄逼人，项目经理要用好思路，不能百依百顺，更不能逆来顺受。有的项目经理只会对自家团队成员狠命地逼催，一碰到客户就变成霜打的茄子，该争取的利益也不去争取，这是不明智的。项目经理不去争取利益还有一个风险就是，客户这次看你"好欺负"，以后会越欺越狠。

（3）客户要削减成本

谈成本的思路和谈时间的思路是一样的，只是一定要表现得极不情愿。因为如果成本上很容易让步的话，甲方会感觉你可以压缩的空间可能很大，他会有一种吃亏上当的感觉。例如，我们看中了一件衣服要买，假设衣服的标价是100元，你问卖家60元卖不卖，如果卖家很痛快地就答应了，甚至都没有给你第二次讨价还价的机会，我想此时你心里一定会嘀咕："这衣服恐怕连20元都不值吧，要不然卖家为什么这么痛快就答应了，我真是太傻太天真了！"这种心理感受是很差的。

（4）客户限定死了时间、成本和范围

如果能用情景（1）（2）（3）的思路和客户谈判，说明你已经是一个比较合格的项目经理了，大部分情况都可以应对。但是，现实总是有残酷的一面，如果客户或发起人把三条边都限定死了，而且我们不把质量作为可牺牲的方向的话该怎么谈呢？

根据"曲则全、枉则直"的原理，在这个三角形中已经没有可以谈判的地方了，那么就应该转换战场，找别的角度谈，谈另外六条边。首先要谈的就是"风险"。

此时和客户谈"风险"，说白了就是"吓唬"他，基本的思路是帮他分析需要付上的代价。诸如范围方面的风险、进度方面的风险、成本方面的风险以及质量方面的风险。所谓风险，包括可能性以及一旦发生所造成的影响。这有点像为客户预测未来的吉凶祸福，待客户露出求指点的眼神之后，再反过头来谈范围、时间和成本。

所以，总结一下三边限定死的谈判思路：首先要淡定、显示出专业性，然后谈风险、分析不利的影响，最后等待时机、谈三条边。

（5）三条边限定死，客户不害怕承担风险

客户一般都是"老江湖"，见多识广，神经比较"大条"，多属于风险追逐型，所以，谈风险可能常常没有办法说服客户，这时又当如何做呢？还有没有办法谈下去呢？当然有，因为还有"相关方（或干系人）"，跟"相关方"谈什么？当然跟人就得谈感情、谈关系，前提是你们之间有感情和有关系，临时发展关系是来不及的，而谈关系的时候，顺便就可以把风险也再谈谈，最后还是要绕回来谈范围、时间和成本。注意，这里的"谈关系"还包括对甲方尤其是对有决策权的相关方之间的关系进行分析和利用，如利用甲方内部的矛盾来施压，以便让事情向着有利于我方的方向发展；有时还可利用第三方关系，如能对甲方施加影响的第三方。

有关项目变更管理的内容详见第2章的2.4.3"变更控制"。

1.2.2　项目角色三角形

项目中有三个角色比较显著：项目经理、项目成员和项目成员的直接主管，他们三者形成的三角关系称为"三人游戏"，"游戏"中三个角色的关注点是不一样的（见图1-2）。

"三人游戏"是跟项目经理的特点和角色分不开的。

1.项目经理的特点：有责无权

与其说项目经理好歹也算个一官半职，更确切地说，在绝大多数公司里，项目经理充其量只是半官半职，因为很多项目经理既不是全职（而是兼职），还没有多大权力。

根据组织的结构、企业文化及项目目标，项目经理可以是非正式的角色（"一有需要，就找人来做"），也可以是明确定义的角色（"全职项目经理"）。针对非正式的角色，往往是项目跟哪个部门相关，就由公司管理层委派哪个部门的人员担任项目经理。如招聘项目，由HR牵头；改善项目，由质量部牵头；研发项目，由技术部牵头；设备改造项目，由工程部牵头；促销项目，由市场部牵头；降低成本项目，由财务部牵头等。一般情况下，项目经理都有其本职工作，项目工作并不是其主要工作，而项目成员则来自各个部门。例如，降低成本项目，几乎所有部门都有人参与，因为每个部门都需

```
                    ┌─────────────────┐
                    │ 关心：          │
                    │ • 项目目标完成  │
                    │ • 发起人满意度  │
                    │ • 项目人员构成  │
                    │ • 项目最终期限  │
                    │ • 个人发展目标  │
                    │ • 权力资源配置  │
                    ├─────────────────┤
                    │    项目经理     │
                    └─────────────────┘
```

┌─────────────────┐   ┌─────────────────┐
│   项目成员   │   │ 项目成员上级   │
├─────────────────┤   ├─────────────────┤
│ 关心：   │   │ 关心：   │
│ • 本职工作影响 │   │ • 部门目标完成 │
│ • 个人目标完成 │   │ • 部门工作安排 │
│ • 本人工作负荷 │   │ • 下属工作负荷 │
│ • 个人兴趣爱好 │   │ • 项目带来好处 │
│ • 个人发展愿望 │   │ • 项目优先级别 │
│ • 项目带来好处 │   │ • 对项目的兴趣 │
│   │   │ • 个人权力变化 │
└─────────────────┘   └─────────────────┘

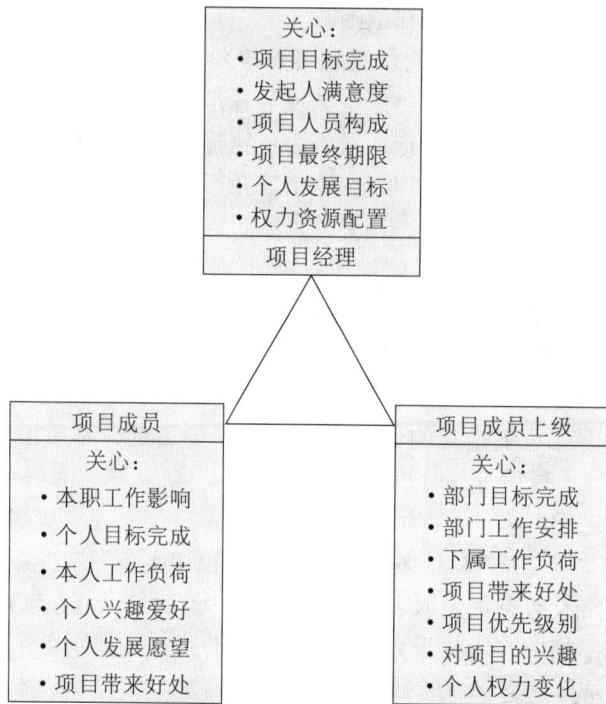

图1-2 项目中的"三人游戏"

要降低成本（销售成本、生产成本、采购成本等）。即使是很多全职项目经理，如产品开发项目经理，项目成员也是来自生产、质量、销售、市场等不同部门，对这些项目成员，项目经理根本没有行政上的约束力。

因此，对于大部分企业（无论其采用简约型、职能型、弱或均衡矩阵型、虚拟型中的任何一种架构）的项目经理（或项目领导）而言，其最大的特点就是有责无权：对项目结果担当责任，但权力有限，甚至几乎没有。只有少数采用强矩阵型（常见于IT业）或项目型（常见于建筑业、航空航天业）架构的公司，项目经理的权力才会比较大。华为产品开发项目团队采用的就是强矩阵的管理模式，项目经理对团队成员有考核权。

项目经理在不同类型组织架构下的职权、角色、定位等项目特征如表1-1所示。

这里的权力指的是正式权力，又称法定权力或职位权力，是组织赋予领导者的岗位权力，它以服从为前提，具有明显的强制性。这种权力是由领导者在组织中所处的职位决定的，与领导者个人因素无关。正式权力包括：决策权、组织权、指挥权、人事权、奖惩权等。

因此，大部分项目经理运用得更多的是非正式权力，又称影响力，是项目经理以自身的威信影响或改变项目成员及各相关方的心理和行为的力量，具有非强制性。这种权力是由项目经理个人的因素（个人素质、个人魅力）所决定的，包括品德、知识、技能、感情等。通俗说来，所谓非正式权力，就是某人不是你的直接领导，但你却愿意听他的，这个人运用的就是非正式权力。

表1-1 　　　　　　　　　　　　　　　　　组织架构对项目的影响

组织架构类型		项目经理职权	项目经理角色	项目经理定位	项目经理花在项目上的时间百分比	项目管理人员
职能型		极少或无	兼职	项目协调员*或项目领导*	几乎没有	兼职
矩阵型	弱	有限	兼职	项目协调员或项目领导	0%~25%	兼职
	平衡	低到中	兼职或全职	项目经理*或项目专员*	15%~60%	兼职
	强	中到高	全职	项目经理	50%~95%	全职
项目型		高到几乎全权	全职	项目经理	85%~100%	全职
虚拟型		低到中	兼职或全职	项目经理	15%~60%	兼职或全职
敏捷型		极少或无	全职	项目经理或Scrum主管*	100%	全职

*项目经理、项目领导、项目专员、项目协调员、Scrum主管对应的英文名称分别为：Project Manager（简称PM），Project Leader（简称PL），Project Officer（简称PO），Project Coordinator（简称PC）和Scrum Master（简称SM，解释见3.2.19）。

2.项目经理的角色定位：协调员

正是因为大部分项目经理"有责无权（或多责少权）"的特点，对项目经理最合适的定位应该是"协调员（Coordinator）"，更何况很多项目成员也不会把项目经理当"经理"看待。对于大部分企业的项目而言，项目成员都不是项目经理的直接下属，项目经理对其没有行政上的约束力，而且很多项目成员资格可能比项目经理还老，经验可能比项目经理丰富，级别可能比项目经理高。项目经理除了需要跟项目成员打交道，还要跟项目成员的领导及公司内部高层、外部供应商及客户等打交道，其所做的主要工作就是协调各相关方利益，确保项目目标的完成。

因此，别把项目经理当一"官"，因为他连七品芝麻官都不如，他就是一"员"——协调员：协调来自不同相关方所在的单位（各业务部门）间的关系，协调有着不同背景、不同技能、不同个性的人们之间的关系，甚至可以说是在一群"乌合之众"中间做协调的工作。但是，做这种"有责无权"的项目经理，绝对锻炼人，所以，如果有机会做，建议读者们一定不要错过。而这也正是项目管理的艺术性所在：通过管理他人，实现项目目标。

3.项目经理的角色拓展：全能型管理者

要想在瞬息万变的数字化或VUCA时代取得成功，项目管理者的角色界定已经不能仅限于"项目管理者"，而要成为战略顾问、创新者、沟通专家、思维敏捷的全能型管理者。这也意味着项目经理的角色发生了多重维度的提升。所谓"战略顾问"，是指项目经理在项目计划、实施和交付方面要成为纵观全局的支持者。所谓"创新者"，是指项目经理要在项目开发过程中承担产品负责人的角色。所谓"沟通专家"，是指项目经理能清晰而准确地将项目信息传递给各方人士，要思维开阔、适应能力强、善于理解对方，能够进行有益而高效的沟通。"全能型管理者"，则是指除了能够熟练应用项目管理中传统的关键路径法、瀑布法、挣值管理法外，项目经理还要学会应用不断涌现的新方法，如敏捷法等。

1.2.3 项目经理素质三角形

1.项目经理素质模型

一个优秀的项目经理应该具备哪些素质（Competency）呢？我们先来看三家组织——国际商业机器公司（IBM）、（美国）项目管理协会（PMI）和波士顿大学（BU）的项目经理素质模型，从中我们可以看出一个共同点，即项目经理的素质模型都包括三个方面，我们称之为项目经理素质三角形（见图1-3）。

图1-3　IBM、PMI及BU的项目经理素质模型

其中，IBM项目经理的素质模型包括三个方面：核心技能（Core Competencies）、专业技能（Technical Competencies）及领导技能（Leadership Competencies）。

PMI提出了"人才三角"的理念，认为项目经理必须具备三个关键技能：技术项目管理（Technical Project Management）、领导力（Leadership）、战略和商务管理（Strategic & Business Management）。其中，技术项目管理技能是与项目管理特定领域相关的知识、技能与行为，即角色履行的技术层面的内容，虽然这些都是项目管理的核心，但仅有技术项目管理技能是远远不够的。领导力是指导、激励和带领团队所需的知识、技能和行为，可帮助组织达成业务目标，包括人际交往的能力、道德管理的能力和处理政治事务的能力。战略和商务管理指关于行业和组织的知识和专业技能，有助于提高绩效并取得更好的业务成果。

PMI的研究还表明，在由上级和团队成员指定的项目经理中，排名前2%的项目经理之所以能够脱颖而出，是因为他们展现了超凡的人际交往和沟通技能以及积极的态度。

另外，《PMI道德和专业行为规范（Code of Ethics and Professional Conduct）》指出，全球项目管理群体定义的价值观中最重要的是：责任（Responsibility）、尊重（Respect）、公平（Fairness）和诚实（Honesty）。这四种价值观也是项目经理必须具备的与道德管理相关的能力。

波士顿大学企业教育中心（BUCEC）与福克斯（Fox）咨询公司则认为，项目管理是科学性与艺术性的结合，并提出了以下的项目经理素质模型：（1）技术技能。它反映了项目管理的科学性。包括项目管理知识体系（PMBOK）指南中的十大知识体系。（2）商业领导力。（3）个人品质。商业领导力和个人品质反映的是项目管理的艺术性。

2.笔者建议的项目经理素质模型

笔者认为，项目经理应具备的三大素质是：德商MQ（Moral Quotient）、情商EQ（Emotional Quotient）及智商IQ（Intelligence Quotient）。其中，MQ指道德管理能力（如担责、诚信等）；EQ指情绪管理能力（如关系建立、人际沟通、压力管理、团队激励等）；IQ指智力管理能力（如技术能力）。相对而言，<u>MQ是三大素质里面最重要的，其次为EQ，最后才是IQ</u>。作为职业经理人，项目经理不能是一窍不通的外行，但也没有必要成为专家。曼哈顿计划的项目经理奥本海默（Julius Robert Oppenheimer，1904—1967）被总负责人格罗夫斯（Leslie Richard Groves）选中的三大理由之一就是其具有多学科的广博知识，而不仅仅局限于某一方面的知识。

华为公司对研发项目经理提出了12项素质要求（见图1-4），其中，与MQ相关的有7项：成就导向、团队合作、坚韧性、主动性、组织承诺、正直、自信，由此亦可看出MQ的重要性；与IQ相关的有4项：思维能力、学习能力、寻求信息能力、灵活性；与EQ相关的只有1项：指导性（灵活性、自信，亦与EQ有一定关系）。但此素质模型缺少对领导技能及关系技能的足够关注。

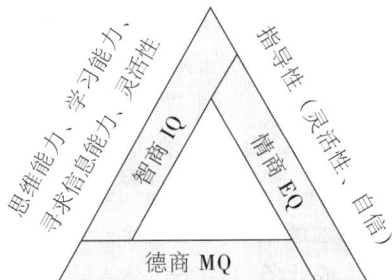

图1-4 华为研发项目经理的素质模型

1.3 五步

项目管理通过合理运用与整合逻辑分组的项目管理过程而得以实现。

《PMBOK®指南》（第六版）把项目管理过程归纳为五大类，即五大过程组，分别是：启动、规划、执行、监控和收尾。过程组不同于项目阶段。

笔者从项目经理的角度总结出了以下五个过程组：接活、派活、干活、看活和完活。上述五个"活"既是名词，又是动词。

接活，指项目经理接受授权，定义项目。派活，指项目经理制订计划，分派任务。干活，指项目经理带领团队执行计划。看活，指项目经理监控进展、管理变更。完活，指项目经理完成项目，做好收尾工作。这五个"活"都是名词，指工作。

"活"还可用作动词，指生存。

<u>项目经理首先要接活</u>[1]（接受项目委托），才能给自己和团队一条"活路"。本来，项目基本上都是"不可能完成的任务"，项目经理接活了，如同断枝（肢）接活一样。

接活后是派活。树挪死，人派活[2]。项目经理将项目成员从其他地方"挪"过来，要通过有效的工作安排和任务分派，焕发其生机，激发其活力。

派活后是干活。干活干活，只有"干"，才能"活"：自己活（职业生涯获得发展），项目活（既定目标获得实现）。项目经理一个很重要的职责，就是调动项目成员的积极性，提升他们的使命感，让实现项目目标（项目"活下去"）成为项目成员的一种"干"[3]——追求。

---

① 嫁接或再植成活之意。语出范大成《两木·其二》的"云此接活根，是岁当著花"和陆游《园中对酒作》的"栽红接白株株活，坐拥春工太半权"。两人与杨万里、尤袤合称"南宋四大家"。
② 改编自《增广贤文·下集》："树挪死，人挪活。"
③ 《尔雅·释言》：干（gān），求也。语出《论语》："子张学干禄（子张向孔子请教求得官职俸禄的方法）。"

干活过程中总会出现各种各样的"毛病（偏差）"，项目经理要"看活"①项目，剔除这些毛病，使项目重回正轨，健康运行。

项目收尾不代表项目结束，项目经理还要"完活"②项目，让其生命和价值得以延续，如总结项目的经验教训，形成组织过程资产，使隐性知识得到传承。

1.3.1　接活

接活，是项目五大过程组中最重要的一个过程组。

良好的开始是成功的一半。接不好活是干不好活的！在这一步，项目经理需要在项目定义清晰的基础上，确定是否接活（可行性分析）、如何接活（相关方谈判）。但我们发现，很多项目经理习惯了"JUST DO IT（上来就干）"（项目范围没有定义清楚，也不知可为还是不可为，稀里糊涂就为之）和被动接活（明知不可为，偏要去为之），这样是不可取的。项目经理在这一步要养成进行可行性分析和与相关方谈判的习惯。与相关方谈判就是在可行性分析结果是不可行之后，要么争取更多的时间、预算，或更小的范围，确保项目可行，要么说服相关方（最主要的是发起人）放弃该项目。如果谈判失败，项目经理要与相关方讲清项目的潜在风险，避免到时被相关方挑战："你为什么不早点告诉我?!"

1.3.2　派活

接好活后，项目经理就可以着手派活了。

接活时的可行性分析和章程颁布主要是明确项目的大方向，这一步项目经理需要对项目范围、目标进行进一步细化和优化，并在此基础上制订详细的项目计划。项目经理在这一过程组最容易遇到的两个问题，一是范围界定不清晰，二是计划制订不完善。因此，项目经理需要通过各种沟通方法（头脑风暴、访谈、焦点小组、问卷调查等）和分析方法（标杆对比、专家判断、加权决策、文件分析等）收集客户等相关方的需求信息，以清晰定义项目范围，最终形成项目的工作分解结构，为接下来的项目计划奠定坚实的基础。项目计划制订不完善主要表现在责任未明确到人，资源配置不合理（比如，没有考虑瓶颈资源的合理利用，导致有些关键成员或设备的忙闲不均），依赖关系未优化（比如，任务安排太顺序化，都是先后做的，没有尽量安排并行或交叉），未充分考虑风险等因素（太乐观或考虑欠周全、未将风险应对措施安排进项目计划。比如，北京奥运会开幕式项目，为应对下雨这一潜在风险，制定了"准备一次性雨披"这一措施，且在项目计划中得到了体现，否则，万一到时下雨，组委会临时安排人员去购买雨披肯定是来不及的，故项目计划中做了应对风险的安排：购买雨披、现场发放等）等。

1.3.3　干活

干活，指项目团队完成项目管理计划中确定的工作，以满足项目要求的一组过程。

---

①　治愈、治好之意。语出《水浒传》第25回："这婆子却看着那妇人道：'大娘子，我教你下药的法度：如今武大不对你说道教你看活他？你便把小意儿贴恋他。'"
②　保全养育之意。语出《管子·禁藏》："于以养老长弱，完活万民，莫明焉。"

项目经理在这一过程组中最大的两个问题，一是未适度授权，二是未解决与"人"有关的问题。虽然很多公司的项目经理必须干自己所属技术领域的活，但并不意味着只有项目经理在干活，就像一个个体户。项目经理一方面要争取资源帮自己干活，同时还要根据项目成员的成熟度进行适度的授权。项目中与"人"有关的问题包括项目成员积极性不高、责任心不强、成员之间存在各种冲突等。对项目经理而言，最大的一个挑战就是如何整合人力资源（简称"整人"），特别是这组资源还是临时组合在一起的。整合得好，项目进展会顺利，目标会完成；整合得不好，那就不是"整人"而是"被人整"，导致项目进展缓慢，与目标渐行渐远。因此，项目经理在这一过程中不仅要关注"任务"，更要关注"人"，及时解决项目中出现的各种与"人"有关的问题，包括协调团队成员之间的冲突，调动团队成员的积极性等。

1.3.4 看活

看活，指项目经理跟踪、审查和调整项目进展与绩效，识别必要的计划变更并启动相应变更的一组过程。

项目经理在这一过程组中最大的两个问题，一是未把握好项目的变更，二是每个阶段（或里程碑）未经正式评审就进入下一步骤。通常，项目中会出现很多变更，项目经理应评估变更带来的影响，明确下一步采取的策略（变还是不变？变的话，如何变？），并及时调整项目计划。同时，项目经理在每个阶段结束时，应根据事先界定的阶段（或里程碑）检视清单，进行正式评审，评审合格后方能批准进入下一个阶段。否则，如果缺少阶段性评审，可能会给后续阶段带来无尽的麻烦（如返工），而每个阶段偏差的累积会导致项目最终的结果与既定的结果之间出现超出可接受范围的偏差（主要体现在进度、成本和范围这三个方面）。

1.3.5 完活

完活，指项目经理正式完成或结束项目所执行的一组过程。

项目经理在这一过程组中最大的两个问题，一是项目结束后缺少系统化的评估、总结等工作，二是缺少过程资产。很多公司的项目都是"虎头蛇尾"，缺少必要的收尾工作，特别是项目多的时候。但没有评估就无法准确衡量项目的实际绩效，进而兑现项目奖励；没有总结就无法收获经验教训，进而在公司内进行分享和推广；没有过程资产就无法进行项目管理知识的积累和应用。组织过程资产包括公司所特有并使用的过程、政策、程序和知识库。项目经理要做好过程资产管理工作，确保整个项目管理过程中过程资产的采集、存档、更新、增补，不仅为公司接下来的其他项目提供可借鉴之处，还利于快速提升个人及公司的整体项目管理能力水平（特别是新进人员可以通过知识库快速学习成长）。

1.3.6 项目经理在五大过程组中的自查清单

项目经理可以对照下面的清单（表1-2）看看自己在五大过程组中都存在哪些问题（请在自己存在的问题前的方框内打"√"），并制订相应的改正行动计划。

表1-2　　　　　　　　　　　　　项目经理五大过程组自查清单

五大过程组中存在的问题	改正行动计划
1.接活（启动过程组） □ 未做可行性分析 □ 未与相关方进行谈判	
2.派活（规划过程组） □ 范围界定不清晰 □ 计划制订不完善	
3.干活（执行过程组） □ 未适度授权 □ 未解决与"人"有关的问题	
4.看活（监控过程组） □ 未有效管理项目变更 □ 未经评审进入下一阶段	
5.完活（收尾过程组） □ 缺少系统化的评估、总结等 □ 缺少过程资产的积累	

1.4　七化

1.4.1　实现"七化"任何项目都不怕

项目的成功执行离不开"七化"：细化、量化、优化、固化、标准化、可视化和文化。"七化"也是企业精细化管理的必然要求。

精细化管理（Delicacy Management）是源于日本上世纪50年代的一种企业管理理念，是一种以最大限度地减少管理所占用的资源和降低管理成本为主要目标的管理方式。《财富》杂志指出：精细化管理是企业的核心能力。一个企业在没有战略时，是战略决策成败；一个企业有了战略以后，是细节决定成败。战略可以模仿，而精细化是不可以复制的。精细化管理是提升企业整体执行能力的一个重要途径。精细化管理到位，离不开下述"七化"。

1.细化（Disintegration）

要做到精细化，第一要做的肯定是细化。细化，指的是深入到每一个细微环节。老子在《道德经》中曾经说过："天下难事，必作于易；天下大事，必作于细。"意思是说，天下的难事要从容易的地方做起，天下的大事要从细小的地方做起。

细化是项目管理的法宝，它要求我们将项目的目标进行分解、细化并落实到人。福特汽车创始人亨利·福特（Henry Ford）曾说过：" Nothing is particularly hard if you divide it into small jobs。"这句话翻译过来就是"世上无难事，只要肯细分"，说的就是细化的重要。具体说来，细化就是将项目目标先分解为里程碑（阶段性目标），再运用我们后面介绍的工具 WBS（ 工作分解结构 ，是项目管理中最重要的工具之一，其体现的一个重要原则就是"细化"）将里程碑再一步步细分到 工作包 （Work Package）再到 活动 （Activity）最后到个人 任务 （Task）。分解得太粗不够细化，责任未到人，会导致项目执行偏差。只有项目的每一个任务都执行到位，项目的阶段性目标（里程碑）和最终目标才能达成。正如质量管理上的零缺陷管理一样，只有每一步都是零缺陷，最终交付的产品才可能是零缺陷。为了确保阶段性目标的实现，我们应该在每个里程碑处设立"检查站"，根据事先制定的 检查清单 （Checklist）进行阶段性评审，评审结果符合要求才能放行进入到下一个阶段。而检查清单也体现了"细化"的要求，必须"细而全"，因为检查清单的一个重要目的就是为了避免遗漏。因此，如果我们节日全家自驾旅游，其中一项就是要准备药品，但这还不够详细，我们还要在药品后面加上备注：感冒灵、创可贴、黄连素、风油精、十滴水……否则，药品是带了，但其中没有创可贴，也可能陷入窘境。项目管理中，WBS（见 3.2.15 工具 15）、检查清单（见 3.2.5）等工具都充分体现了"细化"的原则。

2. 量化（Quantization）

细化必须通过量化加以体现。量化，就是要让数据特别是数字说话。量化管理，作为项目管理中一个重要的作业方法，不仅给管理者和项目经理带来了科学的依据，而且能促进项目团队的健康成长。缺少量化管理，项目管理只能处于一种"混沌"状态。在制定项目目标时，要明确回答与项目三个要素有关的三个问题，即花多少时间、用多少成本、达到什么范围。项目三个要素之"时间""成本""范围"本身就与量化管理的三个要素——"时量""数量""质量"一脉相承。项目目标要符合"聪明的（SMART，其中：S=Specific 具体，M=Measurable 可衡量，A= Actionable 可实现，R=Relevant 相关，T=Time-based 有时间限制）"原则，SMART 中的 M 就是要求目标量化。分析项目可行性时，我们最终的输出之一就是数据，这样我们在跟相关方进行谈判时，才能用数据说话，做到有理有据可依。同样，布置任务或设定任务完成标准时要量化，选拔或考核项目成员时要量化，评估项目风险或绩效时要量化，进行项目决策时要量化，项目管理中的预测、计划、控制、报告等等也都要以量化的数据为基础。量化的初级阶段是数据化，高级阶段是信息化，借助 ERP、Lotus、微软 Project 等软件来实现。项目管理中， 项目健康诊断 PHD（见 3.2.3 工具 3）、 关键质量特性 CTQ（见 3.2.7 工具7）、 失效模式和影响分析 FMEA（见 3.2.10 工具 10）等工具都充分体现了"量化"的原则。

3. 优化（Optimization）

优化就是分析实践项目每部分所蕴含的知识，不断总结自己及他人的经验教训，将知识和实践更好地融合在一起，对现有的项目管理制度、流程、方法等进行持续改善，不仅带来进度优化（按时或提前）、成本优化（项目收益最大化）、范围优化（完成标准更高），还能提升个人及公司的项目管理能力水平。优化需要知识和经验的不断积累，是一个不断分析、总结、进步的过程。只有不断优化，个人及组织才能实现螺旋式的上升。优化最主要的目标之一就是要以最小的资源投入带来最大的项目产出。因此，资源优化是项目优化的重点：其内容包括，现有和潜在资源（人力、物力、财力等）有没有得到充分开发和利用，有没有资源浪费，资源配置是否合理，资源负荷是否平衡等。网络计划技术NPT（见3.2.16工具16）、资源直方图（见3.2.8工具8）等都是项目优化的工具。

4.固化（Consolidation）

固化，就是把项目成员所积累的一些好技术、好经验、好做法（属于过程资产）以文件的形式保存、固定下来，形成长效机制，以便传承，不会因为人员的流动而导致技术、经验、做法跟着流失。从而做到了个人知道多少，组织就知道多少，也就是将项目成员的经验（财富）转化为企业的财富，即形成组织知识库。若说成功的人做项目靠的是"法治"，那么失败者做项目很多时候靠的还是"人治"，所以，如果项目经理经验丰富方法得当，项目成功的概率就大。但弊端是，项目成员离职时，他所积累的问题解决方法、在项目实践中找到的完成某项任务的最佳方法、作业技巧等宝贵经验可能就装在脑子里带走了，新上任的项目成员可能重复遇到以前的问题或面对同样的处境不知如何是好，即便新旧交替时双方有交接传授，但仅凭记忆远远难以完全掌握要领，只好从头再来。反观国外很多大公司，它们是不怕人员流动的，因为即便人走了，经验还在——经验已经形成文件或进入项目管理手册被固化下来了。因此，就算来了新的项目成员，也能很快就上手——只需要看几天项目管理手册就知道该做什么和怎么做了。因此，项目经理要及时把项目中一些好的做法记录下来，最好形成标准化的制度、流程等共享文件，在以后的项目中进行推广普及。同时，一些错误或教训（如未预料到的风险发生造成的项目延期）也要记录下来，形成文件，确保以后的项目不再犯同样的错误。包含问题日志（问题与缺陷管理数据库）、风险登记册（风险管理数据库）等在内的项目知识库就是项目固化的工具（见3.2.2工具2）。

5.标准化（Standardization）

标准化，就是以目前认为最好的项目实施方法作为标准，让所有做项目的人都执行这个标准并不断完善它。有了标准化，项目中每一项任务即使换了不同的人来操作，也不会因此在效率与品质上出现太大的差异。因为标准化最主要的目的就是减少偏差，提高效率，降低成本，并确保工作结果的一致性，同时标准化还有利于技术储备和人才培养。只有实现标准化，项目成功才有可复制性，才能成为一种必然而非偶然。因此，应将目前的项目流程标准化，特别是同一类项目（如研发类、改善类、活动类等）应建立一套标准化的运作流程，并要求所有项目成员严格执行。如果是研发类项目，标准化的开发流程可以是华为和IBM的集成产品开发流程IPD（Integrated Product Development）：概念、计划、开发、验证、发布和生命周期六个阶段；可以是苹果的新产品开发流程ANPP（Apple New Product Process）：规划、设计、研制、生产及安装、运行、更新，同样也是六个阶段；可以是大众汽车的产品开发流程 PEP（德语 Produkt Entstehungs Prozess 的缩写）：概念开发、批量开发及批量准备三个阶段；当然，也可以是三星公司教科书式的全社商品开发标准流程 PLC（产品生命周期，Product Life Cycle 的缩写）：概念、计划、开发、量产四个阶段。如果都是改善类项目，标准化的改善流程可以是通用电气公司的六西格玛（6σ）管理的 DMAIC 方法、可以是福特的 8D 方法，也可以是丰田精益管理的 5S 方法。里程碑（验证标准，见 3.2.5 工具 5）、团队章程（行为标准，见 3.2.13 工具 13）等都是项目标准化的工具。

6.可视化（Visualization）

可视化，是指利用物理和电子手段（如物理和电子看板），让项目管理者有效掌握项目信息，使与项目有关的信息实现可视化，进而实现管理上的透明化。简言之，就是将项目用一目了然的方式展现出来。可视化管理能让项目流程更加直观，并使信息得到更有效的传递，起到方便沟通、减少差错、提高效率的重要作用。有了可视化管理，可使项目进展状态公开化，项目成员干什么、怎样干、干多少、什么时间干、在何处干、进展如何等问题都清楚明了，这就有利于项目组成员之间默契配合、互相监督，使拖延、违规等现象不容易隐藏。同时，可视化管理充分利用信号灯、标识牌、符号、颜色、现况板、图表、电子显示屏等方式发出视觉信号，快速传递信息，以便任何人都可以及时掌握现状和必要的信息，从而能够快速判断并进行应对。即使项目成员之间、部门之间并不相互了解，但通过眼睛观察就能正确地把握项目的进展状况，省却了许多无谓的请示、命令、询问等环节，可以迅速而准确地传递信息，使得管理系统能够高效自主地运行，从而提高工作效率。因此，项目经理应充分利用看板、视频、各种项目管理软件等方法使项目管理过程可视化。一页纸项目管理（见 3.2.1 工具 1）、资源池（见 3.2.8 工具 8）等，都是项目可视化的工具。

7.文化（Culturalization）

项目管理的最高境界就是形成优秀的项目文化，而文化的动力是生生不息的。这也正是丰田成功的秘诀。"丰田之道（The Toyota Way）"崇尚持续改善（Continuous Improvement）和尊重人性（Respect for People）的文化，让全世界"有路必有丰田车"。以培养了近 500 名世界五百强 CEO 而被誉为商界黄埔军校的通用电气公司杰克·韦尔奇时代的六西格玛文化、独占全球移动设备市场 66% 利润的苹果公司史蒂夫·乔布斯时代的非同凡想文化、2020 年因为 N95 口罩"一罩难求"而被全国人民熟知的 3M 公司威廉·麦克奈特时代的"酿私酒"文化①，无不支持公司的改善、变革、研发等项目的成功，这些著名的企业文化也成为公司发展壮大的重要基石。

项目文化作为企业文化的有机组成部分，是项目管理过程中形成的项目所特有的共同理想、经营理念、管理行为、社会责任、施工形象、价值观念、工作作风、生活习惯

---

① 指 3M 公司于 1948 年推出的"15% 规则"——研发人员每星期可以拿出 15% 的工作时间（一个整天）研究自己感兴趣的东西。成立于 1902 年的美国 3M 公司（明尼苏达矿务及制造业公司，Minnesota Mining and Manufacturing 的简称）几乎是创新的代名词，平均每天推出 1.7 个新品，最为大家熟知的产品就是报事贴（POST-IT）。

和行为规范的总称，其核心是项目组织所遵循的核心价值观（如团队合作、诚信、担责等），可谓项目的"灵魂立法"和项目管理的核心。它内在地决定了项目成员在项目实践中的行为取向，一个"好的"项目文化能最终引导项目成员向共同的项目目标努力。试想一下，一个不遵循"守时"文化（甚至奉行"凡是按期完成的项目都是不正常的"理念）的项目组织，如何确保项目成员都按时完成项目任务、按时参加项目会议、及时汇报项目进展、及时总结经验教训呢？因此，项目经理应通过加强项目文化建设，更好地发挥其在项目管理中的强大引领作用，在项目内部形成交付及时、知识共享、团队合作、责任担当的氛围，使自己及整个项目团队完成一个螺旋式上升的发展过程，同时不断提升企业整体的项目管理能力。项目文化建设将在笔者的另一部著作——《项目领导力：打造高绩效担责团队》中重点阐述。

1.4.2 透过选址和运营[①]对比肯德基与中式快餐的不同管理模式

《中国餐饮报告2018》指出，近两年（指2018年之前的两年）新开餐厅平均寿命为508天，众多知名品牌如金钱豹、千秋膳房、代官山、湘鄂情等纷纷倒闭。然而，在诸多餐饮品牌中，肯德基（Kentucky Fried Chicken，肯塔基州炸鸡，简称KFC）可谓一枝独秀，自从1987年肯德基在中国的第一家餐厅——北京前门店开业以来，它击败了包括麦当劳在内的众多国内外品牌，坐稳了中国餐饮市场上第一品牌的位置。

肯德基，1952年由美国的哈兰·山德士（Colonel Harland Sanders）上校创建，隶属于百胜餐饮集团（Yum!）。百胜餐饮集团1997年从百事集团（PepsiCo Inc）独立出来，是全球仅次于麦当劳的快餐集团，旗下除肯德基外，还拥有必胜客、塔可钟、东方既白、小肥羊等品牌。截至2019年年底，百胜中国在中国内地1 300多个城镇经营着9 200家餐厅，其中肯德基门店数达到6 534家。

肯德基中国开店的成功率近100%，其成功的两大秘诀就是本土化加上"七化"，特别是"七化"中的标准化。"七化"，反映的是精细化，细节决定成败。我们从几个小细节上将肯德基与国内的快餐企业进行一下对比，由此就能了解为什么我们的快餐企业要么做不大、要么"死"得快了。

1. 量化和可视化

我们先来看肯德基油炸类食品的加工。肯德基炸油条、薯条都有明确的油温和时间要求。比如，肯德基炸薯条预热炸锅，电脑板显示"DROP"，温度为350F±5F，炸制时间为2分45秒，炸到2分15秒时，炸锅会叫，提醒工作人员把炸篮摇一摇，使烹炸均匀，避免薯条粘在一起；摇篮时薯条不可露出油面；提起炸篮，倾斜45°，滴油5秒……

我们再看看当年新亚大包和永和大王[②]的做法。总部位于上海的新亚集团当年旗下有两大红极一时的快餐品牌：一个是创立于1991年的荣华鸡，早就荣华不再了；另一个创立于1997年的新亚大包，而今也是盛极而衰。当年新亚大包的生煎包，那可是

---

① 项目是一次性的，而运营是重复性的。从一定角度上讲，可以视运营为重复性的项目。
② 分别发端于上海和台湾的快餐品牌。

有时浓烈（味道时浓时淡）有时薄（皮有厚有薄）的。操作师傅判断生煎包是否合格的标准，也是所谓的"可视化"——炸到金黄色即可。这种凭感觉对食品加工进行控制的理念，一直贯穿在新亚大包将近6年的运作中，甚至被写入了"操作手册"。2004年初，永和大王在北京和上海的一些门店相继出现"氨气油条"，集团品控部主管的说法是，可能是醒面时间不够，也可能是油温不够所致（没有量化的时间标准）。同一年，永和大王被菲律宾规模最大的餐饮连锁集团快乐蜂集团（Jollibee Group）①收购。快乐蜂成功的三个绝招里有一个就是学习西方快餐企业的先进管理经验，特别是标准化管理模式（另两个是适合当地人口味和提供快乐）。没有标准化就会产生偏差，没有量化就只能靠经验，没有可视化就只能凭感觉，结果就是导致永和大王的油条、新亚大包的生煎包等，做得忽好忽差、品质不一，产品质量缺乏一惯性，自然影响到企业经营的稳定发展。

2.细化

对快餐企业而言，最重要的项目就是开店选址。正如山姆·沃尔顿（沃尔玛创始人）所言："连锁经营成功的关键有三个条件：一是选址，二是选址，三还是选址……我们不仅希望处于一条合适的街道上，而且还要求位于这条街道的合适的一侧。"

选址能力是肯德基的核心竞争力之一。KFC有一整套的科学选址方法。肯德基快餐店的选址非常严格，选址决策采取两级审批制度，必须通过两个委员会——分公司和总公司新址审批委员会的同意，其选址的成功率几乎是100%。肯德基选址首先要做商圈调查，商圈调查的要素包括：人潮流量、车潮流量、交流便利情况（目前及未来可能增减的运输工具）、马路宽窄（是否单行道，中间有无隔离带、双向带与停车问题）、区域特性（商业氛围、竞争店、互补店、金融机构、文教与休闲设施等）、人口勘测（该区人口数量、消费习惯等）、商圈勘测（主要及次要商圈范围、租金价位）。在选址上，肯德基会有打分模型。比如，某个地区有一个大型商场，商场营业额达1 000万元的加1分，5 000万元算5分；有一条公交线路加1分，有一条地铁线路加2分。通过细致的打分，根据累计分值把商圈划分为不同等级：一级商圈、二级商圈和三级商圈。为了准确评估人流量，发展部人员会精准考察人流活动的线路，即人流动线。古语说"一步差三市"，开店地址差一步，买卖就会差三成，这跟人流动线有关，可能有人走到这里就要拐弯，则这个地方就是客人到达不了的地方，虽然差了一个小胡同，但是生意会差很多。要考虑人流动线的因素，比如人从地铁出来后要往哪个方向走，肯德基就会派人去掐表测量，建立一套完整的数据后才确定开店位置。同时，对于人流量的大小也要精准计算。比如，测算店前人流量，就要在计划开店的地点掐表计算经过的人流，测算单位时间内多少人经过这里。除了该位置所在人行道上的人流外，还要考虑马路中间和马路对面的人流量。马路中间的人流只算骑自行车的部分，开车人群不算。是否计算马路对

---

① 1975年由菲律宾华人陈觉中创立，从两家冰淇淋小店发展到现在全球超4 000家门店，是国际知名的大快餐连锁店，并以在本土打败麦当劳而闻名菲律宾。2019年其全球排名第24位（根据分店数量排名，且排名包括咖啡连锁店）。

面的人流量要看马路的宽度，路较窄就算；路宽超过一定标准，比如设有隔离带的，顾客就不可能再过来消费，因此就不算。肯德基采集的人流数据会被输入专用的计算机软件，由此就可以测算出在此开店的前景（预计营业额，推算租金承受力。比如一天2 000元保本，客单价20元，意味着一天需要100人进店，那就要判断路过的人能不能进来100人，如果可以，这个铺位就可以开了，这就是用盈亏平衡线倒推选址）和投资额的上限（即投资额超出什么标准这家店无法实现盈利）。反观中式快餐，常常因选址失误而受损。比如，宝龙咖喱北京的第一家店就选错了位置，主要人流动线不经过这里，即使在高峰期也坐不满，节假日更是惨不忍睹，所以很快就关店了。

3.优化

很多中式快餐连锁企业的情况是，开一家店成功了，但不知道为什么成功的，还以为自己掌握了秘诀，就去开第二家、第三家店，结果以失败告终；或者，第一家店失败了，就彻底退出市场。这些都是盲目行为，都缺乏对发展规律的研究。比如，1995年创立、10个月迅速蹿红的郑州红高粱，想与肯德基一较高低，过分乐观地盲目扩张，导致资金链断裂，1998年就经营不下去了。就计划而言，肯德基在开新店或营运中都会充分考虑各种可能的风险，并提前采取规避措施。比如，肯德基在开新店前，要向有关部门了解并确认所选地址在未来3年内没有被征用或拆迁的风险。1986年创立、原本计划在北京开设10家连锁店的武汉小蓝鲸，在北京开设的第一家店就遭受了拆迁的打击，被迫关店，而这第一家店开张时曾被媒体非常高调地宣称"小蓝鲸北京旗开得胜"，之后十多年，小蓝鲸都没能再现于北京餐饮市场。就生产层面而言，肯德基的食物都有严格的保存时间限制（如香辣鸡腿堡15分钟、薯条7分钟），说明肯德基有严格的生产计划。而当年荣华鸡的员工经常可以低价买到当天营业后的剩余产品，说明生产的计划性欠缺，或者说只有个很粗略的计划，并不是根据销售、季节等因素做出的精准计划。

4.固化

日积月累到今天，全国几千家的肯德基老店为其新店选址提供了丰富的、可资借鉴经验，同时还拥有强大海量的数据库，足以支撑其为新址的选择做出准确的评估，也为新址给出了具体的营业额预估数据。这些都是宝贵的经过固化的过程资产。而反观中式快餐企业，几乎没有过程资产的积累和固化，只有停留在少数人脑子中的"经验"，缺少传承和升华，这成为企业发展无法弥补的短板。

5.文化

肯德基精心打造以"认同鼓励"闻名的企业文化，不断对优秀员工进行表彰和认同。如针对开店人员的"红砖奖"，意为表彰市场开发的基石作用。而富有特色和创意的企业文化在我国很多企业特别是中式快餐企业中都是比较薄弱的。

6.标准化

我国著名科学家钱学森曾给快餐下过这样的定义：（快餐就是）烹饪的工业化。

的确，产品生产的标准化是快餐的一个必备条件。肯德基公司仅标准化手册就有上百套，涵盖了从开店（《肯德基加盟手册》）、原材料采购（《肯德基供应链质量管理手册》），到营运（《肯德基营运标准手册》）、行销（《肯德基单店行销手册》）等方方面面的操作标准。肯德基最大的竞争对手、全球快餐业的龙头老大麦当劳，仅其烹饪宝典就厚达560页。肯德基所有的开店项目都严格遵循从选址到营建再到开业的三步标准流程，才得以使每家新店获得成功。其编纂的整套的开店手册，对开店过程中的不同阶段和环节都积累有各种经验表格与数据，供开店人员参照使用。负责开店的开发部下设新店开发、网络规划和资产管理三个团队，先是新店开发团队去选址，然后网络规划部去评审新址的合理性，之后资产管理部去签约，最后由营建部负责营建。反观中式快餐企业，大多数根本就没有标准化的流程，即使有很粗略的流程，实际操作人员也不严格地予以执行，比如经常跳过流程中的步骤，只为省事或取巧。

1997年，新亚集团总裁姜伟因荣华鸡倒闭而闭门思过两年后，归纳出了"二十大失误"，其中一大失误就是"管理规章不实不细"。姜伟有一条刻骨铭心的教训：法规的制定仅仅是第一步，其后必须增加两方面的内容，即法规实施细则和实施检查细则。新亚集团是上海旅馆、餐饮行业中最大的集团。集团内国家级的厨师大概就有几百名，要说产品开发能力、了解食客口味的能力，肯德基绝对比不过它，但问题出在哪里呢？问题恰出于这些名厨。这些名厨都是手工化操作，教徒弟没办法标准化。一个厨师如果昨天晚上多喝了一口酒，今天的口味可能就不一样了；今天早晨如果多吃了一点咸菜，与昨天的口感又不一样了。所以，每天烧出来的菜味道是很难一样的；教出来的徒弟更是不一样。因而，中餐食品难以根据标准进行批量化生产。新亚集团的领导层总结认为，肯德基的真正优势在于其产品背后的一套严格的管理制度。肯德基在进货、制作、服务等所有环节中，都有着严格的质量标准，并有着一套严格的规范保证这些标准得到一丝不苟的执行，包括配送系统的效率与质量、每种佐料搭配的精确（而不是大概）分量、切青菜与肉菜的先后顺序与刀刃粗细（而不是随心所欲）、烹煮时间的分秒限定（而不是任意更改）、清洁卫生的具体打扫流程与质量评价量化，乃至点菜、换菜、结账、送客、遇到不同问题的文明规范用语、每日各环节差错检讨与评估等等，上百道工序都有严格的规定。比如，肯德基规定它的鸡只能养到第七星期，一定要杀，到第八星期虽然肉长得最多，但肉的质量就太老了。而包括荣华鸡在内的所有中式快餐，恐怕都没有考虑到这些，或者即便考虑过也没有细致到这种程度。而这也是荣华鸡在与肯德基的较量中败走麦城的原因。说到底，我们不能简单地从产品质量和结构来看竞争优势。竞争优势归根结底是管理的优势，而管理的优势则是通过细节体现出来的。肯德基就有这种把细节融入其经营中的标准化的东西。

肯德基的成功秘诀是"本土化+七化"，作为本土企业的中国快餐品牌，想要超越肯德基，"七化"之路任重道远：<u>粗的细化，细的量化，量的优化，优的固化，固的标准化，标准的可视化，可视的形成文化</u>！希望正在逐步缩小与洋快餐差距的中国的真功夫、老乡鸡等本土品牌能早日击败肯德基，并真正走出国门，成为快餐业的华为！

1.4.3 千变万化，归于"简化"

爱因斯坦曾说过："每件事都应该简单到不能再简单为止。""七化"固然重要，但我们不能为了追求"七化"而将简单的项目复杂化，复杂的项目无序化。即便是复杂的项目，我们也要遵循"删繁就简"的原则，化繁为简。

本书在3.2.1工具1中，将详细介绍笔者利用微软办公软件Excel研发的"一页纸项目管理（PMP）"，帮助项目经理轻松实现"七化"。

1.4.4 项目经理在"七化"应用上的自查清单

项目经理可以对照下面的清单（表1-3）看看自己在"七化"应用上都存在哪些问题（请在自己做到的行为前的方框内打"√"，未做到的行为前的方框内打"×"），并制订相应的改正行动计划。

表1-3　　　　　　　　　　项目经理在"七化"应用上的自查清单

"七化"应用上存在的问题	改正行动计划
1.细化 □ 应用WBS分解项目时会细分到个人执行的任务 □ 应用里程碑进行阶段性评审时会利用事先制定好的检查清单	
2.量化 □ 制定目标时遵循SMART原则 □ 与相关方谈判时运用可行性分析的数据 □ 接活、选人、派活、考评、决策、计划、控制等工作皆基于量化的数据	
3.优化 □ 不断总结经验教训，形成个人、项目及组织的持续改善	
4.固化 □ 积累项目过程资产，使隐性知识显性化，显性知识标准化 □ 建立项目知识库，在组织中推广和应用项目最佳实践	
5.标准化 □ 建立标准化的项目流程和项目管理手册，减少人为偏差	
6.可视化 □ 应用物理和电子看板、VR、AR、专业项目管理软件等方法使项目过程可视化，管理透明化	
7.文化 □ 创建积极正向的项目文化，引领项目成员向共同的项目目标努力 □ 身先士卒、率先垂范，践行积极的项目文化	

1.5　九错

1.5.1　项目经理经常犯的九大错误

项目经理常犯的错误有以下九条：

1.上来就干（Just do it）

上来就干，指很多项目经理接到项目任务后，都没想清楚能不能做、如何做等问题，上手就做。结果，干着干着发现干不下去了，项目以失败而痛苦地告终。

<u>上来就干的一个典型行为表现就是</u>"三边工程"：边计划、边实施、边调整。前期只有一个很粗放的计划，有的甚至连计划都没有，就开始实施，干一步算一步。甚至有一些项目经理以"工期太紧，哪有时间做详细的计划""计划赶不上变化"为由，忽视前期项目计划的重要性。殊不知，良好的计划是成功的一半，项目成功离不开前期完善的计划。

计划很重要，但还有比计划更重要的，就是项目前期的定义（Project Defining）。项目定义包括明确项目背景、目标、范围、相关方及其要求、假设、风险、限制因素、成功标准等。定义错，方向就会错，计划再好也没用。很多公司项目失败，就是因为前期未做好定义工作，如目标太高、范围不明确等。

我们在项目管理方面一个显著特点是，做项目前期定义及计划花费的时间不长，而西方人则正好相反，在这方面花费的时间很长。项目管理中有一个"三七原则"，即你花在项目前期定义及计划的时间应该至少占70%，而后期执行、监控及收尾则占30%。

因此，要当好项目经理，在接到项目任务后，必须想清楚能不能做、如何做，对项目进行清晰的定义和完善的计划，才能确保项目成功实施。

2.小气病（Be a "miser"）

小气病指项目经理对别人过分苛待，亦称为吝啬病。

<u>小气病的第一个典型行为表现就是吝啬表扬</u>：项目经理平时很少夸赞项目成员，但在发生问题后，喜欢甚至习惯性地把问题反映给项目成员的直接上司或管理层（经常是通过邮件抄送的方式）。这会导致项目成员及其直接上司负面情绪的产生，给以后的合作埋下隐患。比如，某公司一位项目成员负责的项目任务迟了1天才完成，当他看到项目经理将此事抄送给了自己的领导后，直接告诉项目经理："以后不要找我干活了！"

哈佛大学著名教授威廉·詹姆斯（William James，1842—1910）曾说过："人性中最为根深蒂固的本性就是渴望受到赞赏。"每个人都有优点，所以项目经理要善于发现项目成员的优点，并毫不吝啬地称赞。这样，才能最大限度地激发下属的潜能。著名管理大师卡耐基说过："当我们想改变别人时，为什么不用赞美来代替责备呢？纵然部属只有一点点进步，我们也应该赞美他。因为，那才能激励别人不断地改进自己。"每个人都需要赞美和表扬，就如同植物需要阳光。著名的心理学家杰丝·雷尔曾说过："称赞对温暖人类的灵魂而言，就像阳光一样，没有它，我们就无法成长开花。但是，我们大多数的人，只是敏于躲避别人的冷言冷语而我们自己却吝于把赞许的温暖阳光给予别

人。"所以，作为项目经理，更不能吝啬赞美和表扬，一定要给项目成员多一点"阳光"。你若赠人玫瑰，你手必留余香。

总之，项目经理平时要多表扬项目团队的成员，特别是要认可平时通常会被忽视的贡献，更要刻意在公开场合（如团队会议、高层汇报会议等）和任何团队文件（如纪要、公告栏等）的显著位置宣传做出贡献的项目成员，并向发起人、部门主管、客户等介绍其良好的工作表现（如当着领导或甲方的面表扬项目成员，让他觉得很有面子，帮他树立威信）。建议项目经理每当项目关键里程碑或节点（如合同签署、样件认可、验收合格）顺利完成后，特别是整个项目结束后，要及时地发出"感谢信"：一方面告诉大家项目关键里程碑或节点顺利完成，另一方面借这个机会感谢为此里程碑/节点或项目做出贡献的项目成员。好话也要好好说，就是，感谢一定要真诚、要及时、要具体，说清楚谁为了什么做出了什么具体的贡献，不能太笼统。这封感谢信不仅要抄送项目成员本人，更要抄送其直接上级及管理层、发起人。这样做的好处还有：让项目成员知道你对他们有信心；让项目成员的直接上司有知情权，让其知道项目成员在你的项目里都在做什么，同时让其因为其手下在你的项目里发挥重要作用而感觉脸上有光，为以后的顺利合作打好基础，让大家以后都愿意跟你合作、参与你的项目。有时候，转述上层领导的表扬，亦能很好地鼓舞士气。

有人借用国际通行的项目管理证书PMP的谐音"拍马屁"来说明赞美或表扬他人的重要性。美国著名作家马克·吐温曾说过："一句美妙的赞语让我多活两个月。"大文豪尚且如此，何况一般人呢？据说马克·吐温还说过："白天别人拍我马屁的时候，我的内心还有一丝惭愧；晚上睡觉前想想，觉得他们马屁拍得远远不够。"因此，项目经理光有"PMP"还远远不够，还要"PMPMP（拼命拍马屁）"。

<u>小气病的第二个典型行为表现就是对项目成员不够宽容，甚至太苛刻。</u>有些项目经理总是以自己的标准去衡量项目成员的工作，其实，项目成员有时虽然没有达到项目经理的标准，但他已经尽力了。即使成员存在一些问题，也应该给予建设性的反馈，对事不对人，帮助或鼓励其下次做好。尽管是简单的几句话，在员工心里可能引起蝴蝶效应，促使其更加努力地去做。如果只是给一些消极反馈，甚至是带着主观情绪的伤人反馈，只能彻底扼杀员工继续合作的积极性。

因此，对项目经理而言，项目成员表现良好时就要及时提供积极型反馈，就是积极明确地予以表扬；表现不好时就要及时提供改进型反馈，改进型反馈应该是积极正向的建设性提示而非单一消极的批评。两者有机的结合（一般是先表扬后批评），往往会收到意想不到的效果。美国总统柯立芝的女秘书处理公文经常出错。有一天，柯立芝总统看到她的女秘书穿了一身非常漂亮的衣服，便对女秘书说："今天你穿的这身衣服特别漂亮，更能显出你的美丽。"女秘书忽然听到总统这样的赞美，受宠若惊，脸都红了起来。总统继续说："如果你下次处理文件的时候再认真一点，我相信你处理的公文也能和你的打扮一样漂亮。"从此以后，女秘书的公文处理能力果然有提升，工作做得比以前好很多。

同时，表扬要尽量公开，批评则尽量私下——项目经理找机会与成员进行单独的一对一谈话。曾国藩所谓"扬善于公庭，规过于私室"说的就是这个意思。

3.细节综合征（Micro syndrome）

细节综合征指项目经理过于关注细节。而过于关注细节只会给项目带来混乱，降低清晰度。

细节综合征的第一个典型行为表现就是追求完美："抠细节"或"钻牛角尖"。很多项目经理，特别是技术背景的项目经理，喜欢追求完美，寻找标准答案，耽误工期不说，还会迷失自己。有些项目经理，一旦遇到项目中自己原来一直做的，或喜欢做的，或擅长做的事，就热情迸发，在上面花费太多的时间和精力，却忘记了项目经理的主要职责之一是把控全局而不是局部，是盖房子而不仅仅是打地基。更何况，现在越来越多的公司及领导越来越结果导向：领导更看重的往往是结果，而非过程。结果好，什么都好；结果不好，领导听不进任何"借口"（哪怕是合适的理由，在领导眼里也成了"借口"）。

因此，项目经理要"抓大放小"，而不要"捡了芝麻丢了西瓜"。一定要记住，假如领导要你盖座房子，就算你交不了装修房而只是交了一个毛坯房，也比你还在那里"抠细节""搞局部"强。至少先确保领导"有房子住"，这就是结果。

细节综合征的第二个典型行为表现就是喜欢审计，管得过细，试图掌控项目的每个小细节。这样的项目经理总担心别人做的事情达不到自己内心所谓"完美的标准"，就不停地审视别人的工作，象监工一样，说得好听叫指导，说的难听是审计。如果项目经理对每个细节都过问，这样做的消极结果：一是项目成员内心会感觉很不舒服，认为你对他们没有信心、不信任他们，久而久之，双方的关系就会变得疏远（这种做法一定会惹恼有经验的项目成员，干扰他们对自己技能和判断力的信心）；二是一旦团队成员失去了对一些细小事务的决策权，他们对项目的责任感就会减弱；三是导致项目经理感觉时间不够用，忙不过来，因为有太多人、太多事需要自己亲自去审计。

项目经理不可能做到对项目（特别是比较大的项目）的每处细节都了如指掌，认为自己必须无所不知、试图掌控所有细节往往会导致项目经理陷入非常琐碎的交流中而不能专注于处理那些真正需要处理的事务，从而影响整个项目的进展。因此，项目经理要分清主次、控制全局，不要什么都想盯着不放，盯的应该是重要环节（如重要里程碑、关键任务、高风险区域等），抓的应该是主要问题和主要矛盾。任务分配给项目成员后，项目经理做的不应只是盯进度、盯质量，当然也不是撒手不管，而应从关心项目成员的角度，看看自己能提供什么帮助，帮助项目成员按期按质完成项目任务。同时，给大家时间摸索和实践，获得自信；设定挑战性目标，尽可能把决策往一线靠近。

另外，有些技术出身的项目经理担心丢掉技术而失去竞争力。须知，对技术人员而言，职业发展除了技术路线，还有管理路线。项目经理走的应该是管理路线，如果想两头兼顾，可能会导致两边都顾不上。项目经理应实现从"技术"向"管理"的角色转变。

4.沦为"做事者"（Be a "DOER"）

沦为"做事者"指项目经理只会"蛮干"，不会"巧干"，导致大部分时间花在不应该做的事情上，而不是花在更重要的事情如沟通上。蛮干从来都不如巧干（Working smarter rather than harder）。

<u>沦为"做事者"的第一个典型行为表现就是：不停救火</u>。这主要是前期对各种风险预估不足，未做好或根本就没有风险计划，导致后期项目实施中不断有风险（或意外）出现，项目经理被迫象消防员一样不停地去救火。因此，项目经理在项目前期就应该确定各种可能的风险，准备相应的预防措施及应急措施，并制订详细的风险计划，这样才能做到"有备无患""防患未然"，就算风险真的发生，也能"遇险不慌"。

救火的另一个原因是不善于进行时间管理。未分清事情的轻重缓急，结果总是在做"紧急"的事，而不是在做"重要"的事。项目经理优先处理的应该是既重要又紧急的事情，然后是重要不紧急的事情，最后才是紧急不重要的事情。如果忽视那些重要但不紧急的事情，过段时间，它们就会变成既重要又紧急的事情，这时候项目经理再处理就会手忙脚乱，甚至回天无力了。比如，培养项目成员就是一件非常重要的事情，虽然目前还不是那么紧急。而很多项目经理经常以"忙"为借口，说"没时间培养成员"。长此以往，不仅成员技能得不到提升，自己还经常会陷入被动。而一旦项目中的关键成员因故离开，由于缺少备份，就会严重影响项目的进展。因此，项目经理在平常派活和干活时，就应该结合项目的轻重缓急，做好项目成员的培训工作（包括交叉培训），这样在派活和干活时才能做到游刃有余，才有更多的成员选择的空间。

<u>沦为"做事者"的第二个典型行为表现就是：不会授权</u>。不少项目经理总觉得把事情交给项目成员做不放心（尤其是项目成员还不清楚状况、做事笨拙时），不如自己做（以避免灾难性延迟和走弯路）。结果最后把自己搞得很忙、很累、很憔悴，不仅不利于项目成员成长，而且项目成员对此未必会有正面看法（通常都是负面看法，认为项目经理对自己不信任），尽管项目成员有时无所事事，但他们也会心安理得，因为他的事都被项目经理越俎代庖了。因此，项目经理应根据项目成员的成熟度进行合理授权，不能什么都亲力亲为，更何况项目经理也不可能什么都懂。之所以建立项目团队，就是因为公司相信只有通过具有不同背景的项目成员的共同努力才能达成项目目标。其次，大家参与项目是期望他们的知识、经验或技能能够帮助项目团队取得成功。如果不给他们贡献的机会，他们就会有受骗上当的感觉。所以，项目经理要给大家时间摸索和实践，获取自信。

<u>沦为"做事者"的第三个典型行为表现就是：沦为"保姆"</u>。由于项目中的职责界定不可能完全清晰，就导致一些项目任务没人去做。而项目经理由于要对项目整体负责，就自己做了。"谁做就是谁的事"——这件事就"顺理成章"地成为项目经理的"职责范围"。结果，项目经理发现自己做的事情越来越多，"职责范围"越来越大，彻底沦为"保姆"。因此，项目经理在前期进行工作分解和分工时都要到位：任务明确、职责到人。当然，这里更主要的还是整个项目进展过程中项目团队的"担责

（Accountability）"文化的建设。

沦为"做事者"的第四个典型行为表现就是：<u>不善表现</u>。很多项目经理只知道埋头苦干，不会"秀"。其实，你的领导也希望你把负责的项目成就秀出来，这样他脸上也有光。因此，项目经理要善于推销，推销项目、推销团队，当然也要推销自己，这样，不仅可以提升自己及项目在公司中的地位，还利于项目经理争取更多的项目资源。

可见，项目经理只有掌握科学的项目管理方法，才能取得事半功倍的效果，不仅可以提升项目效率与效果，还能不断提升自己的影响力。

5.沦为"受害者"（Be a victim）

项目经理要克服"受害者定式（Victim Mentality）"。所谓受害者定式，指的是把自己沦为受害者的一种心态。比如开会迟到，会解释说"路上交通堵塞"，而自己就是路上交通堵塞的"受害者"。其实为了避免路上交通堵塞，你原本可以提前半小时出门的。

沦为"受害者"的一个典型行为表现就是：<u>不停抱怨</u>——项目经理一会抱怨时间不够，一会抱怨人手不够、预算不够、资源不够、其他部门不配合等。发生问题后，也总在抱怨，找很多借口。很多领导对项目经理的一个批评就是项目经理只知道抱怨，而领导最不想听的就是抱怨，领导想听到的至少是解决方案。

项目开展过程中肯定会遇到各种各样的问题。罗尔夫·多贝里（Rolf Dobelli）在《清醒思考的艺术（The Art of Thinking Clearly）》里曾说："如果你不是解决方案中的一部分，那你就是问题的一部分！（If you are not part of the solution, you are part of the problem!）"问题总是客观存在的，项目经理需要正视问题，承担责任，解决问题，采取行动，而不是使自己沦为"受害者"。因为抱怨解决不了问题，只会增加自己以及他人的负面或对立情绪。例如，项目经理若抱怨采购的同事："订单下了这么久，东西还没到。好不容易到了，东西还不对。"采购同事可能也会抱怨你："一点不了解采购流程，全是紧急订单，缺啥了才想起来买，恨不得我们马上买到，不知道统筹计划，其实很多工作可以事先在系统里完成的。"项目经理可能在抱怨 EHS 专员（环境 Environment、健康 Health 和安全 Safety 的简写，亦有称作"HSE"的）总是以不合规为由让他整改，明显跟自己过不去："如果什么都按照 EHS 要求的去整改，那项目还怎么往下推进?!"而 EHS 专员可能也在抱怨项目经理一点不了解合规要求，纯粹乱来："如果什么都闭着眼睛放行，那还要我这个 EHS 做什么?!"

美国第35任总统约翰·肯尼迪在发表就职演讲时曾说过："不要问国家能为你做什么，而是要问自己能为国家做什么。"因此，项目经理最应反省的是"我该做什么去改变"，而不是"别人该如何去改变"，否则，只会沦为领导及他人眼里的"怨夫（妇）"，这也是不负责任或推卸责任的行为表现。项目经理要完成既定的项目目标，离不开团队"担责"文化的建设。而要让项目成员担责，项目经理首先要以身作则。正如罗杰·康纳斯和汤姆·史密斯（Roger Connors & Tom Smith）在《奥兹的智慧（The Wisdom of OZ）》中所言："如果你不是问题的一部分，你也不可能是解决方案的一部分（If you are not part of the problem，you cannot be part of the solution）。"这才是担责的正确思维。看看"我还能做什么?"这才是担责的正确行为。

6.道德管理能力欠缺（Lack ethical power）

道德管理能力欠缺指项目经理的德商（MQ）有缺陷。

项目经理的"缺德"行为表现主要有:

（1）画馅饼 （Over-commitment or over-promise）

画馅饼（或开空头支票）的一个典型行为表现就是为了忽悠项目成员干活，而做出一些兑现不了甚至子虚乌有的承诺，有时自己都忘记说了啥，但别人会记住的！在大部分公司里，项目经理的最大特点就是有责无权，而这些承诺基本都不在项目经理的权力范围内。比如，"干好了就能获得提升或有多少多少奖金"。殊不知，项目成员基本上都不是项目经理的直接下级，其能否获得提升主要由其直接主管说了算，项目经理最多只有建议权。另外，在很多企业里，根本就没有项目奖金，就算有，也是少得可怜。

因此，项目经理必须只在自己的权限范围内许诺，而一旦许诺，就要兑现。否则，自己在项目成员及他人眼中的形象会一落千丈，再想指挥别人就难了。

（2）不担责 （Lack accountability）

项目经理不担责的第一个典型行为表现就是不履行领导职责或不作为。例如，项目经理的主要职责之一就是解决项目进展过程中出现的各种问题。但不少项目经理在问题发生后，第一个反应就是把问题往上（自己的老板或更高管理层）反映。这样做时间一长的结果，只会把自己架空。管理层固然是项目经理可以利用的资源，但问题最好在自己这一层面得到解决，尽管很多问题比较复杂，牵涉面也比较广，但如果什么问题都需要去找管理层来解决，那还要你这项目经理干什么？因此，项目经理为了提升或体现自己的问题解决能力，在发生问题后，要整合各方资源，积极解决问题，这才是担责的行为表现。项目经理架空自己的另一个行为表现就是很多时候只是起一个在上下级之间或各协作对象之间传话的作用，没有把各方面的关系协调带动起来。而项目经理不应只是个"传话筒"，而应是整合各种资源和各方关系或利益的纽带。

项目经理的主要职责还包括提供及时的信息与反馈，但不少项目经理却在该反馈时保持沉默，而你的沉默也许能比你的讲话所传递的信息更多。如果项目成员的行为不当而你不及时指出他们的错误，会影响整个团队的士气；如果项目成员表现优秀而你不表扬他们，他们会觉得自己没有得到你的赏识；如果你不对决策背后的原因进行解释，大家会觉得你不信任他们；如果你不告诉大家项目的目标和公司未来的方向，下属就不知道自己该做些什么、为什么做。从项目经理人的本性来讲，遗漏是在所难免的。要想避免遗漏，只要事先检查一下项目团队的主要目标，然后与大家做必要的沟通就可以了。你可以摸一下底，了解一下大家对某些问题的真实看法，看他们的想法是不是符合你的初衷。你也可以时不时地问一问下属:"对我刚才说的问题，你是怎么理解的?"

项目经理不担责的另一个典型行为表现就是诿过，即发生问题后，把责任往项目成员或其他部门推卸。史蒂文·布朗认为:"管理者如果想发挥管理效能，就得勇于承担责任。"杜鲁门任美国总统后，便在自己的办公室挂了一条醒目的条幅："扯皮到此为止。"每一位项目经理都应该效法杜鲁门总统的格言。项目经理应该知道：不管发生什么问题，作为项目经理至少要承担领导责任；不管项目成就有多大，项目经理应该强调的是"我们的成就"而非"我的成就"。

（3）贪功怕苦（Be greedy of credit while be afraid of suffering）

与推卸责任形成鲜明对比的就是项目经理的贪功行为表现：<u>平时不愿吃苦，可一旦取得成绩，就把功劳往自己身上揽。</u>有了问题，就是别人的，那是不担责；有了功劳，就是自己的，这是贪功。项目经理应记住：功劳首先归项目成员和领导（哪怕领导什么也没干，但他不干涉你的项目就是天大的功劳）。项目经理不仅不能贪功，还要想办法帮项目成员争功要赏。哈佛大学肯尼迪政治学院的哈斯教授曾经说过："无论是谁，要在一个组织内做好，一定要做到三点：推功（不贪功）、揽过（不诿过）、成人之美（不成人之恶）。"

项目经理还要能吃苦，不能老待在办公室里不愿意下基层、到一线。项目经理要尽量跟成员一起加班，哪怕什么也不做，也要尽量跟他们在一起。有一个主心骨陪着，比一个人加班感觉好很多。加班时遇到问题，项目经理也可以帮助项目成员在第一时间解决。项目经理还要记住：自己付出的辛苦最好不说或者少说，或者放在最后说。

（4）功利性太强（Be too utilitarian）

功利性太强的<u>一个典型行为表现就是：片面强调项目的重要性，而忽视项目成员等相关方的要求。</u>很多项目经理满脑子就是"我的项目（My Project）"，却忘记了每个相关方都有各自的目标。实践证明，越是想将项目目标凌驾于他人目标之上，越是适得其反。对于很多项目成员而言，除了项目任务，他还要完成本职工作任务。一般情况下，他更看重的是本职工作任务，因为大部分公司最终的绩效考核都是由其直接上司说了算，而不是项目经理。而且，项目成员有时会同时参加几个项目，不同的项目任务及本职工作任务之间的优先级界定不是由项目经理说了算，而是由项目成员说了算。更何况，人们普遍关注的是"这对我有什么好处（What'sin it for me）?"如果参加项目能学到东西或获得奖金回报，项目成员的积极性会大增，尽管在很多情况下项目成员参与项目能获得的好处寥寥无几。

因此，项目经理除了关心"项目目标"，还要关心项目成员的"个人目标"，并提供力所能及的帮助，努力实现"双赢"：在帮助项目成员实现"个人目标"的同时实现"项目目标"。

（5）说谎（Tell lies）

项目经理要说真话。还在讨论中的话题必须对外保密，但要注意保密的方式。要是让别人知道你在撒谎，你就会失去他人对你的信任。你也可以不必说谎，当被问到需要保密或敏感的话题时，你要学会说"我不便透露相关情况"或者"这个事情我还不能说太多"，而且要牢记：一定要做到前后一致，不要自相矛盾。当然，无奈之下的"善意的谎言"除外。

有的项目经理在向上汇报项目进展时，喜欢"报喜不报忧"，这是<u>故意隐瞒问题和事情真相</u>，也是说谎的表现。项目经理汇报时要客观，既"报喜"又"报忧"，而且在"报忧"的时候不只是反映问题，更要提出整改建议。

（6）<u>不公正（Be unfair）</u>

不公正的典型行为表现就是在派活或者论功行赏时不能公平地对待每一个项目成员。不公正往往是出于私心，比如照顾自己或者重要人物的"关系户"，或是存有偏见或错误的认知；再比如不了解实际情况，被一些只会动口不会动手的项目成员所蒙蔽，以为他们的付出或功劳比那些只会埋头苦干的项目成员大。不公正的行为表现会严重影响整个项目团队的士气，甚至造成项目团队的分裂，进而影响项目的正常运行。因此，项目经理必须公正对待每一位项目成员。

（7）不尊重他人（Do not respect others）

有很多行为都能体现出对他人的不尊重。例如，拿鸡毛当令箭，对项目成员颐指气使；与他人交流时无视对方或不善倾听或动不动就打断他人；开会迟到或开会时忙着处理自己与项目无关的事务；公开场合谈论别人的隐私……每个人都渴望得到别人的尊重，正如你渴望得到别人的尊重一样。对别人的不尊重只会引起对方的强烈反感，中止对方与你继续交流与合作的意愿。因此，项目经理要<u>以包容的心态与项目成员交流，充分尊重他人</u>（的观点、建议、隐私、价值观等），更不应以年龄、性别、信仰、肤色、级别、财富等的差异性歧视他人。

项目经理要尽量与团队成员共同决策、计划。由项目经理一个人定义和计划好项目工作，然后传达给团队成员去执行，这样的做法不好，因为团队成员会感觉他们在执行你的计划和命令，绩效可能会受影响，正如一个生产主管所评价的那样："项目经理就知道闭门造车，一个人关起门来做执行不了的计划，一点不考虑生产上的实际情况。如果他来问下我们，至少体现了对我们的尊重。"

（8）威逼利诱他人（Threat others with inducements）

威逼利诱他人的<u>一个典型行为表现就是动不动就拿老板或客户来压项目成员</u>，甚至带着威胁的口吻，说"老板要求的或客户说的，如果你不怎么样，就会怎么样"等诸如此类的话，这会让项目成员听了心里很不爽。可能说一次还有效，但若经常用此手段，压迫之下的负面反弹效应就会显现，导致项目成员的消极怠工甚至是公开抵制。因此，项目经理应充分调动项目成员的积极性，在说服他人时要动之以情、晓之以理，让对方有干活的内在动力而不是外在的压力。

7.犯同样的错误（Make repeated mistakes）

犯同样的错误的<u>一个典型行为表现就是：每次项目结束后，项目经理都不会或很少总结经验教训</u>，结果下次开展项目时又犯与上一个项目同样的错误，甚至多次犯同样的错误。

因此，项目经理不仅要善于总结每个项目的成败得失、经验教训，还要善于吸取他人项目的成功经验与失败教训，使自己今后的项目有借鉴与模板，形成项目管理上的持续改善。

不犯同样的错误不代表项目经理可以犯不同的错误。大部分错误其实都是可以避免的。有些项目经理还拿"试错（解决问题、获得知识常用的方法，即根据已有经验，采取系统或随机的方式，去尝试各种可能的答案）"作为借口，去容忍自己的不断犯错。要知道，犯错不仅会浪费不必要的资源，造成不必要的损失，还会造成相关方特别是发起人的不满。即使是有若干方案供选择，亦要事先做好充分评估，看哪个方案值得一试。没有一位发起人会受得了你在那儿不停地挖坑，却没有一个坑出水。更不要说那些明明知道错了，却还要一错再错、撞了南墙也不回头的项目经理。

8.意识不到错误（Be Not Aware of the Mistake）

人贵有自知之明，然而项目经理最致命的错误就是意识不到错误。因为多年的行为养成了习惯，而习惯成了自然，以致产生了思维定式——项目经理根本就意识不到的自己存在多年的行为习惯。比如，有些项目经理说话很直，自己意识不到，因为多年以来一直是"直话直说"，更意识不到他的话可能对他人造成极大的感情伤害。有些项目经理在遇到不是很懂技术的客户时，还喜欢用很"技术的语言（尤其是一些晦涩难懂的'术语'）"尝试去说服对方，不仅效果如同"对牛弹琴"，还让客户心里感觉非常不舒服。还有那些从来都吝啬表扬的项目经理、很少聆听他人的项目经理、经常对他人发脾气的项目经理、凡事喜欢亲力亲为的项目经理……都是不可取的。因此，项目经理要经常反省自己，并经常听取他人对自己的反馈，以提升自己的自知力，明确自己的不足之处，并加以改善。

9.想当然（Take things for granted）

想当然就是项目经理凭主观想象，认为事情就该这样或就该那样。

项目经理想当然的第一个典型行为表现就是过分乐观。例如，在做项目计划时，以为某项任务可以很快搞定，结果却迟迟搞不定。而在估计任务跨度或成本时，人们通常都是太乐观，过于乐观通常又都是对各种风险预见不足。因此，项目经理在整个项目管理过程中要把风险管理贯穿始终，从接活到完活都要充分考虑各种风险因素。

项目经理想当然的第二个典型行为表现就是拍脑袋做决策。做决策时，根本没有进行深入的调查研究和认真的可行性分析，也没有征询相关方的意见，只是凭自己的主观臆断。因此，项目经理一定要杜绝项目管理上的"六拍"——拍脑袋决策，拍肩膀派活，拍胸脯保证，拍桌子执行，拍大腿后悔，拍屁股走人。

项目经理想当然的第三个典型行为表现就是进行不合理的假设："我以为……"例如，未经充分沟通就以为自己了解了客户或老板的真实需求，或是以为项目成员理解任务的具体要求。假设都必须经过检验，因为假设一旦错误，就会成为风险，你想要实现的结果与实际完成的结果会有巨大的反差。

技术出身的项目经理还会犯这样一个错误：对自以为简单的问题，分配任务给项目成员时会夹带着技术细节并流露出问题的简单性。比如，项目经理不应该说："这个任务很简单，只要如何如何就OK了，5分钟搞定，交给你了。"而应该说："这个任务你比较擅长，比较急，相信你能尽快完成。"

1.5.2　项目经理常犯的九大错误自查清单

以上就是项目经理经常犯的九大错误。当事者可以对照表1-4所列的清单，看看自己身上都存在哪些问题（请在与自己曾犯过的错误相对应的行为表现前的方框内打"√"），并制订相应的改正行动计划。

表1-4　　　　　　　　　　　　**项目经理经常犯的九大错误自查清单**

项目经理九大错误	改正行动计划
1.上来就干 □ 在缺少清晰定义和周密计划的情况下就开始项目	
2.小气病 □ 平时很少夸项目成员（吝啬表扬） □ 对项目成员不够宽容	
3.细节综合征 □ "抠细节"或"钻牛角尖"（追求完美） □ 喜欢审计、过问每个细节 □ 担心丢掉技术而失去竞争力	
4.沦为"做事者" □ 不停救火 □ 不会授权 □ 沦为保姆 □ 不善表现	
5.沦为"受害者" □ 不停抱怨	
6.道德管理能力欠缺 □ 画馅饼（开空头支票） □ 不担责（不作为和诿过） □ 贪功怕苦 □ 功利性太强 □ 说谎 □ 不公正 □ 不尊重他人 □ 威逼利诱他人	
7.犯同样的错误 □ 很少总结经验教训，几个项目犯同样的错误	
8.意识不到错误 □ 缺少自知之明，意识不到自身的缺点或所犯的错误	
9.想当然 □ 过分乐观 □ 拍脑袋做决策 □ 进行不合理的假设："我以为"	
10.其他错误（请列出） □ □ □	

1.5.3 项目成员经常犯的九大错误

项目经埋不仅要避免自己犯表1-4中所列的错误，还要帮助下属团队成员避免并改正他们容易犯的错误。项目成员经常犯的错误有（当然，项目经理经常犯的错误如细节综合征等，项目成员也会犯）：

（1）学生综合征（Student Syndrome，又称项目拖延症）

（2）帕金森综合征（Parkinson Syndrome，又称官场病，与帕金森病没有任何关系）

（3）动力不足综合征（Underload Syndrome）

（4）裕量过多综合征（Overmargin Syndrome）

（5）言语巨人症（Talking Giantism）

（6）忙碌症（Busyness Syndrome）

（7）懒人症（Laziness Syndrome，布鲁氏菌病的俗称，为乙类传染病）

（8）责任心缺失症（Accountability Deficiency）

（9）其他疑难杂症（Other Intractable Diseases）（详细介绍及应对策略参见笔者另一本著作《项目领导力：打造高绩效担责团队》）

第2章

项目管理过程

任何项目，无论大小，都可以按照本书开头插页图中所描述的"项目管理的十五个步骤"去运作。

由此插图可以看出，有三个步骤贯穿了整个项目的始终，它们分别是：过程资产积累（PAA，Process Assets Accumulation 的简称）、项目健康诊断（PHD，Project Health Diagnosis 的简称）和团队建设管理（TBM，Team Building & Management 的简称）。这也显示了这三个步骤的重要性。

第一个贯穿项目始终的步骤——过程资产积累。

项目所处的环境可能对项目的开展产生有利或不利的影响。这些影响的两大主要来源为事业环境因素（Enterprise Environmental Factors，简称 EEF）和组织过程资产（Organizational Process Assets，简称 OPA）。事业环境因素源于项目外部（包括组织内部和组织外部）的环境，是指项目团队不能控制的，将对项目产生影响、限制或指令作用的各种条件。所谓组织过程资产，是执行组织所特有并使用的计划、过程、政策、程序和知识库，会影响对具体项目的管理。组织过程资产包括来自任何（或所有）项目执行组织的，可用于执行或治理项目的任何工作、实践或知识，还包括来自组织以往项目的经验教训和历史信息。组织过程资产积累的目标是：快速实现组织过程资产的增值、为组织的发展过程提供高质量的资源、为个人发展提供学习的样板、为决策和奖励提供客观证据。

在整个项目期间，项目团队成员可对组织过程资产进行必要的更新和增补。组织过程资产可分成以下两大类：一是过程、政策和程序；二是组织知识库。第一类资产的更新通常不是项目工作的一部分，而是由特定的部门（如项目管理办公室或项目管理部门）完成。第二类资产是在整个项目期间结合项目信息而更新的。例如，在整个项目期间会持续更新与项目绩效、经验教训、问题以及缺陷相关的信息。

绝大部分公司存在的普遍问题在于，缺少过程资产的积累，从而导致一系列的问题：老员工走后经验流失、新员工来后很难快速培训就位、不同项目中反复犯同样的错误、项目的有关文档都是按项目成员个人喜好存放在"个人文件夹"里（即便是自己找起来有时都比较费劲）……

因此，项目经理应要求所有项目成员从项目一开始直至项目结束都及时将与项目有关的所有信息按公司的统一规定进行存档，形成该项目的知识库，进而成为组织知识库的有机组成部分。这是对项目知识进行有效管理的必要工作，是实现"七化"之固化的必要途径，也是项目成功关键因素里面应该落实的一个非常重要的"收益"。最简单的方式就是在一页纸项目管理 PMP 表格中增加一个窗口——"项目知识库（Project Repository，简称 PR）"，按项目阶段（如设计阶段文件），亦可按文档性质（如商务类文件），或按其他分类（如国际标准化组织 ISO 的要求或国标 GB 的要求），建立项目级别的项目知识库，并在每个文件名称后加上该文件的链接（点击"插入>链接（🔗 链接）"即可）。PMP 文件及插入的文件必须放在公司的公共平台上，这样，所有项目成员及其他员工都可以随时点击阅读。

第二个贯穿项目始终的步骤——项目健康诊断 PHD。

通过对项目定期（结合项目阶段、关键里程碑或节点、汇报日期或检查日期）或不定期（项目一旦出现 PHD 中列出的不健康征兆）的"体检"，可以及时了解项目的健康状况（亮红灯表示不健康、亮黄灯表示亚健康，亮绿灯表示健康）并识别导致项目亚健康或不健康的根本原因，供项目管理人员及公司管理层及时制定相应的项目决策。一般的项目体检工具，如挣值管理，仅针对项目的进度、成本和范围三个方面进行检查，且只在项目执行阶段进行检查，具有很大的局限性。但 PHD 有四大优势，其中的两个就是"全领域"（针对整合、进度、成本、范围、质量、风险、沟通、采购、资源和相关方的所有十大知识领域）和"全过程"（贯穿从项目启动到收尾的所有五大过程组）。PHD 的第三大优势就是定位精准。一般的项目体检工具，如刚才所说的挣值管理，只是告诉你问题（如进度延迟）及其严重性（如花费严重超支），但并不告诉你是什么原因导致了这些问题。PHD 则不然，它直接告诉你项目亚健康或不健康的根本原因，便于你对症下药。PHD 的第四大优势就是快速，只需要 15 分钟左右的时间就可以完成整个项目的体检和诊断。PHD 是一页纸项目管理 PMP 中的重要组成部分。用好 PHD，你就可以当上项目管理的博士（Project Handling Doctor，PHD 的全拼）了！我们将在后面详细介绍这一步骤。

第三个贯穿项目始终的步骤——团队建设管理 TBM。

团队运行得好坏，是项目成功与否的一个关键因素。因此，项目经理从一开始就要重视团队的建设和管理工作，致力于打造高绩效担责团队。我们也将在后面详细介绍这一步骤。

表 2-1 列出了项目管理的 15 个步骤及每一步对应的工具。每一步我们只推荐一个

最常用或最有效的工具，大部分工具在众多跨国的及国内的公司内部得到了广泛应用和实践的验证。

表2-1　　　　　　　　　　　　**项目管理的15个步骤及对应工具一览表**

过程组	具体步骤		对应工具
接活 （启动过程组）	第一步 过程资产积累	2.1.1　过程资产积累	·工具2：项目知识库（PR）
	第二步 项目健康诊断	2.1.2.项目健康诊断	·工具3：项目健康诊断（PHD）
	第三步 与发起人面谈	2.1.3　与发起人面谈	·工具2：项目知识库（PR）
	第四步 可行性分析	2.1.4.1 范围分析	·工具4：范围内外（IOS）
		2.1.4.2 进度分析	·工具5：里程碑（MS）
		2.1.4.3 成本分析	·工具6：成本效益分析（CBA）
		2.1.4.4 质量分析	·工具7：关键质量特性（CTQ）
		2.1.4.5 资源分析	·工具8：资源池（RP）
		2.1.4.6 采购分析	
		2.1.4.7 沟通分析	·工具9：沟通矩阵（CM）
		2.1.4.8 风险分析	·工具10：失效模式和影响分析（FMEA）
		2.1.4.9 相关方分析	·工具11：相关方分析图（SAM）
		2.1.4.10 关键驱动力分析	·工具12：灵活性矩阵（FM）
	第五步 相关方谈判	2.1.5　相关方谈判	
	第六步 项目章程签发	2.1.6.1项目章程签发	·工具13：项目（团队）章程（PC/TC）
		2.1.6.2项目团队组建	
		2.1.6.3 启动会召开	·工具2：项目知识库（PR）

项目管理：操作指南

续表

过程组	具体步骤		对应工具
派活 （规划过程组）	第七步 项目管理规划	2.2.1　项目管理规划	· 工具14：项目管理计划（PMP）
	第八步 工作分解	2.2.2.1WBS创建	· 工具15：工作分解结构（WBS）
		2.2.2.2 活动定义	
	第九步 计划制订	2.2.3.1 依赖性分析	· 工具16：网络计划技术（NPT）
		2.2.3.2 资源估计	· 工具8：资源池（RP）
		2.2.3.3项目计划制订	· 工具17：甘特图（GC）
		2.2.3.4基准计划确定	· 工具2：项目知识库（PR）
干活 （执行过程组）	第十步 计划实施	2.3.1　计划实施	
	第十一步 团队建设管理	2.3.2.1 团队建设	· 工具18：团队雷达（TR）
		2.3.2.2团队管理	· 工具19：能力和动力矩阵（S&WM）
看活 （监控过程组）	第十二步 状态监督	2.4.1　状态监督	· 工具20：挣值管理（EVM）
	第十三步 偏差控制	2.4.2　偏差控制	· 工具16：网络计划技术（NPT）
	第十四步 变更控制	2.4.3　变更控制	· 工具4：范围内外（IOS）
完活 （收尾过程组）	第十五步 项目收尾	2.5.1　项目收尾	· 工具2：项目知识库（PR）

注1："具体步骤"一栏中的内容与《项目管理知识体系指南（PMBOK®指南）》（第六版，美国项目管理协会著，电子工业出版社2018年出版）一书中相关的知识领域对应。

注2："对应工具"一栏括号内的英文为工具英文名称的简写，后面章节中有详细解释。

实操贴士：

公司立项后，会任命项目经理。项目经理首先<u>与发起人交谈</u>，了解项目背景、目标、要求等信息（第三步）。接下来，项目经理要与项目核心团队、重要相关方、专家等分析可行性（范围能否涵盖？进度能否满足？预算是否充足？质量能否过关？资源能否到位？采购能否保证？沟通能否实现？风险是否可控？相关方能否参与？）（第四步）。如果不可行（通常是不可行），项目经理就必须与包括发起人等在内的相关方进行谈判，确保项目可行（第五步）。接下来，项目经理请发起人签发项目章程，获得授权，组建项目团队，并召开项目启动会（第六步）。会后，项目经理与项目团队共同制订项目管理计划（第七步），并对项目进行分解，创建项目的WBS（第八步），分析任务间的依赖关系，估计任务持续时间、所需成本，明确责任，同时结合前期可行性分析的数据，生成项目详细计划（第九步）。进度、预算、范围等计划获批后，成为基准计划，项目团队开始执行（第十步）。执行过程中，项目经理要监督项目绩效，看有无偏差（第十二步）。如有偏差，进行调整（第十三步）。如无法调整，或客户提出变更要求，项目经理需要进行变更管理（第十四步）。执行完毕，项目收尾（第十五步）。在整个过程中，项目经理要建设和管理好项目团队（第十一步），并在必要时进行项目健康诊断（第二步），为正确决策下一步行动提供依据，而且要带领项目团队做好过程资产积累工作（第一步）。

2.1　接活

立项一般不是项目经理的工作，而是高层的工作。但很多公司的项目并未经过缜密的可行性分析，甚至只是个别领导"拍脑袋"拍出来的，从一开始可能就注定了项目是不可能完成的。项目经理在接到这种项目后，如果马上就干（Just do it），很可能沦为"受害者"。但身为项目经理，似乎别无选择。

做项目最怕两种情况：第一种情况，项目经理明知不可为，却偏要（只能）去为之；第二种情况，不知可为还是不可为，稀里糊涂就为之，干着干着才发觉不可为。

为了避免出现这两种情况，项目经理要掌握接活技巧，确保项目是可完成的。

2.1.1　第一步：过程资产积累

项目经理一开始就要做好项目的过程资产积累工作。随着项目的推进，过程资产会不断增加，需要及时更新和增补，以实现过程资产积累。

一个组织的资源包括人力、物力、财力、知识、关系等。在知识经济时代，过程资产是知识资源的重要内容，对组织的长期发展起着决定性的支撑作用。

被誉为"知识管理的拓荒者"的日本一桥大学教授野中郁次郎说，因为知识有"隐性知识"和"显性知识"之分，管理知识显得非常困难。显性知识是已经用书面文字、图表和数学公式表述出来的知识，而隐性知识则指没有被表述出来的个人经验。项目组织在项目操作过程中所获得的经验和教训中，既包括已经形成文字的档案（显性知识），也包括留在团队成员脑子中没有形成文字的思想（隐性知识）。而知识管理的本质，就是要从依靠人变为依靠系统，将人的经验和知识转化成组织的过程资产。因此，公司应最大限度地发掘项目团队中专家、大师、骨干等专业人才潜在的知识资源，鼓励其传授丰富的知识、精湛的技艺、宝贵的经验，促进隐性知识的显性转化和共享。所有，过程资产最终都应形成文本格式或图像格式的文件（包括程序文件和项目文件）。

组织过程资产最典型的应用就是咨询行业，诸如麦肯锡、贝恩、埃森哲等咨询公司最依赖的就是人的能力、经验和知识，它们都有将经验和知识变为组织过程资产的强大能力。所以，不少人开玩笑说，哪怕你是一个名牌大学刚毕业的"白纸"（只要不是"白痴"），只要借助咨询公司的"知识库+方法论（即"套路"，如麦肯锡关于组织发展的7S模型、问题分析的"MACE原则"[①]等）"，你就可以"忽悠"客户了。

在实际的项目管理工作中，能很规范或有意识地去进行组织过程资产积累的公司或项目团队凤毛麟角、少之又少。项目完成后，常常只有零散的文档留下来，且极不规范。苹果新产品开发流程ANPP最大的特点是非常系统，除考虑到各个方面的后续需要外，还把产品开发过程中的一切都详细无误地记录下来，这些记录下来的内容被苹果提炼为指南或指导手册，借此为新的开发团队和新员工提供帮助，避免他们走弯路。作为企业核心竞争力的组织过程资产，其积累是每个组织迫在眉睫、不容忽视的工作。

2.1.1.1 组织过程资产的分类

组织过程资产（OPA）可分为两大类（见图2-1）。

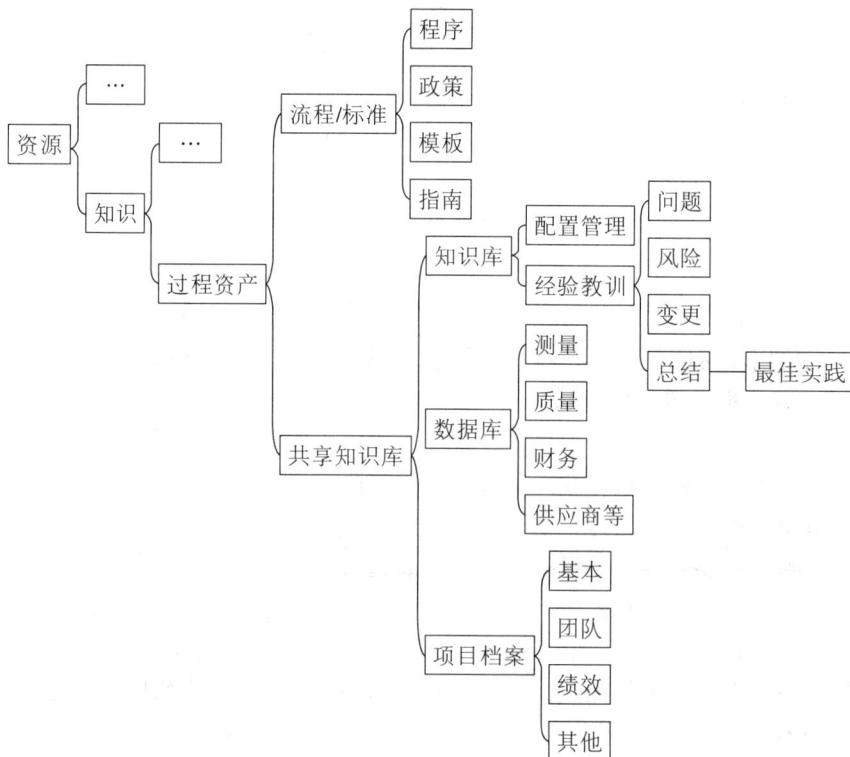

图2-1 组织过程资产的分类

[①] "MACE原则"是麦肯锡第一位女咨询顾问巴巴拉·明托（Barbara Minto）在金字塔原理（The Minto Pyramid Principle）中提出的一个很重要的原则。详细解释见2.2.2.1中WBS分解原则的内容。

第一类，主要是组织用于执行项目工作的流程（或程序）。包括（但不限于）：标准（强制，必须使用，为程序或政策要求）、指南（非强制，推荐使用）。此类过程资产要求所有项目成员必须执行同样的流程（如变更控制程序），必须遵守同样的政策（如质量政策），最好使用相同的模板（如风险模板），最好采取相同的做法（项目收尾指南等）等。这其实就是项目的标准化工作。

第二类，是组织用来存取信息的共享知识库。包括（但不限于）：知识库（如配置管理、经验教训等）、数据库（如过程测量、财务、问题与缺陷管理等）、项目档案（以往项目的记录与文件）。具有咨询性质的共享知识库是基于知识的智能化系统，是人工智能（AI）和数据库（DB）两项计算机技术的有机结合。

2.1.1.2 组织过程资产的作用

合理、有效、规范、详尽的OPA可以为后续的项目管理提供有力的类比、支持和参考。OPA对类似项目文件的编制有较强的参考作用，可给项目管理工作提供一个较高的起点，防止一切从零开始，文件编制的效率及可用性均有所提升。同时，根据以往的项目经验教训及反馈，可有效避免以往项目出现的问题。同时，在项目实施过程中不断总结经验教训，收集工作流程、模板及数据，以便本项目的持续改进可供后续项目借鉴使用。

把大量零散的信息通过分类、整理、统计、分析，整合成企业组织所独有的过程资产，搭建一个平台，将成型的项目管理经验分享给大家，提供框架或者统一的模板，供项目经理或组织定义、决策，为项目成功提供全面统一的方法、依据和指导。如果OPA没有完成，就不应宣布项目工作完全结束。牛顿曾说："我之所以取得现在的成就，是因为我站在巨人的肩膀上。"OPA在企业项目管理工作中所起的作用正是"巨人的肩膀"。

这里，以英国石油公司（BP）为例加以简要说明。

BP的知识管理框架包括三部分：同行帮助（"事前学习"）、事后回顾（"事中学习"）和知识资产（"事后学习"）。

1.事前学习

BP当初开采Foinaven油田的时候，花了6亿美元。后来他们开采Schiehallion油田时决定一定要有所改进，就总结了Foinaven油田开采的经验和不足，进行了事前学习，结果，Schiehallion油田开采的第一口井就达到了Foinaven油田的历史最高水平，最终使平均成本降到了5亿美元。

2.事中学习

BP的一个团队在一个长期项目期间，可能举行10~15次事后回顾，并从中受益。在开发油井的地方，连续工作的团队，每天可能要轮班举行两次事后回顾。BP发现，如果团队等到油井将要打好时再举行事后回顾，那么大部分知识都已丢掉了。几天后，团队成员就可能忘记所发生的事情，更重要的是会忘记他们采取行动的原因。把在钻井过程中得到的经验，转化成能在下一个地点钻井时有用的知识的唯一方式，就是经常做事后回顾。

3.事后学习

公司的"中心知识管理"团队编辑和整合了来自全球各个分公司的团队经验，实现了知识的"战略转移"。BP委内瑞拉分部在7周内将运营成本从7 000万美元减少到4 000万美元，就受益于在公司内部网上的知识资产（项目知识）库里所搜索到的哥伦比亚团队的重组经验。

读者可扫描下面的二维码，了解更加详细的英国石油公司知识管理最佳实践案例的内容。本二维码生成于2021年7月，如果因网址变动导致链接无效无法直接阅读，上网实名搜索即可。

【资料链接】

2.1.1.3 组织过程资产管理的关键：落实责任，建立机制

为有效开展OPA管理工作，应将OPA管理纳入日常管理范畴，作为项目管理的重要组成部分。更重要的是，必须为该工作分配必要的资源，既包括企业支持性的政策，也包含人力、财力等资源的投入，如明确责任部门，设置OPA专职组织/人员等。而这些都离不开高层的支持，以确保足够的资源投入。企业负责人应该是OPA管理的第一责任人，或应授权负责项目实施的分管领导作为OPA管理的第一负责人。而OPA专职组织/人员接受第一负责人的授权，具体开展企业内部OPA管理工作，包括体系建设、工具开发及效果监督。其他职能部门及项目部具体开展OPA的收集与应用工作。

OPA的组织设置，应与企业规模及企业负责的项目规模相适应。对于大型项目的实施企业，应在企业层面设置专职组织负责OPA的管理工作，该组织通常建议设置在项目管理办公室（PMO）或项目管理、质量等职能部门。该部门如被设置为PMO下属的机构则更易于收集项目过程资产，更利于OPA的沉淀，能更有效地为后续项目提供参考和支持。OPA管理部门可以指定专人参与项目管理工作和实践，这样一方面可以检验以往OPA对现项目的支持情况，另一方面也可以在项目工作的开展过程中收集项目管理数据。对于实施周期较短、总投资较少的项目的实施企业，可以考虑将企业层面的OPA职责分配到质量经理或其他职能经理的职责范围内。负责具体业务的人员必须同时负责该业务的OPA的收集与应用。

OPA管理部门或人员的职责包括：按照质量管理体系要求负责建立、运行和持续改进过程资产的管理过程并形成文件；对职能部门/项目部OPA管理工作开展的有效性进行监督检查；在项目结束时代表组织审核、测量、接收和保存项目的过程资产；为组织知识管理培训提供资源；提出过程资产改善与发展方向的建议，以及对过程资产转移路径进行跟踪监视与保密工作等。

企业还应制定OPA管理条例，明确OPA收集、审核、评定、整理流程，作为企业的规章制度来执行。

实操贴士：

① 关于OPA管理的组织设置，实践过程中总结出的一个重要经验在于，必须明确企业层面OPA专职组织/人员与职能部门/项目部等执行部门的责任分工，分离执行与监督的实施主体，以保证OPA管理工作的有效性。企业层面的OPA专职组织/人员提供方法与工具，但不具体负责OPA的收集与应用，同时对职能部门/项目部等执行部门进行监督。职能部门/项目部具体负责项目实施过程中过程资产的收集与应用。要落实职能部门经理/项目经理责任制，高度重视项目文档的建设。

② 对企业而言，OPA管理是一个持续开展和完善的过程，而对于具体项目而言，OPA的收集和应用贯穿项目实施全过程。每一个项目都会产生大量的过程资产，这些OPA都应该按照企业项目文档管理规程进行存档使用，项目经理对此业务责无旁贷。在启动和规划阶段，制定OPA规划，并由项目负责人批准生效。在执行过程和监控过程阶段，项目成员根据规划开展组织过程资产的产生、整理和录入工作。收尾过程，应由项目负责人牵头对本项目新产生的OPA进行梳理并归档。

2.1.1.4　组织过程资产积累的方法：知识萃取

组织过程资产积累的过程就是项目知识萃取的过程。知识萃取（Knowledge Extraction），顾名思义就是从一大堆数据、信息、文本、经验中，通过合适的方法和工具，将精华的知识提取出来的过程。事实上，现阶段知识萃取的概念范畴在实践过程中已经被逐渐扩大，包含了对隐性知识及显性知识的整合、加工及提炼。经验往往以隐性知识的方式存在人们的大脑里，如果通过知识萃取将经验进行显性化，形成案例沉淀下来，则更容易被传承借鉴，并更大限度地创造价值。对经验的挖掘提炼是隐性知识显性化的过程，对文档的整理加工是显性知识标准化的过程。

目前，业界已经有一些与知识萃取相关的方法及模型，知名的有联想的复盘、美国陆军的事后回顾、华为的知识收割、日本野中郁次郎和竹内弘高的SECI模型等。很多方法如复盘、事后回顾等都非常简单，以至于几乎不需要说明就可以实施。

1.联想的复盘

复盘（Replay）源于围棋术语。项目中的复盘，指对项目实施的指定过程，从管理到执行等各环节进行全面回顾分析的过程。项目实施的重要节点及重要变更发生后，都应组织不同层次的复盘。通过复盘，可以提出对第一类OPA（程序或标准），即组织指导工作的过程和程序的改进建议，进而固化到组织的过程和程序模板或标准中，也可以对经验教训的总结产生第二类OPA（知识库）。

复盘在联想已经逐步演变为企业文化中重要的方法论之一。联想认为，复盘是最好的学习方式。工作做完了，还需要把工作重新回顾演练一遍，不断检验和校正目标，分析过程中的得失，不断深化认识和总结规律。这种工作方法从柳传志时代一直延续至今，已经成为联想内部的一个标志性方法。联想的复盘模板如表2-2所示，在每一个步骤中，只要按模板的要求进行填空就可以了。

表2-2   **联想复盘模板**

标准复盘REVIEW		
主题（Topic）：		
时间（Time）：	地点（Location）：	
人物（Attendance）：	用时（Holding Time）：	
概况简述（Briefing）		
Ⅰ.回顾目标：目的与阶段性目标REVIEW		
1.最初目的（Original Intent）		
2.里程碑（Milestones）		
Ⅱ.评估结果、亮点与不足EVALUATION		
3.亮点（Highlights）		
4.不足（Drawbacks）		
Ⅲ.分析原因：成败原因ANALYSIS		
5.成功原因（Success Factor）		
6.失败原因（Failure Factor）		
Ⅳ.总结经验：规律、心得与行动计划CONCLUSION		
7.规律、心得（Key Learnings）		
8.行动（Action）	开始做（Start Doing）	
	继续做（Continue Doing）	
	停止做（Stop Doing）	

2.美国陆军的事后回顾

事后回顾（After Action Review，简称AAR）的操作指南，可参考第4章案例资料附录4.1中的案例。

读者可以使用表2-3所示的事后回顾模板进行AAR。

表2-3　　　　　　　　　　　　　　　事后回顾模板

AAR活动记录表					
促进员：		观察员：		记录员：	
团队成员：				活动时间：	
活动	①我们本打算做什么？	②实际出现了什么情况？	③为什么会出现这些情况？	④下次我们将怎么做？	责任人　完成时间

美国柏克德（Bechtel）工程公司将事后回顾称为"经验学习会"。项目小组通过两个途径获取经验：首先，是每次的星期例会，要求管理人员带来他们习得的经验；其次，在每个项目结束时，项目经理召集所有的员工开一整天会，集中讨论学到的知识。

实践证明，AAR是一个容易掌握且行之有效的方法。但是，许多组织却很少做AAR，主要原因有以下三点：

（1）嫌麻烦，认为是浪费时间。

（2）怕暴露问题，怕丢面子。

（3）组织缺少持续改善的文化。

实操贴士：

①AAR不是事后追责更不是秋后算账，绝对不能作为员工绩效评估的依据。AAR的成效直接取决于参与者的开放交流的意愿。

②AAR应该在事件结束后尽可能短的时间里召开。越早记忆就越清晰，越容易召集项目参与者，并且所学到的知识可以立即应用到合适的地方。项目经理和项目的关键人物应该参加会议，也可邀请客户和项目发起者，以及参加过类似项目团队的成员参加。但需要注意的是，项目以外人员的参与可能使项目团队成员产生一定的约束感，这一点应在事先充分考虑到，以免影响事后回顾的效果。

3.华为的知识收割

具体内容详见3.2.2，工具2：项目知识库PR。

4.日本野中郁次郎和竹内弘高的SECI模型

SECI模型的最初原型是野中郁次郎（Ikujiro Nonaka）和竹内弘高（Hirotaka

Takeuchi）于1995年在他们合著的《创新求胜（The Knowledge-Creating Company）》一书中提出来的，书中指出，关于"隐性知识"与"显性知识"的相互转化有四种基本模式：社会化（Socialization）、外在化（Externalization）、组合化（Combination）和内隐化（Internalization），这就是著名的SECI模型。

5.日本石川馨教授的根本原因分析法

根本原因分析法（Root Cause Analysis，简称RCA），是一种结构化的问题解决方法，就是针对项目实施过程中的事件/事故进行挖掘，逐步挖掘到根本原因并加以解决。其中有三个步骤：定义问题（发生了什么?）、诊断原因（为什么发生?）、制定措施（什么方法能阻止问题再次发生?）。应用RCA时，应用最广的工具就是日本管理大师、QCC（品管圈Quality Control Circle的简称）之父石川馨（Kaoru Ishikawa，1915—1989）教授发明的鱼骨图（Fishbone Diagram，亦称因果图、石川图、Ishikawa图，可分类为问题型、原因型、措施型等）。项目实施中若发生事件/事故，表明项目实施过程中所依据的计划、程序、规范等存在缺陷或在执行过程中发生了偏差。根据RCA做出的计划、程序、规范等的修订建议，以及其他经验教训应当作为OPA，而事件/事故本身并非OPA。

实操贴士：

不管是何种形式的回顾，其初心都是从过去中学习（Learn from past）、在当下采取行动（Take action in present）、为了美好的未来（For a better future）。因此，要遵循以下原则：

①对事不对人。回顾不是"回溯"，否则会导致回顾变成刨根问底；不是"批评与自我批评"，否则会导致团队陷入一种不必要的紧张和犯错感；更不是"问责和处罚"，否则会导致内部矛盾激化。

②基于现实。要接地气，不能太理想化，也不能流于形式。

③不要沉迷于细节。沉迷于细节只会导致议题发散。

④保持开放的心态。要敢于暴露问题，并聚焦于解决问题：下次如何才能做得更好。要从系统角度思考改进，而非个人。要有改进建议和行动计划，并确保落实。

⑤持之以恒。不仅是每个项目完成后都必须做AAR，每个重要节点完成后或重要变更发生后也应该做。

2.1.1.5 组织过程资产积累的步骤

OPA积累共有四步——选择（Select）、总结（Summarize）、萃取（固化）（Solidify）、推广（Spread），合称为OPA积累的4S模型，其具体步骤说明见3.2.2工具2：项目知识库（PR）。

附录4.1.1中提到的美国陆军知识管理就是非常经典的实践案例。

2.1.2 第二步：项目健康诊断

项目经理在接活后，可以随时对项目进行健康体检。

项目健康诊断一共有十个"体验"项目：整合体检、范围体检、进度体检、收益体检、质量体检、资源体检、沟通体检、风险体检、团队体检及相关方体检。这十个体检项目或关键诊断区域（Key Diagnosing Area，简称KDR）与项目管理协会（PMI）的项目管理十大知识体系相对应[1]，也是项目成功的十个关键因素，即：三角可平衡（Balanced Triangle）、范围可实现（Realistic Scope）、进度可预知（Predictable Schedule）、收益可达成（Realized Benefits）、质量可保证（Assured Quality）、资源可获取（Available Resource）、沟通可见效（Effective Communication）、风险可控制（Manageable Risks）、团队可高效（High-Performing Team）及各方可承诺（Committed Stakeholders）。

项目健康诊断PHD就是根据项目健康体检的结果做出项目是否健康的诊断结论，其主要用途在于评估项目健康状况以明确下一步的行动方案，还可用来：①作为与管理层、发起人、内外客户和其他相关方沟通的共同语言和有效工具；②为项目指导委员会设定指导议程；③回顾质量/风险的结构；④确定项目健康或不健康的潜在原因；⑤确定需要采取的行动并对行动进行优先级评定；⑥作为决策的检查清单等。

PHD可用在项目从启动到收尾的所有阶段。读者可运用3.2.3中的表3–9进行项目健康诊断。表中还列出了每个体检项目的三个常见的健康征兆和不健康征兆。项目经理（亦可邀请一些重要的相关方）除了定期进行项目健康诊断（频率根据项目周期、项目阶段、汇报日期或检查日期等而定）之外，一般情况下，一旦项目出现表中所列的不健康征兆，也应及时进行项目健康诊断。

传统的项目管理状态的标志主要用来显示问题的严重性，但项目健康诊断的信号标志显示的是造成问题的关键因素、采取纠正行动的紧迫性及要采取的具体行动。

体检结束后，项目经理应该根据诊断结果与团队一起商定需要采取的纠偏行动（见表2–4）。

表2–4 　　　　　　　　　　　　**项目健康诊断的后续行动计划**

关键诊断区域	状态	问题	计划行动
范围内可实现	R	范围过度蔓延	重新界定项目范围，要么减小范围，要么增加资源确保范围内可实现
收益可达成	Y	没有智力资本采集计划去采集项目中产生的独特资产	所有项目团队负责人确定潜在智力资本并提交采集计划和分工情况
团队可高效	G	—	—
⋮			

---

[1] 采购作为外包资源合并入资源进行体检，同时将资源中最重要的人力资源——团队单列，因为一个高绩效运行的团队是项目成功的一个非常关键的因素。

实操贴士：

① 在项目前期，我们可以结合项目可行性分析结果和项目健康诊断结果（比如高风险不可控、关键资源无法到位等）做出是否向发起人<u>建议取消项目</u>的决策，并应用此结果和3.2.12工具12去说服发起人接受自己的建议，取消方案或变通方案。

② 在项目进行中，我们可以结合项目健康诊断结果（比如范围过度蔓延导致失控、项目投入产出严重失衡等）做出是否向发起人<u>建议中止项目</u>的决策。正如投资股票时本着"少亏就是赚"的原则及时割肉止损一样，项目进行中及时中止项目也是明智的决策。

③ 另外，如果是汇报日期前的体检，体检结束后，项目经理应将每个体检项目的诊断结果即亮灯情况、问题及计划行动标注在一页纸项目管理PMP的Excel表格中。

2.1.3 第三步：与发起人会谈

为了搞清项目的要求和目标并将之起草成文件，作为项目经理，需要与项目发起人举行专题会谈（Meeting with the Sponsor，简称MS），以便决定哪些事情是属于项目范围的，要做些什么工作，何时需要拿出最终交付物（产品、服务或成果），需要何人加入以及其他需要考虑的问题。下面分两个专题列举了项目发起人的若干备选问题：

2.1.3.1 确定发起人的目标

（1）你想要的究竟是什么？

（2）有没有具体的时间要求？什么情况决定了这一时间框架？

（3）哪些事可以不必考虑？（如有的话，如新产品将不向国外销售等。）

（4）哪些规范不必包括在项目中？

（5）你用什么标准来衡量最终产品？

（6）你希望最终产品具备哪些功能？

（7）最终产品的用途如何？

2.1.3.2 确定项目的来龙去脉

（1）你为什么要做这个项目？

（2）为什么现在做？

（3）你以前做过些什么项目？结果如何？

（4）有什么假设和风险？

（5）有哪些限制因素需要考虑？

（6）依你的预见，本产品会在市场上产生何种影响？

（7）除了近期利益，有没有长远意义应该考虑？

（8）预算是多少？

（9）要获得哪些有形及无形的收益？

了解情况时，不要忘记做记录并不时确认理解。了解完情况后，别忘了跟发起人说："请领导放心，我回去就跟相关人员商量一下，有什么困难我会来寻求您的帮助。"这句话是为接下来可能的谈判埋下伏笔、铺设道路。这里的发起人指公司内部的领导。

如果发起人是外部的客户，那项目经理也要和公司内部的领导（包括自己的直接上司）汇报与沟通情况，了解领导们对这个项目的真实看法和要求。因为，项目可行性谈判的对象主要还是公司内部的领导，更何况项目经理的绩效考评最终还是由公司的领导定夺。

2.1.4　第四步：可行性分析

与项目发起人会谈结束后，项目经理最好马上组建项目核心团队，与他们及相关专家一起进行可行性分析，并运用"SMART"原则草拟项目目标声明（POS）和项目章程。核心团队规模越小越好，人员冗余不但会增加项目经费，还会增加出错概率。

可行性分析完成后如果发现问题，要尽快与核心团队、发起人等相关方商量提出解决方案。一定要避免领导派完活就当场"拍胸脯"保证"没问题"后面却是一大堆的问题的情况出现。

可行性分析包括10个方面：

（1）范围分析：范围明确吗？能否实现？

（2）进度分析：进度要求能否满足？阶段性目标能否实现？

（3）成本分析：预算够吗？预期收益能实现吗？

（4）质量分析：最终交付物完成标准明确吗？质量目标能否实现？

（5）资源分析：资源够吗？如果缺少关键资源，能够获得吗？

（6）采购分析：所需材料有合适供应商吗？他们能按期按质保证供应吗？

（7）沟通分析：相关方的沟通需求能满足吗？有沟通策略吗？

（8）风险分析：项目有哪些重要风险？有应对策略吗？

（9）相关方分析：重要相关方有哪些？他们有什么要求？能满足吗？

（10）整合分析：项目三个要素里面哪个是关键驱动力？三要素能平衡吗？

2.1.4.1　范围分析

范围分析的主要目的就是明确项目范围，看其是否能够实现。

项目时间和资源是有限的，项目经理必须通过范围分析，确定在时间和成本（资源）限制下：能达到什么范围？哪些是范围内的？哪些是范围外的？如果前期范围内和范围外界定不清晰（有模糊地带），后面就会导致分歧。你不可能什么都做，必须有所取舍。在许多情况下，决定不做什么事情与决定要做什么事情是同等重要的，而有些情况下，决定不做什么事甚至比决定要做什么事情更重要。在项目前期，就应把项目的模糊地带拿出来大家一起讨论，对所有不做的事明确地说"不"，把分歧消灭在萌芽里。

项目失败一个很重要的原因就是范围界定不清晰。

范围界定不清晰有好几个原因。比较常见的有：一是发起人没讲清楚；或是发起人说不出来，却是他想要的；或是他认为你应该知道，就没有告诉你。二是发起人讲清楚了，项目经理的理解出了偏差。三是发起人根本不知道或说不清楚自己到底想要什么。

这种发起人在后期执行中一般都会提各种变更要求，甚至是无理或无知的要求。就像装修房子一样，很多人一开始说不清楚自己到底想要装修成什么样，更不要说在合同里写清楚，但在装修过程中慢慢开始有感觉了，就提出各种变更要求，结果可想而知。因此，项目经理前期一定要跟发起人等就范围（包括产品和项目范围）细节达成一致意见，否则后患无穷。

项目经理可以运用3.2.4工具4（范围内外IOS）去界定哪些是要做的（范围内），哪些是不要做的（范围外）。

1.范围蔓延

范围是项目的边界，只有给项目设定好边界才能保证项目受控，否则就会导致项目范围的蔓延（Scope Creep）。

范围蔓延，亦称范围潜变，指不受控的产品或项目范围的扩大，通常表现为客户不断提出小的、不易察觉的范围变更（范围增加，如添加产品的功能和特性）要求，而项目经理在未分析变更对进度、成本、质量和资源等的影响下，或未对时间、成本、质量、资源等做相应调整的情况下，或未得到相关方批准的情况下就同意变更。这些渐进式变更如果不加控制，累积起来就会导致项目严重偏离既定的范围基准，最终导致项目的失控和失败。比如，起初客户要求你开发一款新产品，过段时间又要求你增加A功能，这在双方约定的工作说明书上没有记载，你经过评估，觉得工作量不大，就答应了。又过段时间，客户又提出增加B功能，你觉得不难实现，又同意了。再后来，用户提出增加C功能……这样，不知不觉，等到项目收尾时，你发现进度和成本已经与计划相差很大——这就是没有控制的范围蔓延的严重后果。

与范围蔓延同属一类"病毒"的还有"项目漂移（Project Drift）"。与渐进式的范围蔓延不同，项目漂移指的是晚期或最后关头的变更：当你撤去加在管理系统上的压力，并允许客户或任何相关方扔进几个附件："在你结束项目前，看看这个修正好吗？"项目漂移就发生了。项目漂移会给项目增加大量的额外工作和可观的成本。下面这种情况时常发生：一些"睡着"的相关方在项目快结束时突然醒来，之后便开始制造大量噪声！范围蔓延和项目漂移都是项目范围没有很好地得到控制的结果，导致项目的最终范围超出立项时的范围。

范围蔓延和项目漂移一般都是客户等相关方发起的变更要求，而"项目镀金（Project Goldplating）"就是项目经理自己没事找事了。项目镀金美其名曰锦上添花，其实是画蛇添足。因为项目"镀金"就是做一些不解决实际问题、没有应用价值的工作，往往是项目人员为了"讨好"客户或追求个人喜好或想更好更出色地完成项目任务而不断实施新的想法。比如，有的项目组中的技术人员，其自身对技术的渴求会促使他们自觉不自觉地按照自己的兴趣去生产一些没有必要的、不合理的、满足自身情感需求的"产品"，人为造成项目范围的扩大。项目镀金也是一种范围蔓延。从机会成本的角度看，镀金的机会成本比较大；而且资源是有限的，把资源用在满足项目既定的要求上更合适。同时，项目镀金可能会让你失去宏观上对项目的把握，反而增加失败的概率甚至导致项目失败。华为的一位项目主管如是说："在软件工程领域，项目镀金是大忌。因为，软件镀金了，你镀得好，客户认为是理所当然的，你没有因此而得到回报和认可；而你镀不好，会大大增加客户对产品的失望程度。此外，一旦涉及镀金，很可能软件应有的功能会被遗忘，没有提供这样的功能，导致软件客户体验差，项目容易失败……作为项目经理，管理项目的过程中，可能无法避免出现项目镀金的情况，但要及早发现。"

实操贴士：

不论范围蔓延还是项目漂移还是项目镀金，都应该在项目过程中严格禁止。项目应该是"满足要求"与"适合使用"。前期与客户谈判时不要为了取悦客户而过度承诺（Overcommit），只在你能做的范围内承诺。一旦承诺，你唯一要做的就是兑现——给客户提供你答应提供的东西，一定不要为了取悦客户或自己而过度提供（Over Deliver）——提供一些额外的东西，如额外的范围、更多的功能、更高的质量等。客户没有要求的，一定不要去刻意追求！客户过分要求的，走正常的变更控制流程！不管是哪种情况，决定不做可能都是非常困难的，但你必须说服客户，有时还要说服自己。有些项目经理认为，在项目开始和中间镀金是要坚决反对的，但如果是在项目结尾，有富余的财力、物力的情况下，适度的镀金是可以接受的。在此笔者建议，如果有多余的钱还不如去帮助项目成员进行团队建设！

2.范围渐进明细

范围管理中有两个容易混淆的概念：范围潜变与渐进明细。渐进明细（progressive elaboration）是指随着项目的发展，对项目各方面了解的信息越来越多、估算越来越准确、范围越来越明确、计划越来越详细的迭代过程，这符合项目的特点（项目特点之一就是渐进性）和实际情况。很多项目，用户一开始往往只能提出要做什么东西，至于具体做的是什么、怎么做，他们也说不清楚。这就需要项目的实施者帮助用户分析，逐步弄清项目的范围。范围潜变和渐进明细一样，都有个过程，因为范围的蔓延不是项目一下就发生很大变化，范围的明细也不可能一下就细化清晰。

渐进明细意味着分步骤开发、连续积累，如滚动式规划。但任何明细都需经过综合评估，任何变更都必须经过整体变更控制。

为避免项目范围"渐进明细"演变为"范围蔓延"，项目经理在与相关方定义范围时，一定要与他们建立起"范围蔓延"与"渐进明细"的概念差异。在项目的"范围管理"中，"范围蔓延"与范围的"渐进明细"是有本质区别的："渐进明细"是正常的，也就是说项目的范围不可能在开始的时候就非常清晰，需要不断地补充、细化、完善，这是客观规律。从项目章程到项目范围说明书到工作分解结构WBS，并在此基础上生成详细的项目计划，就是一个范围渐进明细的过程（见图2-2）。由图可见，项目启动阶段，由客户、相关方、项目经理和关键项目成员共同界定最终的交付物是"什么"（范围说明书），规划阶段则由项目经理和项目成员共同界定"如何"做（项目计划）。

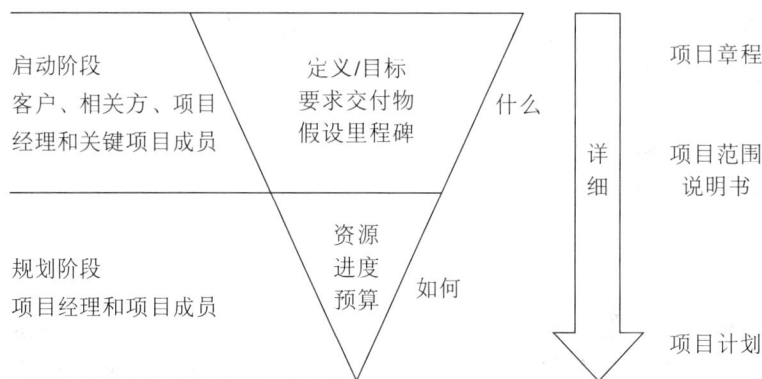

图2-2 范围渐进明细

但"范围蔓延"是不正常的，甚至是危险的，是未经评估对时间和成本的影响就增加的功能或服务，是失控的变更，这是项目实施过程中经常遇到的重要问题。

实操贴士：

① 不拿渐进明细当范围潜变（蔓延）的借口！项目的渐进明细（包括范围）一定要在项目的边界之内进行，以避免范围渐进明细演变成范围潜变。

② 防止范围蔓延的方法很简单，就是对范围的变更进行有效控制。一般情况下，项目都设立一个变更控制委员会（CCB，即 Change Control Board），这个委员会最好由甲乙双方的人员组成。如果范围发生变更，就提交给CCB进行评估，看看对成本及进度等有何影响。如果评审通过，项目经理就相应修改项目计划，然后将变更纳入项目范围。这样，项目始终都在控制之中，不会偏离预期太多。详见2.4.3第十四步。

3.范围分析的具体步骤

（1）分析需求

分析需求的方法和步骤详见3.2.7工具7的内容。一定要通过面对面沟通等方法了解能真正带来收益的需求，并按照需求进行优先级排序。

（2）明确范围

范围是在需求分析中逐步界定的。在项目启动初期首先明确项目范围，与客户达成共识，并落实工作任务书（Statement Of Work，简称SOW）或项目范围说明书（Project Scope Statement，简称PSS），其中的范围描述要清晰准确，不要使用模棱两可的字眼，尽可能量化，这一点十分重要。接下来根据项目章程、项目范围说明书等创建工作分解结构WBS，最后形成范围基准。

以项目范围说明书PSS为例。

项目范围说明书是对项目范围、主要可交付成果、假设条件和制约因素的描述。它记录了整个范围，包括产品和项目范围；详细描述了项目的可交付成果；还代表项目相关方之间就项目范围达成的共识。为便于管理相关方的期望，项目范围说明书可明确指出哪些工作不属于本项目范围。项目范围说明书使项目团队能进行更详细的规划，在执行过程中指导项目团队的工作，并为评价变更请示或额外工作是否超过项目边界提供基准。

项目范围说明书描述要做和不要做的工作的详细程度，决定着项目管理团队控制整个项目范围的有效程度。详细的项目范围说明书主要包括以下内容：

① 产品范围描述。指逐步细化在项目章程和需求文件中所述的产品、服务或成果的特征。

② 可交付成果。指为完成某一过程、阶段或项目而必须产出的任何独特并可核实的产品、成果或服务能力，可交付成果也包括各种辅助成果，如项目管理报告和文件。对可交付成果的描述可略可详。

③ 验收标准。指可交付成果通过验收前必须满足的一系列条件。

④ 项目的除外责任。指识别排除在项目之外的内容，明确说明哪些内容不属于项目范围，有助于管理相关方的期望及减少范围蔓延。

除此之外，项目范围说明书还可能包括（但不限于）：

· 项目目标。

· 项目要求。

· 项目边界。

· 项目限制。

· 项目假设。

· 初始项目组织。

· 初始定义的风险。

· 进度里程碑。

· 成本估算。

· 项目配置管理要求。

· 审批要求等。

表 2-5 是某通信公司的项目范围说明书 PSS 模板。

读者可扫描下面的二维码查看某公司的项目范围说明书 PSS 的示例。

**公司项目范围
说明书示例

（3）双方签字

甲乙双方共同签订范围基准文件。范围基准文件主要包括：《工作任务书 SOW》或《项目范围说明书 PSS》（其他名称的纸质文件也可，但必须落在纸面上）、WBS（和 WBS 词典）。如果是公司内部的小项目，不需要签字，但也必须有领导的书面确认（如通过电子邮件的形式）。这样，项目范围被明确划定，如果之后双方在项目范围上

表2-5   **某通信公司的项目范围说明书PSS模板**

编号		某通信公司 项目范围说明书模板	发布日期		年 月 日
			页 数		第 页，共 页

修订历史记录				
版本	日期	AMD	修订者	说明

（注：A——添加，M——修改，D——删除）

一、基本信息

项目名称：_____

项目类型：_____

项目经理：_____

编写日期：_____

二、项目范围说明

· 对《项目章程》的"项目主要工作"进行细化，详细描述每一项工作的目标、内容、质量要求、检验标准和职责分工。

· 为了特别澄清某些容易引起混淆的工作，可以在这个章节明确指出"不包含在项目范围内的工作"。

三、项目可交付成果

· 对《项目章程》中"项目目标"的"可交付成果目标"进行细化，明确每一个可交付成果的详细的质量参数以及验收标准。

· 对于组合性的可交付成果，应该对其进行适当的拆分以便于管理。

四、约束条件

· 应描述为了满足项目目标（时间和预算以及质量要求）和完成项目范围，所需要满足的约束条件。

· 常见的约束条件包括：市场、政策、环境、公司的制度等。

五、假设前提

· 如果项目赞助人在设定项目目标（时间和预算以及质量要求）时做出了某些假设，则应当记录并检验这些假设。

· 如果项目经理和项目团队在规划"项目范围"和"可交付成果"时做出了某些假设，则应当记录并检验这些假设。

六、项目的主要风险

列出项目潜在的主要风险，描述其可能性及影响，并提出应对措施。

存在分歧，书面的范围基准就是个很好的判断标准。在项目执行过程中，要时刻参考项目范围基准，即不要少做事情——"缩小范围"，也不要被逼多做事情——"范围蔓延"或"项目漂移"，更不要自己主动多做事情——"项目镀金"。要坚持将项目工作与双方签字的范围基准进行对比，检查是否出现范围蔓延。一旦产生范围蔓延要积极反馈，通过工作调整进行纠偏，保证项目按之前的预期进行。对于一些客户执意要扩展的内容，应建议客户进行项目二期立项，将需要进行的工作放到二期去做，而不是去改变本期的项目范围；如果客户执意要将一些内容放到本期项目范围之中，则需进行合同、任务书以及施工计划的变更。

2.1.4.2　进度分析

进度分析的主要目的就是检查项目进度要求能否得到满足。我们可以用3.2.5中的工具5：里程碑（MS）和/或关卡（G）来进行进度分析，看项目的关键里程碑能否在规定时间内达成。

1.里程碑

里程碑（Milestone，简称MS）原指设于道路旁边，用以指示公路里程的标志，在项目管理中是项目中的重要时点或事件。它在项目过程中不占资源，是一个时（间）点，通常指一个可交付成果的完成，更确切地说，应该是一个状态点，代表在此时间点能够达到此状态，并非一个时间段。在项目计划的持续时间或历时（Duration）中通常标识为0天。在制订项目进度计划时，在进度时间表上设立一些重要的时间检查点，这样一来，就可以在项目执行过程中利用这些重要的时间检查点来对项目的进程进行检查和控制。这些重要的时间检查点被称作项目的里程碑。在软件开发项目中，里程碑可能是编码完成、系统上线等；在研发项目中，里程碑可能是用户测试通过、工业化认证通过等；在房地产项目中，里程碑可能是拿到施工许可证、主体开工、景观进场、售楼部及样板房开放、达到预售条件、拿到预售许可证、开盘、结构封顶、完成40%销售、完成70%销售等。简单地说，里程碑是完成一个阶段工作后可以看到部分结果的检查点。里程碑是团队阶段性工作完成的标志，对于任何一个里程碑都应该予以认真检查、审定和批准。一般情况下，每个项目或项目计划最多只能有15个意义重大且高度概括的里程碑，一定不能过多，这有助于项目经理对整个项目的控制和决策。

在项目管理中，里程碑不同于节点（Node）。节点可以是里程碑，也可以是其他关键点。项目管理中的节点是事件、项目活动、检查点或决策点，以及可交付成果等这些概念定义的关键点。

（1）里程碑的特征

里程碑一般是项目中完成阶段性工作的标志，标志着上一个阶段结束、下一个阶段开始，将一个过程性的任务用一个结论性的标志来描述，明确任务的起止点。一系列的起止点就构成了引导整个项目进展的里程碑。里程碑定义了当前阶段完成的标准（Exit Criteria）和下一新阶段启动（Entry Criteria）的条件和前提，并具有下列特征：

①层次性，在一个父里程碑的下一层次中定义子里程碑。

② 不同类型的项目，里程碑可能不同。

③ 不同规模的项目，里程碑数量不一样，里程碑可以合并或分解。

（2）里程碑达成的必要条件

通常我们会定义里程碑达成的必要条件：

① 产品、成果导向的条件。如产品检验的标准、方法；成果的定义、需求的检查等。这项工作是过程检验、测量积累的结果。

② 管理导向的条件。即对项目工作的检查，可能有：本里程碑应完成却没有完成的工作；下一个阶段的准备工作；目标、计划、范围的修订与变更，以及必要的风险评估等。管理条件的检查位于整个项目管理的绩效测量点。

总体上，只有满足了所有里程碑要求的条件，我们才可以宣布达成某个里程碑。

因此，每个里程碑应附带必要的检查表（内容包括：检查内容、方法、标准、必要的程序、资源、成本等）。

检查表中的检查项即检查清单，通常描述句式都是"是否"结构。表2-6列出了数个项目前期筹备就绪的里程碑检查清单的例子。

表2-6 检查清单示例

项 目	检查清单（问题）	完成（验收）标准
1.全家外出旅游	是否带药？	感冒药、肠炎药、创可贴、消炎药、胃药、解暑药、晕车药、清凉油、纱布、外用消炎药、眼药水、止痛药、一次性消毒纸巾、酒精棉等
2.某公司举行学术会议（邀请两位专家做演讲）	是否做了背景调查？	双方非学术对头、非对手代言人、有良好的业界口碑等
3.某体育用品公司邀请NBA巨星来华参加商业活动	是否准备了特大床？	长≥2.2m，宽≥2.0m
4.某房地产开发公司开发一处房地产项目	是否符合开工条件？	项目总工签发的基础施工单位开工令；桩基施工单位中标通知书；可实施的基础工程施工图纸；天然基础开挖或桩基础工程打桩开工

表2-7给出了大众汽车某配套厂的里程碑签署单。

（3）里程碑作用

里程碑的主要作用就是通过阶段性评审，度量项目进展。其具体作用如下：

① 降低项目风险

通过早期评审可以提前发现问题，降低后期修改和返工的可能性。同时，在里程碑式的管理模式下，每一个里程碑都会经过一定的稳定化阶段。当进入到下一个里程碑的时候，就是以前一个相对稳定的里程碑作为基础的，这样就将风险或错误的累加分散到了最低限度。以局部的控制来保证整体过程的稳定，这就是里程碑式管理模式的卓越之处。

第2章　项目管理过程

表2-7　　　　　　　　　　　　　　某大众配套厂里程碑签署单

里程碑签署单（Milestone Sign-Off Sheet）				
里程碑名称：项目收尾（PC，Project Closure）			评审日期：　　年　月　日	
里程碑目的：项目收尾里程碑在符合以下条件时解散项目团队：项目目标达成、移交计划里就悬而未决的问题达成一致意见、项目文档工作按标准完成				
检查清单（Checklist）				
#	检查项	检查结果	检查意见	责任人	参考证明文件
1.	项目质量目标是否达成？	□是 □否		质量协调员	
2.	项目成本目标是否达成？	□是 □否		财务协调员	
3.	项目进度目标是否达成？	□是 □否		项目经理	
4.	项目分解结构（WBS）是否在系统里更新并冻结？	□是 □否		项目经理	
5.	经验教训文档是否完成？	□是 □否		项目经理	
总分（Overall Assessment）：□ 红灯（R）　□ 黄灯（Y）　□ 绿灯（G）				
里程碑签署（Milestone Sign-Off Sheet）				
□ 达成（Achieved）□ 有条件达成（Achieved with Attached Workplan）□ 未达成（Not Achieved）				
（签名）项目经理	（签名）研发	（签名）销售	（签名）采购	（签名）环境健康安全（EHS）
（签名）财务	（签名）工程	（签名）工厂	（签名）技术	（签名）运作

② 细化管理"粒度"

里程碑是项目经理进行进度控制的主要依据，里程碑一旦确定，各相应负责人应确保按时交付成果，这样既便于明确各个角色的责权范围，也有利于按时完成任务。一般人在工作时都有"前松后紧"的习惯，而里程碑模式强制规定了在某段时间做什么，从而合理分配了工作，细化了管理"粒度"。例如，项目经理分配给项目成员某项任务，要求15天内完成，如果将近15天的时候再询问其任务进展，常见的一个现象是项目经理被告知任务完不成，并给出一大堆理由，这样就很被动。如果项目经理在15天的任务中事先设置几个里程碑，就可以步步紧逼项目成员去完成，即使有问题，后面还有时间调整，从而就可避免最后关头发现问题却已经为时太晚的被动与尴尬。

③ 动态调整进度

里程碑一般是项目中完成阶段性工作的标志。不同类型的项目，里程碑也不同。其精髓是将大项目划分成若干（里程碑）阶段。项目进度是以里程碑为界限，整个项目周期被划分为不同的（里程碑）阶段，根据里程碑的完成情况，适当调整每一个较小的阶段的任务量和完成任务的时间，这种方式非常有利于对整个项目进度进行动态调整，也利于项目质量的监督。

④ 进度指路明灯

看里程碑，我们便知道还有多少路或需要多少时间才能够到达终点。1952 年 7 月 4 日，曾成功游过英吉利海峡的第一位女性、34 岁的弗罗伦丝·查德威克，在浓浓的大雾中由卡塔林纳岛向加州海岸游去，15 个小时后，她冻得浑身发麻被迫放弃，尽管在另一条船上的她的母亲和教练都告诉她海岸已经很近了，叫她不要放弃，而此时的她距海岸只有半英里！后来她说，她放弃的真正原因不是疲劳、寒冷，而是在浓雾中看不到目标——海岸。可见，即使如查德威克这样的游泳好手，也需要看见目标，才能鼓足干劲完成她有能力完成的任务。项目管理也是如此，里程碑就是阶段性目标，指引我们最终走向项目成功的彼岸。

⑤ 预留缓冲时间

使用里程碑式模式还有一个好处，就是将大项目分成若干里程碑式的重要阶段时，可在各重要阶段之间预留缓冲时间。使用缓冲时间，可以很好地在项目未来实际执行进度和预计进度之间取得平衡。一般来说，在项目实施过程中我们需要为意外事故保留总开发期 1/3 的时间，即"缓冲时间"。缓冲时间有助于一个项目应对意料之外的情况，如可以用以弥补进度延误，或者是由于技术困难或疏忽而忘记把任务写入进度，或者是由未料到的难题而形成的时间损失。这种应付突发事件的缓冲时间在开发和稳定化过程中是每一个主要里程碑的重要部分。

⑥ 阶段性激励

1984 年和 1986 年，名不见经传的日本"矮个子"选手山田本一两夺国际马拉松世界冠军，其夺冠秘诀就是："凭智慧战胜对手。"他所言的"智慧"就是确定里程碑——赛前乘车勘察并记下途中的银行、大树、红房子等标识。比赛开始后，他就以百米冲刺的速度奋力向一个个里程碑——标识冲去，轻松跑完四十几公里的赛程。而以前他只有一个里程碑——终点线，"结果跑到十几公里时就疲惫不堪了，我被前面那段遥远的路程给吓倒了。"山田本一说的不是假话，众多心理学实验也证明了山田本一的正确。每达到一个里程碑，就会体验到"成功的喜悦"，这种"感觉"能推动他充分调动自己的潜能去达到下一个里程碑。正如山田本一要在马拉松赛中为自己寻找标志物作为"里程碑"，项目管理也需要设定"里程碑"。有了"里程碑"作参照，我们就能清楚地看出项目的每一点进步，从中不断地收获成就感，减轻工作压力，从而更有信心、更有动力地走向终点——项目总体目标的完成。

2.关卡

关卡或门径或检查站（Gate），原指门前的小路，常比喻做事的方法或途径。项目中指每个阶段作为质量控制检测点和项目决策点的入口。这些入口决定了项目是否向下一个阶段推进。每个入口有着相似的结构（如图2-3所示），都需要包括一套被要求的交付物（Deliverable）、项目据以判断的准则（或验收标准 Acceptance Criteria，包含一些必须符合的项目或检验性问题，以及早排除不良的项目，并且用以决定一些项目优先级的问题与方式）、确定的产出或结果（Output，可能是一项决策的制定，过关 Go/淘汰 Kill/暂缓 Hold/回收再利用 Recycle，或对下一阶段中活动计划的核定，或为阶段成果的设定，或下一关卡的日期）。关卡在 GE 等公司亦被称作 Tollgate（简称 TG，原指收费站）。

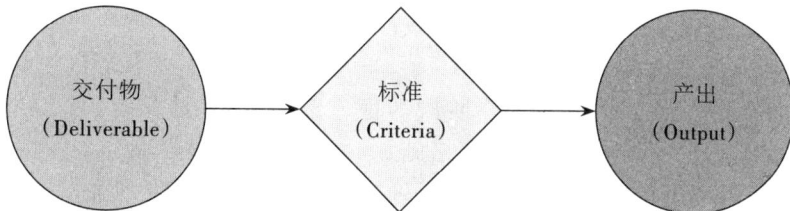

图2-3 关卡入口结构

（1）关卡/门径的产生

门径的创始人库珀（Robert G.Cooper）博士于上世纪80年代制定了"门径管理流程（Stage-Gate-Process，简称SGP）"。图2-4列出了一个具有新产品开发和上市后评估的5个阶段、5个入口的模型。

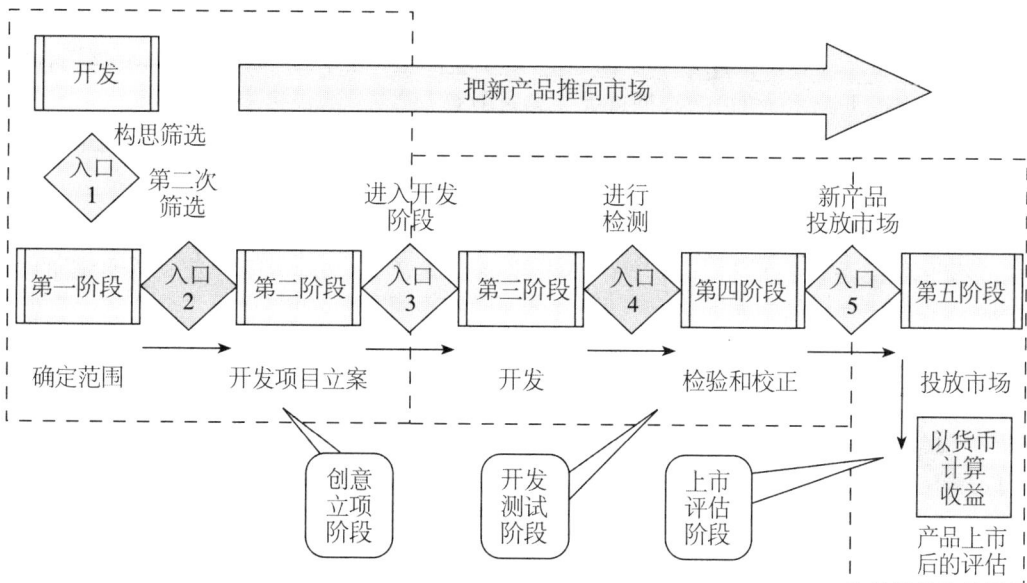

图2-4 门径管理系统：5个阶段、5个门径的模型

门径管理的基本思想是把项目做正确和做正确的项目。它是一种来自工作实践的流程，该流程可以成功而快速地把新产品从构思推向市场，在美国、欧洲多国和日本的企业中有着比较广泛的应用。1994年，门径管理系统（Stage-Gate-System，简称SGS）通过库珀在实践中的不断开发、应用、总结与革新，已经发展出了第三代流程，以6F为特征，即：灵活性（Flexibility）、模糊的（Fuzzy Entrances）、流动性（Fluidity）、集中（Focus）、促进（Facilitation）和永远保持生命力（Forever Green）。

SGS适用于新产品技术相对简单、市场风险较大、产品更新较快的企业，以灵活的市场机会点来牵引新产品开发，但其应用空间早已不局限于产品开发管理的领域。虽然其代表的是新产品开发流程，但它也是一种线性的、对项目管理流程进行及时评价和实时监控，保障项目开发价值和目标实现的管理模型。广义的门径管理已被应用于更广的项目管理领域，并在实践中逐步得到了有效性的证实。

（2）门径管理系统SGS的作用

① 项目的风险控制。SGP的每个阶段都有一个入口作为决策点，在入口处引入项目评估，及早发现潜在风险并采取相应措施。

② 项目的组合化管理。SGS确保做正确的项目（入口严格的评估体系会淘汰低劣的项目，并评出优先顺序），其最重要的目标就是保证项目的组合和资源的分配都能反映企业的总体战略。

③ 合理安排有限的资源。SGS能选准重点，做好优选工作，并将强硬的生/杀决策点引入新产品开发流程中，将那些劣质的项目剔除掉，使稀缺资源被重新分配到真正有价值的项目中去，从而将有限的资源集中在最好的项目上，避免因太多"不正确的"项目分散企业有限的资源，使得有价值的项目反而得不到足够的资源。

④ 缩短新产品开发周期。对于简单的项目而言，SGS可以缩短1/3的项目周期，而对于复杂的项目来说，缩短的周期可大大超过1/3。

（3）里程碑与关卡

关卡具有普遍性，适用于所有类型的项目；所有同类型的项目都有相同的评估标准；每个关卡都要用其相对应的标准来评估项目；假如项目没有通过某个关卡的评估，不论项目是否完成目标，项目都将被终止或暂缓；关卡设置在每个阶段的入口处。

里程碑具有针对性，是为特定项目而制定的，每个项目都有不同的项目里程碑；假如项目没有达到某个里程碑的目标，不论项目是否通过了所有关卡的评估，项目都将被终止或暂缓；里程碑可以设置在阶段的开始或者结束时，也可以设在阶段的中间。

不管是里程碑还是关卡，都增加了阶段性的审批环节，只有在审核通过后，才能进入下一个里程碑或阶段。两者都有一份检查清单（验收标准清单），只有达到了这些标准的要求，项目才能继续进行。

如图2-5所示，一个成功的项目必然是完成了其所有的里程碑目标，并通过了其所有的评估关卡。

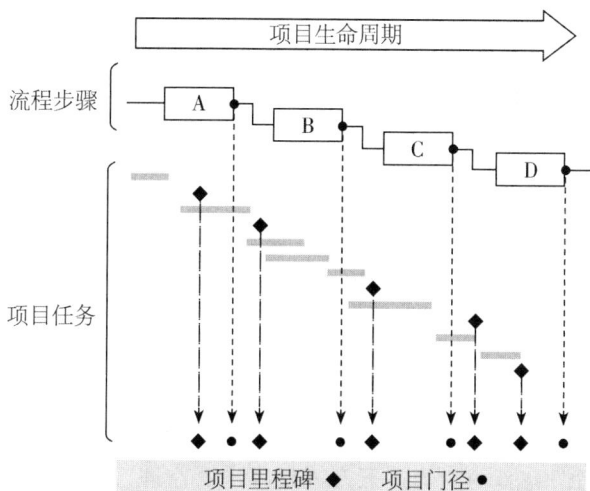

图2-5 项目里程碑与项目关卡（门径）的关系

从图中我们可以看出，关卡或门径都是设置在每个阶段的前面（入口），里程碑则可能是在每个阶段的任一位置。

因此，在进行进度分析时，我们就要分析项目的主要里程碑或阶段要求能否实现，验收标准能否得到满足。

2.1.4.3 成本分析

成本分析的主要目标就是看项目预算够不够，收益能否实现。

读者可以运用3.2.6工具6：成本效益分析（CBA）先进行成本估算，然后与预算作比较，看预算是否够用；再列出发起人期望的项目收益，看能否实现。

2.1.4.4 质量分析

质量分析的主要目标就是看产品或服务的质量指标能否满足要求，质量目标能否实现。

读者可以运用3.2.7工具7：关键质量特性（CTQ）去界定产品或服务的关键质量特性，明确项目质量目标，并判断其能否满足要求。

2.1.4.5 资源分析

资源分析的主要目标就是分析项目需要哪些关键资源，这些关键资源能否获取。

读者可以运用3.2.8工具8：资源池（RP）来评估项目所需资源与公司目前可提供资源之间的差距，并想方设法获取所缺资源。

1.资源获取途径

项目所需资源可能来自公司内部也可能来自公司外部。内部资源由职能经理或资源经理负责获取（分配），外部资源则是通过采购过程获得。

项目经理获取内部资源的途径主要包括：预分派（Pre-assignment）、招聘

（Recruitment）、培训（Training）、谈判（Negotiation）、虚拟团队（Virtual Team）、第三方反馈（Third-Party Feedback）等。

预分派，指项目成员是事先指定的。预分派可在下列情况下发生：在竞标中为了中标承诺分派特定人员参与项目工作；项目取决于特定人员的专业技能；项目章程中指定了某些人员的工作分配事项等。

招聘，指在公司不能提供项目所需人员的前提下，需要从外部获得所需服务，包括聘用和分包。

培训，指通过内外培训获取所需的项目人力资源。因为培训需要时间，故资源不能马上到位。

谈判，是指与相关方进行协商获取所需的资源。下面有详述。

虚拟团队，指具有共同目标，并在完成角色任务过程中基本上或完全没可能面对面工作的一组人员。

第三方反馈，指请有影响力的第三方（如客户、监理方等）去向老板反馈资源短缺问题。

2.通过谈判或协商获取资源

资源获取途径中非常重要的一个途径就是谈判或协商，多数项目的资源获取必须通过此途径。

谈判，就是与相关方进行协商获取所需的资源。谈判对象主要是老板、其他职能部门的主管、其他项目的负责人、外部组织（供应商、客户、承包商等）。有人说项目经理要"皮厚""敢争"，这不无道理。有的项目经理前面不争取，后面却抱怨资源不够，就可能彻底沦为资源的"受害者"。有的项目经理争了一次碰壁了，就不再进行第二次尝试，甘为老黄牛，最后则可能沦为"做事者"。项目经理一定不要期待别人把你项目所需要的资源都双手奉上，资源是靠争取的。项目管理里面有句话："会哭的孩子才有奶吃。"这里的哭，就是争，合情合理合规合法地去争，说白了，就是去谈判。不去争，不去谈判，关键资源不到位，项目经理只有死路一条。

谈判得讲策略，知己知彼方能百战不殆。

（1）谈判之前，首先必须知己

项目经理要非常明确自身的筹码，明白自己项目在公司中所处的地位，要清楚资源方是否会被自己所吸引，对方能从项目中获得什么收益（如项目奖金、新技能的学习等），是否愿意为自己的项目做出贡献，项目是否是"明星项目"，是否涉及公司的核心业务等。

项目经理要非常明确公司的战略目标，因为无论是项目还是资源，都是为公司的战略目标服务的。项目经理只有在明确目标之后，才能够确定目标与资源匹配与否。

项目经理要想清楚自身和自身的项目对他人来说是否具有"利用"价值。因为他人的资源不是随意就可以调用的，调用他人的资源之前，项目经理必须清楚地知道自身或自身的项目是否是判断合作方感兴趣的资源，如果不能客观确定自己一方"筹码"的分量，那后续的合作恐怕就要困难重重。

读者可以充分利用资源池工具来评估自己与这些资源拥有方的关系程度（见图2-6），并制定关系改善策略。

①资料名称	⑫能力矩阵				
	高层	HR总监	财务总监	采购经理	总部
内部	2	1	3	2	1

①资料名称	⑫能力矩阵				
	客户	供方	政府	专家	媒体
外部	2	1	3	2	1

（注：3=关系密切；2=关系一般；1=关系不好或未建立关系）

图2-6　关系资源能力矩阵

（2）谈判之前，还要知彼

在调用资源时，需要先考虑资源方通过此次合作可以获得什么或期待获得什么，他的需点和痛点是什么（读者可运用3.2.7工具7：关键质量特性和3.2.11工具11：相关方分析图去界定相关方的需求）。人有考虑自身利益的本能，如果不把他人利益放在优先考虑的位置，恐有可能因为忽略了他人的完整诉求而导致合作中止。只有换位思考，谈判才能实现双赢，各方才能因合作而获得真实的收益，项目经理与资源的连接也才能够更为紧密。

实操贴士：

①项目经理要与高层保持良好的关系，要有政治敏感度。资源的获取如果没有高层的支持，那是绝对有困难的。特别在人力资源等方面，项目经理要善于沟通，要竭尽所能地与高层保持良好的关系。

②在运用资源的时候，项目经理切记要谨慎对待，因为资源往往非常现实，如果项目经理总是用不合理的方式去调用它，就容易丢失资源。项目经理要在未启用资源的时候就与各资源方保持良好互动，包括正式场合的业务支持与请教及非正式场合的互动，一定不要事到临头临时去"抱佛脚"，想用到人家了才想去请人家帮忙，而这正是项目经理常犯的功利性太强的错误。因此，与资源方合作时要考虑长远利益，切不可在一次合作临近结束或结束后就对资源方有所怠慢，因为真正能归类于"资源"的人或企业都不是一般的合作方，而是与我们有共同成长需求和意愿的项目伙伴。现实告诉我们，真正优质的资源来之不易，合作更不易，所以，遇见了就要好好珍惜。平时，要注意通过专业、沟通、领导等能力的展示，塑造自身专业形象和人格魅力，以获得并积累资源方的信任。

2.1.4.6 采购分析

采购分析就是确定项目所需外部采购的资源在市场上有无合适的供应商，供应商能否按期按质供应。

读者同样可以运用3.2.8工具8：资源库（RP）去进行采购可行性分析。项目经理必须征询公司采购部门的意见，判断外购资源的可行性。

2.1.4.7 沟通分析

沟通分析就是确定相关方的沟通需求能否满足。

读者可用3.2.9工具9：沟通矩阵（CM）去进行沟通分析。

沟通技能是每个华为人必备的基本职业技能。为了避免在工作过程中出现对接障碍，华为公司要求员工在项目工作开始之前就做好沟通，在适当的时间将适当的信息通过适当的渠道发送给适当的相关方。下面是华为的"沟通三原则"：

1.沟通及时

这是华为员工遵守的首要原则。

华为员工会将必要的信息在第一时间传达给相关方，以保证上下、平行沟通渠道的顺畅。

2.信息准确

这是华为员工沟通的第二原则。

不论是书面沟通还是口头沟通，华为员工都会准确地传达信息。为了保证沟通信息的准确性，华为员工会借助于金字塔思维工具。在金子塔顶端的是综述，即要表达的观点、问题、看法和结论，然后针对上一级的内容一层一层地展开，直到信息足够准确为止。

3.严格控制信息传递的量，确保恰到好处

这是华为员工沟通要遵守的第三个基本原则。

这样做是鉴于一种现象：信息过多，倾听者容易忘记；信息过少，降低效率。所以，一般信息传递都遵守"7±2法则"。

为了确保信息沟通工作的顺利进行，华为要求所有的工作人员在沟通中必须提前制订沟通计划，明确信息沟通的目的（为什么要沟通？沟通的目标是什么？）、相关方（与谁沟通？）、沟通内容（他们需要怎样的信息？）、信息沟通形式（用什么方式完成沟通？）、信息发放时间（频率如何？）等内容，并制定出详细的信息沟通日程表。

在华为，作为项目启动过程的一部分，项目核心团队都要撰写一份分别针对关键者（高层和客户等）和项目团队的沟通计划。制订沟通计划前还要分析客户等相关方，确定他们的需要和期望是什么，然后对这些期望进行管理和施加影响，确保项目获得成功。沟通计划会说明待沟通信息的形式、内容、详细程度、要采用的符号规定与定义，然后确定信息沟通的日程表。

2.1.4.8　风险分析

风险分析就是识别项目有哪些风险，风险发生的可能和严重性如何，高风险是否可控。

1.风险的定义

风险（Risk），指一旦发生，会对一个或多个项目产生积极或消极影响的不确定性事件（事件类风险）或条件（非事件类风险，包括变异性风险和模糊性风险）。

风险是个中性词，可以是好事（机会），也可以是坏事（威胁）。如人民币贬值，外国人来华旅游费用降低，中国人出国旅游成本则增加。但人们普遍讨厌风险，因为它通常都是坏事。项目风险管理的目标在于提高正面风险的概率和（或）影响（即利用或强化机会），降低负面风险的概率和（或）影响（即规避或减轻威胁），从而提高项目成功的可能性。未妥善管理的机会或威胁可能导致项目偏离计划（如工期延误、成本超支、绩效不佳），无法达成既定的项目目标。

墨菲[①]告诉我们：任何可能出错的地方都将出错（Anything that can go wrong will go wrong）！因此，项目一开始就应该考虑各种可能的风险，并做好应对准备。

2.风险的三个要素

风险的三个要素是：风险因素、风险事故和损失。

风险因素（Risk Hazard）指促使或引起风险事故发生或风险事故发生时致使损失增加、扩大的原因或条件。风险因素分为客观因素（物质层面的）和主观因素（人为导致的）两种。

风险事故（Peril），也称风险事件，指引起损失的直接或外在的原因，是使风险造成损失的可能性转化为现实性的媒介。

损失（Loss）指非故意、非计划、非预期的经济价值减少的事实。损失包括直接损失和间接损失。

上述三者之间的关系是：风险因素（如吸烟）引起风险事故（火灾），风险事故导致损失（人员伤亡和财产损失）。

3.风险管理步骤

风险管理的两个关键是意识到位和措施到位，特别是意识到位。但人们通常都是比较乐观，缺少风险意识。生于忧患，死于安乐，说的也是同样的道理。拿安全来说，首先要有安全意识，然后你才会想办法制定各种安全措施并确保执行到位。

每个项目都在两个层面上存在风险：影响项目达成目标的单个项目风险，以及由单

---

① 爱德华·墨菲（Edward A.Murphy），美国爱德华兹空军基地里的一名空军上尉工程师。墨菲定律（Murphy's Law）亦称墨菲法则，与"帕金森定律（Parkinson's Law）""彼德原理（The Peter Principle）"并称为20世纪西方文化三大发现。经过多年演绎，墨菲定律引申出了很多版本，如：怕啥来啥；事情往往会向你所想到的不好的方向发展，只要有这个可能性等。其极端表述是：如果坏事情有可能发生，不管这种可能性有多小，它总会发生，并引发大的灾难。根据墨菲定律：（1）任何事都没有表面看起来那么简单；（2）所有的事都会比你预计的时间长；（3）会出错的事总会出错；（4）如果你担心某种情况发生，那么它就更有可能发生。2003年美国哥伦比亚航天飞机失事、2014年马航客机失联等事件无不印证了墨菲定律。墨菲定律告诉我们，容易犯错误是人类与生俱来的弱点，所以事前应该尽可能地想得周到、全面一些。

项目管理：操作指南

个项目风险和不确定性的其他原因联合导致的整体项目风险。

风险管理步骤如图2-7所示。

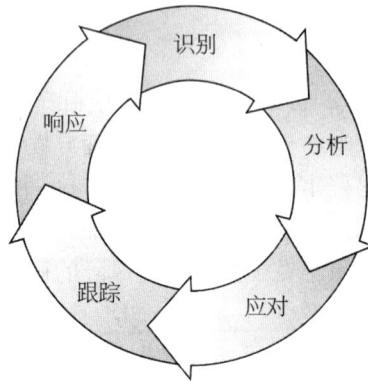

图2-7　风险管理步骤

第一步：识别（Identify）。

这一步是识别单个项目风险以及整体项目风险的来源，并记录风险特征的过程。

先找出风险因素（与环境相关的复杂性、不确定性等），然后识别潜在风险，再对这些风险进行分类。识别风险的方法包括专家判断、风险研讨会（头脑风暴）、相关方访谈、审查核对清单或提示清单（Reminding Checklist）、文件分析等。也可以按照既定的分类识别每个类别下各种可能的风险。

常见的风险类别常用PESTLE（政治Politics、经济Economy、社会Society、技术Technology、法律Law、环境Environment）、TECOP（技术Technology、环境Environment、商业Commerce、运营Operation、政治Politics）、项目三要素（时间、成本、范围）和麦肯锡7S等来描述。

风险描述应采用统一格式，以确保每项风险都被相关方清楚、明确地理解。风险描述的格式基本都是意外事件或条件，如"下雨"。因此，诸如"安全"这样的描述格式就太笼统了，它描述的只是某一类的风险，应该细化到具体的安全事件，如溺水、触电等。

如同看病一样，风险识别越早，损失越小，成本越低。

第二步：分析（Analyze）。

分析是评估风险属性（可能性、严重性等）的过程。

风险分析分为定性或质化分析（Qualitative Analysis）和定量或量化分析（Quantitative Analysis）。

（1）质化分析

质化分析通过评估单个项目风险发生的概率和影响以及其他特征，对风险进行优先级排序，并据此决定所采取的应对策略和措施。

风险评估时最常用的参数是风险的两大属性：概率（或发生频度、发生度）和影响

（或严重度）。概率（Probability），指风险发生的可能性；影响（Impact），指风险造成后果的严重性（Severity）。最后，根据严重性给风险排定优先级。高风险指的是高优先级的风险，主要相对严重性而言。影响的评定基于项目的关键驱动力（Key Driver）及关键因素（CTQs）等；概率的评定通常则是基于经验。

例如，2008年北京奥运会开幕式项目，项目管理团队根据恶劣天气条件可能对开幕式产生的影响和带来的后果，通过预案的制订对气象风险等级由低到高的影响进行了逐级防控。当时，按照气象工作经验，将气象风险分为了四个级别，并制定了每个级别的应对原则（见表2-8）。

表2-8 气象风险分级表

风险描述	严重性	级别	应对原则
出现高温闷热、小雨天气	人员有不适感，或有潜在中暑危险，对开幕式演出和仪式有一定影响	Ⅰ级 一般风险	须提升现场服务保障力度
出现持续性中雨，或有短时较强降雨，并可能伴随雷电、大风、冰雹	对开幕式演出和仪式有较大影响	Ⅱ级 较大风险	演出和仪式可正常进行，须局部调整开幕式演出内容
出现持续性大到暴雨，或出现突发性强降雨，并可能伴随雷电、大风、冰雹，但将逐步转好	对开幕式演出和仪式产生重大影响，或者影响开幕式的正常开始	Ⅲ级 重大风险	须延迟开幕式开始时间，或调整（取消）开幕式部分演出或仪式内容
出现持续性暴雨、大暴雨	对开幕式演出和仪式产生特别重大影响	Ⅳ级 特别重大风险	须简化开幕式演出和仪式内容

其他风险参数还包括紧迫性或临近性、可监测性或探测性等。应用附录3.2.10工具10：失效模式和影响分析（FMEA）时，主要评估风险的三大属性：可能性（发生频度）、严重性、探测性。

风险数据质量是开展定性分析的基础，应确保风险数据的完整性、客观性、相关性和及时性。

将每个项目风险发生的概率和一旦发生造成的影响映射到示意图上，就可以生成概率和影响矩阵[①]，如图2-8所示。

[①] 概率和影响矩阵仅显示二维数据。如果使用了两个以上的参数对风险进行分类，则需要使用其他图形。例如，气泡图（Bubble Chart），它能显示三维数据（如X轴代表探测性，Y轴代表可能性，气泡大小代表严重性）。

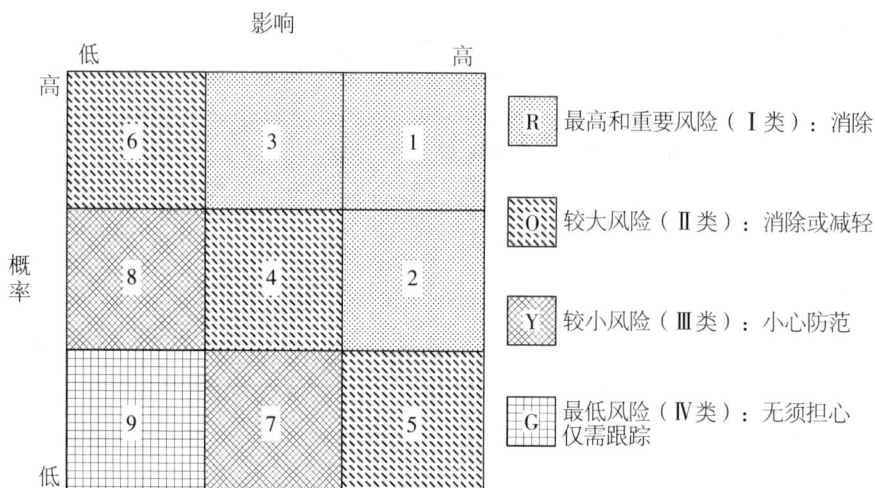

图2-8 概率和影响矩阵

影响矩阵对概率和影响进行了组合，以便于把单个项目风险分成不同的优先级。从图2-8可以看出，1、2和3为Ⅰ类风险（R，代表红色），应对策略是避免或消除。4、5、6为Ⅱ类风险（O，代表橙色），应对策略是消除或减轻。7、8是Ⅲ类风险（Y，代表黄色），应对策略是接受，项目继续进行但要小心防范。9是Ⅳ类风险（G，代表绿色），应对策略同样是接受，无须担心，仅需跟踪。1到9代表了优先级从高到低的顺序。[①]

风险应对策略如表2-9所示。

针对威胁的五大应对策略和针对机会的五大应对策略我们分别称为马塔（MATAR）策略和雷斯（RESEA）[②]策略。

---

① 如果将可能性及严重性低、中、高对应的分数评定为1分、2分和3分，用可能性评分乘以严重性评分，会得到概率和影响矩阵如图2-9。

图2-9 概率和影响矩阵示例（有评分方法）
可能性评分×严重性评分得分相同的（如图中的两个6分：可能性中×严重性高与可能性高×严重性中；两个3分：可能性低×严重性高与可能性高×严重性低；两个2分：可能性中×严重性低与可能性低×严重性中），严重性更高的优先级更高，即：可能性中×严重性高的风险优先级高于可能性高×严重性中的优先级；可能性低×严重性高的风险优先级高于可能性高×严重性低的优先级；可能性低×严重性中的风险优先级高于可能性中×严重性低的优先级。因为，风险的优先级主要是相对于严重性而言的，这也是图2-8中风险优先级由1至9排序的原因。
② 马塔和雷斯皆为人名。前者为男性，后者为女性。

表2-9 风险应对策略

威胁应对策略	机会应对策略
· 接受（Acceptance） 项目团队决定接受风险的存在及其发生所造成的影响，而不主动采取任何措施	
· 规避（Avoidance）（或消除Elimination） 项目团队采取行动来消除威胁，或保护项目免受风险影响	· 开拓（Exploiting） 项目团队采取行动以确保机会出现
· 上报（Report）（或升级Escalation） 项目团队认为机会或威胁不在项目范围内，或应对措施超出项目经理权限，将风险责任转移到组织中能更有效管理风险的更高层 · 事先准备风险储备（Reserve）（风险应急储备Risk Contingency Reserve） 属于项目预算范围，但有些公司如IBM不允许此类操作 · 风险管理储备（Risk Management Reserve） 不属于项目预算范围，在项目集或项目组合层面加以管理	
· 减轻（Mitigation） 项目团队采取行动以降低威胁发生的概率或削弱威胁造成的影响	· 提高（Enhancement） 项目团队采取行动提升机会出现的概率或扩大机会造成的影响
· 转移（Transference） 项目团队把威胁造成的影响连同应对责任全部或部分转移给第三方	· 分享（Sharing） 项目团队将应对机会的责任分配给最能为项目获得利益的第三方

MATAR中的M指减轻（Mitigation），主要针对Ⅱ类风险，如设备的预防性维护、准备应急或备胎计划。第一个A指规避（Avoidance），主要针对Ⅰ类高优先级风险，如人工提前消雨。T指转移（Transference），主要针对Ⅰ-Ⅳ类风险。例如，购买保险，或针对项目中用到新技术的部分签订分包合同。第二个A指接受（Acceptance），主要针对Ⅲ及Ⅳ类低优先级风险。例如，项目略微延迟。R指上报或储备风险（Report or Reserve），主要针对Ⅰ、Ⅱ类风险或不在项目范围内的风险。

RESEA中的R指上报（Report），第一个E指开拓（Exploiting），S指分享（Sharing），第二个E指提高（Enhancement），A指接受（Acceptance）。

（2）定量分析

定量分析是就已识别的单个项目风险和其他不确定性的来源对整体项目目标的综合影响进行评估的过程，是评估整体项目风险的唯一可靠的方法。它最可能适用于大型或复杂的项目、具有战略重要性的项目、合同或主要相关方要求进行定量分析的项目。

期望值法可用来对单个项目风险进行定量分析。蒙特卡洛分析（常用在模型模拟中）、敏感性分析、决策树分析等方法常用来对整体项目的风险进行定量分析。

第三步：应对（Respond）。

应对是为处理整体项目风险敞口，以及应对单个项目风险而制订可选方案，选择应对策略并商定应对行动的过程。有效和适当的风险应对可以最小化单个威胁，最大化单个机会，并降低整体项目风险敞口；不恰当的风险应对则会适得其反。

针对高优先级的风险（Ⅰ类和Ⅱ类），制订风险应对计划（如表2-10所示），给每个可能的风险安排责任人（Owner）。

表2-10　　　　　　　　　　　　　　风险应对计划

风险描述	爆胎		
发生度	1.轮胎老化（低）	2.胎压过高或过低（低）	3.漏气（低）
严重度	高：引发交通事故（爆胎引发的交通事故占高速公路交通事故的7%以上）		
风险级别	Ⅱ类	Ⅱ类	Ⅱ类
预防措施	1.定期保养 2.出发前检查轮胎老化程度 3.使用防爆胎	1.出发前检查胎压 2.增加胎压监测系统、关注充气泵等 3.使用防爆胎	1.出发前检查轮胎是否被扎 2.使用防爆胎
应急措施	1.控制方向，点刹减速（有空开启双闪），观察后视镜并靠边停车，在车后100米处放警示标志 2.使用千斤顶等工具更换备胎 3.拍照并拨打拖车公司电话 4.拨打保险公司电话等		
启动征兆	1.轮胎侧面有裂缝、裂纹或切口 2.轮胎花纹磨损严重（厚度<1.6mm，或参照花纹指示线） 3.上有凸点 4.上有凸出（小凸、气泡或大包）	1.TPMS告警显示胎压过高或过低（以车厂推荐值为准） 2.行驶中车身异常抖动或振动（特别是底盘、轮胎、方向盘等位置）等	1.被铁钉或其他尖锐物刺扎而暂时没有把轮胎扎破导致漏气现象
责任人	黄大明		

这里要区分两种不同类型的应对措施：预防措施（Preventive Actions）和应急措施（Contingent Actions）。预防措施指风险发生之前所采取的措施，用来降低风险发生的可能性；而应急措施指风险一旦发生之后所采取的措施，用来降低风险造成的损失。例如，针对火灾这一风险，放置消防灭火器属于应急措施（不会因为你放置了灭火器，发生火灾的概率就降低。其主要作用是一旦发生火灾，可以用来灭火以减少损失），只有定期检查消除火灾隐患、使用防火材料等才属于预防措施。

实操贴士：

①对一般的项目，我们建议做表2-10格式的风险应对计划，不建议按FMEA格式的要求做。制订风险应对计划时，针对每一个风险，应列出所有主要的可能原因，这样利于下面制定措施时对症下药，并设定相应的触发器或启动征兆（Triggers）。

②再次强调，风险责任人只能有一个！执行应对措施的可以有好几个人，但须由责任人去落实。

③风险应对计划应尽早做、经常做、公开做。项目一开始就应该做初步的风险应对计划。项目计划完成时，应该制订更详细、更全面的风险应对计划。

④确定可以在项目早期执行的应对措施可使风险应对计划更加划算。由于缺少足够的时间制定有效的应对措施，项目后期发生的风险通常需要大量投入（时间、金钱等）。

第四步：跟踪（Track）。

跟踪指在整个项目期内，跟踪已识别风险、监控风险征兆、监督商定的风险应对计划的实施、识别和分析新的风险，以及评估风险管理有效性的过程。

风险应对计划制订后，就应跟踪项目进程，并基于已消退的风险和新识别的风险对计划进行更新。修订后的计划应与相关方及时沟通以确保相应的资源用来应对相应级别的风险。

监督的常用方法有技术绩效分析、应急储备分析、风险审计、风险审查会等。

在实践操作中，"跟踪"也表现为将发生的风险和应对措施记入风险记录表（如表2-11）或登记册内，以便项目总结与经验积累。

表2-11　　　　　　　　　　　风险记录表（或登记册）

风险描述：			风险类别：		
初始评估日期：			上次修订日期：		
风险级别（R/O/Y/G）：			责任人：		
应对措施	执行人	计划完成日期	实际完成日期	成功标准	完成情况
1.					
2.					
3.					
4.					
⋮					

实操贴士：

为了确保项目团队和关键相关方了解当前的风险敞口级别（通常用可测量的风险临界值来定义），应该通过监督风险过程对项目工作进行持续监督，来发现新出现、正变化和已过时的单个项目风险。监督风险过程采用项目执行期间生成的绩效信息。

第五步：响应（React）。

响应，就是根据监控情况，执行商定的风险应对计划。如有必要，可采取既定预防措施。一旦风险真的发生，就要实施既定的应急措施。也有可能经监测发现风险不会发生（如天不会下雨了），不用采取任何措施，合适时关闭风险防范路径。

风险管理过程的文件输出包括：风险登记册、风险报告、问题日志、经验教训登记册等。

2.1.4.9　相关方分析

相关方分析的主要目标是明确重要相关方的需求，看能否予以满足。

读者可以运用3.2.11工具11：相关方分析图（SAM）去进行相关方分析。

2.1.4.10　关键驱动力分析

项目经理在接活时，一定要明确发起人最关注的是哪个要素：时间、成本还是范围。尽管很多发起人在布置任务时嘴上总是说三个都要，希望"多快好省（时间要快，成本要省，范围要多还要好）"，但这是不现实的。项目经理一定要与发起人就关键驱动力达成一致意见，并将沟通结果填在3.2.12工具12：灵活性矩阵（FM）中。

2.1.5　第五步：相关方谈判

作为项目经理，你对项目的时间、成本和范围肯定有自己的期望。一般情况下，发起人的要求与你的期望两者之间总会有差距（比如，发起人要你6个月完成，你觉得至少需要7个月；或发起人给你1万元预算，你觉得不够等），因为你很难幸运地碰到"善良的"发起人。差距越大，你接手的项目越难管理和成功。因此，为了确保项目可行，项目经理需要在可行性分析与研究的基础上，与相关方进行谈判，尽量缩小这一差距，使项目尽量可行而非不可行。

需要再次强调的是，无论项目之前是否做过了可行性分析，项目经理都必须对所接手的项目再做可行性分析，更何况很多项目之前并未经缜密分析属于仓促上马。所以，项目经理要分析：在发起人给定的时间限制下，凭发起人提供的条件（对应着资源），能不能达到发起人关于范围的要求？假如已经明确了解到发起人最关注的要素（关键驱动力）是时间，这就意味着项目交期不能变。在交期不变的情况下，现有的条件（资源）能不能实现范围的要求？差距在哪里？交期不变，如要满足范围要求，成本够不够？如不够，需要增加多少成本或关键资源？交期不变，如要满足成本要求，范围能否实现？如实现不了，需要缩小哪些范围？

很多情况下，项目经理对项目涉及的知识领域不可能什么都懂，往往只是懂自己那一块，因此，靠项目经理一个人去做可行性分析是不现实的。项目经理需要去找懂的人，整合项目团队核心成员的力量（有时还需要借助公司内外专家资源）去做可行性分析。这样做的好处：一是可行性分析更准确，谈判时有充分的数据提供支持；二是避免如果事先未征询项目团队核心成员的意见，事后有人提出挑战，甚至质疑项目经理为什么自作主张接下不可能完成的任务的情况；三是在接下来与相关方，特别是发起人进行沟通谈判的时候，代表的是团队意见而非个人意见，会更有说服力。

由于事先分析了可行性，项目经理与发起人谈判的时候才有理有据，而不是苍白无力地说"时间不够"、"资源不够"或"范围太大"。与发起人谈判时，一定要跟发起人讲清楚如果目标不调整所带来的潜在风险，引起发起人的重视（可能他事先根本就没有考虑到）。现在如果不说，以后发起人可能会质疑你为什么不早点跟他说。谈的时候一定要站在发起人的角度，让他觉得你是想他所想，双方有着共同的目标，都是要确保项目成功。与发起人谈判的时候，谈的最多的就是资源了，更何况发起人拥有或能调动的资源比你多得多。但是，项目经理事先一定要清楚项目欠缺哪些关键资源，这样谈的时候才有针对性。一定要记住，关键资源不到位，项目是没有办法开展的。

跟其他相关方谈判的时候，通常都是争取资源。事先最好让发起人跟他们打个招呼。

读者可以应用3.2.12工具12：灵活性矩阵去与相关方谈判。

实操贴士：

　　① 发起人也是你可以利用的一个非常重要的资源！

　　② 接活比干活重要！接不好活是干不好活的！但很多项目经理由于项目是老板或客户等发起人"压"下来的，就什么也不说，马上开始埋头苦干（Just do it!）。因此，项目经理需要学会对相关方说"不"。说"不"不是不做，而是有条件地做。而条件需要项目经理通过与发起人等相关方谈判去争取。

2.1.6　第六步：项目章程签发

谈判结束后，项目经理应该与核心团队成员一起草拟一份章程，与项目发起人及其他相关方一起回顾包括项目目标在内的项目章程，确保各方达成一致。项目发起人签发完章程后，项目经理就可以开始组建项目团队并举行开工会（启动会）了。

2.1.6.1　项目章程签发

企业有企业的章程，学校有学校的章程，做临时性的项目也要有章程。为了确保项目这个临时性任务得到必要的资源，也为了使主要利益相关方明确各自对项目的责任，就需要有一种文件来界定项目的正式存在。这个文件就是项目章程（Project Charter，简称PC）。

项目章程是由项目发起人签署发布的、正式批准项目成立并授权项目经理使用组织资源开展项目活动的文件。项目章程明确项目与组织战略目标之间的直接联系，并展示组织对项目的承诺。

项目章程是证明项目存在的正式书面说明和证明文件，通常也是项目开始后第一份正式文件。项目章程确立项目的正式地位，相当于项目的"宪法"，是项目的"根本大法"，随后的项目计划必须符合项目章程的要求与精神。项目章程要说明启动项目的理由，规定项目的总体要求，指定项目经理，授权项目经理为项目工作动用人力资源和非人力资源，还要规定主要相关方必须对项目提供什么样的支持。

项目开始之前，应当选拔和指定项目经理。如果公司指派你作项目经理，经过可行性分析和相关方谈判后，你应该要求公司必须发布一份书面的项目章程，给项目一个合法的地位。你需要用项目章程来向有关相关方表明项目发起人对项目的支持，同时明确并向相关方宣布自己的权责。如果没有项目章程，你的工作一开始就会陷入被动，你的项目也就得不到任何保证。

如果是先有章程，后有项目经理，你要做的就是回顾项目章程，这同样需要做可行性分析，并在此基础上与发起人等相关方共同商定是否继续、中止或取消这个项目。

项目章程通过审批后，你就马上进入了项目的具体规划和实施阶段，此时，项目章程就成了你不可或缺的参考资料，它能帮助你了解项目的可交付成果以及项目期限等。通过项目章程，你不但能确定项目影响，还能使上层管理者及客户对一些项目情况有充分了解，并得到他们的认可。

项目章程必须清楚定义解决问题的权责和机制。这里至少要考虑以下三个方面：第一，明确项目发起人应当为项目提供什么支持和获得资源项目发起人的支持，是项目顺利实施所必需的。项目章程中应该尽可能明确他们将对项目提供的支持和资源。第二，必须指定一位项目经理并赋予其计划、实施和监控项目的权责。项目经理是受项目发起人委托，对项目成功负责任的人。项目章程中要明确规定谁是项目经理，项目经理拥有什么权力和责任。第三，必须明确主要的利益相关方的权责，特别是他们必须给项目提供的支持。项目章程是协调利益相关方之间的关系和利益的正式文件，需要明确合理机制来保证项目经理权责的落实，保证项目的顺利实施。

读者可以使用3.2.13工具13：项目（团队）章程（PC/TC）去制定项目章程。

2.1.6.2　项目团队组建

项目团队组建是指招募完成项目工作所需的人员，形成项目团队的过程。搭建项目班子、组建项目团队是项目经理在项目开始阶段最重要的工作，直接关系到后期项目能否正常运行。它是项目经理迈开的项目管理的第一步，也是后续进行团队建设的基础。犹如一支装备精良、纪律严明、作战勇猛的军队是打胜仗的保证，一支人员结构合理、团队融洽、战斗力强的项目团队也是成功实施项目的先决条件。

然而，项目团队的组建不是把一群人简单地聚集在一起，而是对组织内的人力资源进行重新整合，以使资源效应最大化。

那么，如何才能组建起一支优秀的项目团队呢？

1.组建原则

项目团队组建时要遵循以下五大原则：

（1）互补原则

一支优秀的项目团队应该是各方面都互补的团队，包括能力、角色、性格、知识、经验、性别、年龄等互补。试想一下，如果一支团队里面一个个都是"老法师"（能力很强的人）或是"老虎"（DISC个性测验①中的一个类型），他们之间是很难共事的。

---

① DISC个性测验是国外企业广泛应用的一种人格测验，由美国心理学家威廉·马斯顿博士（Dr.William M.Marston）于1928年创建。DISC的每个字母都代表着一种人格类型：D=Dominance（支配），D型又称老虎型；I=Influence（影响），I型又称孔雀型；S=Steady（稳健），S型又称猫头鹰型；C=Compliance（服从），C型又称考拉型。

（2）适用原则

不求最好，但求合适，好用就行。大材小用和小材大用都不利于才能的发挥，唯有适才专用，才能使人的才能发挥到极致。

（3）态度优先原则

态度虽不能决定一切，但能决定项目成员在项目中的表现。态度不端正的项目成员，能力再强也很难发挥效用。如非必须，项目经理宁愿挑选能力一般但动力十足的成员也不会挑选能力出众但动力或人品低下的成员。

（4）奇数原则

有研究表明，当团队需要迅速做出决定并采取行动时，团队成员人数最好是奇数而不是偶数[①]。虽然对最佳团队规模的研究还没有明确的结论，但在制定决策、解决问题时，人数最好是5、7、9人比较合适。从管理幅度（Span of control，指领导者直接领导的下属人数，亦称为管理宽度）的有效性的角度来讲，人数是5~8人比较合适。因此，如果项目团队总人数比较多，就应该再细分，如划分为核心团队与延伸团队等，但角色与职责必须界定清晰，避免产生内耗。

（5）二八原则

资源管理的二八原则主要指把关键资源用在关键地方[②]。二八原则也反映了资源的稀缺性。在大多数情况下，由于受环境和资源的限制，项目经理在组建项目团队时并没有太多的选择，通常是利用可用的资源为项目服务，特别当项目经理负责的项目优先级不高时，难免在遇到资源冲突时做出必要的让步，以便服从大局。即使无法挑选到心仪的成员组建理想的项目团队，但是，无论何种情况，项目团队的组建必须遵循一定的流程，虽然在不同的环境里流程会有所不同，但其中的一些内容则是项目团队组建时无法省略的关键步骤。

2.组建步骤

项目团队的组建共需九个步骤。

（1）项目分析

这一步的主要目的是更好地定义项目团队所需要的角色以及所需成员的数量，就是看项目需要什么人、需要多少人。

根据项目进度（紧迫性）、成本（经济性）及范围（技术性）的要求，以及项目的重要性（该项目与公司其他项目相比的优先级），确定所需角色、人数及技能要求。比如，工期紧、质量要求高，可能需要技能高、经验丰富的人员；但若预算紧，就很难用

---

① 根据米勒的"7±2法则"。一个团队里人数控制在7±2个，这样大家更容易团结一致，团队的发展更高效。人太多就容易散，所以一个团队人数过多一般都会再次拆分，以便更好地进行管理。软件开发领域的传奇人物劳伦斯·普特南（Lawrence Putnam）曾花大量时间调研团队人数和团队效能的关系。他从数百家公司里选取了491个难度相等的中型项目作为调研数据，结果显示，3~7个人的团队需要的工时只有9~20人团队所需工时的25%。为什么会出现这种情况？背后的原因是隐藏的沟通成本。

② 还指项目成员不会把所有时间都用来做项目，最多只用80%，还有20%的时间会用来处理其他事务（开会、培训、喝茶、聊天、打电话、去洗手间、发呆或心不在焉、四处走动、处理私事等）。因此，如果项目成员一天有10个小时在岗位上，那他实际能干活的时间只有8个小时。二八原则只适宜在私下里使用，一旦将其公开，所造成的后果很可能对项目经理不利。

得起成本高的人员（比如通过培训或招聘的人员）。项目需要哪些人力资源，其中关键资源需要多少，常规资源需要多少，各种资源需要占用多少时间，每种资源需要具有什么经验、具备什么技能，受聘或受训人员所具备的技能是否能为公司带来持续收益等，这些都要非常清楚、一目了然。

（2）资源可用性分析

这一步的主要目的是看公司的资源池（资源池的建设参见3.2.8工具8）里能提供什么样的人才，即评估公司有怎样的人力资源来满足项目的需求。

在同资源部门或其他项目经理进行谈判获取资源前，要先对目标资源池有一个大概的了解和掌握，主要需要了解以下内容：目前哪些人员可用或不可用，项目需要的人员被哪些项目所占用（看资源日历），哪些人员以往的项目表现比较好、哪些人员以往的项目质量比较差（看绩效），哪些人员技术能力比较强、哪些人是多能手（看能力矩阵）等，对于这些信息，项目经理都要做到心中有数。

华为从个人应知、应会、专业知识、可塑性、背景、反应能力、人际关系、实际工作经验等方面对员工进行考核，并将之分为A、B、C、D等不同类型。在组建项目团队时，有针对性地给他们分配任务，从而确保工作任务与员工的能力相匹配。

（3）"理想"项目团队构思

这一步的主要目的是列出你心目中理想的项目成员名单。名单考虑了项目要求和资源可用性，里面不可避免会包含一些不可用（被其他项目占用或在休假等）的资源，但这些资源又是项目不可或缺的。

要注意项目团队的合理搭配，项目经理没有必要要求团队中的所有成员都具备很好的技能和经验，这会造成成本和资源浪费。在项目成员的技能和经验基本符合项目要求的前期下，需要重点考虑人员的沟通和协调能力，对项目的认同度。项目经理在考虑项目团队成员人选的时候，应尽量剔出性格孤僻、对项目没有认同感的人员。

（4）期望资源获取

这一步的主要目的是通过与资源方谈判或协商等途径，获取期望的人力资源。

项目经理获取内部资源的途径主要包括预分派、招聘、谈判、虚拟团队、培训、第三方反馈等，其中谈判是最常用的方法。项目经理可能需要与职能经理和其他项目经理进行谈判。

• 首先，项目经理要与职能经理谈判。

项目经理与职能经理谈判，目的是保证在必要的时间限度内为项目组织到足以胜任工作的人员，并且项目团队成员可以一直工作到项目结束。

大多数情况下，特别是在职能型组织架构中，技术专家或人才一般都处于职能经理的领导之下，虽然职能经理不反对在项目中使用部门内的技术专家和职能人员，但他们更关注本部门是否能够顺利运转。他们一般会认为，抽调本部门的职能人员或技术专家会影响本部门的正常运转。因此，项目经理如果要获得项目所必需的人才，就不得不与职能经理进行长久、复杂的谈判。在谈判过程中，要确定的主要事项包括以下三点：

① 由谁来确定参与项目的人选

这是谈判的重点内容之一。职能主管会有自己的想法，会权衡各竞争项目的优先级和知名度，以及自己能从项目中所获得的益处，会根据自己的意愿推荐人选（把某个各项目都争抢的出色人才分派给哪个项目，抑或都不分派）；项目经理也会有自己中意的列在"理想团队名单"中的候选人。项目经理和职能经理在选择各自认为合适的人选时，会有不同的意见。

项目经理要通过谈判争取到自己想要的人，即让职能经理同意放人。

② 项目团队成员参与项目的时间

作为项目团队的成员，有些是全职的，即从原来的岗位临时调到项目团队中，仅负责与项目有关的事项；还有类似兼职的，在承担项目任务的同时（可能有的成员同时要参加好几个项目），还要兼顾所属职能部门的工作；还有的项目团队成员是在固定的期限内参与项目，如3个月或是项目的设计阶段。

项目经理要通过谈判，不仅让职能经理同意放人，还要同意放时间：保证派过来的人能满足项目所需的时间投入。

③ 处理特殊情况的方法

当发生紧急情况或是在特殊环境中发生一些情况时，职能经理通常希望能够有效掌控团队成员能将派出的人员从项目中召回，以满足本部门工作的需要。那么，如何定义这些特殊情况呢？假如团队成员被召回原来的职能部门，该部门应做出怎样的替补方案？被召回的团队成员允许离开项目的最长时间又是多久呢？对于这些事项，项目经理要通过谈判加以明确，以保证在紧急或特殊情况下，也能从职能经理那里争取到替代人选，满足项目之需。

实操贴示：

大多数项目资源都是需要项目经理与职能经理谈判才能获取的。项目经理在谈判中要有换位思考意识，要视职能经理为同盟而非对手。读者可以使用3.2.11工具11：相关方分析图（SAM），根据他们的影响力和对项目的支持程度，针对职能经理的痛点和需求点，制定相应的谈判策略。

•然后，项目经理还要与其他项目经理谈判。

项目经理与其他项目经理谈判的目的是争取得到稀缺或特殊的人才。

如果项目所需的资源被其他项目占用，项目经理就需要与其他项目经理协商解决方案，错峰使用资源，实现双赢。

实操贴士：

组织中的关键资源一般来说都是非常稀缺的，很多项目都会争抢这样的资源，项目经理在向资源部门提出需求前需了解一下这些关键资源当前的工作安排情况（查询资源池），最好能找时间和一些您想招纳的重要候选人（如技术骨干）进行私下沟通，提前掌握他们的工作安排（资源池中的资源日历可能未及时更新），向他们介绍一下项目情况，请他们对项目提出看法，看看他们对项目是否感兴趣。

（5）资源缺口处理

这一步的主要目的是建立必要的后撤阵地。

如果职能主管或其他项目经理不同意放人，或者某关键资源被其他更重要项目占用而无法释放，或者你心仪的人选对您的项目没有任何兴趣，项目经理要想好备用方案，避免后续因关键资源短缺导致项目无法正常进行。一定要记住，在任何情况下，考虑到项目风险和备用方案都是一个成功的项目经理的重要素质。

在与职能经理或其他项目经理协商无果的情况下，项目经理会有三个基本的选择：

① 尝试协商，得到部分协助

有总比没有好。项目经理也要尝试让步，或让自己的主管出面打招呼，两个要不到，要一个也可以；好的要不到，差一点的也行；不能全职，兼职也行；十天不行，抽五天也可。当项目进度有一些延迟时，项目经理可以与职能经理再次协商，调整人员使用计划，这是一个在不利形势下简单而有效的策略。

② 调整项目计划和优先顺序

当无法获得项目所需的关键资源时，也要对项目计划做出相应的调整，以应对出现的情况。当没有对应的资源支持时，再详细的项目计划也是毫无意义的。换句话说，如果没有合适的人才来完成项目任务，项目也就无法取得任何进展。如果无法成功说服职能经理投入项目所需的资源，就必须调整所有的项目计划，包括范围文件、进度计划和风险评估等。

③ 向最高管理层通报结果

如果没有成功获得项目所需的资源，就必须向最高管理层汇报，而最高管理层可能会成为资源的最终裁决者。面对来自职能经理方面的阻力，项目经理只有尽可能坦率地向最高管理层陈述情况，让高层了解到目前没有足够的支持能使项目成功。这样做，最终的结果主要可归结为三类：最高层支持项目，并且要求相关部门配合完成相关的人事安排；最高层可能给出一个折中的方案；最高层支持职能经理。在前两种情况下，项目将会继续，如果出现第三种结果，就意味着项目尚未开始就会终止。记住，这是最后一步棋，因为它会引起职能经理的负面情绪。

实操贴士：

如对关键资源无法达成一致，一定要及时找到高层领导协调。

（6）项目团队到位

这一步的主要目的是确保项目团队成员不仅人员到位，而且承诺到位。

当恰当的人员已可靠地被分派到指定岗位上时，项目的人员配备即告完成。如果条件允许，项目经理要同骨干人员做一对一的面谈，一定要让骨干人员领会项目的目标，了解项目的整体计划，明确他们肩负的责任和承诺，了解他们对项目的看法，看他们有什么好的建议没有，要尽量发挥骨干人员的主观能动性。如果没有责任和承诺，当项目遇到困难时，项目团队很容易就会变成一盘散沙。不光是在团队组建期间，在项目的整个生命周期中，项目经理都务必要同项目的骨干班子成员团结一致，这个班子就是你的核心团队，它有没有战斗力对项目能否成功至关重要。

实操贴士：

　　没有谁能够绝对准确地估计到项目需要多少人，第一步建议的方法也仅仅是一个比较粗略的估计，要想更准确地做出预测，必须在系统设计的基础上，进一步对任务进行细化，并做出更加详细的计划安排，但这在项目初始阶段是没有条件做到的。不仅如此，随着项目的进展，组员对业务的了解越来越深入，效率会不断提高，人力需求和任务计划也需要同步调整。人员一次性到位，可能会造成资源浪费；反之，如果一开始在人力资源上卡得太紧，一旦有预料不到的事件发生，就没有回旋的余地了。作为折中的做法，建议一开始把重点放在第一阶段的人力需求上，并在适当的时候，根据项目的实际需求，及时补充人手以满足下一阶段的需求。这要求在项目的初始任务计划中就考虑到人员梯次到位的情况。这种做法对于大型项目非常有效，可以节约大量的成本。

　　（7）团队章程的制定

　　这一步的主要目的是建立共同的团队规范。

　　"没有规矩，不成方圆"。要想使项目团队成员统一行动，就必须建立起合理的行为规范，并切实地落实下去，让团队成员都遵守游戏规则，按照规范进行自我管理。

　　团队章程（Team Charter，简称TC）是记录团队价值观、共识和工作指南，明确规定项目团队成员可接受行为的文件。相对其他文件而言，其更加正式，对团队成员有更强的约束力。

　　团队章程首先作为一个交流工具，它的价值在于把抽象理念变成具体的、有价值的行动，从而提高成员缔结心理契约的可能性，而不是违反心理契约。因此，"通过明确的约定规则规范行为"是团队章程的基本内容。

　　个人议程、内部竞争、推卸责任、缺乏信任等问题导致的内部"摩擦"或冲突会在每一个项目团队里不同程度地存在，如果这些问题得不到遏制或压制，就有可能破坏项目的有效性。管理这些问题的最好的方法之一，就是制定清晰的适用于所有项目成员的行为规范。

　　通过建立行为规范并获得项目成员的认可，可以消除对立行为和充分利用个人差异。准时参加会议、按计划完成任务、当队友需要帮助时提供帮助、建设性地批评、尊重不同意见、积极倾听、不轻易打断别人的讲话、保守团队机密等，这些都是积极的行为规范。

　　团队章程可以最大限度地降低歧义、误解和误会，从而减少这些摩擦或冲突。通过明确预期，团队章程确立了既定的规则，有助于促进共同理解，达成共识。经验证明，团队章程越清晰，冲突的可能性越小。

　　团队章程在团队层面提供了一个强有力的工具，用以指导和规范团队的行为，提高团队成员间的凝聚力，促进团队合作。

　　团队章程应由团队成员共同制定和一致认可，并为所有成员服务。在团队章程中，团队成员可以约定相互间的权利和义务，制定团队行事的基本原则，并设计面临突发事件时的应对措施。读者可利用3.2.13工具13来制定项目团队的章程。

实操贴士：

　　① 最好请每位项目成员签署团队章程（也可以安排在项目启动会上集体签署）。

　　② 与团队章程相配套的还有项目团队成员绩效考核制度。可以单列，也可以放入团队章程里。

　　（8）资源池和过程资产更新

　　项目团队成员到位后，不要忘记及时更新资源池和项目知识库。包括：

　　①更新资源池

　　更新资源池中项目团队资源的可利用情况，包括项目团队中每名成员参与项目时的工作时间、休假时间和与其他项目经理协商后承诺给其他项目的时间。

　　②更新项目管理计划

　　将团队成员的名字插入到项目管理计划的其他部分中，如插入项目组织机构图和进度计划中。在由具体人员承担项目角色和职责后，因为实际上很少能够完全满足规划的人员配备要求，因此可能需要对人员配备管理计划进行变更。改变人员配备管理计划的其他原因还包括晋升、退休、疾病、绩效问题和变化了的工作负荷。将更新后的项目管理计划、应分发给项目团队成员的备忘录（包括项目团队通信录）、团队章程、项目团队派工单等相关文件进行存档。

　　（9）召开项目启动会

　　项目团队组建的最后环节也是非常关键的环节，就是一定要组织一个成功的项目启动会，塑造团队的风格。

2.1.6.3　启动会的召开

　　万事开头难。开个好头，万事不难。商业社会的节奏越来越快，大家更倾向于"做就好了（Just do it）"的理念而忽略了仪式的重要性，这种想法也会给项目的成功与否带来影响。其实，启动仪式具有巨大的象征意义，启动一个项目最好的方法就是召开一个具有一定严肃性和鼓动性的全体会议，即启动会（Kick-off Meeting），亦称开工会或动员会。尽管在启动会召开之前，项目经理、发起人和关键成员已经进行了大量的讨论和计划，但这些非正式的会议不能取代所有重要相关方第一次共同参加的面对面的会议。

　　由于这个会议一般不会产生什么结论性的意见，也不涉及具体问题的讨论与解决，因此常被很多项目经理认为"形式大于内容"、可有可无，从而不予重视。所以，这里要特别强调，项目经理一定要重视项目启动会，要避免走过场甚至干脆以时间紧张、人员召集困难等为理由拒绝召开。

　　项目启动会分为内部启动会和外部启动会。内部启动会主要在公司内部项目团队和管理层中间召开，目的是使公司内部项目信息具有一致性及为外部客户启动会议做准备。外部启动会，需要甲乙双方共同考虑、组织和参与。不管是内部还是外部的启动会，组织者都是甲方的项目经理。

第2章 项目管理过程

1.启动会的作用

在整个项目的生命周期中，会召开许多不同目的的会议，其中项目启动会作为项目启动时召开的第一次正式会议，标志着项目建设生命周期的开始，其意义不言而喻。启动会是最为重要的一个与相关方沟通的工具。成功的启动会，可以减少项目实施的阻碍，获得更多的支持。花时间计划和召开包括项目组成员和发起人等重要相关方参加的正式的项目开工会，在以下几个方面都能充分显示出其重要性：

① 高层出席并当众宣读项目章程，给整个公司的信号是高层支持这个项目，因此，也值得其他人支持；同时，启动会也是对项目经理职权的有效确认，有助于树立和强化项目经理的权威，便于日后管理工作的开展。

② 为项目成员提供了回顾项目章程和/或团队章程的机会，对大家形成对项目目标的统一理解、成为一个高效运行的团队至关重要。

③ 让项目重要相关方对该项目的整体情况有一个清晰的认识和了解，并清楚各自的职责和义务，有利于各相关方增强归属感和担责意识——从现在开始，我就是项目一员，并将以项目支持者/执行者的身份开始一项新的工作。这种对自身身份的理解，有助于确立项目角色和对应工作的快速启动。

④ 为项目成员提供了与管理层沟通、建立良好关系的机会，为项目顺利实施提供了方便。当后期项目遇到困难（所有项目都会遇到）时，前期的工作效果就显现出来了。

⑤ 为项目成员提供了一个在低压力场景下了解彼此的机会，有助于加强团队成员之间的相互信任和理解，达成共识，还可以活跃团队，快速提升团队的凝聚力。

总之，一个成功的启动会可以为项目定下基调，确保所有项目成员都在同一起跑线上，向同一个目标前进。

华为称启动会为誓师大会，并视之为项目中最最重要的沟通渠道，因为它不但决定了项目的大轮廓，更主要的是形成了团队的气氛。这个会议的重要，不在于安排细致的任务或立军令状，而在于让大家彼此了解如何合作，也就是建立交流的平台和渠道。后来，华为的誓师大会也变成了系统性的宣传与培训大会。

2.启动会的召开时间

项目启动会通常在项目章程被批准并发布，初步的项目管理计划编写完成后召开。

从项目级别的角度出发，如果是比较简单或小型的项目，可以在项目启动阶段与所有团队成员一起召开，通常这些团队成员也同时出现在计划和执行阶段，小型项目一般只安排一个启动会。如果是大型项目，项目启动会将在完成项目规划后进入执行阶段时召开。如果项目是非常复杂且跨区域的，则需要召开一个虚拟的启动会议，所有参与者都可以通过网络进行交流，这种情况下别忘记考虑时差问题。

外部启动会在甲乙双方签署完合同后即可召开。

3.启动会的流程

对项目经理而言，启动会分为会前筹备、会中主持、会后跟进三个环节。

项目管理：操作指南

（1）会前筹备

能否开好项目启动会，关键取决于前期筹备工作是否做得充分和到位。项目经理要做好以下工作：

① 确定参加人员。至少，需要所有的项目成员和最终对项目结果负责的经理（们）参加。内部启动会的参加人员应该包括高层的项目发起人、项目经理、已经确认将加入团队的成员、需要为该项目提供资源的部门负责人等相关方。如果是为外部客户提供产品、服务的项目，在方便的情况下也可以邀请客户参加，或者在开完内部启动会后，将会议情况反馈给客户相关接口人。外部启动会的参加人员一般包括甲方乙方的主管领导、甲方的项目核心团队成员、甲方业务部门代表、乙方项目经理及项目核心团队成员，他们均应参加项目启动会。会前要指定好会议记录员。

② 确定时间地点。了解相关方（特别是高层领导和发起人）可接受的启动会时间并最终确定（一般以最重要人物能够参加的时间作为启动会时间，并协调其他参会人员的时间）。内部启动会一般选择在公司会议室举行；外部启动会可以选择在公司会议室也可以选择在外部酒店等地举行。

③ 制定会议议程。这是最重要的一步，它表达了会议讨论的内容，最好做成PPT。

④ 发出会议通知。至少提前两天把会议通知（包括时间、地点、议程等信息）发送给所有与会者并确认参加。如果有比较高级别的决策者参加，尽提早发出会议邀请，这样他们就可提前做准备，并且会议前（特别是会议前一天或者两天）要反复确认、提醒。

⑤ 准备管理层发言。当然，项目经理可以向团队成员简单地传递自己所了解的管理层对项目的要求，但是，任何其他方式都比不上管理人员亲自强调项目的重要性以及对项目团队成员承诺的期望。

实操贴士：

① 亲自出席这个会议会产生巨大的心理影响，特别是对于成员所处地理位置分散的团队，成员们将来可能很少有机会聚集在一起开会。如果由于地理位置的原因导致某人或某个团队不能参加开工会时，应想尽一切办法为他们创造方便条件，可以通过视频会议或至少电话会议来提供虚拟的出席机会。

② 发起人一定要出席开工会。他们的出席及行为可以直接反应项目的重要程度。潜在的团队首次召集会议时，每一个人都关注着其他人所给出的信号，以确定怀疑或消除猜想和顾虑。他们尤其关注负责人——团队领导和任何建立、监督或能影响团队的行政官员，而且领导们所做的总是比他们所说的更重要。如果公司一位高管在会议开始后10分钟接到一个电话，并且离开后没有返回时，人们就会得到这样的信息：他觉得这个项目无关紧要！

③ 为了让项目启动会能充分发挥"热身、动员"的效果，应该邀请具有一定权力、职位的高层领导参加，最好是与项目直接相关的高层领导。领导的简短讲话对鼓舞士气、强化项目经理的权力、增强团队荣誉感将起到非常积极的促进作用。如果合适的

话，公司的最高层（如总经理或总裁）也应参加。

④需要注意的是，由于项目启动会主要是信息展示而不是问题讨论，一般时间都比较短，最好会前与与会各方沟通清楚一些需要各方认可或承诺的事宜（如项目章程、各方职责等）。

（2）会中主持

要主持好项目启动会，项目经理须做好以下工作：

①以自我介绍开始，接下来邀请高层领导开场，说明项目远景，并指定项目经理及内部关键相关方。

②欢迎所有为项目做贡献的人参加开工会。确认每位与会者的名字，让每位与会者做自我介绍，讲一讲他们的背景和专长，并解释他们能为项目贡献什么。然后浏览会议议程，并指出讨论的要点。

③邀请发起人解释项目为什么重要，项目目标如何与组织的更大目标保持一致。

④宣读项目章程和/或团队章程（最好是高层或发起人来宣读），鼓励大家讨论，并达成一致理解。

⑤在会议结束之前，最多留5分钟问答时间。

⑥最后感谢所有的与会人员，并表达请他们随时与自己联系的意愿，以获得更多信息。

实操贴士：

①项目经理主持会议时一定要防止会议跑题，做好时间控制，同时务必确保启动会按时开始、按时结束。否则，第一次会议就延期、拖堂会开一个很不好的头。一定要利用第一次启动会的机会为以后的项目会议奠定基调和项目管理规则，让大家清楚地意识到整个项目的组织会议都是按时开始、按时结束的。

②项目启动会的时间不宜过长，内部启动会一般应控制在半小时以内，外部启动会一般应控制在一小时以内。

③会议PPT务必简明扼要，对于部分备受关注的特殊问题或重要内容及其支持数据，可以隐藏在"谢谢参与"一页PPT的后面，需要时再调出来。

（3）会后跟进

项目启动会的会后跟进也非常重要。项目经理在会后要做以下工作：

①梳理会议结论，及时发出会议纪要给所有相关方，再次感谢大家参与项目，并期待成功合作。

②与没有参加会议的重要相关方一对一沟通。

③建立内部通信录和联络群（如微信群），并随着项目团队的正式组建而不断补充、更新。

④将会议通知、会议记录等文件存入项目知识库PR。

实操贴士：

项目经理可以在会前写一部分可能的会议要点作为会议记录，这样可以节省时间，并可在会议上直接给大家参考和讨论，会议结束时同步发送给与会者。

启动会议是项目成功的关键。项目经理应该尽最大的努力来组织和准备这个会议，以便得到所有相关人员的理解和支持。记住：开好项目启动会，项目做得才不累。但也要记住：项目启动会毕竟只是一种形式，不要寄予太大希望。启动会不是万能的，召开了也不一定会确保项目顺利完成，但没有启动会是万万不能的，不召开项目就无法得到重视。因此，项目经理一方面不要忽视启动会，另一方面也不要不切实际地寄望于启动会，做好后续的项目计划、执行、监控和收尾工作同样重要。

实操贴士：

在项目启动阶段，项目经理要做到：

① 确保项目团队、相关方的目标一致。

② 宣传项目，并争取高层支持。

③ 通过与发起人在内的相关方谈判获取关键资源。

④ 组建项目团队并与团队成员及相关方建立初步关系。

2.2　　派活

2.2.1　第七步：项目管理规划

启动会开完后，项目经理就可以与项目团队一起着手制订项目管理计划，并根据计划进行资源配置。

项目管理计划（Project Management Plan，简称PMP）用以确定项目的执行、监控和收尾方式，其内容会因项目所在的应用领域和复杂程度而异。项目管理计划可以是概括或详细的，而每个组成部分的详细程度取决于具体项目的要求。项目管理计划应足够强大，可以应对不断变化的项目环境，这种敏捷性有利于随项目进展生成更准确的信息。

项目管理计划应基准化，即至少应规定项目的范围、时间和成本方面的基准，以便据此考核项目执行情况和管理项目绩效。

项目管理计划整合了所有子项目管理计划和基准，以及管理项目所需的其他信息。究竟需要哪些项目管理计划组件，取决于具体的项目需求。

项目管理计划组件包括（但不限于）：

2.2.1.1　子管理计划

（1）范围管理计划：确定如何定义、制定、监督、控制和确认项目范围。

（2）需求管理计划：确定如何分析、记录和管理需求。

（3）进度管理计划：为编制、监督和控制项目进度建立准则并确定活动。

（4）成本管理计划：确定如何规划、安排和控制成本。

（5）质量管理计划：确定在项目中如何实施组织的质量政策、方法和标准。

（6）资源管理计划：指导如何对项目资源进行分类、分配、管理和释放。

（7）沟通管理计划：确定项目信息将如何、何时、由谁来进行管理和传播。

（8）风险管理计划：确定如何安排与实施风险管理计划。

（9）采购管理计划：确定项目团队将如何从组织外部获取货物和服务。

（10）相关方参与计划：确定如何根据相关方的需求、利益和影响让他们参与项目的决策和执行。

（11）变更管理计划：描述在整个项目期间如何正式审批和采纳变更请求。

（12）配置管理计划：描述如何记录和更新项目的特定信息，以及该记录和更新哪些信息，并保持产品、服务或成果的一致性和（或）有效性。

2.2.1.2　基准

（1）范围基准：经过批准的范围说明书PSS（或工作说明书SOW）、工作分解结构WBS和相应的WBS词典，用作比较依据。

（2）进度基准：经过批准的进度模型，用作与实际结果进行比较的依据。

（3）成本基准：经过批准的、按时间段分配的项目预算，用作与实际结果进行比较的依据。

（4）绩效测量基准：经过整合的项目范围、进度和成本计划，用作项目执行的比较依据，以测量和管理项目绩效。

读者可应用3.2.14工具14：项目管理计划（PMP）来制订项目管理计划。

2.2.2　第八步：工作分解

项目管理计划制订完成后，项目团队就可以开始工作分解、活动定义和之后的计划制订的工作了。

2.2.2.1　WBS创建

工作分解结构（Work Breakdown Structure，简称WBS）是以可交付成果为导向，对项目要素进行的分组，它归纳和定义了项目的整个工作范围，每下降一层代表对项目工作的更详细定义。WBS是规划阶段支持工作定义和提供计划框架的主要工具，它总是处于规划过程的中心，也是制订进度计划、资源需求、成本预算、风险管理计划和采购计划等的重要基础，同时也是控制项目变更的重要基础。项目范围是由WBS定义的，未在WBS中包括的工作就不属于该项目的范围。定义范围、创建WBS是项目的开端，决定了项目要做"正确的事"，其重要性可见一斑。WBS的质量将直接关系项目的成败。

1.WBS的用途

WBS创建是把项目可交付成果和项目工作分解成较小、更容易管理的组件的过程，其主要作用是为所要交付的内容提供架构，它仅开展一次或仅在项目的预定义点开展。作为一个描述思路规划和设计的工具，WBS能帮助项目经理和项目团队确定和有效地管理项目工作。具体来说，WBS具有以下四个主要用途：

（1）WBS是一个清晰地表示各项目工作之间的相互联系的结构设计工具。

（2）WBS是一个展现项目全貌，详细说明为完成项目所必须完成的各项工作的计划工具。

（3）WBS定义了里程碑事件，可以结合一页纸项目管理PMP向高级管理层和客户报告项目完成情况，是项目状况的报告工具。

（4）WBS对整个项目可交付成果及相关项目工作的整体呈现，便于促进各相关方在项目范围、项目工作上达成共识，基于WBS的视图，是项目相关方之间的沟通工具；同时，WBS是对项目工作的逐层分解，便于建立汇报框架和控制账户，根据管理粒度的不同需要，控制账户设置在WBS某一层次的组件上，可快速便捷地归集其绩效数据，满足不同层级管理者、不同立场相关方对项目的控制和关注的需求，是项目经理与相关方沟通的工具。

2.分解作用

项目可交付成果之所以应在项目范围定义过程中进一步创建WBS，是因为较好的工作分解可以：

（1）明确和准确说明项目的范围，建立可视化的项目可交付成果，并防止遗漏项目的可交付成果，辅助沟通明晰的工作责任。

（2）WBS为其他项目计划的制订建立框架。以项目进度计划为例，每层组件皆以名词形式出现，而最低层的工作包直接面向执行，将其工作以动词形式描述，即可得到实施层面的具体活动，将其定义为时间关系后即得到项目网络图。再据之定义活动资源、活动持续时间后，即可编制整体项目进度计划，如用甘特图表示出来，即是我们常用的甘特图文件。

（3）确定项目测量和控制的基准，提高时间、费用和资源估算的准确度，并将项目工作与项目的财务账目联系起来，为估算成本、归集费用提供基础。估算成本是基于当前信息，对完成项目活动所需资金进行近似估算的过程，项目信息并不是特别明朗，因而基于工作包自下而上的估算汇集成本就尤为重要。同时，在WBS不同层次上定义控制账户，可以归集发生的实际费用，用于成本管理的过程分析和控制。

（4）帮助分析项目的最初风险。WBS是对项目范围完整、可视的图示，方便同时从微观和宏观两个层面识别潜在风险，利用它可以在整体、控制账户，或工作包层级上持续识别并跟踪风险。

3.分解原则

WBS与因数分解是一个原理，就是把一个项目，按一定的原则进行分解，把项目分解成里程碑，里程碑再分解成工作包，再把工作包分配到每个人的日常活动中，直到分解不下去（到个人任务）为止。即：项目→里程碑→工作包→活动→任务。WBS元素是名词/形容词形式，活动或任务则是动词/形容词/名词形式。每个WBS元素都代表一个独立的、有形或无形的可交付成果。

WBS分解需要遵循以下七大原则：

（1）可交付成果导向原则。WBS的一项重要作用是界定项目范围，明确为了交付项目应该进行哪些工作，因而以可交付成果为导向。无论采用自上而下还是自下而上的方式进行分解，无论分解的复杂程度如何，WBS的集合一定是指向可交付成果的，以终为始，使项目工作清晰可见。

（2）MECE原则（MECE=Mutually Exclusive，Collectively Exhaustive），即"相互独立、完全穷尽"之意。它主要有两条原则：第一条是独立性。强调了每项工作之间要独立，不要有交叉重叠。一个工作单元只能从属于某个上层单元，避免交叉从属。相同层次的工作单元应有相同性质。某项任务应该在WBS的一个地方而且只能在一个地方出现。WBS中某项任务的内容是其下所有WBS项的总和。第二条是完整性。说的是分解工作的过程中不要漏掉某项，应包括分包出去的工作。项目管理本身也是工作范围的一部分，可以单独作为一个细目。对一些各个阶段中都存在的共性工作，如人员培训等，可以把它们提取出来，作为独立的细目。

（3）100%原则。项目范围管理的一项重要任务是防止范围蔓延，即要将项目工作框在可交付成果之下。100%原则，要求将可交付成果及项目工作进行100%的完全分解，同时，下一层次分解工作之和必然等于其上层工作，既不能有遗漏，也不能有多余。遗漏会影响交付，多余则形成浪费。因此，此原则类似于充分必要性原理，亦称为充分必要性原则。

（4）适当分解原则。将主体目标逐步细化分解，每个任务原则上要求分解到不能再细分为止；最底层的日常活动可直接分派由个人去完成，逻辑上形成了一个大的活动，集成了所有的关键因素，包含临时的里程碑和监控点，所有活动全部定义清楚，细化到人、时间和资金投入。WBS层级越多，代表项目工作越明晰，越有利于指导执行。但是，过度分解，也会造成管理和监控成本的增加，反而不利于项目实施，因而，要根据项目特点和项目组执行能力进行适当分解。WBS不宜太多层（最好不要超过10层，上限为20层，多于20层是过度的），以4~6层为宜。保证分解到项目经理能够做出所要求的准确程度的估算和能够管理控制工作的最低一级的工作包为止。但对于小的项目，可能第一层或第二层就已经是工作包了，那就必须继续分解到活动再到任务了。对于大的项目，责任是层层分配落实的。项目经理对项目负总责，并监督第一层关键里程碑（或阶段/交付物/节点）的负责人，第一层再监督第二层……直到倒数第二层的活动负责人监督最后一层的任务负责人。从最低层的任务到上一层活动再往上层层汇总，最后项目经理手里拿的相当于是WBS总成。

（5）一致性原则。必须与实际工作中的执行方式一致。应让项目团队成员积极参与创建WBS，以确保WBS的一致性。创建WBS的过程非常重要，因为在项目分解过程中，项目经理、项目成员和所有参与项目的职能经理都必须考虑该项目的所有方面。创建WBS的过程就是一个沟通的过程，应以团队为中心，进行自上而下与自下而上的充分沟通，进行一对一的个别交流与讨论。对大型项目而言，确定项目的WBS结构往往不可能一蹴而就，需要经过多次反馈、修正，最后才能得到一个为项目各方都接受的WBS结构。

（6）80小时原则（80 Hours Rule）或两周原则（Two Weeks Rule）。WBS最低层次的工作单元是工作包，其单元成本不宜过大，工期不宜过长。根据80小时原则或两周原则，工作包的时间跨度不要超过2周时间，否则会给项目控制带来一些困难；同时，控制的粒度不能太细，否则往往会影响项目成员的积极性。在每个80小时（或少于80小时）结束时，只报告该工作包是否完成。通过这种定期检查的方法，可以控制项目的各种变动。

（7）结构性原则。按一定逻辑分解，比如按照产品组成、项目阶段、功能特性、组织流程等分解任务，WBS虽然不按照时间先后顺序排列，但能够清晰地表示各项工作之间的联系，这样做有利于系统、完整地完成分解过程，同时有助于项目估算、执行、监控、绩效评价等工作的开展。只有将任务分解得足够细、足够明了，才能统筹全局，合理安排人力和财力资源，把握项目的进度。

4.创建过程

创建WBS的过程详见3.2.15工具15。

实操贴士：

WBS创建时，应避免以下常见错误：

① 项目经理一个人在那里"闭门造（工作）包"。WBS创建是一个团队工作，项目经理不可能什么都懂，最多只是懂自己那一块。所以项目经理要确保懂的人（做这项工作的人员）能参与分解工作，他们所处的位置使得他们最清楚每项工作棘手的地方在哪里，如何把这些工作分解成更易处理的子任务。如果工作是外包的，则要求分包商提供WBS，与其他部分合在一起，形成总的WBS。

② 把WBS变成一个物品清单。例如，购买食品时，只列出了购买对象，如买鸡蛋、买面包、买矿泉水、买啤酒……其实还应该列出为购买食品所必须做的事，包括列需购食品清单、开车到超市、付款等。

③ 试图按顺序思考。WBS这一步要列的是在项目范围内所有要做的事（工作、活动、任务），不显示工作顺序，下一步制订进度计划时再解决按什么顺序做、谁来做、什么时候开始、什么时候结束、花多少钱等问题。这是一个逻辑问题。

④ 责任未落实到个体或个体单位。WBS不仅是逻辑地呈现所有项目工作，更重要的是面向实施，因而要求将项目工作分解到可独立实施的程度，分解到最后层次的工作即称为工作包。工作包必须由且只由一个部门或一个成员负责，避免责任不明确而导致无人负责。同时，如果某项工作内容尚不明确，可留待后续条件成熟时继续分解，遵循项目管理渐进明细原则。

⑤ 遗漏工作，特别是一些关键工作。WBS创建要符合分解的100%原则，不漏也不多。分解完后，一定要验证分解的完整性和正确性。

⑥ 太粗或太细。两者都不利于控制，必须在两者间找到平衡。比如装修房子，你不能只分解到"监工"，你根本不知道监什么、如何监，结果盯了也白盯，这是分解太粗导致的；再比如喝水，如果还往下分解到拿瓶装水、拧开瓶盖……拧上瓶盖等，这样就是分解太细。

⑦ 工作包没有设定明确的完成标准。完成标准不明确，工作包责任人不知道做得怎样，是否符合要求，项目经理也没法控制和评估他的绩效。因此，工作包必须设定明

确的完成标准，并写进WBS词典中。如针对包装，完成标准可能是表面无毛刺、划伤等；针对客户图纸审核，完成标准可能是客户签字认可图纸；针对焊接，完成标准可能包括：坡高多少、坡长多少、焊点数量、焊点位置、焊接强度、几级面等。其作用类似于生产中的控制计划（Control Plan）。在敏捷项目管理中，完成标准称为DoD（Definition of Done）。如针对迭代产品发布的DoD的典型条款有：完成发布规划所要求的重点需求；至少通过一次全量回归测试；修复所有等级为1、2级的缺陷，3、4级缺陷不超过20个等。针对用户故事的DoD条款有：用户故事最终的描述符合INVEST[①]；用户故事得到测试用例的对应覆盖；用户故事得到对应的自动化测试用例；用户故事得到PO试用并初步认可。

⑧未设里程碑（或关卡）。里程碑（或关卡）是项目阶段性评审的重要工具，也是项目经理细化管理粒度的重要工具。

2.2.2.2　活动定义

活动定义是识别和记录为完成项目可交付成果而须采取的具体行动，其主要作用是将工作包分解为进度活动，作为对项目工作进行进度估算、规划、执行、监督和控制的基础。

这一步的主要输出是活动清单和里程碑清单。

活动清单（Activity List）包含项目所有必需的进度活动。每项活动都需要描述活动属性。活动属性指每项活动所具有的多重属性，用来扩充对活动的描述。具体包括：唯一活动标识（ID）、WBS标识、活动标签或名称、活动描述、紧前活动、紧后活动、逻辑关系、提前量和滞后量、资源需求、强制日期、制约因素、假设条件等。还应包括每个活动的工作范围详述，使项目团队成员知道需要完成什么工作。

里程碑清单（Milestone List）列出了所有项目里程碑，并指明每个里程碑是强制性的（如合同要求的）还是选择性的（如根据历史信息确定的）。里程碑的持续时间为0，因为它们代表的是一个重要时间点或事件（但里程碑的评审是需要时间的）。

有了活动清单和里程碑清单，接下来就可以排列活动顺序、估算活动持续时间并制订进度计划了。

实操贴士：

从实用性的角度来讲，项目分解到工作包再到活动还没分解到位，最好分解到个人执行的任务，这样更利于责任的明确，以及项目效率与效能的提高（见3.2.15工具15中"F1进站维修项目WBS"的例子）。

2.2.3　第九步：计划制订

杜邦公司前总裁克劳福德·格林沃特（Crawford H.Greenewalt）曾说过，制订计划所花费的分分秒秒可以为执行计划节省三到四倍的时间。因此，项目经理在计划上多花些时间是值得的，一定不要草率对待。

---

①　INVEST意为投资。I=Independent独立的，N=Negotiable可谈判的，V=Valuable有价值的，E=Estimable可估算的，S=Small够小的，T=Testable可测试的。

2.2.3.1 依赖性分析

这一步主要是识别和记录项目活动或任务之间的逻辑关系，主要输出是网络图（Network Diagram，简称 ND）。网络图的创建见 3.2.16 工具 16：网络计划技术（NPT）。

2.2.3.2 资源估计

这一步主要是估算活动或任务的持续时间、成本、需要耗费的资源，并明确责任人，主要输出是资源和责任矩阵图（Resource & Responsibility Matrix，简称 R&R Matrix 或 R&RM）。估算的方法见 3.2.16 工具 16：网络计划技术（NPT），资源和责任矩阵图的创建见 3.2.17 工具 17：甘特图（GC）。

2.2.3.3 项目计划制订

这一步主要是创建项目计划，内容包括进度、预算、风险、资源、沟通、采购等，主要输出是"七合一"甘特图，创建方法见 3.2.17 工具 17：甘特图（GC）。

2.2.3.4 基准计划确定

项目计划制订完成后，要审查项目计划，确保没有遗漏，确保资源可用（每个资源的工作时间都是其实际可得时间），确保计划可行。审查完毕，报批计划。审批确认后计划将被冻结，作为基准，项目经理在执行项目计划时，要在每个检查点（Checkpoint）与基准做比较，看计划执行有无偏差。

基准（Baseline），也称基线，是经过批准的一个（或一组）配置项（或工作产品版本），只有通过正式的变更控制程序才能进行变更，并且用作与实际结果进行比较的依据。基准包括进度基准（经过批准的进度模型）、成本基准（经过批准的、按时间段分配的项目预算，不包括任何管理储备）、范围基准（经过批准的项目范围说明书 PSS、工作分解结构 WBS 和相应的 WBS 词典）。绩效测量基准（Performance Measurement Baseline，简称 PMB）是整合在一起的范围、进度和成本基准。

实操贴士：

在项目规划阶段，项目经理要做到：

① 尽可能早地让项目成员参与到项目中来（不一定是要到岗，也可以是提供专业建议）。

② 整合各方资源完成项目管理计划，尽量与团队成员共同决策、计划。如果都是由项目经理一人定义和计划项目工作，然后传递给团队成员去执行，他们会感觉在执行"你的"计划，绩效可能会受影响。

③ 项目计划要尽可能详细，但由于项目渐进性的特点，很多项目只能对近期要完成的工作进行详细规划，对远期工作只能做粗略规划（这种规划方法称为滚动式规划，应用的是迭代技术）。不能因为项目计划渐进明细就不认真计划，要克服计划时的随意性。

④ 将关系项目成败的重要任务分派给项目成员，让项目成员有学习新知识、新技能的机会。

⑤ 项目经理在派活时，不要把同一件任务安排在若干个零散的时间里，而是要专

门为任务切割一整块的时间。特别是关键任务，更应该安排一整块的时间，然后一气呵成地完成它。这样做，效率才是最高的。同时，也建议项目成员将琐碎的事务（不重要、不紧急但又必须办的琐事）集中起来进行批处理，这样可以达到压缩处理时间的目的，从而为重要的事务争取更多的时间。

2.3　干活

2.3.1　第十步：计划实施

基准计划获得相关方批准并冻结后，就可以开始执行计划了。计划和执行是著名管理工具戴明环（PDCA）[①]的两个核心，两者是相互交融的，彼此关联、缺一不可。三分计划，七分执行。执行亦是对计划的确认、呈现、修正、补充和检验。对项目管理而言，项目管理战略由高层来制定、项目管理计划由以项目经理为核心的管理团队来制订，而战略与计划的执行就要靠所有的项目团队成员了，他们直接关系到战略能否落地、计划能否落实。

计划实施就是项目团队执行既定计划（进度、采购、风险等）中的项目活动和任务，以完成既定可交付成果（产品、服务等）并达成既定目标。这一步的输出主要是可交付成果和工作绩效数据。

项目经理在这一步要与管理团队一起指导实施计划，并管理项目内的各种技术接口和组织接口。具体工作还包括：

（1）根据资源计划获取资源、分配资源并有效使用资源。

（2）建设团队和管理团队。

（3）执行已批准的变更，包括纠正措施、预防措施和（或）缺陷补救。

（4）收集工作绩效数据并传达给合适的控制过程做进一步分析。

（5）根据沟通计划实施管理沟通。

（6）根据相关方参与计划，管理相关方参与事项。

（7）更新项目管理计划和组织过程资产。

实操贴士：

在项目执行阶段，项目经理要做到：

① 安排团队建设活动，促进团队成员间的相互理解和信任。

② 让项目成员与一些重要人物相接触，以发展他们之间的关系。

③ 致力于创造以担责为核心的项目文化。

④ 与相关方保持紧密沟通，倾听他们的呼声，认真处理与他们的工作和个人关系。

2.3.2　第十一步：团队建设管理

与第一步过程资产积累和第二步项目健康诊断一样，第十一步团队建设管理同样贯穿整个项目的始终。

---

① 由美国质量管理专家休哈特首先提出，由戴明采纳、宣传，获得普及，所以被称为戴明环。在后面4.3中有详解。

2.3.2.1 团队建设

团队建设的目的是提高项目成员工作能力，促进团队成员互动，改善团队协作和整体氛围，激励员工、减少摩擦，以提高整体的项目绩效。项目经理的一个主要职责就是定义、建立、维护、激励、领导和鼓舞项目团队，从而打造一支高效运行、凝聚力强的项目团队，并实现项目目标。

美国圆桌集团（The Table Group）总裁及商业畅销书作家帕特里克·兰西奥尼（Patrick Lencioni）认为，进行团队建设、加强团队协作应该尽力克服五大障碍：缺乏信任、惧怕冲突、欠缺投入、逃避责任和无视结果。[①]这五大障碍实际上还是一个环环相扣的连锁反应，只要五个障碍中有一个发生，整个团队都会深受其害。

兰西奥尼把信任定义为"团队成员相信同事的言行是出于好意，在团队里不必过分小心或相互戒备"。他认为，真正有凝聚力的团队其成员必须相互信任，这种信任应该是"基于弱点的信任（Vulnerability-Based Trust）"，其理论核心是人们愿意放弃自己的骄傲和恐惧，为了团队的共同利益而牺牲自我。当项目团队成员完全适应在彼此面前完全坦诚和毫无保留的环境时，当他们能够发自内心地说"我把事情搞砸了""我需要帮助""你的主意比我的好"，真挚地说"对不起"时，就会产生这样的信任。当项目团队中的每个人都知道其他人是开诚布公的，没有人会隐藏自己的弱点或错误时，他们之间就建立起了一种深入的、非寻常意义上的信任。要在暴露弱点的基础上建立信任是非常不容易的事，而敢开心扉、毫无保留却是建立项目团队真正信任的唯一方法。为了鼓励项目团队成员彼此间的信任，项目经理首要需要采取的行动，就是率先承认自己的不足，要真诚而不是敷衍了事。更重要的是，项目经理必须保证大家承认自己的弱点后不会因此而受到不利影响。只有建立起相互信任的关系，项目团队成员才不会惧怕冲突，因为他们敢于进行激烈的辩论，而不用担心自己所说的会被理解成冒犯他人的批评。

兰西奥尼把冲突定义为"积极有效的意识形态冲突，是在讨论重要问题和做关键决策时，人们愿意表达不一致的意见，甚至在必要时进行激烈的争论"，这种争论仅限于观点不同，不针对个人，也不存在人身攻击，单单对事。在相互信任的环境中，冲突只是对真理的追求，是为寻找最好的答案所做的努力。良好而持久的合作关系，需要积极的冲突和争论来促使其前进。因此，项目经理在必要时要发动、鼓励甚至参与项目团队健康的冲突，并在团队成员进行争论时冷静审视、顺应发展，即便场面上看上去可能很混乱，也不要随意打断。信任为冲突创造条件，冲突能促进团队达成共识、做出承诺。

兰西奥尼把承诺定义为"在很短的时间内达成明确的共识，并同意按照最终决定进行工作，即便先前反对这项决定的人也是如此"。欠缺承诺的两个最重要的原因，就是追求绝对一致和绝对把握。项目经理应该比其他成员更能够接受可能做出错误决策的事实，他还应该时刻敦促成员们关注实际情况，遵守团队制订的时间计划。项目经理不应该把过多注意力放在追求绝对一致以及绝对把握上。只有收获承诺，项目团队才有勇气

---

① 参见帕特里克·兰西奥尼. 团队协作的五大障碍 [M]. 华颖，译. 北京：中信出版社，2013.

接受第四个也是最艰难的挑战——承担责任。

兰西奥尼把担责定义为"团队成员在看到同事的表现或行为有碍于集体利益的时候，能够及时给予提醒"。项目团队成员间互相负责是一个健康且高效运行的项目团队的责任感最主要、最有效的源泉。圆桌集团对参加其在线评估的12 000个团队的数据进行分析时发现，65%的团队在担责上得"红色分数"。因此，项目经理要培养项目成员担责的习惯，建立整体的责任机制，创建担责的团队文化，促使项目成员不仅为自己的行为和结果负责，还要对彼此负责。这将有助于项目团队为项目的集体利益负责，而不是为个体或局部的利益负责。

兰西奥尼把结果定义为"整个团队共享的预定目标"。信任、冲突、承诺和担责的最终目标只有一个：结果的获得，即预定目标的实现。项目经理要领导团队成员树立团队第一的理念，强调注重集体成就，把团队利益和需求放在个人前面，并表彰那些真正为团队利益做出贡献的成员。

项目团队建设是一个长期的过程，需要长期不懈的努力，否则，即使最优秀的团队也有可能因退步而陷入充满困扰的境地。项目经理在整个项目管理过程中可以应用3.2.18工具18：团队雷达（TR）来评估团队运行效果，并根据评估结果采取不同的策略（见表2-12，感兴趣的读者可关注笔者的另一部著作——《项目领导力：打造高绩效担责团队》）去进行团队建设。但不管使用哪种策略，项目经理的示范作用是最关键的。试想一下，如果项目经理都不能向其他项目成员敞开心扉，不愿正视冲突、不愿担责、缺少承诺、无视结果，又怎么能期待项目成员做到呢?!

表2-12   **团队建设策略**

障 碍	策 略
缺少信任	约哈里窗口（Johari Window，简称JHW）
惧怕冲突	托马斯-基尔曼冲模式突测试工具 （Thomas-Kilmann Conflict Mode Instrument，简称TKI）
欠缺投入	全时驱动（All Wheel Drive，简称AWD）
逃避责任和无视结果	ABC模型（ABC Model）

2.3.2.2 团队管理

团队管理就是跟踪团队成员的工作表现、提供反馈、解决问题并管理团队变更，以优化项目绩效的过程。进行团队管理，项目经理需要综合运用各种技能，特别是沟通、谈判和领导技能。项目经理应留意团队成员是否有意愿和能力完成工作，然后相应地调整领导方式。

诚如情境领导的创始人之一布兰查德（Kenneth Blanchard）所言："没有最好的领导形态，只有最适当的领导形态。"即，领导者应该根据情况的变化运用随机应变的领导方式与领导风格。更确切地说，领导者的有效性是领导者、被领导者与情境三者的最佳互动关系。这种关系可以用简单的公式表示为：

领导有效性=f（领导者·被领导者·情境）

情境领导（Situational Leadership，简称SL）是指一个领导者的领导行为类型与下属的能力和动力情况相匹配。如果用一句话来解释，"情境领导"就是：在管理项目团队时，不能用一成不变的方法，而是要随着情况和环境的改变及项目成员的不同随时调整领导方式。

这里的情境是指下属的情境，就是下属的发展水平或成熟度。赫塞（Paul Hersey）和布兰查德将成熟度定义为：个体对自己的直接行为负责任的能力（Ability）和动力（Willingness）。它包括两项因素：工作熟练度与心理成熟度。前者指一个人从事工作所具备的知识和技术水平，即工作能力，包括一个人的知识（Knowledge，知道如何做）、经验（Experience，曾经做过）和技能（Skill，正在执行）。工作熟练度高的个体拥有足够的知识、能力和经验去完成他们的工作任务而不需要他人的指导。后者指从事工作的动机和意愿，即工作动力（或自觉性），包括是一个人做某件事的信心（Confidence，相信能做）、承诺（promise，将会做）和动机（Motivation，想做）。心理成熟度高的个体不需要太多的外部鼓励，他们更多地靠内部动机激励。

读者可以运用3.2.19工具19：能力和动力矩阵（S&WM）来选择适宜的领导方式。

如图2-10所示，项目成员的成熟度分为四种，其中：

象限一为低能力低动力。这样的项目成员对于执行项目任务既无能力又不情愿，他们既不胜任工作又不能被信任。

象限二为低能力高动力。这些项目成员经验不足，能力偏低，但工作热情高，愿意从事必要的项目任务，他们有积极性，但目前尚缺乏足够的技能。

象限三为高能力低动力。这些项目成员有能力却不愿意做项目经理希望他们做的工作。

象限四为高能力高动力。这些项目成员既有能力又愿意做让他们做的工作。

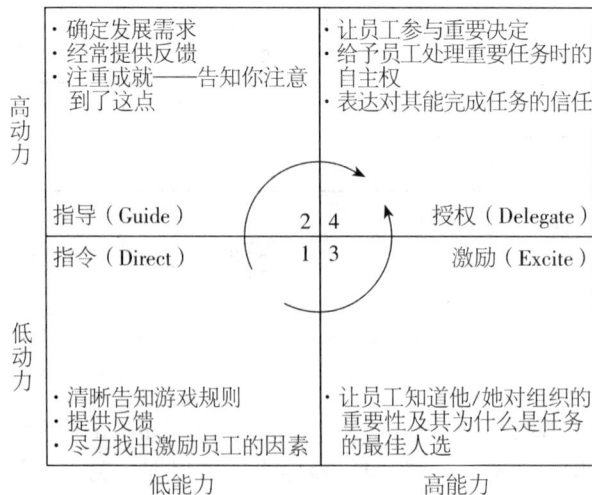

图2-10 能力和动力矩阵（S&WM）

根据项目团队成员的情况不同，项目经理的领导方式也应不同。

与象限一匹配的领导风格是指令式的。项目经理直接告诉项目成员游戏规则，规定他们的工作及其做法，一句命令一个动作，强调的是实现目标。

与象限二匹配的领导风格是指导式或教练式的。项目经理不仅要关注实现目标情况，同时还要关注项目成员的个人发展需求和社会情感需求。项目经理一方面要给项目成员分配任务，严格控制；另一方面也要能倾听部属的意见，适时提供反馈的辅导，鼓励他们自觉行动，就好像教练一样。一个好教练的方法是"步骤是严谨的，而对好的行为会给予赞扬和帮助"。

与象限三匹配的领导风格是激励式的。项目经理要专注倾听、称赞、征求意见，给予项目成员及时反馈和社会性支持，要告诉项目成员他们对项目的重要性以及为什么他们是任务的最佳人选。

与象限四匹配的领导风格是授权式的。项目经理对项目成员高度信任和放权，要在明确任务后让项目成员负责任地用自己觉得最合适的方法创造性地去完成任务，要减少指示，将控制权授予项目成员，避免不必要的社会支持对下属产生影响甚至干扰。

由此可见，项目经理要在项目情境中精确地判断下属的成熟度，选择相应的领导风格，这样才能实现对项目团队的有效领导。

2.4　　　　　　　　　　　看活

看活，就是项目过程中的监控。监控的主要作用是让相关方了解项目的当前状态并认可为处理绩效问题而采取的行动；通过成本和进度预测，让相关方了解未来的项目状态。它包括监督和控制两项工作。

监督包括收集、测量和分析测量结果，以及预测趋势，以便推动过程改进。持续的监督能使项目管理团队能洞察项目的健康状况，并识别须特别关注的问题。控制包括制定纠正和预防措施或重新规划，并跟踪行动计划的实施过程，以确定它们能否有效实施。

监控的流程如图2-11所示。项目开始执行后，项目经理要定期收集项目状态信息并定期更新项目状态。接下来就是分析状态信息，做出近期预测，将预测结果与基线比较，看是否需要采取纠偏措施。如果需要，就采取纠偏措施并继续做出近期预测。如果不需要，则继续定期收集和更新状态信息。

2.4.1　第十二步：状态监督

2.4.1.1　收集信息

项目经理要鼓励团队成员勇于如实并及时地汇报项目进展情况和出现的问题，以便项目经理及时掌握信息并做出纠偏决定。同时，针对团队成员的不满情绪要深刻反省自己、改正错误。否则，项目会问题频发。

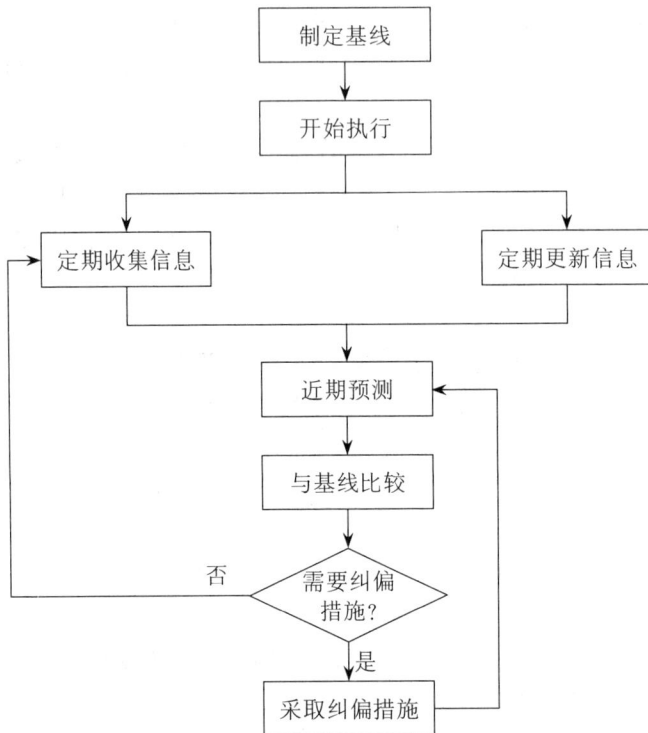

图2-11 项目监控流程

及时获得成员项目执行中的第一手信息，需要建立良好的"上传"机制，定期听取下属的工作汇报。对项目成员来说，向项目经理做工作汇报是对自己工作的一次盘点；而对项目经理而言，则可借此及时发现工作中存在的问题并及时做出调整。可以设计好标准化的汇报表格（每日/周等），让成员按期提交；同时事先确定一个可以随时汇报和沟通的时间段，开通一个紧急事件的汇报渠道。通过这种方式，项目经理既能合理安排时间来了解项目成员的工作情况，又能避免项目成员打乱自己的工作节奏。

华为最常采用的是周例会（月例会）制。所有员工都在例会上汇报项目状态，明确阶段性成果和下一步的工作计划。

但项目经理也不能坐等项目成员按期（根据3.2.9工具9：沟通矩阵中项目经理与项目成员商定的沟通计划）、按照统一的格式提交状态或进展报告。项目经理需要四处巡视、观察、交谈并主持各种会议（进度会议、问题解决会议等），这是数据收集过程，也是数据核实过程，如果做得有效的话比任何报告都有用得多，这使项目经理随时监督整个团队的表现。项目经理在收集和核实信息的过程中，除了与小组成员谈话，直接了解项目进展（实践证明私下的一对一谈话比团队会议能更好地掌握项目现状）之外，还要：

（1）鼓励工作小组以显示你对他们及他们工作的关心。

（2）迅速了解项目成员的担心及困难，并提供必要的支持。

（3）核实那些承诺的资源是否确实到位并在项目任务中真正工作着。

实操贴士：

①过多的监督会被认为是干涉，因此在两个极端之间应有一个微妙的平衡。

②状态信息是层层上报汇总的。项目经理一定不要越级。

③项目经理要养成随时跟进（Tracking）的好习惯。通过跟进，可以了解他人对项目的了解程度，并澄清模糊部分；可以了解项目的进展情况，并帮助解决存在的问题；可以不断打气，激励大家努力。

④根据相关统计，项目经理需要花费80%以上的时间进行沟通。所以，项目经理最好要了解如何把沟通工作做好。

⑤项目经理要获取项目进展的真实状态信息，很大程度上取决于项目成员是否敢说真话。但大部分项目成员会因为怕引起管理者的反感或是其他成员的不快，对很多事情避而不谈，甚至粉饰太平或报喜不报忧。美国的Decision Wise咨询公司对超过10万名职场人士进行的研究显示，由于担心成为别人眼中的异见分子，或者出现更糟的情况，约1/3（34%）的美国员工都选择了沉默。因此，项目经理要创建开放（Open）和诚实（Honest）的项目文化，让项目成员愿意说话且说真话。

己所不欲，勿施于人。项目经理想要别人开放沟通、畅所欲言，自己首先要敞开沟通的大门：尊重别人的声音，包容不同的声音，聆听不满的声音，鼓励反对的声音，挖掘无声的声音（那些不出声的项目成员的声音，不出声不代表他们没有观点）。试想一下，如果在头脑风暴会议上，某项目成员好不容易就项目提了个合理化建议，项目经理直接送他三个字"行不通"，项目成员肯定会产生强烈的负面情绪，带来的直接后果就是这个成员以后肯定不说话了，因为他觉得说了也白说（因为他觉得跟项目经理"沟不通"，所以就不沟通），诸如此类的情况肯定会对整个团队的开放式沟通文化造成很大的负面影响。因为，项目经理这样的行为表现没有展现出尊重（不打断）、包容（欣赏、感谢别人的建议）、聆听（复述别人建议的要点，澄清理解）、鼓励（让对方说下去，并询问持反对意见人士的理由和建议）和挖掘（邀请会后做进一步私下交流或请未发言的人谈谈对这个建议的看法）的态度。

想要别人说真话，知无不言，项目经理自己首先要敢于说真话：使用PMP向管理层汇报时，要说真话（一是一，二是二）；向职能经理反馈项目成员在项目中的表现时，要说真话（客观，不带主观偏见）；给项目成员提供积极型反馈和改进型反馈时，要说真话（表扬别人的优点和好的行为，也敢于指出别人的不足）；项目成员跟你反馈项目中存在的问题时，你是不是能帮助解决问题，项目成员指出你的缺点时你是不是能够改正……项目经理还要时刻反省自己的行为表现：我有没有开通讲真话的渠道？我有没有让团队成员意识到我希望听到真话？我有没有对成员的真话做出及时反馈和响应？我有没有让真话产生实效？

记住：项目成员不是没有话，而是可能被你静音了；不是不想说真话，而是你没有创造讲真话的环境。

2.4.1.2　更新信息

项目计划要及时更新。如无特殊原因，项目计划应每周更新一次。但如果是一周的项目，那就需要每天更新一次了。

实操贴士：

项目经理在定期更新信息的同时，要定期公布项目进展状态。这一点非常重要，因为定期公布可以让所有项目成员知道整个项目的情况，同时也是在公示每个成员的工作成绩，帮助努力工作的成员意识到不仅自己是努力工作的，其他人也是努力工作的，同时起到督促不努力工作的成员努力工作的作用。

2.4.1.3　偏差分析

在掌握项目进展状态的基础上，项目经理就可以对项目的进展状态进行分析，看看有没有偏差。偏差主要体现在三个方面：进度偏差、成本偏差和范围偏差。除此之外，还有质量偏差、团队行为偏差等。如果有不在接受范围内的偏差，项目经理就要采取措施调整偏差。如有必要，须重新设定项目绩效基准。

偏差分析的方法有很多，目前使用得比较广泛、效果比较显著的就是挣值分析法（Earned Value Analysis，简称EVA）。

1.挣值分析和挣值管理

挣值分析法，是对项目进度和成本进行综合控制的一种有效方法。它的基本要素是用货币量代替工程量来测量工程的进度，不是以投入资金的多少来反映工程的进展，而是以资金已经转化为工程成果的量来衡量。

挣值管理（Earned Value Management，简称EVM）是将项目范围基准、成本基准和进度基准整合在一起形成绩效测量基准PMB，通过引进"挣值"这一中介变量，进而客观测量项目绩效和进展的一种管理方法，适用于任何行业的任何项目，无论大小。挣得进度（Earned Schedule，简称ES）、挣得质量（Earned Quality，简称EQ）是EVM理论和实践的延伸。另一个项目绩效测量和管理技术是关键链（Critical Chain），它使用的是缓冲管理（Buffer Management）。

EVM针对每个工作包和控制账户，计算并监测以下三个关键指标（图2-12中的①、③、④）：

计划价值（Planned Value，简称PV），是为计划工作分配的经批准的预算，不包括管理储备。在某个给定的时间点（一般称为"检查点"，通常为数据日期、汇报日期、主里程碑或阶段或项目完成日期），PV代表着已经完成的工作。PV的总和有时被称为绩效测量基准PMB，项目的总计划价值又被称为完工预算（Budget at Completion，简称BAC），即为将要执行的工作所建立的全部预算的总和，是项目的成本基准。

挣值（Earned Value，简称EV），是已完成工作的测量值，用该工作的批准预算来表示，是已完成工作的经批准的预算，即EV=已完成工作的PV之和。在某个给定的时间点，EV代表着所有已完成工作的计划价值（挣值），与实际成本AC无关。当项目完工时，全部的PV都将实现，即成为挣值。挣值的数据通常都以货币表示，这容易使人

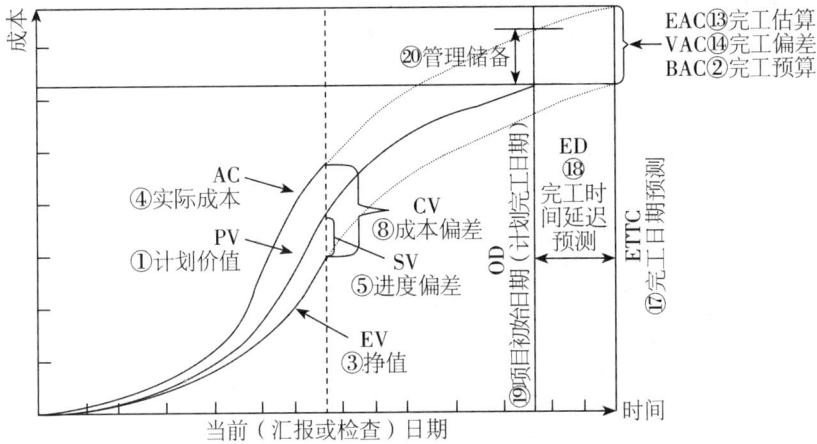

图2-12 挣值组成

认为挣值与钱有关，但其实它反映的是项目绩效和进展。因此，挣值既是沟通工具，又是项目绩效测量的工具。EV也可以用人/天、人/月等表示。项目经理既要监测EV的增量，以判断当前的状态，又要监测EV的累计值，以判断长期的绩效趋势。EV的上限为BAC。

实际成本（Actual Cost，简称AC），是在给定时间段内因执行某行动计划而实际发生的成本，即是为完成与EV相对应的工作而发生的总成本。在某个给定的时间点，AC代表着所有已完成工作的实际成本。AC的计算方法必须与PV和EV的计算方法保持一致（如，都只计算直接小时数，都只计算直接成本，或都计算包括间接成本在内的全部成本）。AC没有上限，为实现EV所花费的任何成本都要计算进去。

通过比较这三个关键参数值，我们可以分析项目的成本效率情况并采取如表2-13所列示的措施。

表2-13   三参数关系及含义

三参数关系	分析（含义）	措施
AC>EV>PV（CV<0，SV>0）	进度较快，有所超前	降低成本，提高成本效率
EV>AC>PV（CV>0，SV>0）	成本效率较高	可按情况适当抽调一部分人员加速其他进度较低的项目的进度
AC>PV>EV（CV<0，SV<0）	成本效率很低	全面强化成本绩效管理，调整项目进度计划
EV>PV>AC（CV>0，SV>0）	成本效率很高	可以根据需要加大投入力度，加速项目进度
PV>EV>AC（CV>0，SV<0）	成本效率较高	加大投入力度，采取激励措施，全面加速项目进度
PV>AC>EV（CV<0，SV<0）	成本效率较低	强化工作标准，加速项目进度，同时注意监控成本

其他挣值组成（见图2-12）的类别、定义、计算公式及结果说明如表2-14所示。

表2-14 **挣值计算汇总表**

类别	英文名称及缩写	名称	定义	公式	结果说明
进度绩效测量	SV (Schedule Variance)	进度偏差	测量项目进度绩效的一种指标，指在某时间点，项目与计划交付日期相比的亏空或盈余量，表示为挣值与计划价值之差（已完成的工作与同一时间点计划完成的工作之差）	SV=EV-PV	正值 = 比进度计划提前 0 = 按进度计划进行 负值 = 比进度计划滞后
	SPI (Schedule Performance Index)	进度绩效指数	测量项目进度效率的一种指标，表示为挣值与计划价值之比，反映了项目团队完成工作的效率	SPI=EV/PV	>1.0 = 比进度计划提前 =1.0 = 按进度计划进行 <1.0 = 比进度计划滞后
	PC (Percent Complete)	任务完成百分比	测量项目进度效率的一种指标，表示为挣值与完工预算之比	PC=(EV/BAC)×100%	百分比越大，项目越接近完工 100%=项目完工
成本绩效测量	CV (Cost Variance)	成本偏差	测量项目成本绩效的一种指标，指在某时间点的预算亏空或盈余量，表示为挣值与实际成本之差（已完成工作的价值与同一时间点的实际成本之差）	CV=EV-AC	正值 =低于计划成本 0 = 按计划成本/预算进行 负值=超出计划成本
	CPI (Cost Performance Index)	成本绩效指数	测量项目预算资源的成本效率的一种指标，表示为挣值与实际成本之比，是最关键的EVA指标，用来测量已完成工作的成本效率	CPI=EV/AC	>1.0=低于计划成本 =1.0=按计划成本/预算进行 <1.0=超出计划成本
	PS (Percent Spent)	成本消耗百分比	测量项目预算资源的成本效率的一种指标，表示为实际成本与完工预算之比	PS=(AC/BAC)×100%	百分比越大，项目预算消耗越大 100%=项目总预算正好花光 >100%=项目花费已超总预算

续表

类别	英文名称及缩写	名称	定义	公式	结果说明
综合绩效测量	CI（Critical Index）	临界指数	测量项目绩效的一种指标，表示为进度绩效指数与成本绩效指数的乘积。1985年由梅瑞狄斯(Meredith)和曼特尔(Mantel)首先提出	CI=SPI×CPI =EV²/(PV×AC)	0.8~1.2 = 属可容忍差异范围，无须采取行动。亮绿灯 0.6~0.8或1.2~1.4 = 需给予关注，准备好调整方案，但暂不实施。亮黄灯 0.4~0.6或1.4~1.6 = 实际成本严重偏离计划，需给予警告，采取措施，调整实际成本，使其回归计划。亮红灯 <0.4或>1.6 = 突破警戒线，原始预算不是过于乐观就是过于悲观，需调整预算以适应实际成本。亮红灯
项目绩效预测	ETC（Estimate to Complete）	完工尚需估算	完成所有剩余项目工作的预计成本	ETC=EAC-AC（假设工作按计划进行） ETC=重新估算（重新自下而上估算剩余工作）	
	EAC（Estimate at Completion）	完工估算	完成所有工作所需的预期总成本，等于截至目前的实际成本加上完工尚需估算	EAC=BAC/CPI（如果预期项目剩余部分的CPI不变） EAC=AC+(BAC-EV)（如果未来工作将按计划速度完成） EAC=AC+自下而上的ETC（如果最初计划不再有效） EAC=AC+((BAC-EV)/(CPI×SPI))（如果CPI和SPI都会影响剩余工作）	

续表

类别	英文名称及缩写	名称	定义	公式	结果说明
项目绩效预测	VAC（Variance at Completion）	完工偏差	对预算亏空量或盈余量的一种预测，是完工预算与完工估算之差。用于计算项目完成时的成本估算差距	VAC=BAC-EAC	正值 = 低于计划成本 0 = 按计划成本 负值 = 超出计划成本
	$TCPI_C$（To Complete Performance Index（cost））	完工尚需绩效指数（成本）	为了实现特定的管理目标，剩余资源的使用必须达到的成本绩效指标，是完成剩余工作所需成本与可用预算之比	TCPIC=（BAC - EV)/（BAC-AC）（为完成计划必须保持的效率，要求未来按原定BAC完成） TCPIC=（BAC - EV)/（EAC-AC）（如BAC已明显不再可行，为完成当前完工估算必须保持的效率，要求未来按新的EAC完成）	>1.0 = 难以完成 =1.0 = 正好完成 <1.0 = 轻易完成
	$TCPI_S$（To Complete Performance Index（schedule））	完工尚需绩效指数（进度）	为了实现特定的管理目标，剩余资源的使用必须达到的进度绩效指标	TCPIS=（BAC - EV)/（BAC-PV）（为完成计划必须保持的效率，要求未来按原定BAC完成） TCPIS=（BAC - EV)/（EAC-PV）（如BAC已明显不再可行，为完成当前完工估算必须保持的效率，要求未来按新的EAC完成）	>1.0 = 难以完成 =1.0 = 正好完成 <1.0 = 轻易完成
	ETTC（Estimated Time to Complete）	完工时间预测	项目报告期已消耗的时间加到项目完成预期还需要的时间	ETTC=ATE+(OD-ATE×SPI)/SPI=OD/SPI（按现有SPI完成，其中：ATE=Actual Time Expended 实际花费时间;OD=OriginalDuration 项目初始工期）	SPI>1.0 = 比进度计划提前 SPI=1.0 = 按进度计划进行 SPI<1.0 = 比进度计划滞后
	ED（Estimate Delay）	项目完工时间延迟预测	项目完工预测时间与初始计划时间的差	ED=ETTC-OD	正值 = 比进度计划滞后 0 = 按进度计划进行 负值 = 比进度计划提前

实操贴士：

①计算 SV、CV、SPI、CPI 时，EV 在公式中都在前面；公式与成本相关，用 AC；公式与进度相关，用 PV；计算偏差时，与 0 比较，正数好，负数坏；计算指数时，与 1 比较，大于 1 好，小于 1 坏。

②在 PV、AC、EV 的 S 曲线中，EV 线在 AC 线或 PV 线上，是好事；EV 线在 AC 线或 PV 线下，是坏事。

常见成本控制只考虑实际的成本花费，而不考虑这种花费本身所创造的工作价值。EVM 把范围、进度和成本绩效整合起来考察的方法，就是要在既定的范围之下来追求进度和成本绩效的综合最优。在项目管理中，没有任何一种技术能像 EVM 这样，提供如此出色的成本测量和估算，并且能够测量进度和范围。它可以避免单独测量进度或成本绩效的弊端；为项目控制提供真实可信的数据资料；能够提前发现项目执行中不利的趋势，及早做出相应对策；不断积累项目历史数据，为今后项目计划和控制提供便利；为管理层决策提供量化的项目绩效指标。

读者可使用 3.2.20 工具 20：挣值管理（EVM）进行挣值分析和管理。

2.挣值管理优化：基于关键路径的挣值分析法

需要特别指出的是，在实际工作中，常常由于没有考虑关键路径，进而导致项目管理者因误导信息的影响，做出错误的判断。基于关键路径能最大限度地规避这一问题。基于关键路径的挣值法主要在传统的三个基本值的基础上，引入了另外三个重要参数：关键路径计划价值 PV_{CP}、关键路径实际成本 AC_{CP}、关键路径挣值 EV_{CP}；相应地也产生了四个新的评价指标：关键路径的成本偏差 CV_{CP}、成本绩效指数 CPI_{CP}、进度偏差 SV_{CP}和进度绩效指数 SPI_{CP}。他们的计算公式及结果说明同表 2–14。

谢玉超和王月明（2017）针对项目成本管理优化的具体问题，做出了在"关键路径挣值法"中引入扰动因子的全新模式，以实现对项目成本的有效监控。

研发、工程等项目的实施情况存在未知性，项目成本可能会受到未知因素的干扰，给成本计算带来不确定性，人为地把未知因素定义为项目成本的扰动因子。为保证运用挣值法对项目成本进行预测的准确性，将扰动因子 λ 引入到成本计算的公式中，$EAC_{CP}=BAC_{CP}/CPI_{CP}+\lambda$（如果预期项目剩余部分的 CPI 不变）。其中，关键路径完工估算（Estimate at Completion of Critical Path，简称 EAC_{CP}），指完成关键路径上所有工作所需的预期总成本，等于截至目前的实际成本加上完工尚需估算；BAC_{CP} 为关键路径的完工预算；CPI_{CP} 为关键路径的成本绩效指数；λ 为扰动因子。$\lambda=\sum (C_i/EV_{CP})\times(BAC_{CP-E}V_{CP})$，（i=1，2，3…），其大小由项目中实际出现的情况而定。其中，C_i 为扰动因子导致项目成本的增加量，BAC_{CP} 为关键路径的完工预算。

实操贴士：

项目经理还可根据收集来的信息及汇总来的状态报告（或进展报告）进行项目健康诊断 PHD，了解项目健康状态，明确项目全方位的偏差。

2.4.2 第十三步：偏差控制

偏差控制是指项目经理根据分析结果，做出近期预测，并与基线比较，看是否需要采取纠偏措施。

2.4.2.1 偏差措施的选择

针对通过挣值分析法等确定的偏差所采取的纠偏措施一般有两种：一种是对实际绩效进行纠偏，让后续计划向计划靠拢；另一种是对计划进行修正，让后续工作依据实际绩效进行，即采取新的绩效测量基准 PMB。如何判断应该采取何种相应措施，则是根据偏差情况来确定。

卿馨予（2010）指出，当 CV<0 或 CPI<1 或 SV<0 或 SPI<1 时，需要采取纠偏措施。

（1）当 CPI<1 且 CPI<项目预算成本/项目估算成本（项目估算成本=项目预算成本+储备基金）时，需要采取纠偏措施，因为项目已拨的经费是不能突破的边界，除非重新定义成本绩效基准。

（2）同样，当 SPI<1 且 SPI<项目工期/项目期限（项目期限=项目工期+储备时间或浮动时间）时，也需要采取纠偏措施，因为项目的期限是不能突破的边界，除非重新定义进度绩效基准。

房西苑、周蓉翌（2005）提出了根据临界指数 CI 的上下限情况进行偏差调整的观点。

当 CI 下限在 0.4~0.6 之间、上限在 1.4~1.6 之间时，说明实际成本已经严重偏离了计划，需给予警告，采取措施，调整实际成本，使其回归计划。

当 CI 下限<0.4 或上限>1.6 时，说明原始预算不是过于乐观就是过于悲观，需调整预算（定义新的 PMB）以适应实际成本。

当 CI 的下限在 0.6~0.8 之间、上限在 1.2~1.4 之间时，则需给予关注，准备好调整方案，但暂不实施；若 CI 在 0.8~1.2 之间，则属可容忍的差异范围，无须采取什么行动。

2.4.2.2 问题等级划分

偏差调整其实就是问题解决的过程。问题就是现实状态（现在绩效测量数据）与期望状态（绩效测量基准）之间的差距。

可以按照表 2-15 来为项目的问题划分等级，从而确定哪些问题应优先处理。

表2-15 划分问题等级的标准

优先级	问题后果	反应时间	示 例
1	会使项目产生严重后果	立即反应	项目停滞不前 项目未通过里程碑或关卡验收
2	对项目有重大影响	快速反应	资源分配不合理 项目将有延迟的可能
3	后果局限于项目的有限区域	当资源条件允许时再做反应	文件内容出现差错

我们还可以指定红、黄、绿色标记优先级。红色标记的为重大问题，优先级为1；黄色为比较严重的问题，优先级为2；绿色为比较小的问题，优先级为3。项目经理要根据问题的优先级（轻重缓急程度），决定解决问题的时机。重要紧急的问题一定不能拖，应该马上解决。

将所有问题记进问题日志，以利于其他项目人员能了解问题和问题的处理情况。召开项目例会时，应仔细回顾并及时更新问题列表。

2.4.2.3　问题解决（偏差调整）

问题是"成功杀手"，会妨碍你执行项目的日程安排。因此，除了要对其做出迅速反应外，还应确保：

（1）让小组成员共同解决问题。

（2）适当时请外部专家来支持。

（3）识别项目中受到影响的部分。

（4）始终确保明确地分配行动的责任。

对实际绩效进行纠偏的方法有很多，其中用得最广的就是网络优化技术。读者可使用3.2.16工具16：网络计划技术（NPT）去纠偏。

2.4.2.4　华为的进度控制

这里我们要特别说一下华为的进度控制。华为的项目多、时间紧，却几乎不会出现交期延误的情况，反而经常提前完工。其经常采用的方法有：

（1）对整个项目的工期和任务量进行专业分析，将其分成单个项目。同时，要建立单项的月/旬进度控制图表，以便对单项的月/旬进度进行监控，发现偏差后及时调整计划。

（2）事先为计划后的工作留出预留提前期。就是在制订工作计划阶段就要考虑到在任务执行中可能会发生一些意外，从而预留出工作的提前期，如果执行中真的发生了"不测"，就有足够的时间进行改正，以保障作业的顺畅和安全。在华为，项目成员会习惯性地预留提前期。例如，客户要求9个月内完成交付任务，华为人就会把交付时间缩短为8个月时间并制订8个月交付的进度计划，剩下的一个月时间用来处理突发事件。

（3）项目经理时间有限，不可能什么都看、随时都看。华为的一个做法就是采用里程碑计划，控制其中的关键环节，就是事先选择和确定项目的关键控制点（Key Control Point，简称KCP），通过这些关键控制点准确地把握计划进展状态，以保证项目的整体目标得以实现。

（4）制定一份交付物清单，明确每件交付物提交的时间和方式，并将交付清单添加至项目计划中，并为每个员工设定预估的完成期限。华为为了让下属遵守最后期限所使用的一种方法非常有效，就是利用小长方形的报事贴，让员工"写下来"：写下任务内容与最后期限再收回来，或者让部下贴在笔记本上，或贴在每月日程表的白板上。由于是自己写下的最后期限，负责的下属不仅可以减轻心理负担，而且会使自己产生必须遵守最后期限的压力。

实操贴士：

在项目监控阶段，项目经理要做到：

① 定期进行项目健康检查，了解项目健康状态。

② 让项目成员了解与项目有关的信息、项目的进展情况及阶段性成果。

③ 与项目成员共同做决策、订计划，共同解决问题。

④ 尽量多分配时间给项目成员，倾听他们的意见，仔细处理与他们的工作和个人关系。

⑤ 帮助项目成员成功地完成任务。

2.4.3 第十四步：变更控制

计划没有变化快。原有项目以及具体做法，在实施过程中都可能有所改变，这称为项目变更。变更虽然不可避免，但会给项目后期阶段带来巨大的风险。因此，作为项目经理，除应尽量避免变更外，还应对已发生的变更进行合理的管控。

2.4.3.1 变更控制概念

项目变更管理是指项目组织为适应项目运行过程中与项目相关的各种因素的变化，保证项目目标的实现而对项目计划进行相应的部分变更或全部变更，并按变更后的要求组织项目实施的过程。变更管理是项目管理中最重要的过程之一，主要任务是分析变更的必要性。

项目整体变更控制是审查所有变更请示、批准变更，管理对可交付成果、项目文件和项目管理计划的变更，并对变更处理结果进行沟通的过程。项目整体变更控制贯穿项目始终，项目经理对此承担最终责任。

2.4.3.2 变更的来源和原因

变更的来源包括：客户方面（或法规要求）、开发方面（产品规格、设计变更、技术变化等）、供应商方面、现场施工方面、商业周期变化、人员变化等。

变更的原因包括：外部事件、产品/服务范围或项目范围错误、未通过相关检测、客户需求发生改变、调整竞争策略、项目问题（消极问题或积极机遇）、降低风险的策略、其他项目的成果等。

2.4.3.3 变更的种类

变更根据是否属于合同范围可分为技术变更（执行方案时产生，通常是内在的且在合同范围内的，即范围内 In-Scope）和合同变更（条款变更，通常是外在的且不在合同范围内的，即范围外 Out-of-Scope）。

变更根据对后续工作的影响的大小，可分为如表2-16所示的三种。

2.4.3.4 变更控制的关键

变更控制离不开基线。设立基线帮助你确定项目界限，包括交付什么、何时交付、花费多少。进度基线是在项目计划完成且进度计划评审通过后设立的，包括项目发起人在内的所有适宜的相关方都应该书面签署进度基线。范围基线是项目技术要求的关键基线。成本基线是在所有成本项目估算完毕且项目报价经项目发起人评审和批准后设立。

表2-16　　　　　　　　　　　　　　　　　　变更影响分类

影响 \ 类别	局部调整 对后续工作没有影响	更正或小改动 对后续工作影响不大	较重要的更改 影响到其他部门或组员
（1） 开发方面	· 文件或图纸形式的变更 · 尺寸或符号的错误更正 · 发放清单的重新编写 · 尚未使用的文件的更改	仅对开发有影响，与客户无关	· 执行文件 · 安全要求 · 功能水平 · 设施的使用、维护 · 设备的互换性 · 与外部的连接 · 超出允许的预算 · 影响到工期 · 影响到合同的执行
（2） 采购方面	· 文件或供应商图纸形式的变更 · 未认可的文件中错误的更改 · 工程规范的某些更改，对技术、财务无任何影响	由供应商引起的更改，供应商可以进行控制，对下列事项没有影响： · 合同条款 · 价格、供货期限 · 设备的互换性 · 已供物品 · 其他待供物品	· 技术规范 · 成本 · 供货期限 · 与其他供应商的联系 · 影响到已收到的货物 · 影响到物品的可互换性 · 影响到使用及维护
（3） 工程实施方面	· 数据、资料的简化，以便使用 · 客户某些方面的让步认可 · 成本及期限允许范围内的偶发事件	仅对现场施工文件有影响，不影响下列事项： · 法规规定 · 安全要求 · 结构的功能、电路布局 · 向客户提交的文件	· 超出现场的权限 · 施工的不可逆性 · 影响到开发文件的实施

2.4.3.5　变更控制的基本原则

（1）尽量限制变更的数量

特别要警惕那些看起来比较小的变更。须知，小变更叠加起来会形成大影响。这其实是项目范围蔓延的恶果——小的变更一再重复出现，直到项目最终比开始时所计划的大出许多。因此，不要小看那些不起眼的小变更，好多个小变更加起来也是重担。"一旦发现有人要在你的关键清单上加东西，你要立好规矩，立场坚定"。一位专家说，"通常涉及研发的人喜欢加东西，遇到这种情况你要考虑不停的变化是否影响项目的完成"。

以装修房子为例。装修房子项目失败的两个主要原因是：一前期范围定义不清楚。一般人无法用科学的语言去描述清楚自己到底想要什么样的装修效果，更不要说在合同里写清楚了，很多人脑子里最多只有"欧式风格"或"简约风格"等概念。二后期范围变更未管理好。一开始没有感觉，随着装修的进行，很多人越来越有感觉，就不断提出一些大大小小的变更要求，往往都是自己掏钱花时间。

实操提示：

在项目变更控制中，要特别注意可能出现的温水煮青蛙式错误——范围蔓延，即项目范围以一种不易察觉的方式逐渐发生变化，等到察觉时项目范围已经发生了实质性的、对范围基准的重大偏离。

（2）变更控制的程序要严格

每一个组织都应该有一个正式的项目变更控制流程或控制程序。一个严格的变更控制程序会最大限度地减少造成损失的随意变更。对项目配置要素的任何变更都应该提出变更请示，并经过严格控制。所有变更请示都必须以书面形式记录，并纳入变更管理和（或）配置管理系统。每项记录在案的变更请求都必须由一位责任人批准、否决或推迟，这个责任人通常是项目发起人或项目经理，也可能是变更控制委员会CCB。某些特定的变更请求，在CCB批准之后，可能还需要得到客户或发起人的批准，除非他们本身就是CCB的成员。

2.4.3.6 变更控制流程

图2-13显示了变更控制的具体流程，共分13个步骤。具体操作内容如下：

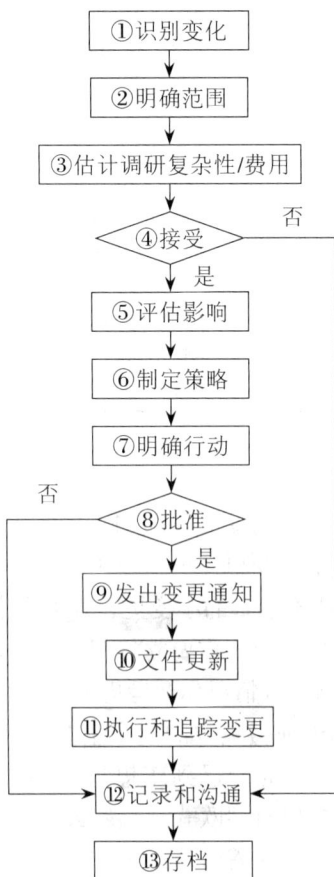

图2-13 变更控制流程

（1）确定变更

在项目实施过程中，时间越往后，实施变更的难度就越大，代价也越高。因此，在项目实施过程中，项目经理要经常关注与项目相关的主客观因素，及时发现和把握变化，认真分析变化的性质，确定变化的影响，适时进行变化描述。

较重要的变更，必须由申请者填写变更申请表。如变更请求来自内部各部门，则由该部门提出申请；如变更请求来自供应商，则由采购部提出申请；如变更请求来自客户或项目执行中的偏差，则由项目经理提出申请。

当提出一个变更申请时，以下一些要点应予以考虑：

① 变更是否会影响工作范围、成本、工作质量和时间进度？

② 是否会对工种设备和工具产生影响？

③ 会对零部件和成品库存产生什么影响？

④ 在产品开发项目中，变更会不会影响开发产品的形式、通用性和功能？

⑤ 变更会使产品在市场中更受欢迎还是被抵制？

⑥ 变更是否会影响投资回报率和净现值？如果答案是肯定的，那么项目在这一投资回报率和净现值水平上是否可行？

⑦ 如何证明变更是合理的、是竞争优势所需求的、是某些规定的强制要求？其商业必要性是什么？

⑧ 变更是为使项目回归原来的轨道所需要的？还是项目已偏离原定目标过远，这一变更不过仅是用来记录项目当前所处的位置，同时用作一条跟踪未来进展的基准线？

（2）明确范围

管理变更的关键是要确定这些变更是如何影响项目范围的。换句话说，就是要清楚这些变更哪些是范围内的、哪些是范围外的。明确界定范围之外的项目非常重要，它有助于消除误解，减少争议，否则会导致冲突和对立。因此，发生变更后，项目经理要明确该变更是范围内的还是范围外的，并与变更申请人（客户等相关方）达成一致意见。

扩大范围与发现范围完全是两个不同的概念，随着项目的进展，你也许会发现最初的项目范围描述并不能满足实际的需求，聪明的项目经理不会固守原来的范围说明，而是会想尽办法努力实现项目预期目标。这属于发现范围。但如果你总是给项目加些花里胡哨的"玩意儿"，你也许就是在扩大项目的范围——特别是当你不知道为什么要把这些元素加到项目中时。诚如一位项目管理专家所言："如果发现自己不断给项目范围加码时，你就已经陷入范围扩大的误区了。"表2-17列出了发现范围和扩大范围的分辨方法。

很明显，发现范围依然在范围内，而扩大范围则属于范围之外的了。

（3）估计调研的复杂性和费用

这是鼓励客户为调研变更请求和实施批准变更所花费的合理时间提供资金。

表2-17 扩大范围和发现范围的分辨方法

如果改变——	那么它就是
· 会增加费用和时间，却不能给客户带来巨大的价值 · 使项目变得不清晰，困惑，没有重点 · 所带来的价值可以通过另一个独立的项目来完成 · 只是满足领导的要求，而不是为了实际的需要	扩大范围
· 能够更好地实现目标和满足相关方的迫切需求 · 更加明确项目的目的 · 把项目范围缩小到了一个更加可控的解决方案	发现范围

（4）批准调研费用

这一步是客户决定是否承担调研费用。如果批准则进入下一步；如果不批准，则直接跳到第（12）步。

（5）评估影响

这主要是指评估变更对时间、成本和范围三个方面的影响。

（6）制定策略

变更管理策略主要有三种：批准（Approval）、否决（Reject）、推迟（Defer）。对于范围外的变更而言：

批准，意味着同意进行变更，但工作范围要进行修订；否决，意味着不同意进行变更；推迟，意味着暂不决定是否批准变更，或在晚些时候在另外的项目中实施变更。

选择变更策略时应考虑以下问题：

• 变更带来的收益是否都记录下来了？

• 申请的变更是否是现在能想到的最佳解决方案？

• 是否有充分的理由说明变更是可行的？

• 变更会带来哪些潜在风险？

• 变更需要哪些额外的付出？额外工作是否安排得出人手来做？

• 谁来为变更带来的额外开支买单？是否有报废或返工？

• 变更会带来哪些计划外的潜在后果？

• 变更是否影响其他项目？

• 发起人是否支持该变更？

为了做出合理、正确的项目变更，还应该与项目团队成员交流、协商。当情况发生变化时，与团队成员交流，向他们询问变更的方案，就能避免决策的盲目性。同时，作为项目计划的执行者，团队成员参与变更评审过程，可以降低甚至避免他们对变更的抵触情绪。例如，客户对项目工期提出了更高要求，如果项目高级管理层贸然做出把既定工期缩短1/3、要求团队成员休息日加班的决定，团队成员显然会有抵触情绪。针对客户新的工期要求，就应该让团队成员自己设计进度计划变更方案。

（7）明确行动

变更策略一旦确定，接下来就要明确相应的行动。表2-18列出了不同变更策略对应的行动。

表2-18 不同变更策略对应的行动

状态	变更在范围内时的行动	变更在范围外时的行动
批准	· 整合进系统以创建新基线 · 安排进度和资源 · 沟通和记录决定	· 准备提交给发起人的提案（包括报价） · 达成协议前不要执行 · 修改合同 · 沟通和记录决定
否决	· 沟通和记录决定	· 沟通和记录决定
推迟	· 告诉团队做进一步分析，或考虑替代方案，或推迟到特定时间再做决定 · 沟通和记录决定	· 告诉团队做进一步分析，或考虑替代方案，或推迟到特定时间再做决定 · 沟通和记录决定

（8）审批

<u>未经影响评估并得到变更审批人的同意，任何变更都不能开始实施。</u>

细微的变更往往不会对客户产生影响，如果就这些变更去征询他们的意见，很可能会浪费双方的时间。同样，你也无须就一些重大变更征询每个团队成员的意见，因为每个人的想法都会有所不同。

项目经理应根据变更的影响来划分审批等级，如表2-19所示。

表2-19 变更审批等级

变更情形	变更审批人	对应的行动
变更不影响项目周期	项目经理	在变更日志中记录相关信息即可
变更超出了项目意外事件计划的范围（成本和/或周期）	项目发起人	向项目发起人提交变更申请表并在变更日志中记录相关信息
需对项目定义进行变更（改变项目范围和/或质量，修改项目预算和周期）	项目指导小组或项目变更控制委员会	（通过项目发起人）向项目变更控制委员会提交变更申请表，并在变更日志中记录相关信息

变更的审批等级应在项目开始前制定（通常体现在"变更管理计划"中）。

变更控制委员会CCB负责审议、评价、批准、否决或推迟项目变更，以及记录和传达变更处理决定。CCB的职权应由项目的关键相关方书面认可。一些大型或复杂项目可能需要数个CCB，每个CCB负责不同的变更领域。

有专家建议，只应由那些受到变更影响的相关方来审批，以避免因需要过多签字而延缓审批过程。

（9）发出变更通知

审批通过后，项目经理或CCB签发变更通知。

（10）文件更新

项目管理计划的任一正式受控的组成部分，都可通过变更管理流程进行变更。对基准的变更，只能基于最新版本的基准且针对将来的情况，而不能变更以往的绩效。这有助于保护基准和历史绩效数据的严肃性和完整性。

变更申请批准后，要更新基线及所有相关项目文件。通常更新的一种项目文件是变更日志。

（11）执行和追踪

收到变更通知后，各部门开始实施相关的变更，并改变相应的工时、预算、工期……比如，采购部门与供应商重新谈判价格、供货期等。在变更实施过程中，项目经理还应做好追踪工作，确认并验证变更确实得到了实施（如果变更决策是否决的，项目经理则应确认并验证否决变更的理由是合理的）。

同时，最好定期进行复盘，寻找变更根源，进行有针对性甚至是制度化的改进。

（12）记录和沟通

管理变更时，项目经理应将其详细信息记录在变更日志（Change Log）里。把变更情况详细记录下来，有助于以后对所做决定的理论基础做出解释，也有助于建立更好的历史数据以备将来参考。表2-20为变更日志的模板。

表2-20　　　　　　　　　　　　　变更日志模板

编号	申请人	原因	申请日期	评估影响	审批人	审批结果	原因	审批日期

在变更日志中，引起变更的原因应客观地记录在案，以备未来之需（如有类似的问题出现时）。这样做的目的不是为了指责和归罪于谁，而是为了提高以后的项目水准而积累可以学习和借鉴的历史资料。同时，要总结变更控制的经验，形成文档，录入项目知识库。

项目变更需求文件签署之后，在实施变更之前，要告知相关方变更的决策和理由，获得他们的理解和认可（因此，确定受变更影响的项目成员非常重要，因为他们可能需要额外资源或时间来满足新的交付要求）；在实施变更时，也要告知相关方，让他们了解最新的进展。

如果变更决策是否决或推迟，除了将该变更详细记录在变更日志里之外，项目经理还要与相关方进行沟通，告知变更决策及理由，并获得他们的理解与认可。

（13）存档

存档是变更控制流程的最后一步，就是将所有变更的相关文件进行存档，作为公司在项目管理方面宝贵的过程资产积累起来。

读者可借助3.2.4工具4：范围内外（IOS）来进行变更管理。

实操贴士：

① 透彻理解项目相关方的需求，并确保所有相关方对项目的所有要求都记录在案。

② 制订并遵守项目范围管理计划（其中规定了范围控制的方法和程序）。

③ 在项目早期就引进整体变更管理——使其成为项目启动的一部分。

④ 不接受任何口头的变更申请。

⑤ 范围变更和蔓延如果不加以记录和确认，可能会造成一些法律纠纷。

⑥ 坚持规范的综合评审（相关方也许会因为必须接受综合评审而放弃某个不合理的变更要求）。

⑦ 确保变更获得授权代表的书面批准。

⑧ 为了尽早发现项目范围的偏离，需要及时对照项目范围基准对范围的实际情况进行检查。日常的检查工作由项目团队自行开展，可交付成果形成时或阶段结束时的检查工作，则应该由项目团队和主要项目相关方联合进行。

⑨ 可在项目早期，在一个不带来成本或进度影响的变更上试运行变更管理流程。由于没有额外花费和进度影响，此种情况下客户更愿意同意签署变更授权。通过执行一个无额外花费的变更申请，你和客户将获得一个变更如何批准的范例。

⑩ 最后，一定不要忽视过程中的沟通工作！针对每一个变更申请，项目经理都应与那些应该知道变更情况的相关方（包括变更申请人）沟通变更决策。实现变更的最优方法，就是形成一份言之有理的文件（有充分的证据），作为你与变更提议者谈话的基础。然后勇敢地与提议的人进行对话，甚至如果有必要可以和主要相关方对话。当他们意识到你是在为他们和公司的利益着想时，自然会愿意倾听你的建议。谈话时，应认真聆听、展现尊重、说明影响、承担责任。其实，客户有时仅仅是觉得加个什么"感觉会更好"或觉得如果能"早点送货也很好"。

2.5　完活

2.5.1　十五步：项目收尾

2.5.1.1　项目收尾的意义

项目收尾意味着即将"完活"，即完成项目，进入最后的收尾工作。

项目收尾的具体工作主要包括：移交、评审、总结、存档、完成所有计划工作、释放组织团队资源，以开展新的工作。

华为称收尾为"收官"。"收官"需"大战"。但很多公司的项目往往是虎头蛇尾，无法完美收官。理想的项目应该是开好头、收好官，有始有终、虎头豹尾。

收尾有助于人们克服由于工作、生活发生重心转变而产生的心理问题。

收尾为感谢那些对项目做出了贡献的人们提供了一个机会。

更为重要的是，收尾给每一个成员提供了一个思考省察的机会：回顾哪里做对了，反省哪里做错了，今后应如何改善。这些总结是组织进行学习的核心，能够且应该被组织发起的其他项目分享并从中获益。

项目无论大小也无论长短，必须有收尾，这叫有头有尾。如同开头有开工会的仪式一样，收尾同样必须有一个仪式，可以是收工会（Closeout Meeting）、总结会、表彰会，也可以是庆功会/宴。

收工会是对项目状态进行一个全面、严格的检查。项目经理要核实所有的工作已经按时按质完成，并没有被遗忘的任务。事实上，在收尾阶段，经常会发现许多先前阶段遗留下来的小问题仍未解决，它们并不重要而且到目前为止也没有阻碍项目的进展，但它们必须得到处理，以免留下验收破口，给整体项目的顺利交付带来风险阻碍。对于未解决的问题，要逐一指定负责人，并规定解决的目标日期。

作为项目经理，当你确定项目一切正常且感到很满意时，就可以与客户、发起人一起确定收工会的日期。在会上，你将：

（1）回顾项目所取得的成果。

（2）检查移交核对清单。

（3）确认并解释为做好未完成的工作所制订的计划措施。

（4）确认并解释为解决仍存在的问题所制订的计划措施。

（5）商定并确认正在进行的工作或提供支持的责任。

（6）确认谁对项目效益监控负责。

（7）感谢小组及相关方的努力和支持。

（8）感谢客户和发起人的支持以及承担的义务。

2.5.1.2 项目收尾的重要工作事项

1.项目移交（Project Transition）

项目移交（亦称交接）的目的是把项目成果交付给客户。

项目经理以与客户事先商定的移交核对清单（清单内容包括最终成果、技术资料，以及项目过程中形成的启动、计划、执行、监控和收尾各个阶段的项目文件等）作为项目成果依据，如果完成了清单上要求的所有事情，验收就应通过，完成证书也应被批准并签署。然后，就可以为小组和相关方组织一个适当的庆祝活动了。

实操贴士：

项目成果移交给客户（内部或外部）并不代表项目完全结束，后续还有评审、奖励、回顾、归档等一系列工作要做。

2.项目评审（Project Evaluation）

项目评审的目的是明确完成的项目实现了哪些收益，实际成果和计划中的预计成果有哪些差异。

项目评审一般是对照项目绩效测量基准的验收标准，看项目是否符合这些标准（如进度是否按期、预算是否超支、范围是否实现）。但光看绩效测量基准还不够，如果标准都达标，但相关方很不满意，也不能说这个项目很成功。

读者可以使用3.2.3工具3：项目健康诊断（PHD），从10个方面全面诊断项目的最终绩效。

华为在项目的收尾阶段，一般会从财务、时间、质量、人力资源、环境、项目计划、项目控制等方面来衡量项目的完成情况。每个衡量指标的具体内容如下：

（1）财务：评估投资回报率、实际费用与计划费用的差异。

（2）时间：评估项目执行时间与计划时间是否保持一致性。

（3）质量：评估项目输出的表现水平、投资者和客户对质量的感受。

（4）人力资源：听取团队成员的反馈。

（5）环境：评估环境因素对项目活动的影响。

（6）项目计划：计划流程的费用评估及适当的管理技术的使用。

（7）项目控制：项目的控制是否为任务的重大改进提供了基础。

第二类评估是对客户或用户的使用效果进行评估。比如：原来的问题解决了吗？销售额、收入或利润有经过验证的增长吗？实现了预估的收益了吗？客户（内部或外部）使用了项目的输出了吗？等等。

项目经理通过对上述问题的逐一求证，很容易判定项目结果是否实现了预期目标。通过这种方式，项目经理也能在项目成果提交给客户之前，完成项目预期目标中没有完成的工作。因此，项目移交应在评审之后进行。

3.项目奖励（Project Rewarding）

奖励包括奖和励。奖是物质上的，励是精神上的。判断奖励是否适当的一个重要原则是：你这样做时，会提振团队士气还是使大家泄气。

华为是项目型公司，全球近20万名员工，过半在项目上，有些级别的员工收入以项目奖金和年终奖金为主，但大部分非项目型公司的项目奖金都少得可怜，再加上大部分项目经理"有职无权"，对薪酬晋升等很少有话语权，能够给予项目成员的"奖"屈指可数，重点只能放在精神层面的"励"上。美国社会心理学家马斯洛的需求层次论（Maslow's Hierarchy of Needs）的第一层"生理"需要，就属于物质层次的"奖"，其他四个层次（安全、社交、尊重和自我实现）都属于心理/精神层次的"励"。

项目管理整个过程中持续不断的反馈（包括积极型反馈即表扬和改进型反馈即批评）是项目经理可以用来激励项目成员最简单而有效的策略，是项目经理给予项目成员的珍贵"礼物"——GIFTS（下面五个英语单词首字母的组合）。

（1）G：双向（Going Two Ways）。不仅是项目经理给项目成员提供反馈，也欢迎成员给项目经理提供反馈，促进项目团队的开放式交流。

（2）I：因人而异（Individualized）。表扬当面做，批评私下做。但对于比较内向的人，当众表扬反倒会给他们带来额外的心理压力，适合私下做。华为在数千人大会上颁发"埋雷奖""最差CBB奖""架构紧耦合奖"等奖项，起到的是负向激励的作用。因此，反馈要因人而异、因事而异。

（3）F：实事求是（Factual）。批评时不无中生有，表扬时也不夸大事实。

（4）T：及时（Time-based）。一旦项目成员在项目上做出工作成绩或存在问题时，项目经理就要尽快提供反馈。表扬延迟，项目成员会有失落感；批评延迟，项目成员会认为你在记黑账。

（5）S：具体明确（Specific）。褒贬时最好提供具体事例，证明被褒贬对象确实存在值得肯定或需要改进的行为，批评时尽量对事不对人。

实操贴士：

① 项目是团队工作，项目经理平时一定不要鼓励、收尾时也一定不要奖励个人英雄主义。

② 项目收尾时，项目经理应该在公司的内部刊物、局域网、宣传栏及相关电子邮件中发布公告，阐述该项目的经验教训，并肯定整个团队的工作成就。此举既能为团队赢得好评，又有利于各团队成员的职业前景。同时，你的领导能力也将得到广泛肯定。记住：对项目经理而言，肯定别人就是肯定自己。

③ 项目经理给团队成员提供改进型反馈时，不仅要让对方意识到错误、愿意改正错误，并知道如何改正并付诸行动，更要让对方意识到你跟他是一条战壕里的，是想帮助他而不是跟他过不去。

4.项目回顾（Project Review）

做项目如果不善于总结，就会像猴子掰包谷一样，掰一个丢一个，最终将没有一点收获（任正非语）。学习是项目收尾阶段最重要的活动，通过团队学习，总结经验教训，留下过程资产，实现公司范围内的知识共享和应用推广。经验，特别是失败的经验，是企业宝贵的项目过程资产。一个人的经验总结只有转化为团队和组织的资产，才能真正被复制和传承下去。

总结回顾对降低后续项目（特别是类似项目）的失败率、提高成功率有重大的意义。对为什么会失败、哪里需要改进、获得了哪些经验等一系列的问题都应进行分析，这些也都是可迭代复用的资源，总结得越多，资源就越丰富，越能形成适合企业自身的成熟的管理模式，成就管理上的本地化和渐进式复用，能降低项目管理风险和管理成本。

项目回顾的最好方式是与团队一起召开会议，参照项目目标与团队成员一起讨论项目所取得的成就，并肯定他们的个人成就；总结项目过程中学到的新知识、新技能和新方法，从而为下一个项目做好准备；总结项目的不足之处，并从中吸取教训，提出改善措施。团队会议可以采用事后回顾的方式（具体操作方法可参考案例资料附录中的相关内容）召开。

实操贴士：

① 项目成员可能对收尾的工作特别是行政工作（比如文件记录、审批程序等）感到不耐烦。这时团队可能在形式上已经散了——已经完成任务的成员可能不会参加会议，沟通变得困难了，你自己也精疲力竭了。但你不能放任自流，要确保项目成功关

闭：提醒大家完成收尾工作。

② 总结回顾时不要只是做出"哪些做得好""哪些还需要改进"的结论，这样对任何人的帮助都不大。你需要系统化地整理信息，否则其他人不可能实际运用你学到的经验，组织也不会真正受益。你需要详细记录：问题是什么？影响是什么？根本原因是什么？如何验证该根本原因？为什么没有提前预期这个原因？将来如何规避？如果不能完全消除，如何能更早地识别？采取什么方法能减少影响？这些问题的答案都是宝贵的项目过程资产，认识到位才有利于项目经验的传承。

5.文件归档（Documentation）

最后，项目经理要做的非常重要的事，就是把项目中所有的文件按要求存档。3.2.2工具2：项目知识库（PR）中的表3-7列出了项目中可能需要保存的文件，供读者参考。

只有文件归完档，项目才算真正结束，大功告成。

实操贴士：

在项目收尾阶段，项目经理要做到：

① 对项目收尾阶段投入比其他任何阶段更多的关注（Focus）。项目成功结束需要项目经理的集中关注，包括注意力和精力。

② 为其他类似项目提供模板。

③ 利用经验分享的机会促进相互学习与成长。

④ 为项目争取一些奖励。

⑤ 要是对项目成员的工作感到满意，写封短信给他的上级。

⑥ 庆祝项目的成功，增强项目成员的自豪感。

⑦ 分享项目的成功，不要说"我"，要尽量说"我们"。

⑧ 让企业内的人了解项目，了解项目成员的贡献。

2.5.2　项目结束

当一个项目圆满结束，意味着新的项目又在酝酿中。在项目中积累的经验与教训，都将成为下一个项目成功的助力器。

第 3 章

项目管理工具

3.1 演变

3.1.1 项目管理实践从无意识到有意识的演变

项目作为人类生产、生活中最基本的工作内容之一，其历史非常悠久。自从有组织的人类活动出现到当今，人类就一直执行着各种规模的"项目"。古代许多大型工程，如中国的长城、古埃及的金字塔、古罗马的供水渠等，在修建时都曾动用了数万乃至数十万的人工，这些工程无疑都是规模庞大的项目。古人如果没有掌握丰富的项目管理知识，没有组织和实施大型项目的经验，就不可能在几千年前建造出这些光耀千秋的建筑奇迹。

不过，在现代项目管理理论诞生之前，人们对项目管理的理解和认识还比较肤浅，只停留在经验的层面上，项目管理还没有成为一门真正的科学。

项目管理是美国最早的曼哈顿计划开始的名称，其理念诞生于第二次世界大战后期，后由华罗庚教授在 20 世纪 50 年代引入中国（由于历史原因叫统筹法和优选法）。项目管理是"管理科学与工程"学科的一个分支，是介于自然科学和社会科学之间的一门边缘学科。

3.1.1.1 国际项目管理的发展历程

项目管理的发展历程如图 3-1 所示。

项目管理发展史研究专家以 20 世纪 80 年代为界把项目管理划分为两个阶段：80 年代之前被称为传统的项目管理阶段，80 年代之后被称为现代项目管理阶段。有学者将远古到 20 世纪 30 年代之前称为潜意识（或经验式）的项目管理阶段。在此阶段，人们是无意识地按照项目的形式运作，没有形成行之有效的科学管理方法，凭经验、智慧、直觉，靠个人才能和天赋，根本谈不上科学性。

第3章 项目管理工具

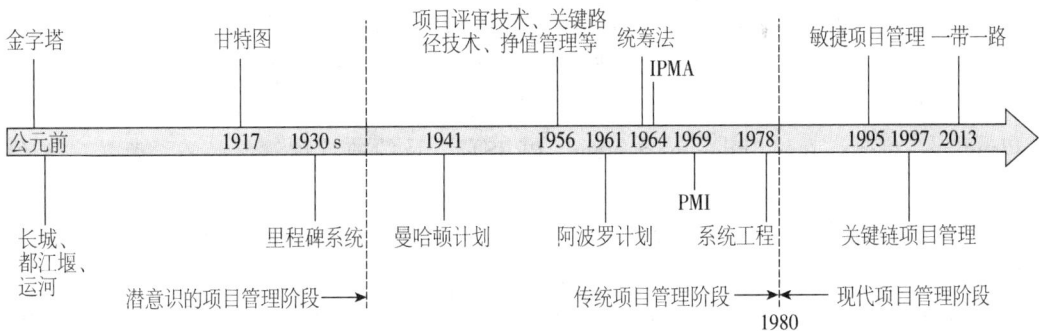

图3-1 项目管理演变

1.传统项目管理阶段

1917年第一次世界大战时期，甘特先生发明了甘特图。甘特因此被视为项目管理计划与控制技术的先驱。由于甘特图难以展示工作环节间的逻辑关系，不适应大型项目的需要，因此在此基础上，Karol Adamiecki 于1931年研制出协调图以克服上述缺陷，但没有得到足够的重视和承认。不过与此同时，在规模较大的工程项目和军事项目中广泛采用了里程碑系统。里程碑系统的应用虽未从根本上解决复杂项目的计划和控制问题，但却为网络概念的产生充当了重要的媒介。

从20世纪40年代到60年代，项目管理主要应用于（也还只是局限于）发达国家的建筑、国防和航天等少数领域。此时采用的传统项目管理方法主要是致力于项目的预算、规划和为达到项目目标而借用的一些一般运营管理方法，是在相对较小的范围内所开展的一种管理活动。当时的项目经理仅仅被看作具体执行者，他们只是被动地接受一项给定的任务或工作，然后不断接受上级的指令，并根据指令去完成自己负责的项目。

1941年，美国制订的旨在研制原子弹的"曼哈顿计划"（Manhattan Project），应用了系统工程的思路和方法，大大缩短了工程所耗时间，标志着现代项目管理理论的萌芽，是项目管理第一个成功案例。

1956年，美国杜邦公司工程服务部的沃克（Morgan R.Walker）为了管理公司内不同业务部门的工作，在兰德公司（Remington Rand）凯利（James E.Kelley）的协助下研发关键路径技术CPM，并在次年将其用于杜邦公司新化工厂建设，使工期缩短了2个月。

1958年，美国海军特种工程局在研制导弹核潜艇中，由于海军上将雷博恩（W.F.Raborn）的支持，在汉密尔顿公司及洛克菲勒公司的协助下，首次提出了项目评审技术（Project Evaluation & Review Technique，PERT）这一控制进度的先进方法，它使北极星导弹项目（Polaris Missile Project）提前两年完成，将复杂任务项目的完成效率提高了550%。PERT的出现，标志着项目管理作为一种职业的开始，因为一个正式的知识体系从这时开始进化发展。

1961 年到 1972 年，美国组织实施的一系列载人登月飞行任务的"阿波罗计划"（Project Apollo）开发了"矩阵管理技术"，是现代项目管理理论最为成功的应用典范。项目管理由此风靡全球，工作分解结构（WBS）、挣值管理（EVM）、计划项目预算制（Planning-Programming-Budgeting System，PPBS）以及绩效管理等新技术、新方法相继出现。

1965 年，国际项目管理协会 IPMA（International Project Management Association，网站为：www.ipmp.net.cn 或 www.ipma.world）在瑞士洛桑成立，并推出国际项目管理专业资质标准 ICB（IPMA Competence Baseline）和国际项目经理资格认证考试 IPMP（International Project Manager Professional）。

1969 年，项目管理协会 PMI（Project Management Institute，网站为：www.pmichina.org 或 www.pmi.org）在美国宾州成立，并推出《项目管理知识体系指南》（Project Management Body of Knowledge，PMBOK，最新版本是 2018 年推出的第六版）和全球第一个获得 ISO 9001 认证的、全球 194 个国家和地区引进和认可的项目管理专业人士资格认证考试 PMP（Project Management Professional）。1997 年，ISO 以 PMBOK 为框架颁布了 ISO 10006 项目管理质量标准。由此，两大项目管理研究体系：以欧洲为首的体系——IPMA 和以美国为首的体系——PMI 正式形成。

2. 现代项目管理阶段

企业界最先接受项目管理规范的是建筑项目，最初项目管理的许多工具，例如甘特图、箭线图等，都是针对土建工程的特点开发的。20 世纪 80 年代之后项目管理进入现代项目管理阶段，项目管理理念逐渐渗透到制造业项目、服务业项目、IT 业项目以及科研项目等。IT 产业的诞生，将诸多计算机软件工具引入了项目管理中，极大地提高了项目管理的量化水平，最终形成了完整的项目管理知识体系，并出现了专为项目管理开发的计算机工具软件。为了区别传统的项目管理，经过信息化时代洗礼的项目管理知识体系，又被称为"现代项目管理"。

随着全球性竞争的日益加剧，项目活动的日益扩大和更为复杂，项目数量的急剧增加，项目团队规模的不断扩大，项目相关方的冲突不断增加，降低项目成本的压力不断上升等一系列情况的出现，迫使作为项目业主/客户的一些政府部门与企业以及作为项目实施者的政府机构和企业先后投入了大量的人力和物力去研究和认识项目管理的基本原理，开发和使用项目管理的具体方法。特别是进入 20 世纪 90 年代以后，信息系统工程、网络工程、软件工程、大型建设工程以及高科技项目的研究与开发项目管理新领域的出现，促使项目管理在理论和方法等方面不断地发展，使得现代项目管理在这一时期获得了快速的发展和长足的进步。同时，项目管理的应用领域在这一时期也迅速扩展到了社会生产与生活的各个领域和各行各业，而且项目管理在企业的战略发展和例外管理（这些都属于企业高层管理者所做的管理工作）中的作用越来越重要。今天，项目已经成为为社会创造精神财富、物质财富和社会福利的主要生产方式（以前主要是运营和生产），所以现代项目管理也就成了发展最快和最为重要的管理领域之一。

　　现代项目管理在这一阶段的高速发展主要表现在两个方面：其一是项目管理的职业化发展，其二是项目管理的学术性发展。其中，在职业化发展方面，这一阶段的项目管理逐步分工细化，形成了一系列的项目管理的专门职业。例如，专业项目经理、造价师、建造师、营造师等。同时，在这一阶段还诞生了一系列的项目管理职业资格认证体系（如瑞士的 IPMP、美国的 PMP、英国的 PRINCE2 等）。现在的项目经理已经成为真正的项目负责人和企业中的主角，并且是一项非常热门的职业。

　　1995 年，杰夫·萨瑟兰（Jeff Sutherland）和肯·施瓦伯（Ken Schwaber）提出 敏捷 项目管理 APM（Agile Project Management）的方法，主要用于产品开发特别是软件开发项目。 Scrum 及 XP（Extreme Programming，指极限编程）是业界（特别是 IT 界）最广泛采用的两种敏捷方法。

　　1997 年，以色列物理学家及企业管理大师艾利·高德拉特（Eliyahu Goldratt，1947—2011）提出关键链项目管理（Critical Chain Project Management，CCPM）方法，这是其发明的约束理论（Theory of Constraints，TOC）在项目管理中的应用，比传统的"关键路径技术"（CPM）更有效，是项目管理技术上的一大突破。

　　2002 年，罗伯特·奥斯汀（Robert Austin）提出了"量身定做的项目管理模型"方法，思科（Cisco）、泰克（Tektronix）等公司称之为"快速原型法"（Rapid Prototyping）。当计划或执行的不确定性很高时，即当项目的风险不可预测或潜在的成果范围太广时，这个方法是可取的。

3.1.1.2　我国项目管理的发展历程

　　我国在传统项目管理方面的研究和实践起步早，但是后期的发展却十分缓慢。我国早在 2000 多年前就已经开始了项目管理的实践，并且创造了许多很好的传统项目管理方法。

　　战国时期，长城、都江堰和大运河三大工程开建。其中，都江堰工程从工程项目设计和项目施工等各个方面都使用了系统思想，创造出了举世瞩目的都江堰分洪与灌溉工程项目。

　　在工程项目管理方面，宫廷建设项目的实施管理，很早就有了自己的"工料定额"和"工时"、"造价"管理方法，并且许多朝代的"工部"都有相应的"国家标准"。但是，我国自宋朝以后在科技和管理方面走了下坡路，未能跟上世界科技与管理的快速发展，我们在项目管理的理论和方法方面开始落后于世界发达国家。尤其是自清朝至中华人民共和国成立以前，我们与世界发达国家在科技和管理方面逐步拉开了距离，从而使我们在传统项目管理方面一直处于落后的地位。

　　1964 年，华罗庚教授倡导并开始应用推广"统筹法"（Overall Planning Method），这是中国项目管理的第一个里程碑，在修铁路、架桥梁、挖隧道等工程项目管理上取得了成功，例如在上海炼油厂"酚精炼扩建改建工程"上应用统筹法，使原计划需停工一个多月的扩建改建工程只用了 5 天便完成了。1980 年后，华罗庚和他的助手们开始将统筹法应用于国家特大型项目建设中，如"两淮煤矿开发""准噶尔露天煤矿煤、电、运同步建设"等，将以统筹法为基础的项目管理水平提高到一个新的高度。

1978年，钱学森教授创立"系统工程"中国学派，是中国项目管理的另一个里程碑，它推动了中国导弹从无到有、从弱到强和中国航天从导弹武器时代进入宇航时代的关键飞跃。

我国的项目管理实践也开展得非常晚，20世纪80年代后期我国才在建筑业和国内工程建设项目的管理体制和管理方法上做了许多重大的改革，才开始借鉴和采用一些国际上先进的现代项目管理方法。

1984年，亚洲开发银行援建云南鲁布革水电站项目，是现代项目管理进入中国的第一个成功案例，它在我国首先采用国际招标和项目工期、质量、造价等方法开展了现代项目管理实践，其结果是大大缩短了项目的工期，降低了项目造价，取得明显的经济效益。中标的日本大成公司只是一个项目管理咨询公司，仅以30多人的队伍有条不紊地指挥着上万人的中国建设大军，协调着上亿元的资源和资金，最后工程严格按照预算成本和质量标准提前完成。鲁布革水电站项目管理的成功，让中国人看到了管理中蕴藏的巨大效益，此后项目管理规范开始在一系列与国际接轨的项目中推行，如广东的沙角电厂、大亚湾核电站、宝钢二期工程等。然而，这些项目的进程中暴露的问题表明，仅仅引进先进的管理理念和规范并不足以使科学管理发挥应有的效益，项目经理人才的短缺，成为制约我国管理水平提高的最大瓶颈。引进项目管理培训计划，成为当务之急。

1991年，中国项目管理研究委员会（Project Management Research Committee, China，PMRC）在西北工业大学等单位的倡导下成立，其上级组织是由我国著名数学家华罗庚教授组建的我国第一个跨学科的项目管理专业学术组织——中国优选法统筹法与经济数学研究会项目管理研究委员会。

1999年，国家外国专家局引进PMP认证。到目前，超过5.5万家企业参加了PMBOK的培训，华为、阿里巴巴、中国移动、腾讯等众多知名企业更是将PMBOK作为管理人员的必修课。继MBA之后，PMP已经成为全国最热门的中高级管理人员培训科目之一。截至2019年9月底，全球共有96万名有效PMP持证人士，中国累计PMP报考人数已经高达60万人（报考人数排名前十位的企业依次是华为、中国移动、IBM、中石油、中国电信、惠普、中兴通讯、中石化、中海油、联想），通过PMP认证人数约有42万人（通过率为70%），有效持证人数突破30万人（持证人数最多的行业为IT业，占总数的46.3%），占全球PMP持证人数的31.2%（仅次于原产地美国）。报考和持证人数最多的公司为华为，超过1万人。华为还明确规定，公司及下属分包公司的项目经理必须持有PMP证书，且所有干部都必须做过项目组负责人PL（Project Leader）这个岗位（向项目经理汇报）。

2001年，中国项目管理研究委员会（PMRC）在其成立10周年之际正式推出了《中国项目管理知识体系（C-PMBOK）》，并引进IPMP认证。到目前，在中国区参加ICB培训的人数超过10万余人，申请IPMP认证的人数超过7万人，IPMP证书获得者接近5万人，其中A级证书获得者约400人、B级证书获得者约3 000人、C级证书获得者4万多人。

2002年，劳动和社会保障部正式推出了"中国项目管理师"（CPMP）认证，标志着我国政府对项目管理重要性的认同，项目管理职业化方向发展成为必然。北大、清华、中科院等一些重点院校已经将项目管理纳入了管理硕士学位序列。2019年10月29日，中国国际人才交流基金会副主任万金发表示："未来在中国，项目管理岗位将成为最热的职位之一。"

2013年，中国提出"一带一路"的合作倡议。

2018年和2019年，首届和第二届中国国际进口博览会在上海成功举办。"一带一路"、进博会，这些国家层面项目的成功实施都极大地提升了中国的全球影响力。

3.1.2　企业经营战略从产品驱动到项目驱动的演变

在当今复杂多变的国际环境和激烈竞争的商业环境下，越来越多的国家及企业将项目管理作为战略实施工具。

2018年6月，《哈佛商业评论（中文版）》刊登了安东尼奥·涅托–罗德里格斯（Antonio Nieto-Rodriguez）的文章——《CEO应是优秀的项目管理者》。罗德里格斯认为，项目管理已经成为企业能否生存的关键问题，CEO要把企业从产品驱动变为项目驱动，并做优秀的项目管理者——甄选项目、分清项目的优先级、选派合适的项目经理。

传统企业的组织架构是自上而下形成的，业务由孤岛部门完成，各个部门之间等级分明。问题是，这种方式非常低效和缓慢，部门间缺乏沟通。在如今瞬息万变的市场环境下，这类企业无法就市场变化及时做出反应。目前的趋势是，很多公司希望摆脱架构限制，变得更加敏捷。企业开始采用更多基于项目的工作，按照项目而非产品来组织活动。消费的升级带动了企业竞争升级，消费者不再满足于仅仅获得某个商品，而是希望获得更多围绕产品提供的服务、解决方案、技术支持等。在这种趋势下，企业从销售产品开始尝试销售项目。小米、阿里巴巴、海尔等都是用自己的方式进行项目驱动的公司。它们的结构非常敏捷，可以快速启动项目、甚至成立新公司，竞争力远超那些传统的西方企业。

企业要从战略上思考如何超越和用户单纯的交易关系，延伸出更多关系，这时就会产生新价值。

1980年，迈克尔·波特（Michael Porter）提出三个基本的竞争战略：低成本、差异化及专一化。

1993年，迈克尔·特里西（Michel Treacey）和弗雷德·威瑟姆（Fred Wiersema）提出了如图3-2左边三角所示的三角洲模型（Delta Model）。其包含三种基本战略：运作超群（低成本战略）、产品领先和客户亲密（两种差异化战略）。

2001年，阿诺德·海克斯（Arnoldo Hax）、迪安·怀尔德（Dean Wide）等提出了如图3-2右边三角所示的新三角洲模型，其中包含第四种通用战略——系统锁定（Lock-in）。系统锁定战略更广泛些，它将公司本身与客户、供应商、关键互补者都包含在内。互补者是指为客户提供其他产品和服务的公司。微软公司是实施系统锁定战略的典型代表，而英特尔公司则是其互补者。

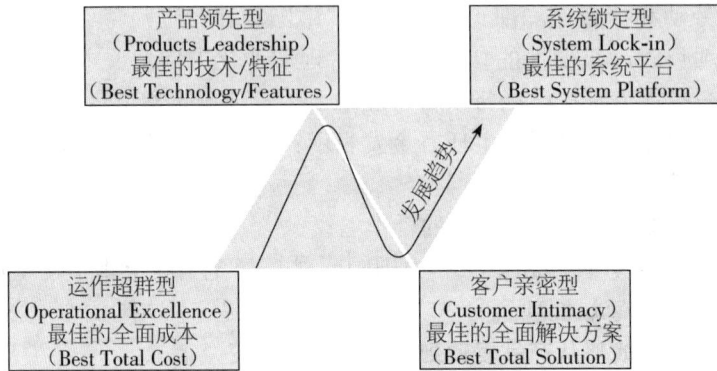

图3-2　四种通用战略

公司战略不是一成不变的。图3-2显示公司战略如同光谱一样从"运作超群"到"产品领先"到"客户亲密"再到"系统锁定"的演变和选择趋势。之前很多手机公司都有自己的加工厂，但现在很多智能手机公司如苹果都把生产交给富士康Foxconn这样的代加工厂，自己把重心放在研发上。"代工富士康"为运作超群型公司，现在也想要转型为"商贸富士康"，毕竟代工利润太薄、降本太难。IBM原先主要提供产品，现在成功转型为整合方案提供商。华为更是从运作到产品到方案最后到平台一路走来历经坎坷。但不管企业采取哪种战略，都离不开项目：运作超群型公司做的最多的就是降本增效项目，不断地减少浪费、减少偏差（Variance），如丰田的精益项目、通用电气的六西格玛项目或现在很多公司在做的精益六西格玛（Lean Six Sigma，LSS）项目；产品领先型公司做得最多的项目就是产品研发，不断地向市场推出新产品，如3M公司从1914年推出第一个独家产品研磨砂布，到1930年推出透明胶带，1958年推出百洁布，1967年推出防尘口罩，1978年推出报事贴（Post-It），平均每天推出1.7个新品；客户亲密型公司做得最多的项目就是给客户提供解决方案，不断地根据市场需求设计个性化的解决方案，如高盛集团（Goldman Sachs）的投资、理财、融券等金融解决方案；系统锁定型公司做得最多的项目就是平台建设，不断地完善平台以锁定客户，如阿里巴巴的电子商务平台、华为的沃土数字平台等。

四种通用战略的区分如表3-1所示。

3.1.3　企业管理模式从传统到敏捷的演变

3.1.3.1　从传统到敏捷

传统项目管理是瀑布式的：先固定范围，基于此估计时间和成本，形成项目计划，并严格执行和控制变更。瀑布模型不关注价值的产生，虽然能降低公司的负担，却使企业难以承受日益递增的风险和浪费。敏捷项目管理正好相反，在时间和成本固定的前提下允许需求变更，始终交付高优先级的功能，实现客户价值最大化。敏捷模式强调价值驱动，突出商业价值。如图3-3所示。

第3章　项目管理工具

表3-1　　　　　　　　　　　　　四种通用战略的区分

类型	定义	特征	代表公司
运作超群	为客户提供持续的、及时的、低成本的产品和服务	最低成本；明确标准的产品/服务；关注流程改进和降低成本；严格衡量指标和职责	西南航空、丰田、戴尔、麦当劳、沃尔玛等
产品领先	为客户提供具有延展性、技术/性能最佳的产品和服务	不断推出新产品；追求新科技；领先市场；划时代的创新；高风险/高回报	3M、索尼、奔驰、英特尔等
客户亲密	为客户提供一系列定制化的产品和服务，并结合相关知识帮助客户解决问题	超高标准的服务；客户化的解决方案/出色的服务；对客户的极端负责与承诺；热忱回应和极强的适应性	IBM、高盛、美孚等
系统锁定	为客户提供的平台成为产品和服务的标准	最终用户的高转换成本、核心产品拥有合法保护、复杂结构和持续升级的秘密；视大量的辅助厂商为客户；强有力的创新流程；复杂而又易用的信息平台；强调收入增长而不是生产率提高	微软、思科、波音、SAP、eBay、阿里巴巴、华为等

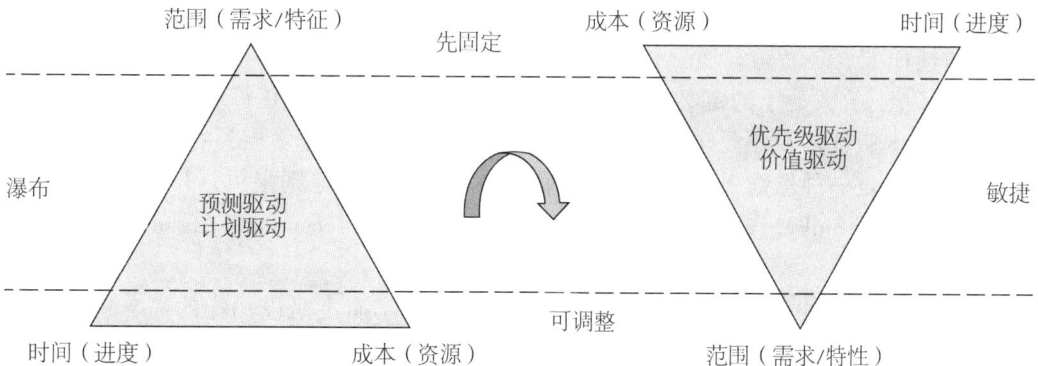

图3-3　从传统到敏捷

瀑布和敏捷开发的方法最早都是来自软件开发行业。

1.瀑布模型

著名的"瀑布模型"（Waterfall Model）是由温斯顿·罗伊斯（W.W.Royce）在1970年最初提出的软件开发模型，属于典型的预见性的方法。直到20世纪80年代早期，它一直是唯一被广泛采用的软件开发模型。

瀑布模型核心思想是按工序将问题化简，将功能的实现与设计分开，便于分工协作，即采用结构化的分析与设计方法将逻辑实现与物理实现分开。将软件生命周期划分为需求分析、系统设计、程序编写、软件测试和运行维护五个阶段，并且规定了它们自上而下、相互衔接的固定次序，如同瀑布流水，逐级下落（如图3-4所示）。从本质来讲，它是一个软件开发架构，开发过程严格遵循预先计划的五个阶段，每个阶段都会产生循环反馈，因此，如果有信息未被覆盖或者发现了问题，那么最好"返回"上一个阶段并进行适当的修改，开发进程从一个阶段"流动"到下一个阶段，这也是瀑布开发名称的由来[①]。

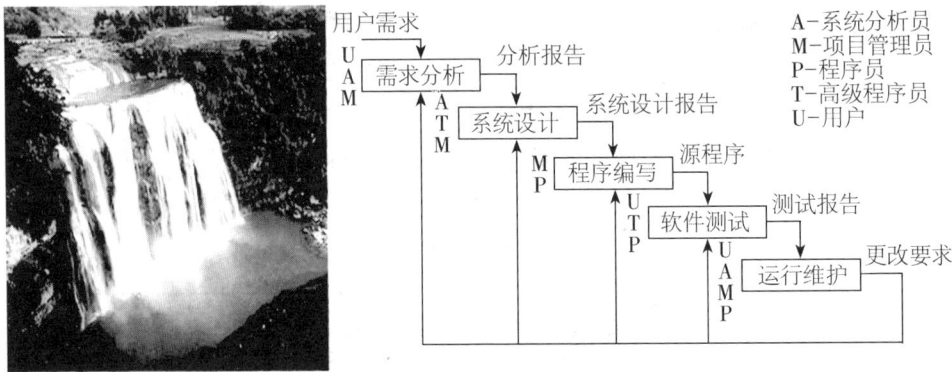

图3-4　瀑布式软件开发过程

传统的瀑布式软件开发方法包括：CMMI（Capability Maturity Model Integration，能力成熟度模型集成，是软件能力成熟度模型CMM的最新版本）、RUP（Rational Unified Process，为IBM旗下Rational公司的统一软件开发过程）、MSF（Microsoft Solution Framework，微软解决方案框架）等。

2.敏捷模型

敏捷联盟[②]给敏捷下的定义是：敏捷是在动荡的业务环境中获得利益并创造和响应变化的能力。敏捷本身不是项目管理框架，而是一套与产品开发相关的原则和价值观。业界公认它更是一种思维——敏捷思维：由价值观定义，受原则指引，并通过各种实践来展示（Ahmed Sidky，《在不完美的世界中变得敏捷》（Becoming Agile in an Imperfect World）的合著者）。

基于敏捷思维的产品（特别是互联网产品）开发本质上是以用户的需求进化为核心，采用迭代、增量、循序渐进的方法进行软件开发。常用的敏捷方法有：XP、Scrum、FDD（Feature-Driven Development，特性驱动开发）等。其中，Scrum是最被广泛使用的敏捷方法。在瞬息万变的移动互联网时代，越来越多的企业体会到敏捷的优势，越来越多的互联网产品出现了一周发布一次的快节奏，以迅速响应市场与用户的

---

① 严格意义上讲，既然叫作瀑布，就意味着不应该走回头路，否则如果出现返工，付出的代价会很大，特别是软件生命周期前期造成的漏洞（Bug）的影响比后期的大得多。这也是瀑布式开发最大的挑战：确保每一步都是"零缺陷"，才能确保最终交付的产品"零缺陷"。

② 2001年初，17个专业的项目管理领袖齐聚美国犹他州雪鸟（Snowbird）滑雪胜地，成立了"敏捷联盟（www.agilealliance.org）"，并共同起草了敏捷软件开发宣言（Manifesto 2001）、十二条敏捷原则。另外，敏捷联盟还明确了团队开展项目及进行互动时要遵循的5个价值观：专注、勇气、开放、承诺和尊重。

需求。

　　图3-5是典型的采用Scrum敏捷方法进行软件开发的过程：产品负责人根据收集来的用户需求，定义产品愿景（Product Vision），确定产品待办事项列表（Product Backlog）。Scrum主管召开冲刺计划会议（Sprint Planning Meeting），确定冲刺待办事项列表（Sprint Backlog），划分、确定这个冲刺内需要完成的任务，标注任务的优先级并由每个成员认领任务。进入冲刺开发周期，在这个周期内，需要召开每日立会（Daily stand-up Meeting）。整个冲刺周期结束，召开冲刺评审会议（Sprint Review），将成果演示给客户、产品负责人等相关方，并提交评审。评审合格发布产品（Product Release）。团队成员最后召开冲刺回顾会议（Sprint Retrospect），总结问题和经验。如此反复，直至所有的需求被实现。

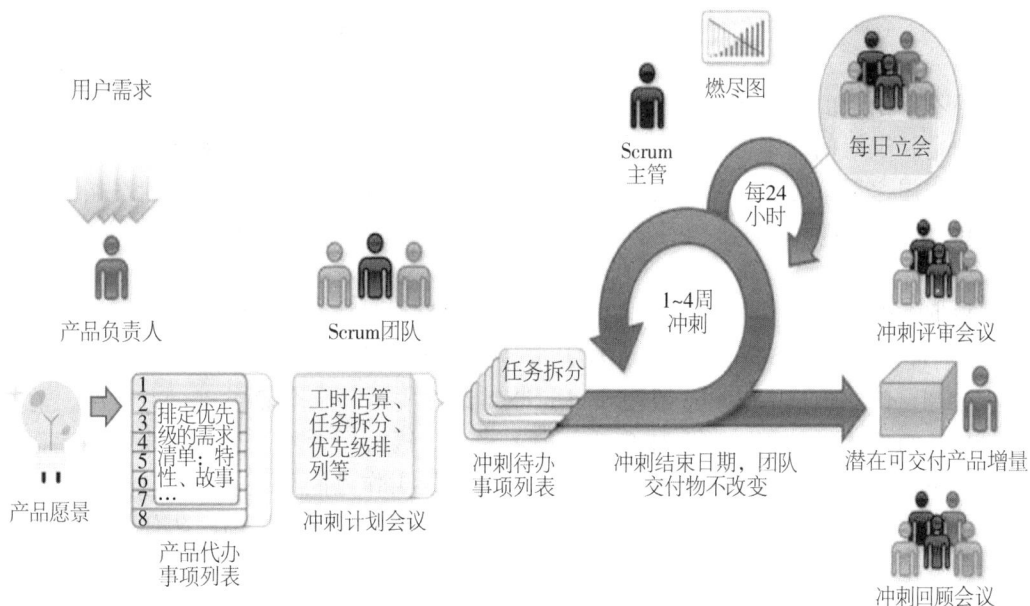

图3-5　Scrum敏捷式软件开发过程

　　冲刺（sprint）是Scrum敏捷项目管理的核心，是一个常规、可重复的较短工作周期（其长度或持续时间通常为一个月或更短时间），在这段周期内项目团队需快速完成预定的工作量——冲刺待办事项列表，构建一个"完成的"、可用的和潜在可发布的成品组件——潜在可交付产品（Potential Shippable Product，PSP）。潜在可交付产品可能是产品增量，也可能是一些独立的特性。每个冲刺有固定的仪式（计划、评审、回顾、每日立会等）来让大家参与，同时结束的时候要产生潜在可交付产品（但不一定交付），并提交业务、市场、客户等相关方进行评审，通过这种方式来获取快速反馈和高效协同。评审完后召开冲刺回顾会议，之后进入下一个冲刺。

　　Scrum敏捷项目固定的时间（时间盒）和成本（团队产能）有助于提升团队效率与效能。

时间盒（Timebox）是指针对某件事或某个目标，给定一个固定的可用时间，这个时间不能缩小也不能放大。时间盒一般情况下是一个比较短的时间，例如几小时或者几天，人们需要在这个给定的时间内尽全力去达成目标。在敏捷项目管理中，每个迭代或冲刺跨越的时间长度，大到月，小到周甚至天。Scrum 冲刺要求团队把固定的一段时间（一般是 1~4 周）当作冲刺期，在冲刺结束的时候交付产品。冲刺的优点是用周期性的视角看待时间，一次只解决一个问题，让产品以最快的速度出现在大众面前，马上获得及时反馈，加快产品的交付速度，增加产品的成功概率。每日立会算是 Scrum 敏捷项目里最小的时间盒了：每天固定时间准时开始，全体成员参加，开会时间不超 15 分钟。会议主要讨论三个问题：昨天做了什么？遇到什么困难？今天计划做什么？开会时用站姿调动积极性，会议最终落实在今日项目上。他们还把项目进展写在大白板上，放在公司公共区域共享，以减少团队成员沟通成本。开得好的"每日立会"效率和效果远远好于很多公司的"每日例会"。敏捷项目管理过程中时间盒是用来剔除不确定性的一个工具，与传统的项目管理理念（计划驱动结果）相反，敏捷项目管理是基于时间盒中应得到的结果来驱动计划制订与更新的。心理学认为安排结束日期在一周之后，比在一个月之后造成的专注效果会更好。时间盒被视为是帕金森定律（Parkinson's Law）的一剂良药："如何开展工作？只要有效地填满完成前的这段时间。"

根据米勒的"7±2 法则"，一个敏捷项目团队最好是 5/7/9 人（不包括产品负责人、Scrum 主管或敏捷教练）。小团队人数固定，产能也就固定了，因为 Scrum 敏捷项目是不赞成加班的。有人将 Scrum 敏捷项目的冲刺比喻成由一个个短距离全力前冲、前冲间有休息组成的马拉松。这个休息就是周末。麦肯锡公司发现，员工最高效的工作状态是：每周工作时间不能超过 40 小时。减少员工的工作时间可以让他们过上平衡的生活，平衡的生活使员工在决策时更加专注，减少犯错的概率，提高团队任务的速度和质量。

团队人数太多容易形成小团队（Silos），增加沟通成本，需要进行团队分割。大型项目团队可以通过 Scrum 缩放（Scrum Scaling）的方法合理分割为多个小型的 Scrum 敏捷团队（称为 Scrum of Scrums），每个团队都负责一个相对独立的模块或者功能。Scrum of Scrums 是把 Scrum 扩展到大型项目团队一个重要的实践。Scrum of Scrums 是跨团队的沟通与交流，一般做法是由各个 Scrum 团队的代表参加 Scrum of Scrums 会议，会议同样采用固定的频率和时间盒机制，频率可以由团队根据自身情况确定，一般可以一周 2~3 次，不一定每天都开。会议长度亦是 15 分钟。

另外，敏捷项目团队每次只致力于一个项目，并且从专注中获益（传统项目中的团队成员经常发现他们同时参与多个项目，他们的注意力被迫来回切换）。

3.瀑布开发和敏捷开发的对比

瀑布开发和敏捷开发的特点、优势和劣势如表 3-2 所示。

表3-2　　　　　　　　　　　　　**瀑布开发和敏捷开发的特点、优势和劣势**

类别	瀑布开发	敏捷开发
特点	① 严格把软件开发分隔成若干阶段，并定义了各阶段的输入和输出。输出达到要求才进入下一阶段 ② 重视和强调过程文档。管理人员喜欢，因为它适合向领导汇报；开发人员不喜欢，因为它束缚创造性 ③ 项目作为一个"黑盒子"，对客户、供应商等相关方可视性和预见性差 ④ 允许变更，但有严格的变更控制流程。越是后期的变更成本越大	① 小步快跑，尽早、持续交付有价值的可用软件（衡量进度的首要标准）。通过频繁迭代（周期较短）实现与客户良好的合作关系 ② 有计划，但也"拥抱变化"。敏捷欢迎客户对需求提出变更（即使在项目开发后期也不例外），并利用变更帮助客户获得竞争优势，让团队本身能够与市场、用户需求同步 ③ 版本周期内尽量不加任务。每个版本迭代可视作一次小的瀑布式开发，每个版本都有自己的开始时间和结束时间 ④ 团队配置敏捷（3~9人）
优势	① 在管理良好的项目中，瀑布项目可以在早期提供交付的信心 ② 项目团队成员不需要在同一地点频繁沟通 ③ 如果在基本产品开发之外存在许多接口和依赖关系，瀑布式项目会使用工具来建模和管理这些接口和依赖关系 ④ 几乎可以应用于任何类型的项目，尤其是大型的项目（特别是需求相对稳定的大型项目，或需要大量的设计或分析的大型项目）	① 灵活性较高，几乎可以在任何时间进行需求变更 ② 敏捷的协作通常要高得多，通常能开发出更高质量的产品 ③ 快速迭代，快速试错。一方面让客户能持续收到新产品，另一方面通过与客户的频繁沟通，不断审查需求和产品，获取持续反馈，立刻实现价值或者获得及时修正，使整个项目始终走在正确的方向上，降低了项目风险 ④ 适用于需求不明确情况（需要在不断迭代的过程中来逐步理清需求）和快速变化的项目，特别是面向前端业务人员的CRM项目
劣势	① 瀑布项目的风险一般都很高，因为前期确实不容易定义清楚需求，基于无效假设基础上的需求可能会让项目无限度扩大。所以很多瀑布项目都出现成本超支、进度延迟或范围蔓延的情况 ② 严格分级导致的自由度降低，对市场变化和用户需求的响应慢，更改成本高	① 敏捷的概念接受度还不算太高，初次尝试可能不会非常成功 ② 最终交付的内容无法预测预期和实际完成的内容，经常会有很大差异 ③ 敏捷需要自组织团队高水平的沟通与协作 ④ 在敏捷项目中，最大的问题可能是业务部门永远不希望有最终的截止时间

4.关于敏捷开发的两个误解

（1）瀑布过时了，敏捷才是最好的选择

现在有不少人认为瀑布式开发是一种老旧的、即将过时的计算机软件开发方法。实施敏捷不是为了时尚，不是为了跟上"最新和最伟大"的潮流。正如1950年丰田开始尝试精益生产方式大获成功后，很多公司拼命引进精益；1996年通用电气开始把六西格玛作为管理战略并大获成功后，很多公司一窝蜂地使用六西格玛一样。诚然，目前确实越来越多的企业如索尼、华为、联想等使用敏捷的方式实施了一些项目，但实际上我们看到绝大多数公司还是依然采用瀑布（或瀑布+部分迭代或增量）的方式实施项目。敏捷并不能完全替代瀑布（2003年"非典"时期7天建成北京小汤山医院的项目和2020年新冠肺炎疫情时期

10天建成武汉火神山医院的项目就只能选用瀑布方式），它只是给了我们另外一种好的选择，但未必是最好的选择，瀑布+敏捷也许是一个更好的选择。就如现在不少公司尝试做精益六西格玛、精益敏捷项目，同样获益良多。也许下一阶段流行的是瀑布敏捷精益六西格玛项目。如同领导方式一样，没有最好的领导方式，只有最适合的领导方式。

六西格玛一开始是用在质量改善上，精益一开始是用在生产管理上，瀑布和敏捷一开始是用在软件开发上，现在都发展成为一种管理模式，可以应用于各类企业、各个职能、各种项目。企业管理关键是要找到适合本企业的模式，也许是瀑布式管理，也许是敏捷式管理，抑或瀑布敏捷式管理，关键是看企业和员工的成熟度。试想一下，如果一家企业的员工能力和动力水平都远没有达到自我管理或自治的程度，且企业奉行的文化是"多做多错，少做少错，不做不错"，如何推行敏捷模式或开展敏捷项目？

（2）项目流程、工具、文档、合同、计划等都没用了

虽然敏捷宣言认为个体和互动胜于流程和工具，可用的产品胜过详尽的文档，客户协作胜过合同谈判，响应变化胜过遵循计划。但这不代表敏捷就不需要流程、工具、文档、合同、计划等。敏捷发起人认为，这些依然是需要的，只是提醒大家在项目实施中更多关注互动、可用的软件、客户协作、响应变化。拿计划来说，敏捷不代表不做项目计划，恰恰相反，敏捷更加注重计划（发布、冲刺等）的制订。

再说工具。没有工具，互动会缺少有效性。虽然敏捷开发方法里没有明确说明需求、任务等分解的工具，但其分解用的方法还不是CTQ树（见3.2.7工具7）、WBS（见3.2.15工具15）的套路，敏捷项目管理中亦会用到燃尽图、用户故事地图、需求优先级矩阵（上述三个工具使用说明分别见3.2中的工具1、11和7）等诸多工具。项目管理工具的发明本身就是在实践中产生的。试想一下，如果敏捷开发不用燃尽图来跟踪进度（传统项目管理用甘特图来跟踪进度），工作效率与效果会大打折扣。项目管理要软硬兼施：既要有软技巧（特别是互动技巧），也要有硬技巧（特别是工具）。

最后说流程和文档。这些可是重要的组织过程资产。项目，不管是瀑布还是敏捷，都是一次性的（尽管敏捷开发提供持续交付，但也是为了最终的交付），不能因为一次性的交付成果而忽视过程资产积累这一功在当代、利在千秋的大事。虽然敏捷项目管理简化了烦琐的流程和文档管理，主张团队内部的面对面沟通和交流。但对敏捷项目每个冲刺完成后召开的回顾会议来说，如果只是停留在口头上，而没有记录下来，就不会有传承（特别是对其他项目）。只求结果，而忽视过程资产积累的行为是舍本逐末的行为。同样，我们也不能因为一个项目的交付失败就否认这个项目中过程资产的价值（在宝洁公司前CEO雷富礼看来，失败的项目才会让你真正学到很多东西）。项目管理要两手抓，一手抓交付，一手抓过程资产。

其实，敏捷项目同样遵循严格的5步流程（Scrum敏捷项目里称为"价值路线图"）：确定产品愿景⇨创建产品路线图（Product Roadmap）⇨创建发布计划（Release Plan）⇨制订冲刺计划⇨执行冲刺计划。其中，每一个冲刺也都严格遵循以下的五步流程：一开始的冲刺计划⇨执行+每日立会⇨冲刺评审⇨冲刺发布⇨最终的冲刺回顾。

这五步价值路线图和五步冲刺不正是瀑布开发的流程吗？因此，我们可以说敏捷开发就是在传统的瀑布开发及项目管理工具基础上加上一些"裁剪或私人定制（时间盒、小团队，特别是基于敏捷价值观和原则的互动，包括团队成员间的互动、团队与客户的互动等）"罢了——药还是那些药，只是汤换了。

总之，敏捷不是"万能药"（DRACO）①。对于开发者来说，当"敏捷"理念应用不佳时，往往会造成更多干扰，因为顶着更高的压力以及"更快"的要求，他们只有更少的时间来完成工作。这对开发者来说是不利的，最终也会对企业造成不利影响，因为做得不好的"敏捷"会导致更多的缺陷和更慢的进度。最终，优秀的开发者可能会离开这样的企业，导致企业效率比采用"敏捷"之前还要低下。

3.1.3.2 从瀑布到涌泉

三角形结构是最稳定的结构，如埃及的金字塔、法国的埃菲尔铁塔、上海的东方明珠电视塔。传统项目管理本身就是对时间、成本和范围这个三角进行动态的平衡。敏捷项目管理，其本质也在于平衡为了提升透明度花费的成本和可能因为发生变更而带来的风险。Scrum敏捷项目管理的三角平衡是增量式的"以不变应万变"：在固定的迭代周期（时间盒）和成本（小团队）下，也只能实现高优先级的需求（三角形如果两边定了，另一边也就定了），在下个周期，小团队再实现次优先级的需求（或变更后高优先级的需求），如此反复，直到所有需求实现。因此，我们可以将敏捷项目管理视作N个固定三角形的组合（N取决于迭代的次数）。

1.企业发展定位系统GPS

传统管理是瀑布式的：公司先制定目标，根据目标再确定经营战略，最后根据战略确定人员要求，确保企业发展方向正确。目标、战略和人员这三大系统组成了如图3-6所示的企业发展定位系统GPS（G=Goal目标，P=People人员，S=Strategy战略）。

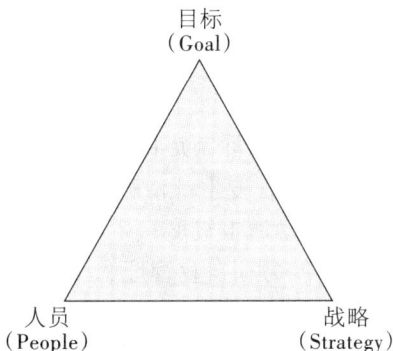

目标
（Goal）

人员
（People）

战略
（Strategy）

图3-6 企业发展定位系统GPS

目标系统包括组织的使命、愿景和目标。

使命是组织的价值观定位，回答"我为谁"的问题。如华为的使命是为客户——

① 美国麻省理工学院的科学家利用细胞的天然防御能力抵御感染而研发的一种可以治疗从普通感冒、流感到艾滋病和其他任何你能想到的病的"万能药"。

"聚焦客户关注的挑战和压力，提供有竞争力的通信解决方案和服务，持续为客户创造最大价值。"

愿景是组织的未来定位，回答"我是谁"的问题。如宝洁的愿景是"成为并被公认为提供世界一流消费品和服务的公司"。愿景包括三个方面的定位：企业从事什么产业，以什么样的商业形态（Business Pattern）存在，还要对自己"算老几"有清醒的认识（主导还是领先还是跟随）。比如万达集团，这些年也一直在思考这些问题：我们属于哪一类企业（住宅地产、商业地产还是商业服务）？我们的业务范围覆盖哪里（地方、全国还是全球）？

目标是组织的经营绩效定位，回答"我要去哪里"的问题。如华为2019年营收目标为1 259亿美元（其中，消费者业务目标为650亿美元，运营商业务目标为441亿美元，企业业务目标为168亿美元）。消费者业务手机这一块，目标是出货2.5亿台，超越苹果（市场份额）。传统目标制定和华为一样，也是瀑布式的，企业每年通过自上而下的流程来建立一组固定的目标，并从上而下分解。

战略系统是组织的市场准定位，回答"我如何做"的问题，如苹果的"饥饿营销"战略。战略定位也是瀑布式的"自上而下"的过程。

人员系统包括招聘、培训、考核、薪酬等，是人力资源在组织中的定位，回答"我有多重要"的问题。目标和战略系统对人员的素质（Competency）会提出要求。素质中最重要的就是反映公司文化和价值观、所有员工都必须具备的核心素质（Core Competencies）。传统人员系统规划也是瀑布式的自上而下。如IBM的动态人才储水池，上一级评定、选拔和培养下一级，如同分级瀑布。评定、选拔和培养的参照标准之一就是项目经理素质模型（如图1-3所示）。

2.喷泉管理模式

与瀑布（自上而下）相对的管理模式就是涌泉（自下而上）了。在涌泉模式下，战略制定是动态的（Dynamic）而非静态的（Static）年度固定计划——由数据驱动，迭代式的，专注于验证可行性；文化建设自下而上，受使命掌控；公司给员工100%的自由时间，员工高度自治：自己定目标（目标制定自下而上），自己决定做什么，自己解决问题。精益团队、敏捷团队等在很大程度上都依赖于团队成员的自我管理（如敏捷团队成员主动认领自己喜欢的任务；主动通报进度；主动寻求帮助等）。瀑布可以"飞流直下三千尺"，但若员工的成熟度（能力和自我管理水平）不够，期待员工涌泉相报是不现实的（涌泉喷不高）。目前看来，涌泉模式还行不通。

因此，我们要在传统的瀑布管理模式和理想的涌泉模式间找到一个平衡点，即适合企业自身的管理模式，我们称之为喷泉模式。喷泉，必须提供动力和压力，才能喷得高①。

---

① 涌泉（有时亦称喷泉），其英文是Estaval或Spring，是天然的；喷泉的英文是Fountain，特指人工的喷水设备。最著名的和喷得最高的天然喷泉都在美国黄石国家公园里，分别是老实泉（Old Faithful Geyser，水柱高度在40~50米）和蒸汽船间歇泉（Steamboat Geyser，水柱高度可达90米）。最著名的人工喷泉在瑞士日内瓦湖上，高度可达140米，作为日内瓦的标志已有100年以上的历史。喷得最高的人工喷泉库克船长纪念喷泉位于澳大利亚首都堪培拉的格里芬湖上，建于1970年，喷射水柱的极限是150米。

而且，可以通过调节动力和压力供给（根据企业和员工的成熟度）来决定喷的高度。想要喷泉喷得越高，对人就越要关注（这也是诸如敏捷、关键链等项目管理模式与瀑布、设计-招投标-建造DBB等传统项目管理模式最大的差别：现代项目管理模式更关注人，毕竟项目还是由人去做的）。

例如，在瀑布模式下，员工没有自由时间。在喷泉模式下，3M公司给工程师15%的"酿私酒"时间，谷歌则给了20%的"酿私酒"时间（这些"Googlers"可以做自己感兴趣的事情，谷歌邮箱Gmail、广告AdSense、语音服务Google Now、谷歌新闻和谷歌地图等都是20%时间的产物）。这是针对知识型员工工作自主的特点制定的政策。

在瀑布模式下，目标制定从上而下分解。在喷泉模式下，英特尔的目标制定采用 OKR （Objectives & Key Results，目标和关键结果）方法。OKR经常设置和评估——通常是以季度为轮回。OKR也不再是将组织进行串联的单行道，而是作为双向沟通的桥梁。团队创建符合公司目标的OKR，然后与管理层共同执行。这种方法为团队提供了一个更有吸引力的环境。他们现在对他们设定的目标负责，他们在快速的每周周期中跟踪。

在瀑布模式下，文化建设也是自上而下，且受到领导掌控。在喷泉模式下，文化建设受项目掌控，在项目中发展期望的组织文化。通用电气当年将六西格玛确定为公司的三大战略之一（另两个是全球化和服务化），通过六西格玛项目去培养员工的六西格玛思维，塑造六西格玛文化，提升了公司的经营绩效。一流企业做文化，二流企业做品牌，三流企业做项目，说的就是这个道理——"哥（GE，哥的汉语拼音，亦是通用电气公司的英文缩写）做的不是项目，哥做的是品牌，是文化！"

喷泉模式的企业发展方向定位系统GPS应该是这样的：招聘、培养、奖励行为表现符合公司文化的人才，制定与之相匹配的经营战略，最终促进经营目标的实现。这也是很多公司敏捷或精益项目失败的原因：没有上升到战略和文化（价值观、原则等）高度，结果导致这些项目形似而神不似，空有其表。

思维决定行为（素质表现），行为导致结果（目标能否实现）。不管是精益项目还是敏捷项目，六西格玛项目还是行动学习项目，支撑他们成功的共同基础就是与之相匹配的文化。项目只是一个载体，模式只是一种结构，培养思维，建设文化，才是成功的关键。如果选择敏捷管理模式，开展敏捷项目，就要在日常的运营管理和项目管理中培养员工的敏捷思维，建设敏捷文化（简洁、快速、高效、持续改善、团队合作、可持续发展、创新、开放等）。同样的还有精益思维和精益文化（持续改善、准时、尊重、合作等），因为精益不是方法，也不是工具，而是一种思维、一种文化、一种对于改善、杜绝浪费的执着追求。六西格玛思维和六西格玛文化（客户导向、注重数据、无边界合作、持续改善、绩效导向、追求卓越等）亦是如此，因为六西格玛不是工具，也不是标准，而是一种共同语言，一种生活方式。

下一节介绍的虽然是工具，但我们更希望这些工具能成为你的生活方式：用里程碑快速学习一项技能，用成本效益分析做一个正确的决策，用项目知识库进行复盘总结……

3.2 工具

下面是书中第二章项目管理的 15 个步骤中用到的 20 个工具（或技术）的使用说明书，便于读者在实际工作中应用和检索。表 3-3 是 20 个工具总览。

表3-3 项目管理工具总览

序号	中文名称（英文简称）	发明者	用途
1	一页纸项目管理（PMP）	2019年刘建荣	沟通和展示项目进展的关键信息
2	项目知识库（PR）	1970年英国科德	积累项目过程资产
3	项目健康诊断（PHD）	2019年刘建荣	评估项目健康状况以明确下一步行动方案
4	范围内外（IOS）	1992年通用电气	明确产品和项目范围、管理项目变更
5	里程碑(MS) 关卡（G）	公元前7世纪古罗马皇帝屈大维/罗勃特·库珀	阶段性评审项目绩效
6	成本效益分析（CBA）	1940年美国卡尔德和希克斯	评估项目价值
7	关键质量特性（CTQ）	1996年通用电气	明确产品要求和相关方要求、界定项目优先级等
8	资源池（RP）	2019年刘建荣	实现资源动态管理，提升资源利用效率和效果
9	沟通矩阵（CM）	2001年IBM	制订沟通计划
10	失效模式和影响分析（FMEA）	20世纪50年代初，美国格鲁曼飞机公司	识别、评估和管理项目潜在风险
11	相关方分析图（SAM）	2019年刘建荣	识别、评估和管理关键相关方
12	灵活性矩阵（FM）	2019年刘建荣	界定项目关键驱动力，分析项目可行性并与相关方谈判
13	项目（团队）章程（PC (TC)）	1215年英国王室	正式批准项目、授权项目经理（指导团队行为）
14	项目管理计划（PMP）	不详	描述项目执行、监督、控制和收尾方式
15	工作分解结构（WBS）	20世纪60年代，美国国防部和航天局	组织并定义项目的总范围，分解和定义各层次的工作包
16	网络计划技术（NPT）	20世纪50年代，杜邦、美国海军特种计划局等	以网络图为基础制订项目计划、做出科学预测，并对计划进行优化
17	甘特图（GC）	1917年美国甘特	通过条状图来显示项目进度
18	团队雷达（TR）	2002年美国兰西奥尼	评估团队运行效果
19	能力和动力矩阵（S&WM）	1966年美国卡门	分析团队成员能力和动力状况并据此采取适宜的领导风格
20	挣值管理（EVM）	1967年美国国防部	测量项目范围、进度和成本绩效

3.2.1 工具1：一页纸项目管理（PMP）

工具名称： 一页纸项目管理（Project Management Page，PMP）[1]。

发明者： 2019年刘建荣。

定义： 只用一页 A4 纸（Excel 表格）来实现项目的有效管理。

用途： 沟通和展示项目进展的关键信息。

模板： 见表 3-4。

---

[1] 美国项目管理专家克拉克·坎贝尔（Clark A.Campbell）于 2007 年首次发明了一页纸项目管理（One-Page Project Manager，OPPM）。笔者受此启发，结合中国实际情况，发明了中国版一页纸项目管理 PMP。

表3-4

一页纸项目管理（PMP）模板

PMP

A：项目概述	①项目名称			④报告日期：	年　月　日

②项目经理

③项目目标：（时间）　　　（成本）　　　（范围）

B：项目健康诊断（PHD）（请用 R，Y，G 标注）

⑤整合	⑥进度	⑦范围	⑧收益	⑨质量	⑩资源	⑪沟通	⑫风险	⑬团队	⑭相关方

⑮主要问题

（上次）

（本次）

⑯计划行动　　　⑰结果

C：主项目计划（请用 R，Y，O，G 表示实际状态）

⑱阶段/里程碑/主要交付物等描述	⑲进度计划		⑳成本计划		
	计划时间（或完成日期）	实际用时（或完成日期）	预算	花费	

㉑责任矩阵（RACI）

负责（R）	审批（A）	咨询（C）	知情（I）

D：项目绩效（请用 R，Y，G 标注）

㉒进度绩效指标（SPI）（>1 为提前）	任务完成百分比（PC）
㉓成本绩效指标（CPI）（>1 为低于计划成本）	成本消耗百分比（PS）
㉔完工时间预测（ETTC）	完工时间延迟预测（ED）（+值延迟，-值提前）
㉕完工估算（EA）（预计完工总花费）	完工偏差（VAC）（超预算金额，+值超支，-值结余）

项目管理：操作指南

使用说明：

一页纸项目管理（PMP）模板共有四部分：A项目概述，B项目健康诊断，C主项目计划，D项目绩效。

A部分为项目概述，提供关于项目的基本信息。

①处填入项目名称。

②处填入项目经理的名字。

③处填入项目目标：花多少时间用多少成本达到什么范围。如用三个月时间花费30万元装修100m²两室两厅的房子。项目目标填好后，你还可以用红色或粗体表示发起人最关注的那个要素（即关键驱动力）。

④处填入报告日期。报告日期是由管理层决定的。项目刚起步时，管理层可能要求每周或每两周报告一次，但项目步上正轨后，可能只需要每月报告一次。

B部分是项目健康诊断，提供项目目前的健康状况。

此处利用3.2中的工具3来诊断项目目前的健康状况。

首先将十个体检项目的诊断结果填在⑤整合、⑥进度、⑦范围、⑧收益、⑨质量、⑩资源、⑪沟通、⑫风险、⑬团队、⑭相关方后面的空白处。"R"代表该体检项目"不健康"，"Y"代表"亚健康"，"G"代表"健康"。读者也可以用红色、黄色、绿色或红灯、黄灯、绿灯来表示。

⑮处填入上次及本次项目健康诊断发现的主要问题。

⑯处填入针对这些问题计划采取或已经采取的行动。

⑰处填入结果，即是否解决，是否还有遗留问题。

C部分是主项目计划，提供主计划及其执行情况。

⑱处填入项目主要里程碑（主要节点）或主要阶段或主要交付物。这也代表了创建WBS时三种常用的分解方法：MS法、PLC法及MD法①。

⑲处填入进度计划。左边一栏填入计划用时或结束日期，右边一栏填入实际用时或结束日期。如任务尚未开工，右边一栏则空着不要填。根据实际用时或结束日期，用红、橙、黄、绿四色（或红、黄、绿三色）标记进度状态。

⑳处填入成本计划。左边一栏填入预算，右边一栏填入花费。如未花费，则空着不要填。根据实际花费，用红、橙、黄、绿四色（或红、黄、绿三色）标记花费情况。如红色表示超出预算且不可接受、不可恢复；橙色表示超出预算，可以接受但不可以恢复；黄色表示超出预算，但可以接受、可以恢复；绿色表示在预算之内。但如项目实际花费远低于原来的预算，建议亦用红色标记，因为这里可能隐含着许多问题（比如偷工减料或存在质量隐患）。一定要确保⑲及⑳填入的数据准确无误，填之前最好核实一下

---

① MS（Milestone的缩写，里程碑）法，即分解成几个主要的里程碑。如一汽大众新车开发批量准备阶段分解为批量认可、先期小批量、生产预批量、零批量、批量共五个里程碑。

PLC（Product Life Cycle的缩写，产品生命周期）法，即分解成几个阶段。如北京奥运会开幕式项目分解成创意、设计、制作、排练、演出五个阶段。

MD（Major Deliverable的缩写，主要交付物）法，即分解成几个主要交付物。如神舟八号飞船分解为航天员、空间应用、载人飞船、运载火箭、发射场、测控通信、着陆场、空间实验室八大系统。

这些数据。

㉑处填入责任矩阵（RACI[①]）。负责（R）一栏填入负责人名字或代号（记住：负责人只能有一个），审批（A）一栏填入审批人名字或代号，咨询（C）一栏填入咨询人名字或代号，知情（I）一栏填入知情人名字或代号。

责任矩阵（Responsibility Matrix），亦称责任分配矩阵（Responsibility Assignment Matrix，RAM），是一种将任务落实到项目相关方（个人或单位），并明确表示出他们在组织工作中的关系、责任和地位的工具。清晰的责任矩阵有助于使项目绩效、哪些人值得认可和表扬、哪些人需要帮助透明化。

责任矩阵有两种画法。纵轴都是列任务，横轴可以列相关方（项目成员或部门名称），横纵轴交叉处用符号表示成员或部门在任务中的职责或参与角色（如"▲"或"R"代表"负责"，"○"或"A"代表"审批"，"●"或"S"代表"支持"，"△"或"C"代表"咨询"，"□"或"I"代表"知情"）。横轴也可以列RACI，横纵轴交叉处列个人或单位名称（建议填写个人，所谓责任到人，指就是责任必须落实到个人，而不是落实到单位）。如项目涉及的RACI人员比较多，建议横轴列RACI，否则横轴拉得太长，影响可视化效果。

因为所有关键里程碑负责人的名字都列在了表格中，对当事人而言既是动力也是压力，当事人的积极性得以激发，获得成功的概率也大大增加。

C部分最下面一行⑲及⑳四栏内分别填入项目总工期或项目结束日期、项目实际已用时、项目总预算、项目实际已花费。

D部分是项目绩效，提供项目现有绩效数据及预测绩效数据。

㉒处填入进度绩效指数SPI和任务完成百分比PC。SPI>1，说明任务提前；SPI<1，说明任务滞后。

㉓处填入成本绩效指数CPI和成本消耗百分比PS。其中，成本消耗百分比PS=（已花费AC）/（完工预算BAC）×100%。CPI>1，说明实际花费低于计划成本；CPI<1，说明实际花费高于计划成本。

㉔处填入完工时间预测ETTC和完工时间延迟预测ED。ED为+值，代表延迟；ED为-值，代表提前；ED为0，代表刚好按期。

㉕处填入完工估算EA（预计完工总花费）和完工偏差VAC（超预算金额）。VAC为+值，代表超支；VAC为-值，代表结余；VAC=0，代表刚好按计划成本。

此部分数据是运用附录3.2中的工具20挣值管理法EVM计算出来的数据。如果领导、项目成员等相关方不了解挣值管理，则可以在表格下面加备注，说明这些绩效指数的含义（亦可在项目启动会上花几分钟时间跟大家解释一下，这八个指数相对来说还是比较容易理解的，如"任务完成百分比""成本消耗百分比""完工时间预测"等从字面

---

① R=Responsible负责，A=Approve审批，C=Consult咨询，I=Inform知情。PMBOK（第六版）将RACI定义为：R=Responsible执行，A=Accountable负责，C=Consult咨询，I=Inform知情。RACI在项目管理中被称为"锐西法则"。亦有一些公司采用RASCI（比RACI多一个S，代表可以为责任人提供支持Support的人员）或其他责任划分类型。

上就可以理解其含义）。

实操贴士：

① 填写完整的PMP（包括项目健康诊断）大概需要20分钟左右。项目经理填完后最好与项目成员沟通并达成一致意见，确保PMP准确地反映项目现状，再提交给管理层。

② 对于比较大的项目，我们可以有多份PMP（分级）。比如，一个里程碑一份PMP。里程碑下的子里程碑同样可以有多份PMP，一个子里程碑一份PMP，依此类推。

【例】阿波罗登月计划

见表3-5、表3-6（仅供示例，大部分内容为虚构）。

Scrum敏捷实践：

Scrum敏捷一页纸项目管理PMP模板如表3-5所示。

共有四部分：A项目概述，B团队雷达，C项目计划，D项目绩效。

A部分为项目概述，提供关于项目的基本信息。

①处填入项目名称。

②处填入产品负责人的名字。

③处填入Scrum主管的名字。

④处填入产品愿景声明：为了（目标客户）谁（需求）这个（产品名称）是一个（产品分类）它（产品的好处、购买理由）不同于（竞争对手）我们的产品（差异/价值主张）。

⑤处填入报告日期。报告日期一般在每个发布或冲刺结束后。

B部分是团队雷达，提供项目团队目前的运行状况。此部分内容可选。

此处利用3.2.18团队雷达（TR）来评估项目团队当前的运行状况。

将五个维度的评估结果填在⑥信任、⑦冲突、⑧承诺、⑨担责、⑩结果后面的空白处。"R"代表该维度"不健康"，"Y"代表"亚健康"，"G"代表"健康"。读者也可以用红色、黄色、绿色或红灯、黄灯、绿灯来表示。

⑪处填入上次及本次评估发现的主要问题。

⑫处填入针对这些问题计划采取或已经采取的行动。

⑬处填入结果，即是否解决，是否还有遗留问题。

C部分是项目计划，提供发布及冲刺计划及其执行情况。

⑭处填入发布及冲刺描述。

⑮填入时间盒（天或周或日期）。读者可用红色、橙色、黄色及绿色来表示完成状态。

D部分是项目绩效，提供项目现有绩效数据和预测绩效数据。

⑯处绘制燃尽图。燃尽图的绘制方法见3.2.17甘特图中的Scrum敏捷实践部分。

表3-5

Scrum敏捷一页纸项目管理（PMP）模板

A：项目概述

②产品负责人	①项目名称	⑤报告日期：	年 月 日	PMP
③Scrum主管	④产品愿景声明：为了 谁 这个 是一个 它 不同于 我们的产品			

B：团队雷达（TR）（请用R,Y,G标注）（可选）

⑥信任	⑦冲突	⑧承诺	⑨担责	⑩结果
⑪主要问题		⑫计划行动		⑬结果
（上次）				
（本次）				

C：项目计划（请用R,Y,O,G表示实际状态）

⑭发布及冲刺描述	⑮时间盒									
	1	2	3	4	5	6	7	8	9	10
发布1：										
冲刺1：										
冲刺2：										
冲刺3：										
发布2：										
冲刺1：										
冲刺2：										
…										

D：项目绩效

⑯燃尽图

局限性： 一页A4纸的信息量毕竟有限。建议读者在后面附上包括甘特图等在内的详细的状态信息，你提交给相关方的PMP就类似于报告的摘要（Abstract）或封面页（Cover Page），突出相关方想知道的关键信息，详细信息见后。

3.2.2　工具2：项目知识库（PR）

工具名称： 项目知识库（Project Repository，PR）。

发明者： 1970年，英国计算机科学家、IBM的研究员、"关系数据库之父"埃德加·弗兰克·科德（Edgar Frank Codd）博士。

定义： 对项目过程资产进行有序存取的数据库。

用途： 积累项目过程资产。

模板： 见表3-6。

表3-6　　　　　　　　　　　　项目知识库（PR）模板

类别			文件及链接				
			启动	规划	执行	监控	收尾
程序/标准	强制	程序					
		政策					
	推荐	模板					
		指南					
共享知识库	知识库						
	数据库						
	档案						

使用说明：

PR是企业用于存放组织过程资产OPA的仓库，企业应将内容尽可能完整地存入。但庞大的数据库带来的问题就是收集、萃取、使用的便利性如何得以保证。收集工作太烦琐将降低企业工作人员收集的积极性及效率；萃取工作太累赘不利于将成果及时反馈至项目管理工作中；使用不便利将导致落实效果不佳，OPA的利用率大大降低。

OPA积累共四步：选择（Select）、总结（Summarize）、萃取（Solidify）、推广（Spread）（四步的英文单词的第一个字母都是S，因此称为知识管理的4S模型，见图3-7）。

第一步：选择

做知识萃取不应该盲目地做，而是需要根据组织战略、业务、项目、能力等要求，进行有目的地规划和选择（选择需要重点关注的知识萃取项目），然后根据组织资

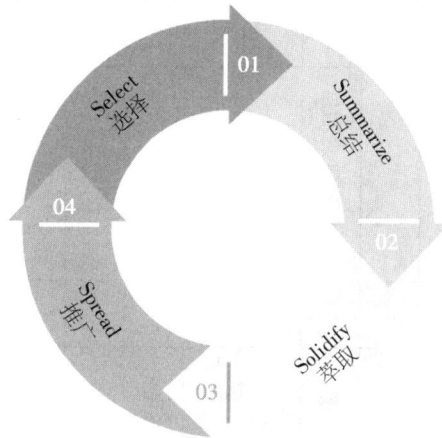

图3-7　知识管理的4S模型

源条件进行匹配。在企业内部进行知识萃取，可以按照5-15-80原则进行优先级排序：战略级知识萃取可占5%，战术重点级可占15%，其他通用级可占80%。对于具体选择的知识萃取项目，须先进行筹备，明确目标和范围，确定知识萃取组织人员、参与人员及其他资源等。之后需要培训知识萃取人员如何对项目中的隐性知识、显性知识进行系统萃取。

第二步：总结

这一步主要是OPA收集、分类和总结。

1.收集

在OPA收集的过程中，可采用定期和不定期的方式进行。定期收集可保障在项目管理过程中收集工作一直保持在线状态，有利于项目团队成员形成相应的习惯，让OPA成为项目管理工作的日常组成部分。不定期收集则可保障收集工作的时效性，尤其是某些专项工作的进展不一定契合定期收集的时间点，在此情况下可根据专项工作的特点开展OPA的不定期收集和整理，以保证收集工作不遗漏、不延迟。需要收集萃取目标项目尽可能详尽的素材，包括但不限于背景材料、情况介绍、过程文档、项目总结等。

2.分类

与选择项目有关的所有文档都应该按公司统一要求存储在项目知识库里，供所有成员学习。OPA要按照一定的分类标准在项目知识库中予以展现。对于OPA的展现形式，不同的企业要求都不一样。传统型的企业，希望根据部门、业务分类，在大分类下，又根据时间、作者、层级、阶段等分类。一些开放型企业，为了提升效率考虑，则常采用搜索引擎方式，一个入口，将所有需要的内容都查找到。但考虑到信息安全的要求，如果是多个部门共同使用同一个PR，需要对敏感性高、重要程度高的文档进行更高层级的授权与过滤。表3-7列出了五大过程组可能涉及的过程资产。

项目五大过程组文档

表3-7

类别	1. 启动过程组 文件名	链接	2. 规划过程组 文件名	链接	3. 执行过程组 文件名	链接	4. 监控过程组 文件名	链接	5. 收尾过程组 文件名	链接
程序			信息分享程序				财务控制程序		完工验收程序	
							变更控制程序			
							问题与缺陷管理程序			
							风险控制程序			
政策	人力资源政策		估算政策		培训制度		不良品控制制度		项目档案管理制度	
	健康与安全政策		沟通管理制度		绩效考核制度		内部审核制度		项目交接流程	
	安保与保密政策		采购政策和程序				过程产品监控制度		项目评审流程	
	环境政策		质量政策				项目风险控制规定			
	伦理政策		实物资源管理政策							
	项目管理政策									
模板	合同模板		风险模板		报告格式		问题日志模板		产品验收标准	
	相关方登记册模板		工作分解结构模板		项目会议通知模板		变更日志模板		项目文件模板	
	立项审批表		项目进度计划模板				风险登记册模板		项目登记册模板	
	需求调研问卷		项目管理计划模板							
指南	项目治理框架		进度规划方法论		项目质量管理办法		监督和报告方法		项目收尾指南	

续表

类别	1. 启动过程组		2. 规划过程组		3. 执行过程组		4. 监控过程组		5. 收尾过程组	
	文件名	链接	文件名	链接	文件名	链接	文件名	链接	文件名	链接
知识库	软件组件版本		绩效测量基准				风险登记册		经验教训登记册	
	硬件组件版本		范围基准				变更日志		经验教训知识库	
			进度基准				问题日志		项目总结报告	
			成本基准						最佳实践	
			WBS 词典							
			项目任务书							
			项目范围说明书							
数据库	客户清单		活动清单		卖方清单		问题与缺陷管理		财务	
	相关方登记册		里程碑清单		核对单		过程测量			
	项目成员通讯录		资源清单		提示清单		进度预测			
			产品待办事项列表		冲刺待办事项列表		成本预测			
项目档案	商业论证		范围管理计划		项目沟通记录		质量报告		收尾文件	
	商业案例		需求管理计划		会议纪要备忘录		风险报告		项目交接报告	
	效益管理文件		进度管理计划		采购合同协议		工作绩效报告		项目验收报告	
	合同或协议		成本管理计划		团队绩效评价		变更请示		用户操作手册	
	项目章程		质量管理计划		状态报告		软件问题报告		项目开发总结报告	
	团队章程		资源管理计划		进展报告		项目变更表		系统维护手册	

续表

类别	1. 启动过程组 文件名	链接	2. 规划过程组 文件名	链接	3. 执行过程组 文件名	链接	4. 监控过程组 文件名	链接	5. 收尾过程组 文件名	链接
项目档案	假设日志		沟通管理计划		采购文档		进度偏差分析表		软件修改报告	
	采购工作说明书		风险管理计划		开发进度月报		偏差状态跟踪表		最终用户培训报告	
	需求文件		采购管理计划		测试计划		变更状态统计表		质量保证书	
	可行性分析报告		相关方参与计划		测试分析报告		变更因素偏差分析表			
	项目启动会日程		变更管理计划		模块开发卷宗		成本偏差控制表			
	高层讲话稿		配置管理计划		单元测试结果报告		月度成本考核表			
	项目经理演讲PPT		活动属性		模块测试结果报告		单项目挣值分析表			
	项目启动会议记录		采购/招标文件		系统测试结果报告		多项目挣值分析表			
			需求跟踪矩阵				合同执行情况表			
			项目团队派工单							
			合同类型							
			项目进度网络图							
			项目进度计划							
			项目日历							
			资源需求							
			物质资源分配单							
			资源日历							
			资源分解结构							

3.总结

这个阶段可以通过讲述、分享、访谈、回顾、现场采风、集体研讨等多种方式，尽可能地通过回顾还原当时的场景，发掘其中的原因和规律。这个阶段非常重要，最好有一个具有丰富知识萃取经验的资深人员带队，以第三方客观的视角对当事人、当时情景进行复盘，同时对其中的经验、教训等进行深度挖掘。在进行回顾时，既需要对不同的当事人进行单点接触采访，也需要组织集体研讨和对话来激发参与者之前没有明示的想法。这个环节可借鉴联想复盘、美国陆军事后回顾、华为知识收割等方法。对于知识萃取带队人，需要有较高超的引导技术和咨询功底，这样才能通过深度对话，引发当事人的共鸣和联想，从而挖掘萃取出更多"干货"。

总结的目的除了收集现有知识，还要生成新知识，帮助组织学习，以支持企业未来运营和项目管理。

实操贴士：

除了总结经验教训，还要总结好的做法，形成项目管理最佳实践。项目管理最佳实践是OPA的重要组成部分，是对项目OPA的重要提炼与整合，并在其他专业OPA的配合下一并辅助项目经理开展项目管理工作。其中收录的各类良好做法、各类交付件范本参考均来源于优秀的OPA，主要由项目经理及项目管理办公室提供。

第三步：萃取

这一步主要是OPA的加工、审核及入库。

首先要对前面收集的基本素材进行消化，同时对总结获取的一手材料进行分析，然后通过提炼加工，最终萃取出有用的内容。这个阶段最考验人的文字撰写能力和抽象提炼能力，需要能够很快形成最终知识交付物产品的框架及思路，撰写文稿及视频大纲、脚本等。同时，由于项目知识分散在不同项目中和不同团队成员手里/脑里，需要对这些知识进行集成。这是一个知识萃取交付物成品成型产出的阶段。通过上述各个步骤，最终萃取的知识通过文字以报告、手册、宝典、案例等方式呈现出来，或者以音频、视频、虚拟现实（Virtual Reality，VR）等多媒体互动方式呈现出来。

加工后的文件通过审核后就可以入库了。

可以批处理上传到企业的PR或OPA管理信息系统中。OPA管理信息系统建设，是有效开展这项工作的必要条件。具体采取何种架构的信息系统，主要取决于企业规模。目前，市场上还没有成熟的、完全适用的通用OPA管理软件产品，对于中小型企业，可以考虑采用文档管理系统，作为OPA管理的支撑工具。而对于大中型企业，尤其是项目型企业，建议根据企业业务特点定制开发OPA管理系统。

最简单的操作只是建个数据库，有条件的企业可以建系统（不仅有搜索功能，还有很多互动功能），甚至还可以利用大数据来建仓（对数据进行智能数据加工）、建模，并使数据可视化。根据即时查询搜索，向访问者推荐结构化的、个性化的智能产品（类似项目的各种文档资料，包括模板），并为使用者提供精准的数据和支持，以进行分析决策。

实操贴士：

对OPA有两个常见误解：一是认为OPA只是记录项目过程中的显性知识；二是认为OPA只是在项目结束时总结经验教训（隐性知识）。但显性知识缺乏情境，可作不同解读，虽然易分享，但无法保证正确理解和应用；隐性知识虽含情境，却很难编撰，通常经由人际交流和互动来分享。因此，需要进行加工处理才能入库。

第四步：推广

最后一步是推广。这是一个持续改善的过程。第一版本不见得尽善尽美，需要以工匠的精神，对知识萃取交付件不断进行优化，通过迭代完善实现螺旋上升。同时，知识萃取者还需要以市场人员思路，主动思考该知识产品的目标人群和应用范围，对知识产品进行设计、包装、宣传、推广，让更多的人知道、理解它，通过借鉴应用让知识产品价值最大化。同时，还需要做以下工作：

1.定期梳理，剔除冗余及过时的OPA

随着新技术的产生、新产品的应用，企业的部分产品、系统已经不符合企业业务总体的发展方向。因此，需要及时对这些产品、系统作下线处理，与之相对应的OPA应及时从企业的知识库中剔除，在保证OPA易用性的前提下，确保OPA的可用性，避免OPA无限膨胀。

2.加强OPA的信息安全防护

OPA是企业资产的重要组成部分，要将OPA信息保护纳入日常工作中，好的方法是进行信息安全等级划分，实行全面管理、分级保护。

3.建立过程资产积累及应用激励机制

经验停留在脑子里，没有固化下来进入知识库，就没有传承。但知识不加以应用，就毫无用处。转变思想、全员参与是实现过程资产增值的基本条件。为了激发知识的转化、积累和应用，公司层面应采取有效的激励措施。

组织可以根据项目团队以及个人产生的过程资产进行审核，对其绩效进行测量和量化，作为个人能力和贡献的依据，并给予适当的奖励。奖励可以是：

（1）物质激励：积分（可兑换各种奖励，如培训）、最佳答案采纳奖、项目奖、合理化建议奖、QC活动奖、总经理奖、师带徒奖等。

（2）精神激励：质量贡献员工/星级员工/优秀知识管理团队等评选、员工大会表彰、积累及应用竞赛并公示、实施知识冠名、对利用知识进行创新取得较大知识成果又具有一定管理能力的优秀员工给予优先晋升等。

有的公司每年从营业收入中提取一定比例，作为公司知识管理基金。年终评比知识贡献奖，分ABC三级。A级（占总员工数15%）给予奖金，并在培训方面优先考虑；C级（占总员工数15%）将影响其年度奖金评定和职位升迁。

实操贴士：

① 行动学习项目被证明是最有效的强化应用措施，它不仅可以促进员工的学习，还能带来公司业务上卓有成效的改善。在行动学习的标杆企业通用电气，有很多行之有效的行动学习项目，如管理培训生项目、精益六西格玛（Lean 6 Sigma）项目、加速变革进程（Change Acceleration Process，CAP）项目等。

② 通常面对面互动最有利于建立知识管理所需的信任关系。一旦信任关系建立，可以用虚拟互动来维持这种信任关系。

【例】华为项目风险案例库

华为于2010年1月开始建设知识管理系统，并专门成立了知识管理部（设置在流程与IT管理部下），下设知识管理能力中心（COE）、知识管理能力推行中心（BP）及知识社区运营团队（SSC）。实施知识管理的目标是：找知识、找专家、协作交流。

华为称知识萃取为知识收割，主要针对组织内部项目，包括如下内容：一是经验收割（Retrospect会议），二是文档收割（价值文档整理）。前者重隐形知识，后者重显性知识，两者并重，共同构成华为知识收割的重要部分。

华为知识收割有其固定的套路和流程。主要分为如下4个步骤：

① 选择项目：首先需要识别组织能力的短板，并根据组织能力短板选择重点关注的知识收割项目，即从战略高度上进行项目知识收割的优先级排序。

② 单个项目知识收割：确定好知识收割的具体项目后，需要先进行筹备，明确目标和范围，确定知识收割组织人员、参与人员及其他资源等。之后需要通过召开经验收割会议、文档收割会议等方式，引导人员对项目中的隐性知识、显性知识进行系统收割，整理出最终的收割内容后，进行审核及存储。

③ 组织资产刷新：在确定组织知识资产的刷新范围后，组建团队将项目收割到的经验和文档批处理上传刷新到华为的知识库中，从而正式变成组织的知识资产。

④ 知识传递：最后还需要确定新上传知识资产潜在的适用目标范围及对象，由知识管理人员主动组织一些知识传递活动，确定知识传递方式，从而确保这些新的知识能够被传递给合适的人群。

华为将收割来的知识放在共享平台上。华为的"3ms"经验总结与知识共享平台，提供三大应用模块：群体模块（包括活动、专家、论坛、WIKI、案例等）、个人模块（包括Profile、微博、文档、收藏、记录等）及知识模块（包括问答、知识百科、知识资产、经验、视频、电子书、术语等），并提供统计、搜索、评价、积分、订阅等功能。

华为的"hi"知识分享社区，设有团队、论坛、博客、知道、专题等空间。在团队空间里，提供针对研发、销售、交付等领域的一站式知识获取、经验交流、求助答疑的平台。整个共享平台提供巨大的知识量。

表3-8列出了华为案例库里的风险案例库（部分）。

项目管理：操作指南

表3-8 华为项目风险案例库（部分）

级别	类别		经典案例	风险应对
项目级	环境风险	政治风险（政局不稳、政府部门腐败、武装冲突、社会治安差）	在N国G项目中，由于该国政局很不稳定，前国王被刺以后，各种势力斗争非常激烈，社会关系复杂；同时，由于国际形势的影响，以及本地"毛派"活动频繁等，社会治安混乱，如果发生武装冲突、罢工或政变，工程就会无限期拖下去	评估风险发生的可能性及严重性，以决定是放弃，还是在投标价格中增加政治风险补偿
		经济风险（外汇管制及资金进出管理严格）	略	略
		⋮	⋮	⋮
	金融风险	现金流风险（主合同与分包合同的收付款时间差，导致我司大量资金垫付，影响现金流）	在N国G项目中，我司与运营商NTC的主合同付款方式为10/40/30/20，而分包采购部分基本没有做到背对背：铁塔分包付款方式为20/45/25/10，计费分包为预付60%，货到付40%；微波付款方式为预付65%，货到付20%，初验款15%。主合同与采购分包合同在付款方式上有很大差距，我司要先垫付货款，相当于为NTC提供融资	公司大量垫支现金，会影响公司的正常经营运作，甚至关系到公司的安危。在与分包商的谈判中要尽量争取背靠背的方式，实在不能实现，才考虑把我司垫付货款的利息算入报价成本里面
		尾款回收风险	略	略
		⋮	⋮	⋮
	法律风险	合同条款模糊风险	模糊的条款利于甲方，而对总承包方不利。在SC项目中，客户标书要求无缝覆盖，无缝的具体比例没有定义。甲方负责工程中所需建设用地的合理征地费用支付，合理怎么定义，限度是多少，没有明确。乙方在保修期内，如甲方需要乙方提供设备参数更改和任一设备的搬迁服务，任一设备是指某个站点还是所有站点？是一次搬迁还是几次搬迁	在此部分条款需要澄清，或者在标书中答复部分满足/不满足，附加我司的条件。同时估计项目这部分可能发生的意外，计入风险金作为补偿
		司法腐败/保护风险	略	略
		⋮	⋮	⋮

续表

级别	类别		经典案例	风险应对
项目级	网络规划设计（总体方案）风险	传输及路由规划风险（外线路由不明确，路由穿越江河、山脉、公路/铁路、禁区等地段的数量不准确）	在SC项目中，由于租用铁通2M，投标时铁通机房与所规划站点是否在铁路两边，没有逐一明确，如果在铁路两边，则光缆路由需要过铁路顶管，费用将增加10万。另光缆是沿铁路两边建设，铁路部门是否对在铁路两边施工有新规定、新规划，对此没有认真考虑和研究	争取延标，通过详细勘察和网络规划来规避风险。增加标书条款："由于政府和相关行业管理部门的规划造成的设计更改，应按照单价金额进行补偿；由于规划更改造成的成本增加，由甲方按照单价金额进行赔偿"
		站点规划与赔偿风险	略	略
		⋮	⋮	⋮
模块级	工程分包风险	外协份额过大风险	在K国通信部交换接入项目中，项目刚发标时工程及外协占项目总金额的比例接近90%，我司作为总包商将面临很高的风险，后来经过一线的积极引导，K国通信部提出项目涉及的34个区（65万线）中的15个区（约16万线）采用了光纤接入方案，我司只参与这15个区的投标，其他区不参与。这样我司设备与外线工程的比例大约为16×100万/16×180万，我司设备占项目总价的35.7%。风险得到了有效的规避	因为工程和外协利润率低且风险高，如果项目工程及外协占总金额的比例大于70%，我司面临的风险将很高。因此应引导客户，改变项目范围与方案，将该比例控制在70%以内，如果该比例超过了85%，同时又没有很好的规避风险的措施，公司将放弃这类项目
		分包商与业主关系暧昧风险	略	略
		⋮	⋮	⋮
	外协采购风险	设备供应商风险	略	略
		配套设备服务风险	在E国项目中，1999年，国内光缆处于"卖方市场"，光缆价格波动较大，而我们由于对项目进度判断不准，过早以很高的价格买入，该项目合同签订时的光缆价格约为原来的一半，单此一项亏损就非常大，而且造成长时间的库存	标前对配套设备的价格进行预测，尝试用金融工具（如期货）来规避风险，对于价格波动大的外配套设备（如光缆），应在报价时明确报价的前提条件，明确价格波动时双方的责任义务，尽量让客户也承担价格波动的部分风险
		配套设备商务风险（价格波动）	略	略
		⋮	⋮	⋮

级别	类别	经典案例	风险应对
项目管理风险	合同变更管理风险	在 SC 项目中，我们一再受到分包商的索赔，金额多达 10 万元。但我司没有任何权利向客户要求赔偿。究其原因，在合同谈判时就留下了遗留问题，并且对控制合同变更和反索赔意识不够，在项目执行过程中，我们没有抓住机会要求客户进行赔偿，并控制分包商的索赔	在总包合同与分包合同中，要明确对变更的处理规定：变更的范围、变更的确认程序、变更的调整方法。一定要明确在分包合同中单价或总价是不能变更的
	项目资源获得风险	略	略
	⋮	⋮	⋮

通过这些案例的学习，华为项目经理在管理类似项目时，可以根据案例中的建议风险应对措施事先规避同样的风险，并准备好有效的应急方案。

Scrum 敏捷实践：

敏捷文档的特点就是：直接、不拘泥于形式、"刚好够"、精简、最少化。因为充分交流和代码共享本身可以是项目团队用最少的文档实现仕样移交（Transfer）和共享（Share）。但依然需要按照公司的开发流程和内部规定做好文件存档工作，哪怕你怀疑文档本身到底有没有用，哪怕只是拍个照片，这也是组织过程资产积累的必要工作。特别是当项目结束时，和相关方在默契基础上进行沟通的环境也没有了。为了向其他项目或者运营团队移交，也有必要把信息书面化，特别是最后冲刺回顾的会议纪要。

冲刺回顾（Sprint Retrospective）是在冲刺结束后召开的关于自我持续改进的会议，目的是通过新的沟通形式唤起大家对团队的集体意识，指出团队或个人在一段时间内的不足并列出对应行动。会议主要围绕如下三个问题进行讨论：

① 本次迭代或冲刺有哪些做得好（Well）；

② 本次迭代或冲刺在哪些方面还能做得更好（Less Well）；

③ 下次迭代或冲刺准备在哪些方面改进（Improvement）。

长期有效的回顾和正确的回顾产出，可以保证团队关心生产力和效率，了解自身的不足，这将成为团队持续改进的起点，还能够积累过程资产，不断提升团队内部的安全感和信任度。

（1）参加对象

项目组所有成员、客户业务负责人和技术负责人（可选）。领导最好不要参与，给大家畅所欲言的环境。建议会前指定一个会议主持（Facilitator），可以是团队成员轮流担当。

（2）会议场所

如果条件允许，离办公位尽可能远一点，避免成员中途回去处理工作。尽可能不要使用传统会议室的布局，如围坐一个大桌子，可以拉几把椅子围成一个半圆形。需要有白板或活动挂图（Whiteboard or Flipchart）及大白纸。

（3）会议时间

在每个迭代或冲刺的最后一天举行（有时候团队碰到困难时也可以主动自发开会）。会议时长以0.5~1.5小时为宜。

（4）会议议程

① 预设基调（进入回顾会议状态的必要环节，无论开过多少次，都不应该省掉）。签到，重申回顾会议的目标、宣言/准则/团队章程（比如不能随便打断别人讲话，规定每人发言时长等）。

② 收集数据。回顾上次回顾会议待办事项完成情况，回顾本次迭代的度量数据和过程，还可以回顾每日立会的要点，收集团队成员对本次迭代的感受和满意度（有时间还可以运用3.2.18中的工具团队雷达绘制团队雷达图），满意的地方（Well，做得好的），不满意的地方（Not Well，需要改善的），并确定重点改进项（Improvement Items）。

③ 激发灵感。针对重点改进项，团队运用头脑风暴、鱼骨图和5 Why等方法，找出根本原因，并想出尽可能多的解决方案。

④ 决定行动。选择需要采取的、在下一个迭代可以完成的行动，并制订行动计划（每个改进措施明确责任人和完成时间）。需要更高层面去解决的措施需要单独列出来，项目经理会后去找领导沟通。

⑤ 总结收尾。不要忘了感谢各位项目成员。会后，项目经理将团队讨论以及行动计划（下次回顾会议上进行跟踪）形成会议纪要，并发送给整个团队和相关方。如果使用了敏捷管理的工具系统，可以直接输入到系统中，记录为Story或者任务。

局限性： 虽然平台搭建可以实现互动功能，但毕竟只是辅助工具，不能替代其他有效的知识积累措施。比如，每个项目结束后高质量的总结交流会或特别安排的最佳实践分享[1]（Best Practice Sharing，BPS）会必须有。如果没有，很难想象经验教训、最佳实践等重要的过程资产会产生。但很多公司项目结束后，要么没有正式的总结交流会，要么只有流于形式的总结交流会。

3.2.3　工具3：项目健康诊断（PHD）

工具名称： 项目健康诊断（Project Health Diagnosis，PHD）[2]。

发明者： 2019年刘建荣。

定义： 应用量表从整合、范围、进度、收益、质量、资源、沟通、风险、团队及相关方十个方面对项目进行体检，并对项目健康程度做出诊断。

---

[1] 最佳实践分享可以在项目内进行，也可以在项目间、团队间、部门间、业务单元间、公司间（同行或不同行）进行。

[2] 本工具借鉴了IBM公司的"Seven Keys to Success™"，特此鸣谢。需要特别指出的是，IBM作为IT业的"蓝色巨人"，10多年前就帮助深圳华为公司建立了业务连续性管理（Business Continuity Management，BCM）流程，才有华为过去面对许多次大的自然灾害和网络病毒灾害时的成功应对，才有今天华为面对封杀危机时的坦然自信。

项目管理：操作指南

用途： 评估项目健康状况以明确下一步行动方案。

模板： 表3-9列出了项目健康诊断的10个体检项目、每个体检项目的三个常见健康征兆和不健康征兆以及诊断标准。

表3-9   **项目健康诊断（PHD）**

体检项目	健康征兆	不健康征兆	诊断标准	得分				
1. 三角可平衡	·只有一个关键驱动力 ·早期缜密的可行性分析 ·发起人签发的项目章程	·三个关键驱动力 ·前期无可行性分析 ·缺少项目章程	1.1 发起人的关键驱动力已确定	1	2	3	4	5
			1.2 项目目标（花多少时间用多少成本达到什么范围要求）已制定并获得所有相关方的买入	1	2	3	4	5
			1.3 进度、成本和范围要求都能满足（三个驱动力可平衡）	1	2	3	4	5
			1.4 项目计划和执行前就协同所有重要的内部相关方进行了缜密的可行性分析，以确保范围可现实，进度可预知，收益可达成，质量可保证，资源可获取，沟通可见效，风险可控制，团队可高效，各方可承诺	1	2	3	4	5
			1.5 项目章程已制定并得到严格执行、监控、维护、记录和支持	1	2	3	4	5
			平均得分（总分/评定标准数目）					
2. 范围可实现	·健康谈判的证据 ·很长但随时更新的问题日志 ·书面协议	·"问题"是不好的词 ·太多意想不到的变化 ·没有任何书面文件	2.1 范围管理计划已制订并得到严格执行、维护、记录和支持	1	2	3	4	5
			2.2 变更管理流程已制定并得到严格执行、维持、记录和支持	1	2	3	4	5
			2.3 范围（包括项目界限、例外和假设）在早期就得到清晰界定、详细记录和所有相关方的同意和签署	1	2	3	4	5
			2.4 范围变更定期得到正式回顾（从影响和可行性角度），并经谈判得到书面认可和签署	1	2	3	4	5
			2.5 建议/认可的条款变更在成本、进度及职责上有相应的体现	1	2	3	4	5
			平均得分（总分/评定标准数目）					

第3章　项目管理工具

续表

体检项目	健康征兆	不健康征兆	诊断标准	得分				
3.进度可预知	·计划经常更新 ·控制良好的证据，如运用合适的项目管理方法和工具 ·如有延误，可以预知	·没有更新计划 ·失控——糟糕的计划、控制和跟踪机制 ·延误常常意想不到	3.1进度管理计划（包括进度报告流程）已制订并得到严格执行、维护、记录和支持	1	2	3	4	5
			3.2基于标准方法或先前使用过的方法制定的包含重要里程碑和计划资源的详细项目计划得到所有项目成员的确认和接受，以及发起人的认可，定期得到监控和更新，并有必要的改正措施加以维护	1	2	3	4	5
			3.3中间和最终的里程碑和交付物验收标准和职责明确，获得一致认可	1	2	3	4	5
			3.4项目管理方法合适并得到运用	1	2	3	4	5
			3.5对进程汇报准确性和完工估计有信心	1	2	3	4	5
平均得分（总分/评定标准数目）								
4.收益可达成	·令人信服的实施理由 ·可证明的内外高满意度 ·正面报道	·"我们为什么要做这个项目?" ·时间不重要/成本太重要 ·负面绩效评价	4.1项目论证得到清晰、有说服力的表达，分优先级的、可衡量的且可实现的项目收益（定量的有形收益和分类的无形收益）不仅与公司的经营绩效或战略变革相一致，还与客户或其他相关方的经营案例/运营/战略相一致	1	2	3	4	5
			4.2方案不仅满足公司也满足客户的结果和成本要求	1	2	3	4	5
			4.3包含责任人的收益实现计划（包括知识采集机制）在项目开始时就已制订，收益得到持续、定期且有意义的跟踪和监控，指标得到衡量并根据衡量结果采取必要的变更，确保收益实现	1	2	3	4	5
			4.4有界定和衡量客户满意度和承诺度的清晰流程	1	2	3	4	5
			4.5项目不仅可以获得经济上的预期收益，还有助于团队成员的职业发展，公司声誉的提升，以及组织的知识和经验总结	1	2	3	4	5
平均得分（总分/评定标准数目）								

体检项目	健康征兆	不健康征兆	诊断标准	得分				
5.质量可保证	·所有人对完成标准看法一致 ·每个交付物都复查 ·持续不断的改善	·不能描述完成标准 ·太多让步放行 ·经常返工	5.1质量管理计划已制订并得到严格执行、维护、记录和支持	1	2	3	4	5
			5.2公司建立了质量管理体系，并通过了第三方权威机构的审核与认证	1	2	3	4	5
			5.3每位项目成员都接受过专业的质量培训，并具有很强的质量意识	1	2	3	4	5
			5.4高层重视质量管理，强调质量是每个人的责任	1	2	3	4	5
			5.5项目启动阶段清晰定义了最终交付物（产品、服务或成果）的质量要求和标准，项目执行和监控阶段有效实施了质量保证和质量控制	1	2	3	4	5
			平均得分（总分/评定标准数目）					
6.资源可获取	·关键资源可获取 ·供应商受控 ·预算受控	·关键资源如"专家"不到位 ·供应商老出问题 ·资源经常发生冲突	6.1资源管理计划（包括采购管理计划）已制订并得到严格执行、维护、记录和支持	1	2	3	4	5
			6.2公司层面建有资源库，并有专人（或专门部门）对资源进行统筹管理（如资源调度、冲突协调、技能培训、供应商管理等）	1	2	3	4	5
			6.3公司层面对项目优先级有明确的界定标准	1	2	3	4	5
			6.4供应商管理制度得到严格执行，主要供应商的交期、成本、质量及服务能满足项目要求	1	2	3	4	5
			6.5一旦某供应商出问题不能及时供货，有备选合格供应商	1	2	3	4	5
			平均得分（总分/评定标准数目）					

155

第3章 项目管理工具

续表

体检项目	健康征兆	不健康征兆	诊断标准	得分				
7.沟通可见效	·双向 ·建设性的方式 ·反馈及时	·单向 ·消极的方式 ·太多的会议/定期会议经常被取消或推迟	7.1沟通管理计划已制订并得到严格执行、维护、记录和支持	1	2	3	4	5
			7.2沟通计划已制订并得到严格执行，以确保由正确的人在正确的时机以正确的方式与正确的对象沟通正确的内容	1	2	3	4	5
			7.3与项目有关的真实信息能得到及时、正确的产生、收集、发布、储存和处理	1	2	3	4	5
			7.4项目沟通氛围开放，机制畅通，项目成员主动询问他人反馈意见，积极聆听他人倾诉和建议，理解他人感受、需求和观点，并做出适当的反应	1	2	3	4	5
			7.5项目会议高效，会上能解决项目中出现的问题，达成一致意见，并形成有效决议，产生行动方案，会后能得到有效执行	1	2	3	4	5
平均得分（总分/评定标准数目）								
8.风险可控制	·有记录的计划 ·先做测试的战术 ·有风险预警	·"有什么风险？" ·孤注一掷的战术 ·无处不在、无时不在的救火	8.1风险管理计划（包括风险管理流程）已制订并得到严格执行、维护、记录和支持	1	2	3	4	5
			8.2风险在项目前期就已确定并在正式的会议或讨论中定期回顾和更新	1	2	3	4	5
			8.3忠实确定、评估风险（可能性、严重性和探测性）并制定应对措施（预防和应急），且责任到人，并记录在风险日志（或登记册）里	1	2	3	4	5
			8.4事先确定的风险可减轻到可接受水平（或低于事先设定的风险评估总分RPN）	1	2	3	4	5
			8.5风险应对措施得到有效跟踪、监控及执行，并及时报告	1	2	3	4	5
平均得分（总分/评定标准数目）								

项目管理：操作指南

续表

体检项目	健康征兆	不健康征兆	诊断标准	得分				
9.团队可高效	·高涨的士气（充满信任和承诺） ·多样化的团队 ·定期的社交活动	·可感受到的懒散或紧张，可听到的抱怨或不满，可看到的冲突或斗争，可观察到的项目疲劳* ·离职率高或关键成员总在换 ·恶劣的工作环境或基础设施	9.1绩效考核计划已制订并得到严格执行、维护、记录和支持	1	2	3	4	5
			9.2项目团队成员配置到位，技能合格，职责明确	1	2	3	4	5
			9.3团队士气高涨，动力十足，能量充沛，合作默契	1	2	3	4	5
			9.4团队成员不图私利，相互信任，正视冲突，坚守承诺，勇于担责，竭尽全力完成项目目标	1	2	3	4	5
			9.5环境和设施支持高效团队合作，比如新进的团队成员会接受标准化的动员和项目介绍，离开的团队成员有很好的告别	1	2	3	4	5
			平均得分（总分/评定标准数目）					
10.各方可承诺	·高管奖励与项目结果挂靠 ·对变革管理和培训的投资 ·主题专家全职投入	·高层发起人看不见及/或很少参与项目 ·发起人更换及/或持支持态度的相关方更换 ·对关键相关方的请求经常反馈延迟或受到忽视	10.1相关方管理计划（包括问题解决流程）已制订并得到严格执行、维护、记录和支持	1	2	3	4	5
			10.2正确的发起人参与积极，且得到拨款	1	2	3	4	5
			10.3指导委员会会议定期举行且备案，会议决策和行动的执行和记录及时高效	1	2	3	4	5
			10.4所有合适的相关方积极参与项目，其所需要的信息得到及时通知，其所代表的利益得到充分保障	1	2	3	4	5
			10.5高层全力支持项目	1	2	3	4	5
			平均得分（总分/评定标准数目）					

*项目疲劳可由项目超长周期、过度加班、需要同时履行太多职责等原因造成。

使用说明：根据项目的实际情况选择你对表中"诊断标准"一列中所列每个标准的赞同程度：5=非常同意，而1=强烈反对。在项目早期阶段，如果某项标准不适合你的情况，就不用评分。评定完成后，将每个体检项目对应的诊断标准评分相加再除以评定标准数目，就可以得到平均分。如果1≤平均分≤2，就需要给该体检项目亮"红灯"（R），意味着"紧急"或该体检项目处于"不健康"状态：需要立即采取纠正行动；如果2<平均分<4，则要给该体检项目亮"黄灯"（Y），意味着"警告"或该体检项目处于"亚健康"状态：项目可以"带病运行"，但在近期需要采取纠正行动；如果4≤平均分≤5，就需要给该体检项目亮"绿灯"（G），意味着"继续"或该体检项目处于"健康"状态：不需要采取任何纠正行动。

【例】李明面临的项目管理挑战

"这年头人心散了，队伍不好带啊！"

这是PH公司G&P部门的项目负责人（Project Leader）李明发出的由衷感慨。其手下这些成员，有些成员积极性难调动，自己又没法授权。而有的成员自己有目标，可这些目标又不是项目本身能满足的。

就拿加班来说，自己义务加班倒算了，谁让自己好歹也是个管理人员。可下面这些人好多不乐意啊，有的意见可大了。自己又不能承诺给他们加班费，给他们争取调休吧很多人也不愿意。一个字，"累"！

你说忙不好，可闲着更不好。有的项目由于人多工作量大，分配不均匀，导致有些成员负荷重，有些负荷轻，甚至没事干。他们就有情绪了。有的成员干活效率高，本来一周的活，他三天就干完了，空下来二天，或者有时项目突然中断，要空下来几天，这一空，他们就觉得浪费他们时间了。

同时，由于大家的背景不一样，考虑问题的出发点也不一样，互相很难说服。导致在方案选择时，经常会出现冲突，甚至有的成员当场争得面红耳赤、互不相让。

另外还有三个让自己经常头疼的问题。

一是人员流动比较大。由于项目需求变动大，有的项目刚进行到一半，就加进来一些新人。老的要进行知识转移，但转移时老出问题。

二是能力培养。有时项目组里经验丰富的成员不多，大多数都是新人，怎样让他们尽快成长上手也是经常面对的一个难题。做项目时经常会出现几个关键成员（Key Member）很忙，其他人有空但又帮不上忙的情况。

最头疼的是每季度的项目绩效考核，不管你怎么评，下面总有人不满意，最后只能走走形式，应付一下HR部门。

根据上面的案例描述，诊断李明所在项目团队的团队健康状况。结果见表3-10。从案例中可以看出，李明所在的项目团队充满着"不健康征兆"："抱怨""冲突""比较大的人员流动"等。五项标准评分皆为1分，平均得分为1分（亮红灯），意味着李明所在的项目团队处于"不健康"状态，李明必须马上采取有效措施改变项目团队现状。

表3-10   项目健康诊断（PHD）示例

体检项目	健康征兆	不健康征兆	诊断标准	得分				
9.团队可高效	·高涨的士气（充满信任和承诺） ·多样化的团队 ·定期的社交活动	·可感受到的懒散或紧张，可听到的抱怨或不满，可看到的冲突或斗争，可观察到的项目疲劳* ·离职率高或关键成员总在换 ·恶劣的工作环境或基础设施	9.1绩效考核计划已制订并得到严格执行、维护、记录和支持	1	2	3	4	5
			9.2项目团队成员配置到位，技能合格，职责明确	1	2	3	4	5
			9.3团队士气高涨，动力十足，能量充沛，合作默契	1	2	3	4	5
			9.4团队成员不图私利，相互信任，正视冲突，坚守承诺，勇于担责，竭尽全力完成项目目标	1	2	3	4	5
			9.5环境和设施支持高效团队合作，比如新进的团队成员会接受标准化的动员和项目介绍，离开的团队成员有很好的告别	1	2	3	4	5
			平均得分（总分/评定标准数目）	1				

Scrum敏捷实践：

PHD更适合传统项目。Scrum敏捷项目建议用3.2.18中的工具雷达图去诊断团队健康程度。

局限性： 如果只是项目经理一个人对项目健康状况进行评估，结果未必客观。PHD不仅仅是一个诊断工具，更是项目经理用来与各相关方沟通的工具。项目经理可以邀请关键相关方一起来进行评估，就诊断结果达成共识，并采取各方认可的纠偏行动。

3.2.4 工具4：范围内外（IOS）

工具名称： 范围内外（In/Out of Scope，IOS），别名"圈内圈外"。

发明者： 1992年通用电气[①]。

定义： 用来定义项目边界、管理项目变更的工具。

用途： 确定产品和项目范围。界内即范围内（In Scope），界外即范围外（Out of Scope）。管理项目变更时，根据变更属于范围内还是范围外制定相应的应对策略和行动。

模板： 见表3-11。

---

① 通用电气《加速变革进程（CAP）》中的工具，有改动。

表3-11　　　　　　　　　　　范围内外（IOS）模板

类别		范围内（In Scope）	范围外（Out of Scope）
范围界定	产品（Product）		
	项目（Project）		
变更管理策略	情形1：	☐ 范围内： 　☐ 批准 　☐ 否决 　☐ 推迟	☐ 范围外： 　☐ 批准 　☐ 否决 　☐ 推迟
	情形2：	☐ 范围内： 　☐ 批准 　☐ 否决 　☐ 推迟	☐ 范围外： 　☐ 批准 　☐ 否决 　☐ 推迟

使用说明： 项目前期范围定义不清楚，会给项目带来无穷后患。

因此，项目经理及其团队前期就要定义清楚产品和项目范围的界限，哪些是范围内的，哪些是范围外的。步骤如下：

第一步：收集需求。这一步为定义产品范围和项目范围奠定基础。

第二步：定义范围。这一步是制定项目和产品详细描述的过程。项目经理应从第一步收集的需求中选取最终的项目需求，然后制定出关于项目及其产品、服务或成果的详细描述，即项目范围说明书。项目范围说明书除了包括产品范围的描述、可交付成果及其验收标准（这些属于范围内的）外，还应包括项目的除外责任，即排除在项目之外的内容（这些属于范围外的）。明确说明哪些内容属于项目范围（范围内的），哪些不属于项目范围（范围外的），有助于管理相关方的期望及减少项目蔓延。将范围内的和范围外的内容填在表3-11中。

第三步：书面确认。项目范围说明书应以邮件回复、合同签署等形式与客户等相关方进行书面确认，否则口说无凭。书面确认时，最好同时确认变更管理的流程。

管理变更的关键是要决定这些变更是如何影响项目范围的。换句话说，这些变更哪些是范围内的，哪些是范围外的。明确界定范围外的项目非常重要，它有助于消除误解，减少争议，否则会导致冲突和对立。而这取决于项目前期范围是否界定清晰，如果界限不清晰，有模糊地带，发生变更后确定哪些变更是范围内的，哪些是范围外的就会有困难。

变更管理的流程见2.4.3.6。其中，第二步就是要明确变更是范围内还是范围外的，在表3-11中打勾。第六步就是制定策略，批准（Approval）、否决（Reject）还是推迟（Defer），同样在表3-11中打勾。策略选择好后，就可以继续后面的步骤，包括明确具体行动和审批等。

范围内外其实就是回答"是/不是"的问题。"是"就是范围内，"不是"就是范围外。

笔者非常认同深圳市政府于2020年2月25日发布《深圳经济特区全面禁止食用野生动物条例（草案征求意见稿）》这一做法，其中列出野生动物的禁食"黑名单"和可食"白名单"[①]（见表3-12）。

表3-12　　　　　　　　　　深圳市人民政府野生动物黑白名单

可食"白名单"（范围内）	禁食"黑名单"（范围外）
·猪、牛、羊、驴、兔、鸡、鸭、鹅、鸽及市政府决定可以食用的其他家禽家畜 ·依照法律、法规未禁止食用的水生动物 ·蜂蜜、燕窝、雪蛤等动物相关衍生物 　⋮	·法律、法规规定保护的野生动物 ·在野外环境下自然生长繁殖（非保护类）的陆生野生动物 ·人工繁育、饲养的陆生野生动物 ·用于科研实验、宠物饲养等非食用用途的动物及其制品 　⋮

设置范围内外的一个主要作用就是避免模糊地带。比如，人们想知道：非保护类野生动物可不可以吃？人工繁育、饲养的陆生野生动物可不可以吃？动物相关衍生物可不可以吃？因此，意见稿将保护类野生动物和非保护类陆生野生动物以及人工繁育、饲养的陆生野生动物（龟、蛇、鸟、昆虫等，因为这些动物也具有不小的疫病传播风险，无法保证食用的安全性）、宠物（人类长期以来有喂养猫、狗等动物作为宠物的习惯，宠物与人类建立起比其他动物更为亲近的关系，禁止食用宠物动物是人类文明的共识）等均纳入禁止食用范围。但因蜂蜜、燕窝、雪蛤等动物相关衍生物已经被公众广泛接受，并具有较为成熟的检验检疫标准，征求意见稿不禁止食用蜂蜜、燕窝、雪蛤等动物衍生物。原则上讲，不属于范围内的就是范围外的，但如果将范围外的都列出来，无法穷尽，不具可操作性。因此，列出重要的、容易产生歧义的特别是范围外的项目才是可行的做法。自然界的野生动物种类繁多，在我国就有脊椎动物8 000余种、无脊椎动物6万余种，光保护类野生动物就有2 000余种，制定禁止食用的野生动物目录将显得过于冗长，无法很好回答"究竟什么动物可以吃"的问题。因此，制定可食用动物"白名单"和不可食用动物"黑名单"，采用清单式管理，具有较强的可操作性。这也正是范围内外IOS这一工具的价值所在。

【例】某汽车配套厂新品开发项目的范围内外（IOS）（见表3-13）。

---

① 没有买卖，就没有杀害，更没有伤害。2003年的"非典"、2020年的新冠肺炎疫情给我们带来的伤害太深了。笔者在这里借助范围内外这个工具呼吁大家不要买卖、食用野生动物，也不要食用宠物。它们都是人类的朋友，让我们和谐相处。

表3-13　　　　　　某汽车配套厂新品开发项目的范围内外（IOS）示例

类别		范围内（In Scope）	范围外（Out of Scope）
范围界定	产品（Product）	· 耐高温性 · 耐热循环性能 · 耐振动性能 · 振动耐久性能 · 耐气候老化性能 · 整体耐冲击性能和阻燃性能 · 强度刚度性能 · 满足国标GB	· 耐低温性 · 耐腐蚀性能 · 满足新欧标E0
	项目（Project）	· 送货到主机厂 · 外观质量按目测检验 · 漆膜表面质量委托有资格的国家认可的检验机构进行检验	· 现场安装 · 外观质量按主机厂要求执行检验 · 漆膜表面质量委托德国莱茵进行检验
变更管理策略	情形1：增加自动报警功能	□ 范围内： 　□ 批准 　□ 否决 　□ 推迟	☑ 范围外： 　☑ 批准 　□ 否决 　□ 推迟
	情形2：某部件尺寸的错误更正	☑ 范围内： 　☑ 批准 　□ 否决 　□ 推迟	□ 范围外： 　□ 批准 　□ 否决 　□ 推迟

Scrum敏捷实践：表3-14是Scrum敏捷项目范围内外（IOS）的模板。

表3-14　　　　　　　　　　范围内外（IOS）模板

类别		范围内（In Scope）	范围外（Out of Scope）
范围界定	产品愿景声明：	产品待办事项列表：	备选项目：
变更管理策略	新需求1：	□ 批准（进入产品待办事项列表）	□ 推迟（进入备选项目）
	新需求2：	□ 批准（进入产品待办事项列表）	□ 推迟（进入备选项目）

项目管理：操作指南

界定Scrum敏捷项目的产品需求是否在范围内的依据是产品愿景。与产品愿景相符的需求，则是范围内，进入产品待办事项列表；不符的，则是范围外，进入备选项目。

产品愿景声明（Product Vision Statement，PVS）是对通过开发和部署产品可实现的未来所需状态的简要说明。表3-15为产品愿景声明模板：

表3-15   **产品愿景声明模板**

为了	目标客户
谁	需求/机会
这个	产品名称
是一个	产品分类
它	产品的好处、购买理由
不同于	主要竞争对手
我们的产品	差异/价值主张

创建产品愿景声明有4个步骤：

① 设定产品目标。

② 创建产品愿景声明的草案。创建时要考虑以下问题：

• 愿景声明是否清晰，切中要点，面向内部受众？

• 是否说明产品如何满足客户需求？

• 愿景是否描述最理想的成果？

• 业务目标是否具体且可以实现？

• 愿景是否和企业目标和战略一致？

• 愿景声明是否令人信服？

③ 与产品和项目相关方确认产品愿景声明，并根据反馈进行修改。

④ 最终确定愿景声明。确保Scrum团队、相关方了解和得到愿景声明。如项目历时一年以上，需重新审视愿景。

Scrum敏捷产品开发过程中，除非开发团队要求，否则不要为进行中的冲刺增加新的需求。如有新的需求提出，依次回答以下三个关键问题，来评估新需求是否属于项目、发布或者冲刺中的一部分。

① 新需求是否与产品愿景相符？如果是，与产品待办事项列表比较优先级，并根据优先级将其加入产品待办事项列表，并更新产品路线图。如果否，备选为一个单项的项目。

② 新需求是否与当前的发布目标相符？如果是，可作为当前发布计划的备选需求。如果否，留在产品待办事项列表，由后续版本实现。

③ 新需求是否与当前冲刺目标相符？如果是，且冲刺尚未开始，可加入当前冲刺

待办事项列表（当开发团队在冲刺计划会议上承诺了冲刺目标后，只有他们才可以修改冲刺待办列表）。如果否，留在产品待办事项列表，由后续版本实现。

局限性：完全穷举范围内和范围外的项目几乎是不可能的，列出来的必须是关键的项目。读者可结合3.2.7的工具关键质量特性（CTQ）一并使用来明确范围。

3.2.5　工具5：里程碑（MS）/关卡（G）

工具名称： 里程碑（Milestone，缩写为MS）、关卡（Gate，缩写为G，亦称门径或检查站Tollgate，缩写为TG）。

发明者： 里程碑由公元前7世纪古罗马帝国第一代皇帝屈大维（Augustus）发明。关卡由20世纪80年代美国新产品管理领域里的世界级专家和门径管理系统SGS奠基人罗勃特·库珀（Robert G.Cooper）教授发明。

定义： 项目中的重要时点或事件称为里程碑。项目中每个阶段作为质量控制检测点和项目决策点的入口即为关卡，这些入口决定了项目是否向下一个阶段推进。里程碑和关卡的区别见第二章2.1.4.2。

用途： 定期评审、监控项目绩效。

模板： 见表3-16。

表3-16　　　　　　　**里程碑/关卡及评审问题、评审标准模板**

里程碑/关卡	MS1/G1	MS2/G2	MS3/G3	MS4/G4	...
名称					
评审问题					
评审标准					

使用说明： 里程碑/关卡及评审问题、验收标准的确定是团队工作，由项目经理与项目团队、各个不同职能部门的高级管理人员、客户等共同商定。这种集体参与的方式比项目经理独自制定并强行要求项目组执行要好得多，它可以使里程碑计划或关卡计划获得更大范围的支持。里程碑/关卡在项目管理中具有重要意义。项目可以不设定关卡，但必须设定里程碑。当然，也可以两者都设。

项目里程碑设定具体步骤如下：

① 与会成员通过头脑风暴法，集体讨论所有可能的里程碑；

② 审核草拟好的项目里程碑表，从中选取10~15个对整个项目而言最为重要的里程碑；

③ 为各个里程碑制定里程碑说明（里程碑说明应描述该里程碑须达到的目标，而不是该里程碑的工作内容，所描述的目标应该具有可测性，说明中还应描述要达到目标应通过什么样的检验）；

④ 制定项目里程碑初稿，当获得重要信息时及时地修改并完善初稿；

⑤ 为每个项目里程碑制定相应的子里程碑。

⑥ 参会人员一致认可最终的里程碑。

项目关卡设定具体步骤如下：

① 与会成员确定项目主要阶段；

② 制定每个阶段入口标准和检查清单。

【例1】一汽大众的产品开发流程（PEP）

以一汽大众的产品开发流程PEP为例，三个阶段（概念开发、批量开发及批量准备）中一共设定了14个里程碑：从一开始的项目启动（PM，德语Produkt Mission的缩写，意为产品使命）到最终的上市（ME，德语Markteinführung的缩写）。其中，批量阶段一共设定了5个里程碑（如图3-8所示）。

这跟攀登珠峰一样，抵达珠峰大本营相当于项目启动。抵达前进营地相当于批量认可（可以开始试产），抵达C1营地相当于先期小批量，抵达C2营地相当于生产预批量，抵达C3营地相当于零批量，登顶珠峰相当于批量投产，生产爬坡完成！在大本营时，珠峰顶看起来遥不可及，但随着一个个里程碑的完成，最终成功登顶。因此，里程碑的一个重要作用就是通过完成一个个小目标驱动最终项目大目标的完成。

里程碑还有一个作用是倒推工期：如图3-8[①]所示，倒数第6周时应该实现生产预批量，倒数第3周时应该实现零批量……因此，里程碑也是进度可行性分析（每个里程碑的时间点是否可行）和项目控制（确保每个里程碑按期按标准完成）的重要工具。

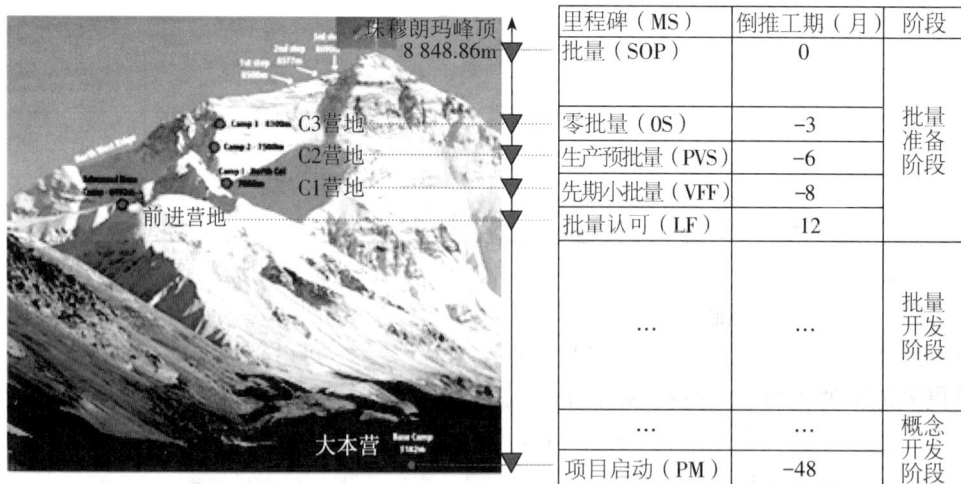

里程碑（MS）	倒推工期（月）	阶段
批量（SOP）	0	
零批量（0S）	-3	批量准备阶段
生产预批量（PVS）	-6	
先期小批量（VFF）	-8	
批量认可（LF）	-12	
…	…	批量开发阶段
…	…	概念开发阶段
项目启动（PM）	-48	

注：批量认可LF是德语Launch Freigabe的缩写；先期小批量VFF是德语Vorserien Freigabe Fahrzeug的缩写，是指批量投产SOP前的最后一次总演习；生产预批量PVS是德语Produktion Versuchs Serie的缩写；零批量0S是德语Null Serie的缩写；批量SOP是英语Start of Production的缩写。

图3-8　一汽大众产品开发项目批量准备阶段里程碑

① 2020年12月，珠峰最新高度确认为8848.86米。

每个里程碑都要设定完成标准。我们经常看到许多项目进度中，都像模像样地设立了里程碑。但实际上，最大的问题就在于许多里程碑没有设定相应的验证标准。没有设定验证标准就等于没有里程碑管理。因此，需要给出一个清晰的验证标准，用来验证是否达到里程碑。

以一汽大众新车开发流程中的里程碑生产预批量（PVS）为例，按照大众新零件质量提高计划QPN（德语Qualifizierungs Programm Neuteile的缩写）的要求，这一里程碑需要提的问题有18个，包括：

- 是否实施了过程FMEA？
- 要求的能力是否能满足实际产能曲线/批量生产要求？
- 是否能实现二级供应商质量一致性？
- 废品和返修是否有流程？
- 工装、模具是否满足质量要求？
- 量检具是否满足质量要求？
- 工作地点、检验点是否满足要求？
- 加工和检验的相关文件是否得到有效实施？
- 质量和过程数据是否确认？
- 数据改进后是否有改进计划？
- 过程和产品是否按要求审核？
- ⋮

最后，根据对所有问题的评估总分，决定给项目亮红灯（不通过）、黄灯（有条件通过）还是绿灯（通过）。如果评分<8.5，说明要求未得到满足，威胁项目目标，亮红灯；如果8.5≤评分<9.5，说明要求未得到完全满足，必须实施相应的措施，亮黄灯；如果评分≥9.5，说明要求绝大部分得到了满足，目前没有问题，亮绿灯。

【例2】某跨国食品公司产品开发的门径管理流程（SGP）

图3-9是某跨国食品公司产品开发的门径管理流程（SGP）示例。

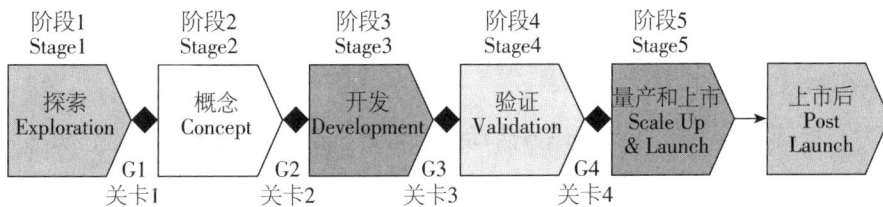

图3-9　某跨国食品公司产品开发SGP示例

从图3-9中可以看出，SGP一共有5个阶段，4个关卡。每个关卡都制定了评审问题（包括过关问题和程序问题）。表3-17列出了关卡2的评审问题。

表3-17   关卡2的评审问题

过关问题（Hurdle Questions）	程序问题（Process Questions）
① 概念在消费上是否可行（即：是否通过该品牌在吸引力广度和深度上的概念测试）？ ② 概念与品牌在战略上是否匹配？ ③ 初步财务指标是否可以接受（即：是否有预估的个性化广告DM效率？项目在此阶段是否满足品牌的DM效率指标？） ④ 是否有足够的在技术、运作方面成功以及在计划时间内上市的证据？ ⑤ 是否有上架可能性的理由？ ⑥ 概念上是否还有待解决的特定问题？如果有，解决的步骤是什么？	① 上次关卡评审后项目评估文件（包括假设）是否更新？ ② 概念是否用顺势指标（CCI）允许的方法进行了量化检验？ ③ 概念是否获得销售/国家承诺并设定了"机会数量"？ ④ 检查此新产品是否有增值税（或相关国家征收的附加税）？ ⑤ 是否已完成用于下一阶段的清晰的研发产品摘要？ ⑥ 销售部或市场部是否评审了这一概念并认为可行？是否对在项目评估文件里假设"可销售性"部分提出建议？ ⑦ 是否所有的评审者都提出了建议（包括法务）？

Scrum敏捷实践： 我们可以将Scrum敏捷项目中的一个个冲刺（Sprint）后的产品发布（Product Release）视为里程碑。冲刺的目标是要在相对短的时间内尽快（run as fast as you can）"撞线"。在整个开发期间，冲刺的长度通常保持一致。前一个冲刺结束后，新的冲刺紧接着立即开始。而这也正是日本的山田本一两夺国际马拉松赛世界冠军的秘诀——比赛开始后，以百米冲刺的速度奋力向一个个里程碑标识冲去，轻松跑完40千米的赛程！

局限性：

里程碑（MS）的局限性主要表现在：使用里程碑时，会导致只问结果的里程碑陷阱。众所周知，里程碑是项目进度控制中的一个极为重要的概念，也正因为如此，人们也易过于依赖里程碑，反而使项目进度落空。里程碑陷阱表现为人们在项目的里程碑被设定以后，认为"目标管理是只问结果，不计过程"，从而忽视对过程的监控而导致项目里程碑不能按期达到。同时，在各里程碑之间应设置大量的检查点，这些检查点应细分，以便一旦检查点出现问题不至于在进度上失控。

门径管理系统（SGS）的局限性主要表现在：

① 尽管提到在每一阶段内各任务活动平行展开，但是从根本上来看，该方法显然用的是瀑布流水式的前后承继法。一些产品创新专家提出，产品开发活动一定要呈环形平行结构。

② 很长一段时间，门径管理流程（SGP）缺少市场发现、寻找创新理念的过程。

③ 在开发组织与开发创造之间存在一种紧张关系，但是对于产品创新来说，少了它们其中的哪一个都不行。

3.2.6 工具6：成本效益分析（CBA）

工具名称： 成本效益分析（Cost Benefits Analysis，CBA）[1]，简称本益分析。

发明者： 1940年美国经济学家尼古拉斯·卡尔德和约翰·希克斯（概念首次出现在19世纪法国经济学家朱乐斯·帕帕特的著作中，被定义为"社会的改良"。其后，这一概念被意大利经济学家帕累托重新界定。到1940年，卡尔德和希克斯对前人的理论加以提炼，形成了"成本-效益"分析的理论基础，即卡尔德-希克斯准则）。

定义： 通过比较项目的全部成本和效益来评估项目价值的一种方法。在该方法中，某一项目或决策的所有成本和收益都将被一一列出，并进行量化。

用途： 评估项目价值。同时，作为一种经济决策方法，将成本费用分析法运用于政府部门的计划决策之中，以寻求在投资决策上如何以最小的成本获得最大的效益。常用于评估需要量化社会效益的公共事业项目的价值。

模板： 见表3-18。

表3-18　　　　　**成本收益分析（CBA）模板**

成本	收益
1.	1.
2.	2.
3.	3.
⋮	⋮
总计（C）：	总计（B）：
请计算： 1.B-C= 2.B/C= 3.NPV=PV×（B-C）=FV/（1+r）^{n}×（B-C）= 4.EIRR= 其中：C为成本（Cost），B为收益（Benefit），B-C为净收益，B/C为益本比，NPV为净现值（Net Present Value），PV为现值（Present Value），FV为未来值（Future Value），r为折现率（Discount Rate），n为年限，EIRR为经济内部收益率（Economic Internal Rate of Return）	

使用说明：

主要看表3-18的计算结果。如果B-C>0，或B/C>1，或NPV>0或EIRR>r，说明项目可行。

具体操作步骤如下：

第一步，列出所有的成本项目，做出估计并汇总，得出总成本C。

第二步，列出所有的收益，汇总，得出总收益B。

---

[1] 成本效果分析（Cost Effectiveness Analysis，CEA）是目前应用最广泛的药物经济学方法之一。不要将CBA和CEA两者混淆。

第三步，计算净收益B-C、益本比B/C、净现值NPV和 经济内部收益率 EIRR。

以三峡工程为例。表3-19为三峡工程的成本和收益。

表3-19 三峡工程的成本和收益

类别	直接		间接	
	成本	收益	成本	收益
有形/显性	工程投资	发电收入	库区农产品减少	缓和两地区的能源供应紧张、煤炭运输巨大压力
无形/隐性	淹没资源	防洪、航运	库区环境破坏、人防、防震	减少两地区环境污染；库区旅游业发展

由表3-19可以看出，第一步列出所有的成本项目时，不仅要列直接的（直接成本），还要列间接的（间接成本）；不仅要列显性（有形）的（显性成本），还要列隐性（无形）的（隐性成本）。

计算结果表明，按 影子价格 和10%的 社会折现率 ，三峡工程的净现值为131.2亿元，经济内部收益率为14.5%。按规定，净现值大于零，或经济内部收益大于10%，建设项目是可以接受的。说明从国民经济总体角度衡量，兴建三峡工程是有利的。

进行成本估计时，常用的估计方法有专家判断、类比估算、参数估算、三点估算、自下而上估算、自上而下估算等。

实操贴士：

估算时，应注意以下几点：

① 不要遗漏各项规费和管理费用；

② 了解每种估计方法的缺陷之处；

③ 掌握与其他项目相比的异同之处；

④ 考虑风险（如通货膨胀）；

⑤ 多咨询团队成员及专家的意见；

⑥ 正式宣布前检查复核，并与客户进行回顾。

【例】×汽车公司B001新车项目

×汽车公司欲向市场推出A级新车B001。经过计算，投资估算如表3-20所示（项目计算期为8年）：

表3-20 X汽车公司B001新车项目投资估算

类别	估算（单位：万元）
1.新增建设	50 084.24
2.研发 （含建设期利息）	18 850.25 （1 928.77）
3.利用原有资产	70 656.8
4.流动资金	5 557.43
总计：	145 148.72

估计项目期内会售出54万辆B001车，实现销售收入3 108 456万元（税前）。

各项成本估算如表3-21所示。

表3-21 X汽车公司B001新车项目成本估算

类别	估算（单位：万元）
1.生产成本（原材料费、辅助原材料费、燃料及动力费、废品损失、制造费用等）	2 150 077
2.研发	18 850
3.管理费用（折旧费、管理人员薪酬等）	123 422
4.销售费用（销售人员薪酬、广告费等）	278 589
5.财务费用（贷款利息）	3 458
总计：	2 574 396

根据各项盈利能力指标计算公式，测算结果见表3-22：

表3-22 X汽车公司B001新车项目盈利能力分析指标表

指标名称	数值
1.经济内部收益率EIRR	（税前）51.47% （税后）37.47%
2.净现值NPV（ic=10%）	（税前）140 744万元 （税后）89 081万元
3.项目投资回收期PBP	（税前）3.79年 （税后）4.25年
4.总投资收益率ROI	（静态）41.59%
5.盈亏平衡点BEP	（静态）49.88%

由表3-22可见，本项目利润可观（项目收益率税前达到51.47%，税后达到37.47%），抗风险能力强（盈亏平衡点为49.88%），且作为X汽车公司的自主品牌战略性项目，对企业的长期稳定发展、对国家汽车自主产业的发展、对B品牌的塑造，都具有深远影响，方案可行，建议实施。

Scrum敏捷实践：

1.敏捷成本估算使用"相对大小"而不是"估算"

敏捷成本估算的步骤如下：

① 找一个参考基准，作为一个故事点。敏捷估算使用故事点数（story point）——一种评估故事之间相对大小的方法——先找到可能最简单的故事（比如：开发一个简单的查询页面的工作量）作为基准，将它的点数设为1点。

② 拿其他的故事和基准进行比较，估算它们之间的倍数，从而得到其他故事的故事点数。比如：查看个人基本信息这个故事和开发一个简单的查询页面的规模差不多大，所以它也是 1 个点，录入个人基本资料的这个故事要复杂一些，大概是 3 个点。敏捷估算不采用简单连续的数列，比如 1，2，3，4，5 等——而是采用一种近似菲波拉契数列的形式，像 1，2，3，5，8，13 等。这样当数字越大相邻数之间的间隔也越大，就更容易区分哪个故事更小哪个更大。尽管这不是一种精确的方法，但对于成本估算这种方法已经足够好了。正如约翰·梅纳德·凯恩斯[①]所说，"粗略的正确好过精确的错误"。这也意味着，我们仍然需要将故事点数转换成粗略的时间和成本估算。这个估算建立在团队对项目的初步了解和经验上，难免有偏差。实践中会通过迭代来求精。通过不断迭代，对剩余工作量的估算将越来越精确。

③ 累计产品待办事项列表中的所有故事，得到所有故事总的故事点数。

④ 计算团队速度。团队速度是指敏捷团队在一个迭代中完成的故事点总数。比如：某 Scrum 团队 1 个迭代可以完成 80 个故事点，那么 80 个点就是其速度。

⑤ 有了总的规模和团队速度，就可以很容易推算多少个迭代可以做完项目。假如项目总的规模是 1 600 个点，团队总共 8 个人，每个迭代完成 80 个点，我们就可以推算 20 个迭代完成。每个迭代 2 周，所以 40 周可以完成。

⑥ 8 个人 40 周的成本投入可以很容易得出。假设项目团队成本为每年 52 万元，包括工资和福利。这意味着这个项目的团队成本将等于 40 万元（52 万元×40 周/52 周）。

⑦ 将其他项目成本（如计算机设备和电信）添加到人力资源成本中，能够获得整个项目成本。

有了这些数据就可以帮助 Scrum 主管和您的团队与业务人员进行更成功的对话。否则仅仅告诉业务和管理团队相信您的项目是一个好的投资，并且如果您使用 Scrum，您的软件产品将会更好，这是不够的。您需要数字来支持您的业务案例，来帮助您获得项目批准。

另一个主要用于敏捷项目成本估算的实践是建立"完成标准"，就是对一个故事能够标注为完成并可发布所需要满足的所有条件进行全面的理解，包括各种项目，比如用户文档、翻译、广告等。有了清晰的完成标准，就可以拿几个样例故事来计算所需要的工作量。基于这种计算我们就能为投资决策进行粗略的成本估算，为版本计划进行粗略的时间估算，让我们对故事有更充分的认识以便能协助产品负责人进行故事优先级的设置。

2. "Money for Nothing，Changes for Free" 式的敏捷合同

这种合同需要用到 CBA。其中，Change for Free 意为免费变更：当总量不变，增减需求是免费的，这对客户是个好事情。这意味着：优先级的改变免费；可以免费增加新

---

① 约翰·梅纳德·凯恩斯（John Maynard Keynes，1883—1946），英国经济学家，因开创了经济学的"凯恩斯革命"而著称于世，被后人称为"宏观经济学之父"。他创立的宏观经济学与弗洛伊德所创的精神分析法和爱因斯坦发现的相对论被并称为 20 世纪人类知识界的三大革命。

功能，如果等量的其他工作被同时移除。

Money for Nothing 指付费止损：客户可以随时终止合同——当客户在任何时刻认为，所有优先级相对较高的功能都开发完成，剩下的那些没有价值或价值较小的功能不再需要时，可以终止合同。终止时客户可以拿回部分（比如80%）剩下的钱（现有使用传统合同的企业，要先从IT公司拿回钱简直是天方夜谭），同时提供产品的甲方也可以拿到另外的20%，而没有任何成本，即所谓的 Money for Nothing。比如：总合同额为100万元，当投资回报率（ROI）降到3/4时终止（也就是用掉75万元后），甲方可以拿回剩下25万元的80%（也就是20万元），乙方也可以拿到20%（即5万元）。甲方不仅可以拿回20万元，而且甲方投入80万元成本，收益却超出80万元（一是通过免费变更置换进来更高价值的功能，二是合同终止时获得的相对未完成的功能都是具有更高优先级的）。对乙方而言，实际干了75万元的活，但拿到手80万元，而且合同的提早结束，让乙方可以签订另外的合同。这是一个双赢的局面。

由于先做高价值的功能，我们知道每个交付产品增量的价值（例如净现值）随着时间的推移会单调地下降。有了完美的预见，就可以确定准确的冲刺与收益递减的对应点：任何超出该点的开发都将导致过度生产，并为客户带来浪费。然而，在开发之初很难预测到这一点。另外，我们可以预先确定决策点：在每个冲刺中，我们可以持续评估产品增量的盈利能力。虽然提前终止合同可以减少客户的总开支和供应商的净收入，但同时这种合同也会迫使供应商倾向于拿到全部功能的费用，这也会造成不良后果。虽然一种纯粹的按需付费方式可以优化客户的成本，但也会降低供应商潜在的净利润。然而，它也让供应商释放出机会做其他业务，这些业务的盈利能力可能超过了从早期终止处罚中获得的收益。在当前协议的终止和新客户开始工作之间，供应商仍然要承担一个小的机会成本。如果是固定成本，固定范围的协议，供应商在早期终止时还会继续把活干完，但是客户可能会觉得从产品中获得的价值是不值得付出代价的。在这种情况下，供应商收到了全部的费用，但是客户可能会认为供应商已经获得了不公平的优势，因为后期交付的产品增量是低价值的。因此，当持续下去的成本超出客户从中获得的收益时，停止开发。只有持续的工作能够继续增加所有产品增量的总体价值（如净现值）时，供应商才会继续向客户交付产品。

除了确保客户的价值不会减少之外，还要确保在这些点停止开发不会削弱供应商的盈利能力或价值。如果客户提前终止协议，客户可能同意向供应商支付终止费，但客户仍然支付的费用远远低于他们最终达成协议时支付的费用。可以公平地说，这样的费用涵盖了供应商寻找新业务时的机会成本。最好的是，供应商从一开始就确保每个冲刺对客户都有积极的价值，这样客户就不会在整个生命周期的开发过程中把供应商置于危险的境地。

这种合同模式关注的是，随着时间的推移，双方对之前达成一致的特性集或产品增量获得更多的认识，并从这种认识中获得收益。通过在这种安全模式下的短期合作获得了成功，供应商和客户更有可能通过发展伙伴关系来承担更高的风险。

局限性： CBA 的局限性主要表现在以下三个方面：

首先，CBA 的分析对象只能是一个项目的经济性的代价和效益，但事实上有些项目的成本和收益，其中特别是收益，很多是隐性的或非经济性质的，很难甚至根本不可能用货币尺度来衡量，因而 CBA 就很难在这些项目的评价上起作用。如上例中，X 汽车公司 B001 新车项目对企业的长期稳定发展、对国家汽车自主产业的发展、对 B 品牌的塑造这些都是非经济性质的，严格意义上来说都应该考虑进收益中去。

其次，由于 CBA 所分析的都是未来的成本和收益，因此其中有很多因素都具有易变性或不确定性，很难予以估计。特别是有些无形收益，有时虽然也可以用间接的方法加以估量，但是这样计算所得的收益，究竟是否为该项无形收益的全部，或者是否都可归功于那个项目，很难肯定和分清。

最后，CBA 作为一种定量分析方法，要求列出"所有成本和收益"。"所有"这两字是无法落实的。同时，未来这个时间到底该有多长？这是 CBA 面临的边界确定难题。

但是，尽管 CBA 在应用上有许多困难和限制，决策者能够拥有这一系列的通过仔细分析和考虑后得到的参考资料，总比没有这些资料而仅凭直觉和臆测的办法进行决策要好得多。而且，如果项目成本收益不事先确定，项目最终评估也会是个难题。以企业自主研发项目为例，即使研发时间比计划快，花费比计划少，研发出来的产品比计划好，但如果研发出来的产品没有市场，我们就不能说研发项目成功，那只能是典型的闭门造车项目。如果读者在决策时发现各项指标很难量化，不妨试试下一个工具：关键质量特性 CTQ。

3.2.7　工具 7：关键质量特性（CTQ）

工具名称： 关键质量特性（Critical to Quality，CTQ），又称关键质量点、关键质量要素、关键因素。其复数（若干个 CTQ）为 CTQs。

发明者： 1996 年通用电气。

定义： CTQ 是从客户（内部和外部）的立场去分析、确定并描述影响客户满意度的质量特性，即对性能、功能、安全等重要质量有致命影响的项目交付物（产品、服务或成果）必须满足的条件或具备的能力（关键的可衡量的特性值或规格）。CTQ 形成于产品策划阶段的技术规范，在概念设计、初步设计、详细设计、制造、试验不同阶段不断传递与细化。CTQ 描述了客户想要的以及项目团队同意交付的。CTX 是"对……起关键作用"的缩写，属性会影响到运送、成本或者计划，还会影响到过程。CTP（Critical to Process 的缩写）为关键过程特性，也称过程参数。有效 CTQ 或 CTP 的五个要素为：产品、服务或成果的特征；衡量单位；数据类型（连续或不连续的）；成功绩效的目标值或范围（用衡量单位表示）；缺陷定义及规格公差（未达标准）。

用途： ①收集和确定客户对产品的要求；②收集和确定相关方要求；③界定项目优先级；④决策；⑤WBS 和项目计划制订的基础。

CTQ 的观念是六西格玛项目的中心。在六西格玛中，通常用 Y 来表示，是项目的改善对象。六西格玛项目首先就是以客户关注为中心。把认为在客户立场上最重要的特性值选定以后以六西格玛标准来改善并管理，这就是管理CTQ的最大目的。因此，CTQ可以确保改善措施与客户要求相匹配。

同时，准确地把握质量保证的重点和对象，特别是在复杂产品质量管理过程中，CTQ是决定和控制产品质量的关键因素，是产品质量的主要载体，是产品研制阶段质量保证的主要对象，其能够极大地影响产品全生命周期客户满意度、安全性、可靠性、符合性、一致性、功能实现性等，其需要额外或重点的管控手段来减少潜在的质量问题和失效成本，从而提高产品质量。CTQ的识别，有利于明确产品研制阶段质量保证的重点和主线，更有利于理清产品设计、制造、试验过程和质量保证过程之间的关系。在复杂产品设计阶段，通过设计质量控制保证产品CTQ设计进入产品。

确定有效CTQ的益处还有：

- 项目各相关方交流时使用的共同术语和定义；
- 明确的期望和目标；
- 客户可接受的项目成功衡量标准和定义；
- 进度及预算控制、资源分配的能力改善；
- 错误假设或设计失误所导致的范围变更的避免；
- 成功参数定义明确的方案——所有人同意结果！

模板：

用作客户及相关方要求界定的CTQ模板见表3-23。

表3-23　　　　　　　**用作客户及相关方要求界定的CTQ模板**

CTQs		5	4	3
客户	产品/过程			
相关方	相关方1	·		
	相关方2			
	相关方3			
	⋮			

用作项目优先级界定和决策的CTQ模板见表3-24。

表3-24　　　　　　　**用作项目优先级界定和决策的CTQ模板**

CTQs	评价标准	权重	打分		
			项目/方案A	项目/方案B	项目/方案C
		×			
		×			
		×			
		×			
总分：					

使用说明：

1.CTQ用来界定客户及相关方要求时的使用说明

第一步，识别客户及其他相关方。

需要识别的客户有：内部客户和外部客户（包括现有客户和潜在客户）。

识别相关方的方法可参见3.2.11中的工具相关方分析图SAM。

最后列出客户清单，最好应用客户ABC分类等方法给客户和相关方排序。

第二步，收集客户及相关方需求。

收集需求就是要聆听客户及相关方的呼声。先有VOC（客户呼声，Voice Of the Customer），后有CTQ。VOC不确定，就谈不上CTQ。

常用的需求收集方法有：专家判断（或听取专家意见）、头脑风暴、观察和交谈、客户及相关方访谈（一对一或一对多，特别是与客户的访谈，可以帮助你更好地听取客户呼声；与发起人的访谈，可以帮助你澄清一些项目文件）、焦点小组、问卷调查、标杆对照、市场研究或监测、质量功能展开、失效模式和影响分析、同理心地图（参见3.2.11中的工具相关方分析图）、用户故事、正交试验设计法、原型法、数据挖掘法、文件回顾（包括商业文件，如招标书RFP、工作说明书SOW，销售记录，如投诉、退货）等。

用户的需求是多方面的、多层次的，但资源和条件的限制决定了单个产品不可能满足用户的所有需求。为此，我们需要对用户的需求进行排序，集中资源解决用户最急需满足的需求。那么，怎样才能更恰当地对用户需求进行排序呢？图3-10所示的卡诺模型（Kano Model）能够帮我们很好地解决这一问题。

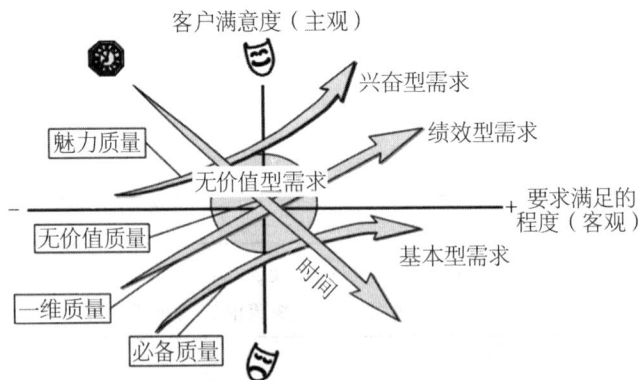

注：客户需求会随着时间变化。

图3-10　扩展卡诺二维属性模型

卡诺模型是由日本质量管理大师、东京理工大学教授狩野纪昭（Noriaki Kano）和他的同事受行为科学家赫兹伯格的双因素理论的启发，于1984年发明的用于对用户需求分类和优先排序的有用工具，以分析用户需求对用户满意的影响为基础，体现了用户需求满足程度和用户满意之间的非线性关系（见图3-10）：纵坐标表示用户的满意度，越向上越满意，越向下越不满意；横坐标表示需求的满足（或存在）程度，越向右边表示越满足，越向左边表示越不满足。

卡诺提出了影响客户满意度的三个因素：不满意因素（Dissatisfiers）、满意因素（Satisfiers）和愉悦因素（Delighters）。质量活动应致力于减少或消除不满意因素和提高满意因素及愉悦因素。

卡诺教授引入二因子理论，采用二维模式来认知质量，即从客户的主观感受与产品满足要求的客观充分性两个维度来认知质量。卡诺模型中将质量要素分为四类：无价值质量（Indifferent Quality）、魅力质量（Attractive Quality）、一维质量（One-Dimensional Quality）和必备质量（Must-Be Quality）[1]。

根据不同需求与用户满意度之间的关系，可以将用户的需求分为五类：

基本型需求（Basic Needs）（不满意因素）：产品功能必须满足的用户需求，会带来不满但不会提升满意度。用户一般不会说出来，想当然认为你应该知道。当该需求满足不充足时，用户很不满意；当该需求满足时，对用户满意度没有多少影响，用户充其量是满意。例如微信的"添加朋友"功能。

期望或绩效型需求（Performance Needs）（满意因素）：用户满意度随着此类需求的满足程度而线性提升或下降。绩效型需求用户一般会说出来。此类型需求越得到满足则用户满意度越高，反之则用户满意度越低。例如，微信的"朋友圈"功能。

兴奋型需求（Excitement Needs）（愉悦因素）：这是一种完全出乎用户意料的属性或功能。用户有一些其没有想到或不自知的需求，如果提供此因素，用户会感觉惊喜，满意度大幅提升，但如果不提供此需求，用户满意度也不会随之降低。这些吸引用户的特性将你的产品或服务与竞争对手的区分开，并可提升产品价值与售价。例如微信的"摇一摇"功能。

无差异型需求（Indifferent Needs）：这类需求无论满足与否，用户满意度都不会受其影响，用户对此因素并不在意。这些需求会为项目带来不必要的成本和风险。例如微信的"第三方服务"功能。

反向型需求（Reverse Needs）（不满意因素）：用户没有此需求，提供后满意度适得其反。例如微信的"提现付费"功能。

卡诺模型并不是直接测量用户满意度的定量工具，其是对用户的不同需求进行区分处理。卡诺模型的原理可以最大限度地帮助我们了解用户不同层次的需求，是识别用户

---

[1]　为了形象地理解这四类质量，卡诺教授常以"玛丽与约翰的爱情故事"来阐释它们：

玛丽与约翰比邻而居，两小无猜，小时候没有爱情意识，因而彼此之间仅是玩伴而已，没有什么特殊的感觉（这是爱情的"无价值质量"）。

光阴似箭，二人已到了十七八岁的青春期了，忽然彼此相悦，迸发出爱的火花，只要看到对方就非常高兴（这是爱情的"魅力质量"）。

终于，玛丽与约翰结婚了，在有玛丽陪同并帮忙处理家务的时候，约翰就觉得很幸福，当玛丽不在或不愿帮忙处理家务的时候，约翰就显得不高兴了（这是爱情的"一维质量"）。

日子一天一天的过，约翰已经渐渐习惯了玛丽的存在，玛丽表现得再好，约翰感觉这只是日常生活的一部分，没什么稀奇，但当玛丽表现得不好时，约翰的大男子主义作祟，他会感觉非常光火（这是爱情的"必备质量"）。

需求、设计产品功能至关重要的切入点，通过对用户的深度了解和对产品的主动把控进而全面提升产品的用户体验。

收集、确定客户或相关方需求时，还可以借助质量功能展开（Quality Function Deployment，QFD）等工具从满意方面考虑（从"杰出的"性能方面入手）或借助失效模式和影响分析（参见 3.2.10 中的工具失效模式和影响分析 FMEA）等工具从不满方面考虑（从"失效的"性能方面入手）。

实操贴士：

基本型需求和期望型需求等显性需求需要澄清和确认，兴奋型需求等隐性需求则需要挖掘、引导、创造。

需求收集完后，要整理成文件，进行定性归纳（如要求或除外要求）和定量统计。

最后，客户及相关方（或干系人）的所有要求都按优先级进行排序。

第三步，确定 CTQs 及其权重。

接下来我们可以用 关键质量特性树 （Critical-To-Quality Tree，又称 CTQ 树、CTQ 树图或关键树）来确定 CTQ。CTQ 树帮助将客户的呼声（客户用自己的语言表达的需求，经常是泛泛而谈、不可测量的）转化成用组织条例表述的产品（包括服务）或者过程属性（即 CTQs），并通过规定绩效水平或者规格（具体、要测量的指标）来保证客户满意度。例如，您到餐馆用餐会有多种需求：好的服务、好的环境、美味的菜肴等。但什么叫好的服务，怎么测量好的环境、美味的菜肴，需要量化的衡量标准。

CTQ 树适用的场合包括（但不限于）：①当收集了客户的呼声相关数据后；②当分析客户要求时；③在决定哪个质量特性应当被改进，尤其是当客户的要求很复杂、很广泛、很模糊时。

CTQ 树的展开过程将从一般的客户或相关方要求开始逐层展开至具体的过程输出要求，或者说从难以测量的特性逐步展开至容易测量的特性。一般说来，将一般需求展开到 CTQ，需要经过 2～3 个层次的展开。构建 CTQ 树就是要将客户或相关方需求层次化，即将客户或相关方的需求进行分解，逐层细化到适当的层次。具体步骤如下：

①将上一步识别的客户或相关方要求，即第一层要求，逐个地列在图的左边（将每一个要求放到树图第一层的一个盒子中）。

②首先解决第一个客户的要求，提出问题以得到更详细的信息，以下是一些有用的问题：

· 这个要求对客户或相关方来说究竟意味着什么？

· 这个要求对于过程中的每个子系统或者步骤意味着什么？

· 如何测量或量化这个要求？

不要太快地具体化问题，保证答案比第一层详细一点，将答案记录在 CTQ 树的第二层。

③做一个"必要并充分的"检查，问这样两个问题：

• 满足这些属性要求对于保证客户或相关方满意第一个要求是必要的吗？如果不是必要的，就将那个特性删除。

• 满足所有属性要求对于保证客户或相关方满意第一个要求是充分的吗？如果不充分，要看看缺少什么并将其加上。

④对于第二层中的每个答案重复步骤2和步骤3，得出第三层，直到对所有的属性都有详细且有意义的描述，可以让组织进行测量。

⑤对于在步骤①中确认的每一个客户或相关方要求，重复步骤②～④。

⑥采用业务定义检查保证所有分支末端的属性都是可测量的，得到的这些就是CTQs。如果可以测量，分解已完成；如果不可以，继续分解直到可测量为止。

⑦为每个测量的量值制定目标值。

CTQ是对于客户所接受质量起关键作用的过程或者产品的具体特性，要求能够测量，同时组织能够控制。设定CTQ的目标值，当客户需求被满足时，也就达到了目标值。换句话说，CTQ是将客户的需求转化成组织的过程。

⑧确定每个CTQ的权重。

当完成了CTQ树后，如果有太多CTQ，就要选择最重要的作为设计或改善目标，这时需要用到决策矩阵或者优先矩阵来缩减清单。参照的标准要包括项目范围内最影响客户或相关方满意度的CTQ。通常的做法是给每个CTQ赋予权重，一般采用5分制，5分表示最重要的CTQ，4分表示比较重要的，然后是3分[①]。低于3分的就不要考虑了，不属于关键的（Critical）特性。后期计划和执行阶段，优先满足的是5分的CTQs，然后是4分的CTQs，最后才是3分的CTQs。

由于市场竞争日益激烈，针对复杂产品，在产品设计阶段采用额外的手段保证所有的产品质量特性显然是不可能也是不现实的，为此，我们以其中关键质量特性CTQ为目标来建立系统化的设计质量保证方法，在设计周期和成本允许的情况下，为进一步提高产品质量，还可以用此方法根据质量特性重要度（即CTQ的权重）由5到4再到3依次保证。

将最终确认的CTQs及相应权重填在表3-23所示的模板内。

【例】CTQ小案例。

味美披萨（Delicious Pizza）希望以增加送货上门的服务来拓展市场，他们调查了当前和潜在的客户来分析什么会促使客户订购味美披萨而不是竞争者的披萨或者其他食品。整理好的客户的声音数据告诉他们当客户订购披萨时，希望得到的是"热披萨、及时性、自己选择配料和饼皮、合理的价位"等。为明确详细的意图，披萨店构建了一个

---

① 赋予权重时，可以借鉴第五版FMEA中行动优先级的界定原则：Shall（必须），5分；Should（应当），4分；Could（可以），3分。

CTQ树，"及时性"分支如图3-11所示。

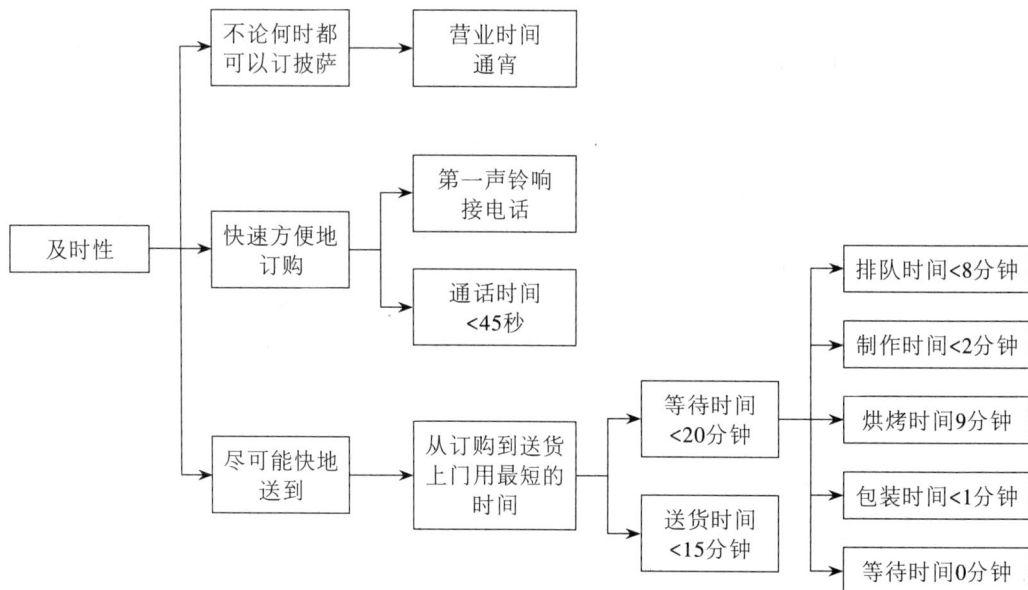

图3-11 味美披萨CTQ树示例

"及时性"对于客户来说有三个方面的意义："不论何时都可以订披萨""快速方便地订购""尽可能快地送到"。这些特性从客户的角度看包括服务可行性、订购服务和得到服务，它们都与披萨运送服务的三个方面有关。每个特性都被转化成可测量的更有意义的形式。

当前两个方面已经被转化成切实可行的CTQ时，"尽可能快地送到"需要更多的层次，因为从客户的角度看"得到的服务"在味美披萨看来由很多复杂的步骤构成。每个CTQ都制定了目标值，以此来使客户达到满意。

从图3-11中可以看出，营业时间、接电话等待时间、通话时间、订单排队时间、制作时间、烘烤时间、包装时间、送货时间等就是CTQs，且都可以测量。

在后面的设计过程中，味美披萨评估了他们现有的披萨制作过程与这些目标值是否相符，同时确认了新送货上门服务所需的单元设计来保证符合目标。比如说，他们可能设计订货清单使订购只需要几个标记就可以完成；或者他们可以披萨制作过程的流水化来减少浪费。这些想法不属于CTQ树的范围，当讨论这些CTQ时，可以写在一个独立的挂纸上留作以后用。

实操贴士：

① 确保所有的CTQ应该是对过程输出的测量。

② 确保客户及相关方要求的各个方面都已涉及。

③ 经常使用一些工具比如亲和图法、系统交互图法或者其他的演绎方法、主题分析法等来组织客户或相关方的声音数据。当构建CTQ树的时候可以重新看一下亲和图

法，在广泛组合中形成的想法可能成为CTQ树底层的特征。

④ 客户或相关方的声音数据总是需要分组和概括，尽可能在构建CTQ树前简化客户或相关方的语言。比如：客户或相关方可能会说"我现在要披萨"而不会简化成"快速交货"，而那种解释就可能不完整，应当被转化成组织的过程，便于以后构建树。

⑤ 很容易陷入"如何"完成CTQ的讨论中，在实施步骤中要坚持做"什么"是CTQ的问题，当出现"如何"的问题时，写下它们然后返回到"什么"的问题。

⑥ CTQ树可能有两个或者更多层次，这取决于过程和服务的复杂性。如产品是一台计算机，那么树图可能有很多层；如果是一个螺栓，就可能只有几层。一种判断你是否挖掘得足够深的方法是看看是否很难再继续下去了。在披萨的例子中很难再继续问"烘烤9分钟是什么意思？"这个步骤不能再被细分，特性已经很清楚而且可以测量，所以是一个好的CTQ。

⑦ 对于一个复杂的产品或者过程，可以先构建一个合适层数的树图将产品或者过程划分为系统、子系统和基本部件。然后，当构建CTQ树时，将每一个图的相关层联系起来构成产品或者服务的树图。对于披萨的例子来说，先是服务从客户的角度首先被细分成可用性、订购、接受，随之接受过程被从味美的角度分成排队、制作、烘烤、包装、等待和送货，每一个都可以有各自的CTQ。

⑧ 你不需要立即挖掘到最基础的层次，在高一个层次上更容易理解你的系统，同时可以着力于更关键的领域。

⑨ CTQ树的中间层次的特征被叫作"驱动者"，可以控制这些部分来满足客户或相关方的需求。通常"驱动者"被称为X，他们影响的特征（前一个层次）被定义为Y，$Y = f(X)$ 是一个数学简记，意思是"Y是X的函数"，也就是说，Y取决于X，X变化会导致Y变化。在每个层次上，都有很多X影响前一层的Y，如果按照这个规律从树的末端到起始端，你会发现末端要控制的CTQ决定了起初客户或相关方的需求能否被满足。最终影响CTQ的过程特性会被确认。

⑩ 当明确了项目的CTQ后，就应当以改进这些因素为目标，项目矩阵也应该以这些因素的测量为基础。

⑪ 更有建设性的确定CTQ的方法是通过质量功能展开和质量屋。

第四步：验证CTQs。

验证的方法包括原型法、正交试验设计法等，确保这些CTQs能真实、准确地反映客户或相关方的要求。

第五步：确认CTQs。

验证完成后，需要与客户或相关方进行确认，这也是一个与他们进行沟通谈判的过程。双方要对最终一致认可的CTQs进行书面确认，否则口说无凭，后患无穷。

第六步：将验证及确认后的CTQs设立为要求基准。

设立要求基准是项目经理用来控制项目范围、避免范围蔓延的有效方法之一。如果范围蔓延失控，项目将不能按期完成，进度不断拖延，成本不断上升。作为项目经理，强调要求基准是其最重要的任务之一。

2.CTQ用来界定项目优先级时的使用说明

公司内许多项目同时开展时，由于资源是有限的，会不可避免地出现争资源的现象，而且相同的资源投入在不同项目中的回报是不一样的，这不利于资源的合理配置。为了避免这一情况出现，有必要对公司的项目进行优先级界定。项目优先级界定亦称项目ABC分类法、主次分析法或帕累托分析法（因为项目分优先级就是要满足帕累托的"二八原则"），即按照项目价值，将项目分为A（关键项目）、B（重要项目）、C（一般项目）三类，以便分清主次，区别对待。资源配置时，优先满足A类项目，然后是B类项目，最后才是C类项目（类似于优先满足5分的CTQs，然后是4分的，最后才是3分的）。

第一步，确定项目的衡量指标（CTQs，如投资额、收益率等）。

第二步，确定统计周期（如一年）。

第三步，确定每个衡量指标的权重（可以采用比较简单的543权重法，也可以采用较复杂的100%权重法）。

第四步，确定每个指标的衡量标准（可以采用5分制、10分制或者100分制）。

第五步，给每个项目打分，并计算总分（每个指标得分×每个指标的权重，最后相加）。

第六步，按总分高低给所有项目排序。

第七步，确定项目ABC分类标准。

第八步，参照项目ABC分类标准给项目打分，根据评定结果进行资源配置。

3.CTQ用来决策时的使用说明

第一步，确定衡量指标（CTQs）。

第二步，确定每个衡量指标的权重（可以采用比较简单的543权重法，也可以采用较复杂的100%权重法）。

第三步，确定每个指标的衡量标准（可以采用5分制、10分制或者100分制）。

第四步，给每个方案打分，并计算总分（每个指标得分×每个指标的权重，最后相加）。

第五步，比较每个方案的得分，一般情况下分数最高者即为所谓的最佳方案。

实操贴士：

如果最后几个方案的得分比较接近（偏差≤5%时），最佳方案未必是最高分。这时我们要看哪个方案更满足5分权重的CTQ（或CTQs，如果衡量标准采用的是5分制的话），因为CTQ的目的就是要优先满足5分的CTQs。如果都同样满足，那就要反思一下CTQs即衡量指标及权重是否需要修订。

【例】CTQ用来界定客户对产品的要求时的例子

图3-12显示的是某公司电动汽车研发项目的质量屋。

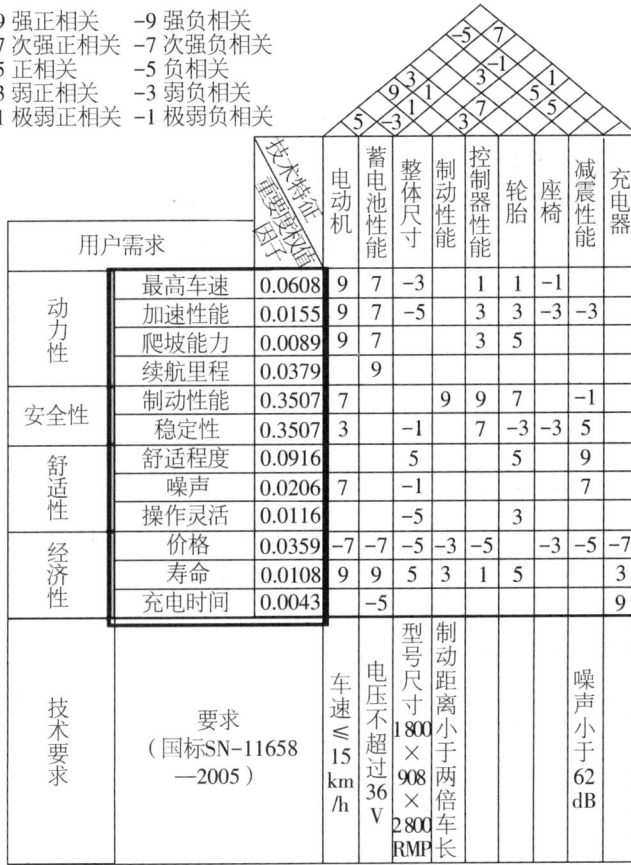

9 强正相关　−9 强负相关
7 次强正相关　−7 次强负相关
5 正相关　−5 负相关
3 弱正相关　−3 弱负相关
1 极弱正相关　−1 极弱负相关

技术特征／用户需求		重要程度因子	电动机	蓄电池性能	整体尺寸	制动性能	控制器性能	轮胎	座椅	减震性能	充电器
动力性	最高车速	0.0608	9	7	−3		1	1	−1		
	加速性能	0.0155	9	7	−5		3	3	−3	−3	
	爬坡能力	0.0089	9	7			3	5			
	续航里程	0.0379		9							
安全性	制动性能	0.3507	7			9	9	7		−1	
	稳定性	0.3507	3		−1		7	−3	−3	5	
舒适性	舒适程度	0.0916			5			5	9		
	噪声	0.0206	7		−1				7		
	操作灵活	0.0116			−5			3			
经济性	价格	0.0359	−7	−7	−5	−3	−5		−3	−5	−7
	寿命	0.0108	9	9	5	3	1	5			3
	充电时间	0.0043		−5							9
技术要求	要求（国标SN-11658—2005）		车速≤15km/h	电压不超过36V	型号尺寸1800×908×2800RMP	制动距离小于两倍车长				噪声小于62dB	

图3-12　某公司电动汽车研发项目的质量屋示例

图3-12中加粗黑框部分就是CTQs及其权重。从中我们可以看出5分的CTQs有制动性能、稳定性；4分的CTQs有舒适程度、最高车速、续航里程、价格等，3分的CTQs有加速性能、爬坡能力、操作灵活等。

【例】CTQ用来界定相关方要求时的例子

某公司决定年底在某饭店举行全员年会。以下是公司总经理和员工对年会项目的要求（见表3-25）。

从表3-25中我们可以看出，领导和员工的CTQs是有很大差异的，领导看重的未必是员工看重的。而这也是项目经理管理项目时的挑战之一，因为项目有许多相关方，每个相关方都有自己的要求（CTQs），能否平衡好不同相关方的CTQs会直接关系到项目的成败。

项目管理：操作指南

表3-25   某公司总经理和员工对年会项目的要求

CTQs		5	4	3
相关方	总经理	1.安全事故（无醉酒、不卫生食物等产生的意外或事故） 2.面子（选址看上去高大上，重要环节如开场致辞、一等奖抽奖及颁奖等的参与、会后密集宣传报道等） 3.员工满意度（会后调查显示员工满意度高） 4.员工归属感（会后士气更高） …	1.节目丰富（有新意，互动性、参与性强） 2.展现公司形象及文化（言行举止及着装得体，无负面报道或反馈） 3.出勤率高（无特殊原因，全员参加） …	1.费用（不超预算） 2.沟通（年会项目经理与自己紧密沟通，选址等重要环节听取本人意见，事先准备好开场致辞PPT等） …
	员工	1.奖品丰厚（一、二、三等奖比上年好且覆盖面更广，有阳光普照奖） 2.节目丰富（有新意，互动性、参与性强） 3.获得尊重和认可（领导感谢、敬酒、发红包等） …	1.不占用周末个人时间（放在周一至周五晚上） 2.领导准时出席（等领导时间≤10分钟） 3.了解公司前景（领导致辞坦陈公司现状及未来发展方向及愿景） …	1.交通便利（饭店靠近地铁站或公司提供班车从公司接，会后送至离家近的下客点或报销打车费用） 2.吃好喝好（菜品丰富，酒水畅饮，彰显公司实力等） …
	酒店	略		
	⋮	⋮		

实操贴士：

对公司内部项目而言，各个部门作为相关方，5分的CTQs都是不一样的：财务部看重的是成本控制，质量部看重的是质量控制，生产部看重的是计划完成，EHS部看重的是合规……最大的挑战就是每个相关方都站在自己的角度去思考问题，而不是站在项目的角度去思考问题。这就需要项目经理在准确了解各相关方要求的基础上，平衡好各方利益，并充分调动各方积极性，实现项目目标。

【例】CTQ用作项目优先级界定时的例子（见表3-26）。

第3章 项目管理工具

表3-26 　　　　　　　　　　　　　某公司项目优先级界定示例

CTQs	评价标准	权重	打分		
			项目A	项目B	项目C
1.技术复杂性	5分=有现成的成熟技术 3分=有不成熟的技术 1分=全新开发	5×			
2.工期紧迫性	5分=1个月内交货 3分=3个月内交货 1分=3个月后交货	5×			
3.项目收益率	5分=盈利>10% 3分=盈利≤10% 1分=不赚钱或者亏本	4×			
4.战略重要性	5分=符合公司未来战略定位，拓展新市场 3分=符合公司现有战略定位，拓展现有市场 1分=符合公司现有战略定位，维持现有市场	3×			
5.客户重要性	5分=A类客户 3分=B类客户 1分=C类客户	3×			
总分					

　　公司对所有项目按照上述标准进行评分，并计算总分。总分≥80的为A类项目，61<总分<79的为B类项目，总分≤60的为C类项目，并以此作为资源配置的依据。

　　【例】CTQ用来决策时的例子（部分，见表3-27）。

表3-27 　　　　　　　　　　　　某公司供应商评估系统（部分）

CTQs	评价标准	评分人	权重	打分		
				1	2	3
1.总体情况			15%×			
2.生产制造			15%×			
3.研究开发	略	略	15%×			
4.质量管理			20%×			
5.物流交货			15%×			

CTQs		评价标准	评分人	权重	打分		
					1	2	3
6.原材料采购	①供应商管理（40）	是否有对供应商进行评估（请提供评估的标准和主要记录） □是 25　□否 0	战略采购经理	5%×			
		供应商的信息系统是否完备（供应商主要数据的存储） □是 15　□否 0					
	②原材料使用（30）	是否有文件确保不使用过期的原材料 □是 15　□否 0	战略采购经理				
		现场考察是否存在过期的原材料 □是 15　□否 0	质量工程师				
	③原材料降低成本的可能和相关的改善计划（30）	原材料成本是否有降低的潜力 □是 10　□否 0	战略采购经理				
		是否有改善原材料供应的计划/项目（优化供应商的数量、国产化、降低成本） □是 10　□否 0					
		这些计划/项目是否被定义或文件化 □是 5　□否 0					
		这些目标的执行情况（请提供执行记录）（报价清单定期提交） □良好 5　□一般 3　□差 0	成本工程师				
7.生态	①环境认证（30）	是否通过国际环境标准认证（提供有效证书） □是 30　□否 0	质量工程师	5%×			
	②环境保护（30）	产品制造过程中是否存在环境污染 □是 15　□否 0	战略采购经理				
		产品制造过程中是否采取有效措施降低环境污染 □是 15　□否 0					

续表

CTQs		评价标准	评分人	权重	打分		
					1	2	3
7.生态	③资源消耗（20）	是否制定资源消耗的标准并严格执行 □有标准且严格执行 20 □有标准但执行不严格 10 □无标准 0	战略采购经理	5%×			
	④危险（20）	在产品制造过程中是否使用危险品材料 □是 20　□否 0					
8.合作	①合作期限（30）	供应商愿意签订比较长期的合同（3个月或更长） □是 30　□否 0	战略采购经理	10%×			
	②成本结构（30）	供应商愿意且能够提供完整的成本结构 □是 10　□否 0	战略采购经理				
		成本结构的竞争力 □高 20　□中 10　□低 0	成本工程师				
	③质量协议（20）	是否愿意签订质量维持协议和质量赔偿协议 □是 20　□否 0	质量工程师				
	④客户服务（20）	是否具备完备的客户投诉和反应系统 □是 20　□否 0	战略采购经理				
总分							

说明：

• 每一项得分均需要有足够的数据/资料加以支撑，并随打分结果一起提交。

• 评分由战略采购经理、质量工程师、成本工程师、研发工程师组成的小组以研讨会的形式公开进行。

• 对于不能明确做出评分决定的项（如数据不足等），由小组讨论后确定，并作补充说明。ABC三类供应商都应有2~3家备选供应商。

　　每个供应商都按照上述八项指标（CTQs）的统一标准进行打分（100分制），再计算加权平均值，并根据得分确定供应商的等级。原则上讲，得分最高的供应商为最佳选择。

供应商总分$=R_{总体情况}×15\%+R_{生产制造}×15\%+R_{研究开发}×15\%+R_{质量管理}×20\%+R_{物流交货}×15\%+R_{原材料采购}×5\%+R_{生态}×5\%+R_{合作}×10\%$

供应商等级划分如下：

85~100：A 级供应商；

70~84：B 级供应商；

55~69：C 级供应商；

54 分以下：不予考虑的供应商。

针对不同等级的供应商，采取不同的采购策略：

① 每种类型的供应商一般选择 2~3 家（根据评分的结果确定）；

② 根据供应商的等级确定供货比例：如果选择的供应商分别属于 A、B、C 级供应商，则供货比例可按照 70~80%：20~30%：0 的差异化比例确定；如果没有 A 级的供应商，则应调整比例结构（如：50：30：20），并通过寻找新的供应商或培养有潜力的供应商来实现差异化管理。

读者可以尝试用 CTQ 的方法，以在买车、买房、投资、找工作、招聘、客户分类等时做一个明智的决策。

Scrum 敏捷实践： 可以运用 CTQ 来创建用户故事并界定用户需求优先级。

用户故事（User Story）是一种对某个产品需求的简单描述，就是需求是什么、为谁完成。用户故事是敏捷开发的基础，它从用户的角度来对需求进行描述。产品开发是为了实现产品的商业价值，满足用户需求。只要需求足够明确，所有人都了解其具体内容，团队就能简单有效地把需求转化成可实现、可测试、能够发布的产品。为了实现这个目标，需要找到一种方法来描述需求，让所有人都能对任务的范围有一个共同的认知。这样团队对任务完成会有一个共同的定义，不会出现"你做的不是我所要求的""我忘了告诉你这个需求"等类似的问题。

用户故事体现了用户需求以及产品的商业价值，同时定义了一系列验收标准（Acceptance Criteria，AC）。只有团队完成的工作符合这一系列的 AC 时，才算真正完成了这个用户故事。一个用户故事通常包括三个要素：

角色： 谁要使用这个功能；

活动： 需要完成什么样的功能；

商业价值： 为什么需要这个功能，这个功能带来什么价值。

用户故事可以有不同的展现形式，以下是其中一种典型的描述句式：作为一个<某种类型的用户角色>，我想<达成某些目的>，以便<获取某些商业价值>，如图 3-13 所示：

所以用户故事一旦被确定，那么它所要实现的功能、需求范围、所需工作量也就随之确认了。之后开发人员所要做的就是根据这个用户故事的内容进行开发，只有当所有 AC 被覆盖到，测试人员完成测试，发现所有功能是可测试的、可运行的，这个用户故事才算完成了。

用户故事

标题：　　　账户间转账

作为：　　　　张三

我想：　查看我的账户里的金额，并在不同账户间转账

以便：　我能完成转账，然后查看相关账户里新的余额

价值　　　　　创建者　　　　　估算

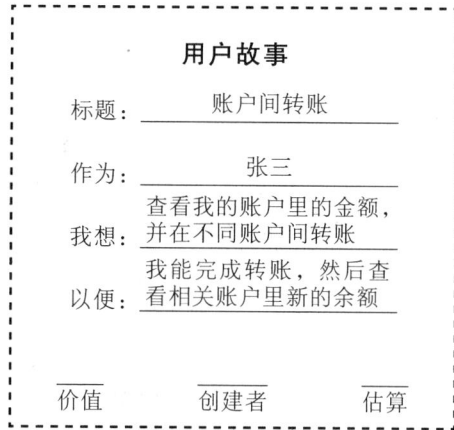

图3-13　Scrum敏捷项目用户故事（User Story）示例

用户故事创建步骤如下：

① 识别项目相关方和产品用户。

② 和相关方协作，写下产品需要达成的需求。

③ 分解需求。可以运用CTQ树来将需求从主题级别分解到用户故事级别（即：主题/活动 Activity>特性/任务 Task>史诗故事 Epics>用户故事 User Story），分解得到的结构称为用户故事地图（User Story Map，USM）。如图3-14所示。

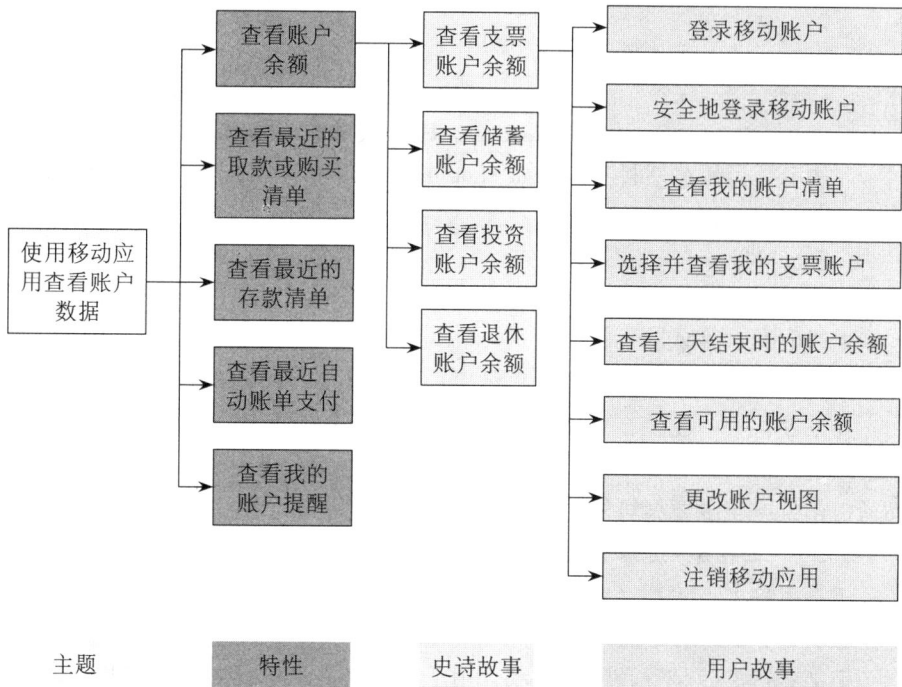

查看账户余额	查看支票账户余额		登录移动账户
查看最近的取款或购买清单	查看储蓄账户余额		安全地登录移动账户
使用移动应用查看账户数据	查看最近的存款清单	查看投资账户余额	查看我的账户清单
查看最近自动账单支付	查看退休账户余额		选择并查看我的支票账户
查看我的账户提醒			查看一天结束时的账户余额
			查看可用的账户余额
			更改账户视图
			注销移动应用

需求级别：　　主题　　　　特性　　　　史诗故事　　　　用户故事

图3-14　Scrum敏捷项目用户需求CTQ树示例

④创建用户故事。

⑤界定用户需求优先级。

⑥根据优先级将需求分配到各个迭代。

Scrum敏捷项目客户需求是在迭代中实现的。在哪个迭代中分配哪些需求，一般是按照客户设定的优先级，从高到低地实施。但在实际操作时，客户也不一定会主动设置需求的优先级。因此，敏捷开发团队要在每个迭代开始前，与客户密切交流，让客户发挥主动性选择需求。同时，也可以用以下两个方法界定好优先级再与客户进行确认。

方法一：从客户价值维度和技术风险维度来排定优先级。图3-15中是常用的工具之一——需求优先级矩阵（Needs Priority Matrix，NPM）。

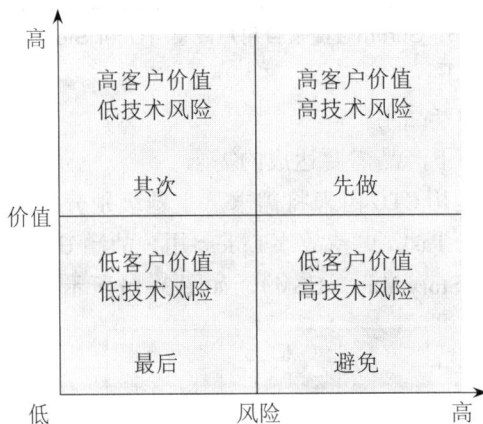

图3-15 需求优先级矩阵（NPM）

方法二：运用莫斯科（Must or Should & Could or Would not，MSCW）法则：

M=Must 必须有；

S=Should 应该有；

C=Could 可有可无；

W=Won't 不需要。

⑦将用户故事分解为任务，并将用户故事与这些拆分后的任务进行关联。

局限性：有些成果，尤其跟服务有关的指标很难量化，如服务态度。六西格玛时代的通用电气流行的话是"衡量不了的注定不能成功"。因此，问题不是无法量化，而是如何量化，或至少要尽可能量化。

3.2.8 工具8：资源池（RP）

工具名称：资源池（Resource Pool，RP）。

发明者：2019年刘建荣。

定义：资源池是一种配置机制，用于对项目资源进行虚拟存储和管理。资源池不同于资源库或资源数据库（Resource Database）：资源池是动态的（类似于"鱼池"，鱼平时养着，需要时捞上来），而资源库是静态的（类似于"鱼库"，只是存放鱼的地方）。最重要的资源池是人才梯队资源池（Talent Pool）。

用途：资源池具有以下两大用途：

一是获得资源可用性的实时数据，提高资源利用效率和效能。具体好处有：

① 便于项目经理据此制订合理的项目计划。项目计划的本质就是为完成项目目标进行资源配置：谁来做？花多少时间做？用多少钱做？还要提供哪些设备或材料才能做？项目经理花费了大量的时间做项目计划，但由于计划中的某一个关键资源因故没有到位，项目的交付进度将被大大延迟。如果没有资源池的实时数据，就无法分辨那些表面看来可以安排实际上并不可用的资源，通过资源池可以知道项目中哪些资源可以调度，从而避免影响项目的交付进展。作为项目经理，能够让计划变得更好意味着项目的资源可以准确地被预测，这也意味着可以告诉项目团队和项目的各个相关方，我们有足够的信心来完成这个项目。

② 便于项目经理快速成立临时项目团队。池成员（资源）各自存在，独立于任何项目组，而项目管理本身就是要整合一组临时资源完成既定项目目标。

③ 有助于项目经理通过查看每个项目的资源分配识别作业冲突。通过项目资源池，当项目经理在预定某个不可用的资源的时候，可以及时获得通知，而不必苦苦地等待资源，更避免了在苦苦等待一段时间后才被通知资源无法到位的情况。如果发生资源冲突，项目经理也知道与谁去协商解决。

二是了解人才现状，提升人力资源管理效能。具体好处有：

① 利于选人。项目经理可根据人员的技能水平、以往项目绩效表现等客观数据选择项目成员。

② 利于育人。公司管理层和项目经理可以根据人员现有技能水平，平衡公司战略发展要求、项目要求和个人职业发展要求，安排有针对性的措施（如轮岗、行动学习、外出培训、传帮带等）帮助员工快速提升技能水平。

③ 利于用人。公司管理层和项目经理可以将合适的人安排在合适的项目中或项目合适的任务中，知人方能善任。

④ 利于留人。管理层或项目管理办公室（PMO）能基于资源池识别真正能干活的骨干人员，主动留人。理想的项目资源池状态是：骨干人员是稳定的，其他人员是流动的。不好的情况是：低效能人员是稳定的，有能力的人员是流动的。资源池还有助于保护项目团队，提振团队士气。一个项目经理如果没有资源的支撑，往往会对项目产生倦怠，而项目团队中的成员如果被超负荷使用并承担多个项目的任务，那么也会打击到项目的士气。资源池让项目的资源管理变得更加透明。项目成员对资源池中的资源状态了解，整个项目组织有序，每个人都清楚当前的工作量和时间安排，可以看到项目交付进展的趋势。这些都可以起到很好的激励人员、留住人员的作用。

模板：见表3-28。

资源池（RP）模板

表3-28

① 资源 名称	② 类型	③ 材料 标签	④ 缩写	⑤ 组	⑥ 通讯簿	⑦ 最大 单位	⑧ 标准 费率	⑨ 加班 费率	⑩ 每次使 用成本	⑪ 成本 累算	⑫能力矩阵	⑬ 管理 策略	⑭ 绩效 描述	⑮资源日历				
														1月1日	1月2日	1月3日	1月4日	1月5日
A. 人员																		
B. 设备																		
C. 材料																		
D. 知识																		
E. 其他																		

使用说明：

表3-28资源池（RP）模板中①~⑮项填写说明如下：

①资源名称：填入人员、设备、材料、知识、其他（如关系）等资源名称。

②类型：填入资源所属类型（工时、材料、成本、其他）。其中，工时资源为执行工时以完成任务的人员和设备资源，它需要消耗时间（工时或工作日）来完成任务。材料资源为完成项目中的任务而使用的供应品或其他可消耗品。与工时资源不同，为任务分配材料资源和成本资源不会影响任务日程安排。成本资源是与任务的工作量或工期无关的资源，如机票价格或住宿费，可以分配给任务。其他指非工时、材料、成本的其他资源，如知识、关系等。

③材料标签：根据对应的材料设定对应的材料标签，比如人员选用"名"、设备选用"台"、钢材选用"吨"等。

④缩写：填入资源名称的缩写。

⑤组：填入资源所属组的名称。

⑥通信簿：填入资源的联系方式（电话、手机、邮箱等）。

⑦最大单位：填入资源在当前时间周期内可用的最大百分比或容量（单位）。

⑧标准费率：填入资源完成正常、非加班工时的费率。

⑨加班费率：填入资源完成加班工时的费率。

⑩每次使用成本：如果是工时资源，填入每次使用时都将累算的成本；如果是材料资源，填入一次累算的成本，不考虑单位数量。

⑪成本累算：填入用于确定资源标准成本和加班成本计入任务成本的方式和时间。

⑫能力矩阵（Skill Matrix）：此处填入项目所需的各项能力，并评估资源的能力水平。

能力矩阵是一种梳理岗位技能，实现人力资源配置优化和可持续发展的工具。它实际是一种团队建设工具（如果再加上"动力"维度，就是3.2.19中的工具能力和动力矩阵了），通过盘点团队成员的实际技能水平与项目需求及个人发展需求之间的差距，提出未来团队的培养发展建议，以及为未来人员配置提供依据，最终实现团队组合最优化。

能力矩阵的核心是明晰团队能力现状与需求的差距。技能界定基于岗位职责要求和个人发展要求。技能评定由项目成员的主管进行，要真实、客观。能力水平高低可采取高、中、低三级：H=熟练，能独立操作并辅导他人；M=较熟练，能独立操作；L=不熟练，需培训。也可以采取五级，并用以下符号来表示：⊕=不了解工作要素，无法执行；⊖=了解工作要素；◕=不太熟练，可在辅导下完成；□=较熟练，可独立完成；●=熟练，可辅导他人完成。

表3-29是某公司某车间某班组四位员工的能力矩阵示例：

表3-29   能力矩阵示例

① 资源	⑫能力矩阵				
	车工	钳工	焊工	磨工	铆工
张三	H	M		L	H
李四	H				L
王二	M			H	
赵五			L		

从表3-29中我们看出该班组存在的一些问题：焊工只有赵五一人，且能力低；钳工只有张三一人，且能力中；赵五只会一项技能，即焊，且能力低；车工比较多，有三人，张三、李四能力皆高，王二能力中；张三一人会四项技能，如果因故离开（如请假），将导致钳工无人做，焊、铆虽然有人做，但能力皆低；在目前技能水平下，人员与技能组合方案少。如果项目需要前四项能力（车、钳、焊、磨），可供选择的方案只有一个：李四-车H+张三-钳M+赵五-焊L+王二-磨H。

那我们就要采取适当的管理策略（填入下一栏⑬管理策略）来改善目前的能力矩阵。可能的策略包括：留住张三这一关键人才（如让他当班组长）；送赵五去参加焊工培训，使其能力逐步由L提升为M再提升为H；进行交叉培训或轮岗（如王二磨工技能为H，可培训其他三人），以培养更多的"多能工（具有操作多种机器设备能力的作业人员）"等。当然，管理策略的制定还必须考虑项目的轻重缓急、项目成员负荷量等因素。如果项目不是很急，就可以由李四来做铆工，张三提供必要的指导；但如果项目比较急，那就只能由张三来做铆工，李四等人可以在旁边观察学习。

假如经过一段时间的管理改善，我们获得了以下的能力矩阵（见表3-30），如果项目需要前四项能力（车、钳、焊、磨），可供选择方案除了赵五-焊H+张三-钳H+王二-磨H+李四-车H这一理想组合外，还有其他23种备选方案（$C_4^1 \times C_3^1 \times C_2^1 \times C_1^1 - 1$）。

能力矩阵除了可以用来评估人员能力外，还可以用来评估设备、材料（供应）、知识等资源的能力水平。

表3-31是设备的能力矩阵。设1~设4代表四台设备，工1~工5代表5道工序（每道工序都会对应一台或多台生产设备），HML为设备能力评级（如汽车行业用的比较多的机器能力指数CMK）。从表3-31可以看出，设备2和设备3能力充分，可以正常生产。设备4能力严重不足，需要马上检修。工序1和工序2都用到设备1，但设备1能力不足，最好安排检修。如果要赶工期，设备1就只能带"病"运行了。因此，我们需要

表3-30 改善后的能力矩阵示例

① 资源	⑫能力矩阵				
	车工	钳工	焊工	磨工	铆工
张三	H	H	L	L	H
李四	H	L	L	M	H
王二	H	L	L	H	L
赵五	L	M	H	L	L

制定管理策略（填入下一栏⑬管理策略）来改善现状，可能的策略包括：工序优化（比如工序4会同时用到设备2和设备3，工序4和工序5都会用到设备2，要合理安排）、改善设备4和设备1的能力、保障设备2的能力（能力不足会影响两道工序）等。

表3-31 设备能力矩阵示例

① 资源	⑫能力矩阵				
	工 1	工 2	工 3	工 4	工 5
设 1	M	M			
设 2				H	H
设 3				H	
设 4			L		

表3-32是材料的能力矩阵。材1~材4代表四种材料，供1~供5代表5家供应商，A、B、C为供应商评级（参阅3.2.7中的工具关键质量特性CTQ）。从中我们可以发现很多问题，比如材料1只有供应商1能提供，且能力为C；材料2只有供应商2能力是A；材料3没有能力为A的供应商；供应商4无论供应什么，能力都是C；如果供应商2由于某种原因不再供货，材2就只有C类供应商可选等。因此，我们需要制定管理策略（填入下一栏⑬管理策略）来改善现状，可能的策略包括：开发材料1、材料2、材料3的A类供应商（特别是材料1和材料3）；帮助供应商5改善质量使其由B类升级为A类；收购供应商2；自己生产材料1等。

表3-32   **材料能力矩阵示例**

① 资源	⑫能力矩阵				
	供1	供2	供3	供4	供5
材1	C				
材2		A	C	C	
材3				C	B
材4		A	A	C	B

表3-33是知识的能力矩阵。知识分两类：程序和知识库。1代表没有这方面的知识；2代表建立了标准化的程序，或相关知识已经萃取入库。3代表知识得到很好的推广应用。

表3-33   **知识能力矩阵示例**

① 资源名称	⑫能力矩阵				
	新品开发	变更控制	财务控制	缺陷管理	风险控制
程序	2	1	3	2	1

① 资源名称	⑫能力矩阵				
	经验教训	项目控制	数据库	配置管理	标杆企业
知识库	1	1	1	1	1

⑬管理策略：填入该资源的获取、维护、培养等策略。

资源池功能的实现通常需要一系列管理策略来确定项目执行时的正确行为（能力），如材料（供应商）的按期按质供应（材料供应商管理）、设备的正常运转（设备管理），以及项目成员的按需到位及担责行为（人员管理）。常用的策略包括资源优化、阻塞控制、故障修复等。

资源优化策略除了资源负荷平衡（参见3.2.16中的工具网络计划技术）外，还有资源数量控制、资源布局优化、阻塞控制、故障修复等策略。

资源数量控制策略指限制资源的数量，确保放在池子里的都是优质资源或有潜力成为优质资源的资源。如不断开发材料供应商，确保池子里每个材料都至少有三家性价比高的供应商备选；不断提升人员各方面的技能，确保池子里每个人员不仅能胜任项目的要求，而且有很多"多能工"，增加人员选择的可能性，同时加强项目团队建设和文化建设，留住关键人才，增强项目团队的稳定性；做好设备的预防性维护和保养工作，减少设备故障时间，确保池子里每台设备都能随时"应征入伍"，且运行稳定。

资源布局优化指对现有的资源布局进行优化，包括工位、物流、环境等，减少等待时间，提高资源运作效率。

阻塞控制就是要采取措施，减少资源阻塞。资源池一旦创建后，就要<u>及时识别公司或项目的瓶颈资源，并制定改善措施</u>。瓶颈资源可能是关键的人或关键的设备，也可能是关键原料（供应总是不能保证）。瓶颈资源管理是一个持续改善过程。正如木桶效应所言，一只木桶的装水量主要取决于它最短的那块板（木桶竖着放），解决了最短板的问题，第二短的板就成为最短板了。当然也取决于它最长的那块板（木桶斜着放），意味着要更好地发挥长板优势，长板做快了，就等于给短板挤出时间了。

故障修复策略指的是一旦发现池子里的某个资源发生故障，迅速将其隔离（资源日历里标记为"N"），采取修复措施，修复好后放回资源池（去除资源日历里的"N"标记）。如果无法修复，寻找替代资源进池。

⑭绩效描述：填入该资源参加了什么项目，在项目中担任了什么角色，执行了什么工作，绩效表现如何。这一项由项目经理填写人员绩效、设备经理填写设备绩效、采购经理填写材料绩效。如，针对某成员的绩效描述可以是："能力较强，但习惯性延迟交付1~2天，需要不时提醒催促"；针对某设备的绩效描述可以是："经常出故障，平均每月至少10起，维修成本较低，一般能在1小时内恢复正常运行"；针对某材料的绩效描述可以是："供应商A供货周期45天，价格500/T，质量最稳定，合格率为99%，售后服务良好，响应时间迅速；供应商B供货周期50天，价格480/T，质量较稳定，合格率为95%，售后服务一般，响应时间较慢；供应商C供货周期55天，价格460/T，质量不稳定，合格率仅为88%，售后服务非常好，响应时间非常迅速。"

⑮资源日历（Resource Calendar）：填入资源目前的使用情况（资源负荷率），从中可以看出该资源哪些时间已经被哪些项目预定，哪些时间是空闲的、可预定，哪些时间是不可用的即不可预定的。填入"100%A"，代表该资源100%被项目A预定，负荷率是100%；填入"100%（50%A，50%B）"，则代表该资源50%被项目A预定，50%被项目B预定，总负荷率是100%；填入"80%B"则代表该资源80%被项目B预定，负荷率是80%，还有20%可用；填入"0"或空缺代表该资源空闲、可预定；填入"N"代表该资源不可用、不可预定。可在"N"处点击右键插入"注释"，说明该资源不可用的原因，如人员请假或休假、外出参加培训，设备预防性维护、故障检修，材料最近断货等。如图3-16所示，说明该资源在休病假。插入后，点击右键可选择"显示/隐藏注释"。以红色显示的资源日历表示该资源过度分配（即超负荷）。

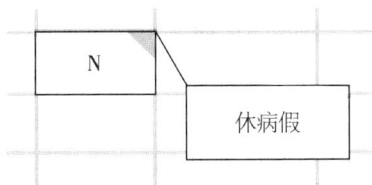

图3-16 资源日历注释示例

资源负荷是指诸多行动中个人或其他资源分配的总和。其计算公式如下：

资源负荷=（资源用时/任务跨度）×100

资源负荷率=（资源用时/任务跨度）×100%

其中，任务跨度采取的是单位任务跨度，即1。如张三在某天花了4个小时做项目，那其对应的负荷就是50（4/8×100=50，1天按8小时算），负荷率为50%。将张三在一定时间内负荷率用纵向条形图表示出来，就是张三的资源直方图。

假设张三在一定时间内的负荷率如图3-17所示。在项目管理中，满负荷率一般选取100%或80%（选80%的理由是项目成员不可能将时间全部用在项目中，总会有不少分心的事情）。假设满负荷率是100%，超出100%（如图3-17中的2号）就为超负荷，低于100%（如图3-17中的1号）就为低负荷，等于100%（如图3-17中的13号）就为满负荷。

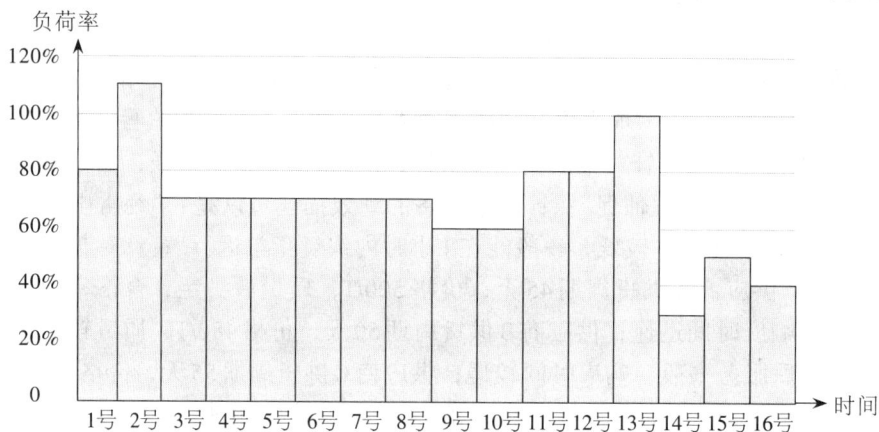

图3-17　资源直方图示例

用Excel制作资源直方图时，先选择需要制作直方图的时间段和负荷率，再在功能菜单中选择"插入>二维柱形图>簇状柱形图（如图3-18所示）"就可以生成如图3-17所示的资源直方图了。

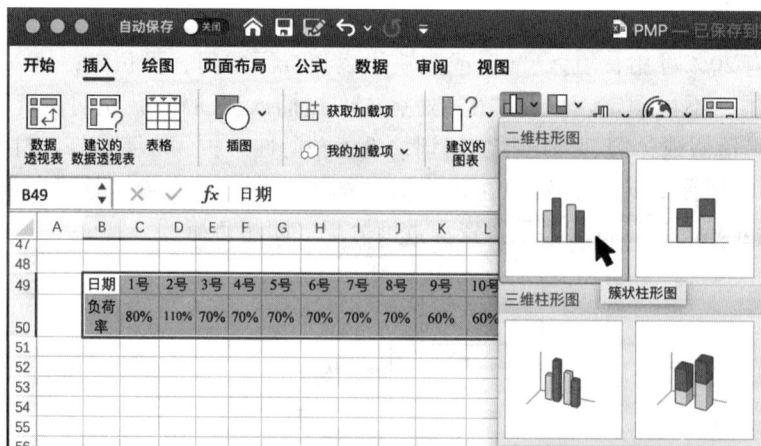

图3-18　Excel制作资源直方图示意

读者还可以在Excel表格中自行加入自己想创建的其他图表或新列。

实操贴士:

① 创建公司或项目的资源池时,必须先对公司的现有资源进行摸底,才能更好地了解资源现状。

② 资源池的管理重点在于非项目实施阶段,而非项目实施阶段(项目尚未启动)。如供应商管理,项目执行阶段再去寻找、开发新的供应商肯定来不及,项目前期、非项目管理期,就要开发好足够的合格供应商,并帮助供应商提高供货能力和改善质量(这也是供应商质量工程师SQE的主要职责,不是来料检验,而是事先控制)。设备也是如此,项目实施阶段出了故障就非常被动,平时就要做好设备的预防性维护工作。人员更是如此,否则项目实施时,人员不是能力有问题,就是动力有问题,项目肯定就会出问题。所以,项目团队建设和管理不仅要贯穿整个项目始终,更要在非项目实施阶段就要进行,特别是项目成员能力提升和动力提升工作。

③ 资源日历使用时必须参照能力矩阵。比如,同样一件任务,选择能力高的人员可能只需要2天就完成,选择能力中等的人员可能需要3天才能完成。同样一种原料,选择A类供应商可能10天就可以到货,选择B类供应商可能15天才能到货。选择哪个资源取决于项目的轻重缓急或优先级、相关方要求等因素。

④ 资源池的主要目的之一就是确保资源被统筹配置,因此,资源是共享的,不允许某项资源被个人或单位或项目组霸占,只有在项目需要时,才将相应的资源分配给项目组进而分配给相应的个人或单位,即个人或单位或项目组只有资源的使用权,没有所有权。IBM的原则是宁愿资源在池子里呆着无所事事,也不允许资源被霸占着。打个简单的比方,比如针对会议室资源,如果公司每个部门都有一个会议室,会出现有的部门会议室大部分时候空着,有的部门会议室则不够用。但如果将会议室资源放入公司资源池里统一调度,就会会大大提高会议室的利用率。

⑤ 资源池需要专人(管理员或调度员)进行管理,及时更新,确保项目各相关方实时了解资源现状,以利项目资源合理配置。实时数据需要一个系统并由额外的人员进行管理,但如果所有的项目都在共享这个资源池,这点额外的支出几乎可以忽略不计。

【例】某项目资源池示例(虚构)(见表3-34)

Scrum敏捷实践:

传统项目管理人被称为"人力资源",而敏捷项目管理人被称为"人"或"团队成员"。敏捷项目虽然更关注个体,但公司应有整体思考,对所有现有的个体和未来的个体进行统筹管理,依然有必要建立公司层面的具有高度可视化的资源池。例如,公司需要确定并记录所有可用的项目资源,才能确定公司是否具备实现敏捷所需的人才和技能;要确定那些可以成功支持切换到敏捷的技术和供应商。如果没有适当的人员和技术,转向敏捷是不太可能产生预期效益的。

敏捷里提倡任何人可以做任何工作,既能减少团队对个人的依赖,又能迅速地培养"全栈工程师"(Full Stack Developer,亦称全端工程师,指掌握多种技能,胜任前端与后端,能利用多种技能独立完成产品的人)。这正是资源池中能力矩阵的用途。

表3-34　资源池（RP）示例

① 资源名称	② 类型	③ 材料标签	④ 缩写	⑤ 组	⑥ 通讯簿	⑦ 最大单位	⑧ 标准费率	⑨ 加班费率	⑩ 每次使用成本	⑪ 成本累算	⑫ 能力矩阵 车工/工1/供1	⑫ 钳工/工2/供2	⑫ 焊工/工3/供3	⑫ 磨工/工4/供4	⑫ 铆工/工5/供5	⑬ 管理策略	⑭ 绩效描述	⑮ 资源日历 1月1日	⑮ 1月2日	⑮ 1月3日	⑮ 1月4日	⑮ 1月5日
A. 人员																						
张三	工时	名	ZS	1	略	100%	50/h	75/h	0	按比	H	M		L	H	略	略	100%	40%	0	0	100%
李四	工时	名	LS	1	略	100%	40/h	60/h	0	按比	H				L	略	略	0	80%	N	120%	130%
王二	工时	名	WE	1	略	100%	30/h	45/h	0	按比	M			H		略	略	20%	40%	60%	80%	100%
赵五	工时	名	ZW	1	略	100%	20/h	30/h	0	按比			L			略	略	100%	100%	100%	100%	N
B. 设备											工1	工2	工3	工4	工5							
设1	工时	台	E1	2	略	100%	50/h	50/h	0	按比	M					略	略	100%	100%	100%	100%	100%
设2	工时	台	E2	2	略	100%	40/h	40/h	0	按比				H	H	略	略	80%	100%	N	0	0
设3	工时	台	E3	2	略	100%	30/h	30/h	0	按比			L	H		略	略	100%	N	100%	100%	100%
设4	工时	台	E4	2	略	100%	20/h	20/h	0	按比						略	略	100%	100%	100%	60%	60%
C. 材料											供1	供2	供3	供4	供5							
材1	材料	吨	M1	3	略	100%	50/g	50/g	0	按比	C			C		略	略	5/供1	0	0	0	5/供1
材2	材料	件	M2	3	略	100%	40/g	40/g	0	按比		A		C		略	略	50/供2	50/供2	0	50/供2	50/供2
材3	材料	件	M3	3	略	100%	45/g	45/g	0	按比		C		C		略	略	60/供5	60/供5	N	60/供5	60/供5
材4	材料	套	M4	3	略	30%	80/g	80/g	0	按比	A	A		C		略	略	10/供3	10/供3	10/供3	10/供3	10/供3
…																						

第3章 项目管理工具

局限性：资源池的局限性主要在于，因整个资源池本身完全不盈利，只有成本计算，因此最后没人承担大量的人员、设备等空闲成本消耗。项目空闲期，资源池人力资源、设备等成本会被无限放大，因为没有一个项目组愿意承担该成本。而在项目繁忙时期，由于资源紧张，各个项目组又需要大量的人员、设备支持，此时资源池就会被再次扩大。这样一来一去就是一个恶性循环。因此，要科学设计资源池的容量。

3.2.9 工具9：沟通矩阵（CM）

工具名称：沟通矩阵（Communication Matrix，CM）。

发明者：2001年IBM。有改动。

定义：沟通矩阵是用来与项目各相关方就沟通的内容、时间、方式、责任等达成一致意见、形成沟通计划的工具。

用途：制订沟通计划。项目经理90%的工作与沟通有关，要通过会议、报告、邮件、电话、短信、视频等各种方式与各相关方（领导、客户、团队成员、供应商等）进行沟通。沟通的工作量是巨大的，而如果没有很好地制订计划来管理这些沟通，项目经理很可能会被如此大的工作量击垮，而沟通计划是项目计划一个非常重要的组成部分。一个好的沟通计划不仅可以增加项目透明度、促进团队间的交流，还可以降低项目风险。

模板：见表3-35。

表3-35　　　　　　　　　　　沟通矩阵（CM）模板

谁：相关方	什么：内容	何时：频率	如何：方式	由谁：责任矩阵（RACI）							
□S：发起人 □E：高管 □T：团队 □C：客户 □V：供应商 □O：其他	□S：状态 □I：问题 □C：变更 □A：行动 □R：方案 □D：决策	□D：每天 □W：每周 □M：每月 □O：待定	□E：邮件 □T：电话 □F：面谈 □P：汇报 □V：虚拟 □M：会议	□R：负责 □A：审批 □C：咨询 □I：知情 □D：提供							
				Albert	Becky	Calvin	David	Edwin	Flora	Gavin	Henry

注：第一栏中的S=Sponsor，E=Executive Management，T=Team，C=Customer，V=Vendor，O=Others；第二栏中的S=Status，I=Issues & Risks，C=Changes，A=Actions，R=Resolutions，D=Decisions；第三栏中的D=Daily，W=Weekly，M=Monthly，O=On Request；第四栏中的E=E-mail，T=Telephone，F=Face to Face，P=Presentaton，V=Virtual Meeting or Web Conference，M=Meeting；第五栏中的D=Develop。

使用说明： 沟通矩阵由五部分（五栏）组成（从左到右依次回答以下五个问题）：谁（who）需要信息？需要什么（what）信息？何时（when）需要？以什么方式（how）提交？由谁（by whom）负责提交？合起来就是：由谁在何时以什么方式与谁沟通什么？这也正是沟通的"五对（5 rights）"：由正确的人（right person）在正确的时机（right time）以正确的方式（right way）与正确的对象（right audience）沟通正确的内容（right message）。其中：第一栏相关方中的选项 O 可以是公司其他部门或业务单位，也可以是外部单位。第三栏频率中的选项 O 为根据需要而定，可以是每两周一次，也可以是每两个月一次，或是不定时。

沟通计划制订步骤如下：

步骤一：在第一栏中列出所有重要的相关方，不要遗漏。

步骤二：与相关方就沟通内容（第二栏）、时间（第三栏）、方式（第四栏）及责任（第五栏）达成一致意见。

实操贴士：

① 早沟通远好于晚沟通。早在我们需要之前就制定好问题解决、变更管理及决策制定的流程；项目经理不要等到问题发生了再去跟别人沟通；不要等到有求于人的时候才想起去跟别人沟通。

② 主动沟通远好于被动沟通。项目经理平时要多关心项目成员，主动询问有什么困难，需要什么帮助；项目经理也不能消极等待，不要在最后关头知道项目出问题了才沟通，平时就要主动了解进度等信息。

③ 沟通过多远好于沟通过少。但这不代表没事就开会，形成"会议太多"的公司文化。相对而言，"会议沟通"成本较高，时间较长。

④ 尽量使用正式的书面沟通（尤其是跟外部客户沟通时）。相对而言，书面沟通比较经济，时间不长，成本不高，且不受场地限制。但这不代表没事就发邮件（主要是跟内部客户沟通时），形成"邮件太多"的公司文化。从沟通效果的角度来看，双方面对面的沟通要远远好于发邮件。项目经理要根据项目规模、项目相关人员的能力和习惯以及沟通需求的紧迫程度，选择合适的沟通方式，确保沟通效率和效果。

⑤ 项目沟通必须有统一的格式、标准的发布，并且被编码、记入日志和存档。

⑥ 不要忽视非正式沟通的作用。引导非正式沟通让其起到积极作用，利用不满（项目成员发牢骚）让改善成为可能，利用谣言（项目成员传播小道消息）让真相浮出水面。许多公司包括华为许多部门流行的"吃文化"，给团队创造了一个经常性沟通的平台，并能调动整个团队的氛围。但团队聚餐只是一种非正式沟通渠道，重点是项目团队建设，不能让"吃"成为主角。

⑦ 利用 3.2.11 中的工具相关方分析图 SAM 提供的信息制订沟通计划。比如根据相关方的影响力/兴趣矩阵，决定沟通策略，第一象限的相关方可能是每周一次邮件通报项目状态，让其知情，第二象限的相关方可能是每周一次电话加一次邮件通报项目状态，第三象限可能是每两周一次面谈，第四象限可能是每周一次面谈。

【例】某项目的沟通矩阵（CM）示例（见表3-36）

表3-36　　　　　　　　　　　　　**某项目沟通矩阵（CM）示例**

谁：相关方	什么：内容	何时：频率	如何：方式	由谁：责任矩阵（RACI）							
□S：发起人 □E：高层 □T：团队 □C：客户 □V：供应商 □O：其他	□S：状态 □I：问题 □C：变更 □A：行动 □R：方案 □D：决策	□D：每天 □W：每周 □M：每月 □O：待定	□E：邮件 □T：电话 □F：面谈 □P：汇报 □V：虚拟 □M：会议	□R：负责 □A：审批 □C：咨询 □I：知情 □D：提供							
				Albert	Becky	Calvin	David	Edwin	Flora	Gavin	Henry
E：高层	S	M	EPT	R	I	I	DI	DI	DI	DI	DI
O：其他部门	S	M	EPT	R	I	I	DI	DI	DI	DI	DI
S/C：客户	S	W	PF	R	I	I	DI	DI	DI	DI	DI
	I	W	PF	R	AI	CI	AI	I	I	I	I
	C	W	PF	R	AI	CI	AI	I	I	I	I
	A	W	PF	R	AI	CI	AI	I	I	I	I
	R	W	PF	R	AI	CI	AI	I	I	I	I
	D	O	PF	R	AI	CI	AI	I	I	I	I
T：组员	SICARD	W	PFT	…							
V：供应商	…										
⋮	⋮										

　　从表3-36中可以看出，对于公司高层及其他部门而言，只需要每月一次向他们提供项目进展状态信息即可；但对于发起人（在此案例中亦为客户）和项目组成员而言，需要每周一次向他们提供所有六个方面的信息。向高层及其他部门提供项目进展状态信息时，可以以邮件、汇报或电话的方式；而向发起人（客户）提供时，则是以汇报或面谈的方式。

Scrum敏捷实践：

传统项目和敏捷项目在沟通管理上存在很大的差异（见表3-37）。

Scrum敏捷项目经常采用如下三种沟通方法：

① 工件（Artifact）：产品愿景声明、产品路线图、产品待办事项列表、冲刺待办事项列表、发布计划、任务板、燃尽图等。

项目管理：操作指南

表3-37
        传统沟通管理与敏捷沟通管理对比

传统沟通管理	敏捷沟通管理
· 团队成员可能不会为当面交谈做出任何特别的努力	· 敏捷项目管理方法将面对面沟通视为传递信息的最佳方式
· 传统方法对文档更为重视。团队可能会基于过程，而不是基于对实际需要的考虑来创建大量复杂的文件和状态报告	· 敏捷项目文件或者工件倾向于言简意赅，并提供恰到好处的信息。敏捷工件仅包含必要的信息并且通常可以使项目状态一目了然。项目团队利用"演示，而非告诉"的概念，即在冲刺评审中通过演示可工作软件来定期沟通进展
· 团队成员可能会被要求参加大量的会议，不论那些会议是否有用或必要	· 按照设计，敏捷项目中的会议是尽可能快速的，并将仅包含真正想参加会议并能从会议中受益的人员。敏捷项目会议能够带来面对面沟通的所有好处并避免浪费时间。敏捷项目会议的结果是提高生产效率，而不是降低生产效率
· 可视化程度较低，且偏静态。信息透明化也很难得到保证，且经常滞后	· 在敏捷项目里，挂在墙上的"人人可见的大图表"是一种普遍的实践，它被用来共享项目的状态并将之可视化。比如表示项目状态的物理墙（通常包括三个元素：时间、任务和团队）。除了表示项目状态外，项目团队还会可视化其他的元素，比如团队应坚持的规则、项目上的经验分享以及项目的里程碑。最大程度的可视化，使工作更加透明化，有利于项目团队及时了解进度、暴露问题、解决问题，并不断培养和加深责任感

    ② 会议：项目计划会议、发布计划会议、冲刺计划会议、每日立会、冲刺评审会议、冲刺回顾会议等。

    ③ 非正式的沟通：面对面交谈、会议纪要（可选）、协同解决方案（低科技沟通方式，如可移动的白板、报事贴、彩色笔等；高科技沟通方式，指电子协作工具，如视频会议和网络摄像头、即时消息软件、基于网络的桌面共享、协作网站等。这些都可以帮助Scrum团队进行沟通。请务必注意，使用这些工具只是作为辅助而不是为了取代面对面交谈）等。其中，<u>面对面交谈是敏捷项目的核心和灵魂</u>。

    Scrum敏捷项目前期同样需要制订沟通计划（communication plan）。例如在Thought Works（全球软件设计与定制领军企业），有一个非常有名的活动叫Inception（产品探索工作坊）。Inception是启动软件设计和交付项目的方法，通过集式、互动式地设计工作坊，帮助客户在最短时间内对项目范围达成一致，快速进入项目交付。而Inception的一个产出就是沟通计划。比如在这个沟通计划中会讨论：以什么频率、什么形式作项目的更新，如每周五以周报的形式作一些主要信息的更新；立会和迭代会议什么时候召开，需要邀请哪些人，如业务负责人、技术负责人等。

    这些内容都会在沟通计划中定义清楚（见表3-38）：

表3-38　　　　　　　　　Thought Works敏捷项目沟通计划示例

项目活动	建议频率	目标	参与者	活动输出
每日立会	每天	跟踪项目进展和问题，同步项目成员的状态	项目组成员	会议纪要
每周项目更新	周报	常规性的对项目负责人和领导更新项目进展和风险的提示	项目组Team Leader、客户业务负责人和技术负责人	邮件附带周报
产品方向讨论会	按需	回顾项目状态，讨论项目问题、产品走向和下一步计划	BA & UX*、技术负责人、客户业务负责人和技术负责人	会议纪要
迭代需求沟通确认会议	前期高频，每周4次；后期低频，每周2次	随着项目的展开，BA和UX协同业务负责人，细化和确认更多、更深入的需求	BA & UX、客户业务负责人和技术负责人	后续迭代的用户故事和需求确认**、原型设计+线路图
迭代计划会议	每个迭代的第一天	制订当前迭代的计划，项目组成员针对故事卡同步对最新需求的理解，制定故事卡的验收标准	项目组成员、客户业务负责人和技术负责人（可选）	当前迭代的计划、迭代故事电子墙、迭代故事物理墙
迭代演示会议（Show Case）	每个迭代的最后一天	面向项目负责人和领导，展示项目进展，演示当前产品功能，获得客户认可，同时收集反馈	项目组成员、客户业务负责人和技术负责人	Show Case报告、反馈列表
迭代回顾会议	每个迭代的最后一天	项目组内部针对上一个周期做总结回顾，做得好的需要坚持，同时针对有待提高的方面制定改进行动	项目组成员、客户业务负责人和技术负责人（可选）	改进行动条目和执行人
代码展示和学习（Code Review）	每天	项目组成员轮流展示当天的代码，用户互相了解实现设计，以便统一代码风格，相互参考设计思路，发现潜在风险	项目组成员、客户业务负责人和技术负责人（可选）	代码改进

*注：BA=Business Analyst客户业务分析师；UX=User Experience用户体验设计师，简称UX设计师。
**注：需求问题的确认使用邮件的方式。

局限性： 计划再好，还需技巧。技巧虽好，还需引导。

技巧是没有办法写在计划里的。同样是主持会议，同样是面谈，同样是发邮件，由不同的人来做结果可能大相径庭。作为项目经理，不仅要运用诸如聆听、换位思考等这些基本的沟通技巧，还要把沟通工作作为自己的首要职责。项目沟通有个"三七"原则，其中包括项目经理跟成员谈话时，最多30%的时间在说，70%的时间是在聆听。同样，项目经理至少70%（有人说90%）的工作应该是在沟通。沟通、沟通、再沟通！就拿反馈技巧而言，项目经理在整个项目管理过程中，要持续不断地给项目组成员提供及时的反馈，更要把他们良好的表现及时反馈给他们的直接上司和管理层。项目管理过程中最忌讳的就是没有反馈——无论项目组成员做好做坏。

项目经理很重要的沟通职责之一就是要通过引导（Facilitation）促进良好的沟通氛围和文化的建设，引导项目组成员互相尊重、互相包容、开诚布公、正视冲突、互相打气、互相支持，而不是发生问题时互相埋怨，或是隐瞒问题，报喜不报忧。

3.2.10　工具10：失效模式和影响分析（FMEA）

工具名称： 失效模式和影响分析（Failure Mode and Effects Analysis，FMEA）[①]。

发明者： 20世纪50年代初，美国格鲁曼（Grumman）飞机公司首先提出，应用于飞机主操纵系统的设计分析，取得了较好效果，以后逐渐推广。

定义： 失效模式和影响分析 是一种系统化的可靠性定性分析方法，它通过对产品/过程各组成部分进行事前分析，发现、评价产品/过程中潜在的失效模式及起因/机理，查明其发生的可能性及对系统的影响程度，以便采取措施进行预防。失效（Failure）指实体（产品、过程、系统或服务）全部或部分失去了完成其功能的能力。

用途： 识别、评估和管理潜在风险。FMEA的主要作用就是发现、评价产品/过程中潜在的失效模式及其起因、后果，找到能够避免或减少这些潜在失效发生的措施，并将上述整个过程文件化。FMEA最显著的成果，就是将跨职能小组的集体知识和经验文件化。同时，作为预防措施工具，找到能够避免或减少潜在失效发生的措施并不断地完善，能够相对容易且低成本地对产品或过程进行修改，从而减轻事后修改的损失。如：因线路板印刷印反而导致产品做错。在试产前，识别到这种失效，在量产前就制定好对策，如在板上钻定位孔，这样板放反时就放不下去了，印刷印反错误就不会发生。

模板： 见表3–39。

表3–39　　　　　　　　　**失效模式和影响分析（FMEA）模板**

系统：											编号：①			
子系统：											页码：第　页，共　页			
零部件：②				设计/过程责任：③							编制者：④			
项目：⑤				关键日期：⑥							FMEA日期：（编辑）（修订）⑦			
核心小组：⑧														
功能或过程⑨	要求⑩	潜在失效模式⑪	潜在失效后果⑫	严重度(S)⑬	分类⑭	潜在失效原因⑮	现行控制				总分(RPN)⑳	建议措施㉑	日期责任和目标完成㉒	完成采取的措施及㉓	严重度(S)㉔	发生度(O)㉕	探测度(D)㉖	总分(RPN)㉗
							发生度(O)⑯	预防控制⑰	探测控制⑱	探测度(D)⑲								

① 潜在失效模式和影响（效应或后果）分析（Potential Failure Mode and Effects Analysis），为FMA（失效模式分析）和FEA（失效影响分析）的组合。分为系统失效模式和影响分析（SFMEA，其中S=System）、设计失效模式和影响分析（DFMEA，其中D=Design）、过程失效模式和影响分析（PFMEA，其中P=Process）、设备失效模式和影响分析（MFMEA，其中M=Machine）等。

使用说明：

表3-39中，①~⑧为表头、⑨~㉗为表体。各部分填写说明如下：

①FMEA编号——填入用以识别FMEA文件的编号（字母、数字串），用于文件控制。

②系统、子系统、零部件——填入需要分析的系统、子系统、零部件的名称及编号。如系统：喇叭；子系统：振动；零部件：音圈。

③设计/过程责任——填入负有设计或过程责任的组织、部门或小组。有时也可以包括供应商名称。

④编制者——填入负责编制FMEA工作的工程师姓名、电话和所在公司的名称。

⑤项目——填入项目名称。

⑥关键日期——填入FMEA初次预定完成日期（DFMEA日期不应超过计划的量产设计发布的日期，PFMEA日期不应超过计划的生产开始日期）。

⑦FMEA日期——填入编制FMEA原始稿的完成日期和最新修订的日期。

⑧核心小组——填入负责开发FMEA小组成员名字、联系信息（电话号码、电子邮件等）及所属组织，可附在补充文件中。

⑨功能或过程——填入被分析项目满足设计或过程意图的功能。如果有多种功能，且有不同的失效模式，应把所有的功能单独列出。

⑩要求——填入需要分析的每一个功能的要求（基于客户的要求和小组的讨论）。如果在不同的失效模式下，功能有一个以上的要求，建议单独列出每一项功能和要求。

⑪潜在失效模式——填入部件、子系统或系统有可能会未达到或不能实现预期功能的情况。

⑫潜在失效后果——填入客户（内部或外部）感受到的失效模式对功能的影响。

⑬严重度（S）——填入对一个假定失效模式的最严重影响的评定等级。当严重度数值定级为9或10时，要特别关注。严重度数值定级为1的失效模式不应做进一步的分析。组织可对严重度评价准则进行修改，但不推荐修改9和10的准则。

表3-40为FMEA严重度评价准则示例（汽车行业）。

在评定失效模式对产品影响的严重度时，9~10分与安全和/或法规有关；5~8分与性能、功能有关；2~4分与外观和感受有关。严重度可通过修改设计、使之补偿或减轻失效的后果从而减低严重度等级。如："瘪胎"可以减轻突然爆胎的严重度，"安全带"可以减轻车辆碰撞的严重度。

⑭分类——填入特殊特性（系统主要功能性能还有结构的可装配性）标识符号（如"▲"）来强调高优先级的失效模式和它们对应的起因。每一个在DFMEA中标识的特性均应在PFMEA中有特殊的过程控制。

⑮潜在失效原因——填入每个潜在失效模式所有主要起因或失效机理，以便对症下药——有针对性地采取适当的纠正措施。

表3-40   **FMEA严重度评价准则示例（汽车行业）**

后果	评价准则（适用于DFMEA和PFMEA）：对产品影响的严重度（客户影响）	后果	评价准则（仅适用于PFMEA）：对过程影响的严重度（对制造/装配的影响）	等级
不符合安全和/或法规要求	在没有预警情况下，潜在失效模式影响车辆安全运行，和/或包含不符合政府法规的情形	不符合安全和/或法规要求	可能在没有预警情况下危害操作者（机械或装配）	10
	在有预警情况下，潜在失效模式影响车辆安全运行，和/或包含不符合政府法规的情形		可能在有预警情况下危害操作者（机械或装配）	9
基本功能丧失或降级	基本功能丧失（车辆不能运行，但不影响车辆安全）	严重中断	100%的产品是废品。流水线停止或停止出货	8
	基本功能降级（车辆可以运行，但是性能下降）	显著中断	生产运转一定会产生部分（少于100%）废品。偏离基本过程，包括降低生产线速度或增加人力	7
舒适功能丧失或降级	舒适功能丧失（车辆可操作，但舒适/便利功能丧失）	中等中断	100%的产品必须离线返工后再被接受	6
	舒适功能降级（车辆可操作，但舒适/便利功能下降）		一部分（少于100%）产品必须离线返工后再被接受	5
令人不舒服的项目	车辆可运行，但外观、可听噪声等项目不合格，并且被绝大多数（>75%）客户察觉到	一般中断	在加工前100%需在位置上返工	4
	车辆可运行，但外观、可听噪声等项目不合格，并且被许多（50%）客户察觉到		在加工前部分需在位置上返工	3
	车辆可运行，但外观、可听噪声等项目不合格，但只被少数（<25%）识别能力敏锐的客户察觉到	微小中断	对过程、操作或操作员造成轻微的不便	2
没有影响	没有可识别的影响	没有影响	没有可识别的影响	1

⑯发生度（或发生频度）——填入每个起因或机理发生的可能性。通过设计更改或设计过程更改（如设计审查表、设计评审等）来预防或控制该失效模式的起因/机理是降低发生度级别数的唯一途径。

表3-41为FMEA发生度评价准则示例（汽车行业）。

表3-41　　　　　　　　FMEA发生度评价准则示例（汽车行业）

失效的可能性	评价准则（仅适用于DFMEA）：针对起因发生频度（设计项目/车辆寿命/可靠性）	评价准则（适用于DFMEA和PFMEA）：针对起因发生频度（每个项目/车辆发生事故）	等级
非常高	没有历史的新技术/新设计	≥100次每1 000个，≥1次每10辆	10
高	新设计、新应用或使用寿命/操作条件改变的情况下不可避免的失效	50次每1 000个，1次每20辆	9
	新设计、新应用或使用寿命/操作条件改变的情况下很可能发生的失效	20次每1 000个，1次每50辆	8
	新设计、新应用或使用寿命/操作条件改变的情况下不确定是否会发生的失效	10次每1 000个，1次每100辆	7
中等	频繁的失效发生在类似设计或设计模拟和试验中	2次每1 000个，1次每500辆	6
	偶尔失效发生在类似设计或设计模拟和试验中	0.5次每1 000个，1次每2 000辆	5
	只有单次失效发生在类似设计或设计模拟和试验中	0.1次每1 000个，1次每10 000辆	4
低	只有单次失效发生在几乎相同的设计或设计模拟和试验中	0.01次每1 000个，1次每100 000辆	3
	无明显失效发生在几乎相同的设计或设计模拟和试验中	≤0.001次每1 000个，1次每1 000 000辆	2
非常低	失效通过预防控制来消除	失效通过预防控制来消除	1

⑰、⑱现行控制——填入已被或正在被同样或类似的产品设计或过程设计所采用的预防控制（如标杆分析研究）和探测控制（如样件试验）。特别注意：用于制造、装配过程的检验和试验不能视为设计控制。

⑲探测度——填入对现行设计或过程控制中所列的探测方法好坏程度的评分。

表3-42为FMEA探测度评价准则示例（汽车行业）。

⑳总分（RPN）——填入严重度（S）、发生度（O）和探测度（D）的乘积。风险顺序数RPN（Risk Priority Number）=S×O×D。在单独的FMEA范围内，数值可以在1到1 000之间变化。RPN是用来协助排列措施优先等级的方法之一，但不建议仅仅采用RPN限值来决定是否需要采取措施。理由见最后的"局限性"描述。一般实践中，不管其RPN值多大，当严重度是9或10时，必须予以特别关注。

表3-42   FMEA探测度评价准则示例（汽车行业）

探测机会	评价准则（仅适用于DFMEA）：设计控制探测的可能性	探测机会	评价准则（仅适用于PFMEA）：过程控制探测的可能性	等级	探测可能性
没有探测机会	无现行设计控制；无法探测或不可分析	没有探测机会	无现行控制；无法探测或不可分析	10	几乎不可能
在任何阶段都不容易探测	设计分析/探测控制的探测能力很弱；仿真分析（如CAE、FEA等）与预期的实际操作条件不是相互关联的	在任何阶段不太可能探测	失效模式和/或错误（原因）不容易探测（如随机检查）	9	非常微小
在设计定型后，设计发布前	在设计定型后，设计发布前，使用通过/不通过试验对产品进行确认（用接受标准来测试系统或子系统，如行驶与操纵、运输评估等）	加工后问题探测	操作者通过目视/排列/耳听法的事后失效模式探测	8	微小
	在设计定型后，设计发布前，通过试验到失效的测试对产品进行确认（对系统或子系统进行测试，直到故障发生；进行系统相互作用试验等）	从源头进行的问题探测	操作者通过直观/目视/排列/耳听法在工位上做失效模式探测或操作者通过使用特性测量（通/止，手动转矩检查等）做加工后探测	7	非常低
	在设计定型后，设计发布前，通过老化试验对产品进行确认（在耐久性试验之后进行系统或子系统测试，如功能检查）	加工后问题探测	操作者通过使用各种测量进行加工后失效模式探测或操作者在工位上通过使用特性测量做事后失效模式探测（行/不行，手动转矩检查等）	6	低
在设计定型前	在设计定型前，进行产品确认（可靠性试验，开发/确认试验），使用通过/不通过试验来确认（如性能接受标准，功能检查等）	从源头进行的问题探测	操作者通过使用各种测量进行工位上的失效模式或错误（原因）探测，或由工位上的自动化控制设备探测不符合零件并（通过指示灯、鸣声）通知操作者。在作业前准备和首件检查时进行测量（仅用于探测作业前准备的起因）	5	中等
	在设计定型前，进行产品确认（可靠性试验，开发/确认试验），使用试验直到失效的测试来验证（如持续试验直到有泄漏、弯曲、破裂等现象）	加工后问题探测	由自动化控制进行加工后失效模式探测。这种自动化控制能探测不符合零件并锁定零件以防止进一步的操作	4	中上
	在设计定型前，进行产品确认（可靠性试验，开发/确认试验），使用老化试验来确认（如数据趋势，前后的数据等）	开始时问题探测	由自动化控制进行工位上失效模式探测。这种自动化控制能探测不符合零件，并自动锁定零件以防止进一步的操作	3	高
仿真分析相互关联性	设计分析/探测控制的探测能力很强。仿真分析（如CAE、FEA等）在设计定型前，与实际或预期的操作条件关联性很高	错误探测和/或问题探测	由自动化控制进行工位上错误（起因）探测。这种自动化控制能探测错误和预防不符合零件的制造	2	非常高
探测不适用：失效预防	由于有了设计方案（如已证实的设计标准，最佳实践或常用材料等）的充分预防，失效原因或失效模式无法发生	错误预防	以夹具设计、机械设计或零件设计所做的错误（起因）预防，通过过程/产品设计进行防错项目，从而避免制造不符合零件	1	几乎肯定

㉑建议措施——填入针对高严重度、高RPN值和小组指定的其他项目进行预防或纠正的措施。任何建议措施的意图都要依以下顺序降低其风险级别：严重度、发生度和探测度。记住，只有设计或过程更改才能导致严重度的降低；只有通过设计或过程更改消除或控制失效模式的一个或多个起因/机理才能有效地降低发生度；增加设计确认/验证措施将仅能导致探测度值的降低，不应被优先采用；增加检验频率通常不是一种有效的措施，只能作为临时的手段。

㉒责任和目标完成日期——填入负责完成每一项建议措施的组织或个人，及目标完成日期。

㉓~㉗用来标识任何完成措施的结果和它们对严重度、发生度、探测度等级和RPN值的影响。其中：

㉓采取的措施及完成日期——填入所采取的措施及实际完成日期。

㉔严重度——填入措施完成后的严重度等级。

㉕发生度——填入措施完成后的发生度等级。

㉖探测度——填入措施完成后的探测度等级。

㉗总分RPN——填入措施完成后的风险优先指数RPN值。

实操贴士：

所有修改后的等级应被评审，单独的措施不能保证问题得到解决，因此适当的分析或测试应该作为验证来完成。如果需要考虑进一步措施，要重新分析。焦点应该始终放在持续改进上。

图3-19是FMEA的制作流程：

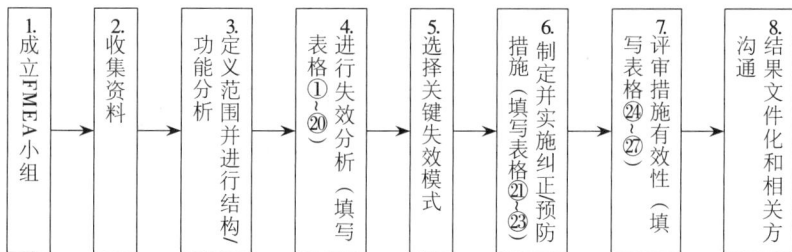

图3-19　FMEA制作流程

实操贴士：

① 成立FMEA小组时，DFMEA一般以研发部为中心成立小组，PFMEA一般以工程部为中心成立小组。DFMEA一般在识别客户要求和法律法规要求后和正式设计之前做，这样先识别失效，再做FMEA，设计就会少走弯路。PFMEA一般要在工艺流程图制定好之后、试产控制计划之前做。

② 完成FMEA文件后，要向管理层、客户、供应商等相关方沟通风险。

③ 在以下情况下要评估FMEA是否需要修改：新产品、新项目、新工艺、设计变更、工程变更、新环境、新场所等。

【例1】设计失效模式和影响分析示例（见表3-43）

表3-43   LH前门密封DFMEA示例（部分）

项目/功能	要求	潜在失效模式	潜在失效后果	严重度	分类	失效的潜在要因	现有设计 控制预防	发生度	现有设计 控制探测	探测度	RPN	建议措施	职责&目标完成日期	措施结果 采取措施和生效日期	严重度	发生度	探测度	RPN
LH前门 H8HX-0000-A ·上、下车 ·保护乘员免受天气、噪声、侧碰撞童的影响 ·车门附件，如后视镜、门锁、门铰链及门窗升降器等的固定支撑	维护门内板H内门板的完整	完整被破坏，内门下部的板有空气进入	车门内板下部被腐蚀，门寿命降低，导致： ·因漆面生锈、顾客对外观不满 ·损害车门内附件之功能	5		内门板上边缘规定的保护蜡喷涂太薄	设计要求(#31268)和最好实践(BP3455)	3	车辆耐久性试验T-118 (7)	7	105	实验室加速腐蚀试验	A.Tate 车身工程师 OX0903	基于试验结果(试验编号1481)，上边缘规范上升到125 OX0903	5	2	7	70
						蜡层厚度规定不足	设计要求(#31268)和最好实践(BP3455)	3	车辆耐久性试验T-118 (7)	7	105	实验室加速腐蚀试验	A.Tate 车身工程师 OX0903	试验结果显示规范上蜡厚度充足的 OX0903	5	3	4	60
						规定的蜡层厚度不足	MS-1983 工业标准	2	物理和化学实验室试验编号：1265报告(5) 车辆耐久性试验T-118 (7)	5	50	在蜡层上做设计试验分析	J.Sythe 车身工程师	在规定厚度上显示了25%的变异，是可接受的	5	3	4	60
						角落设计预防喷枪到所有面积		5	用功能不彰的喷头进行设计辅助调查(8) 车辆耐久性试验T-118 (7)	7	175	利用正式量产喷蜡设备和特定蜡的小组评价 行小组评价 无	T.Edwards 车身工程和总装部门 OX1115	基于试验结果：在受影响的区域增加3个排气孔	5	1	7	35
						车门板之间空间不足，容不下喷头作业		4	喷头入口图纸评估(4) 车辆耐久性和喷试验175T-118 (7)	4	80	利用辅助设计模型和喷头头进行评价	车身工程师和总装部门 OX1115	评价显示入口合适 OX1215	5	2	4	40

211

【例2】过程失效模式和影响分析示例（见表3-44）

表3-44　车门内部人工涂蜡PFMEA示例（部分）

过程步骤/功能	要求	潜在失效模式	潜在失效后果	严重度	分类	失效的潜在要因	现行过程控制				RPN	建议措施	职责&目标完成日期	措施结果				
							预防控制	发生度	探测控制	探测度				采取措施和生效日期	严重度	发生度	探测度	RPN
操作：70 车门内部人工涂蜡	为覆盖车门内部，车门下层表面涂厚度规定的蜡	在指定的表面涂蜡不足	内门板完整性被破坏；车门下层表面腐蚀；车门寿命降低：•使用一段时间后生锈，使顾客对外观不满意 •车门内附件功能下降	5		人工插入喷头不够深入	无	8	每小时进行目测检查，每班检查一次喷膜厚度（深度仪）和范围	5	200	给喷蜡枪加装深度限位器	制造工程师 0X01015	增加限位器，在线上检查喷蜡枪	5	2	5	50
												使喷蜡作业自动化	制造工程师 0X01215	由于同一条线上门的复杂度不同，因此拒绝该项建议				
						喷头堵塞	在开始和停机后试验喷雾形状，按照预防维护程序清洗喷头	5	每小时进行目测检查，每班检查一次喷膜厚度（深度仪）和范围	5	125	使用试验设计确定温度和压力	制造工程师 0X01001	确定温度和压力限值，并安装控制器，显示过程已受控。Cpk=1.85	5	1	5	25
						因受撞击，喷头变形	依预防维护程序维护喷头	2	每小时进行目测检查，每班检查一次喷膜厚度（深度仪）和范围	5	50	无						
						喷蜡时间不足	无	5	按作业指导书进行批量抽样（每班10个门），检查重要部分喷蜡范围	7	175	安装喷蜡定时器	维修部门 xx/xx/xx	安装了自动喷蜡定时器，控制打开喷头，定时器控制关闭	5	1	7	35
		在指定的表面涂蜡过多																

Scrum 敏捷实践：

风险无处不在。有项目，就有风险。风险管理同样贯穿 Scrum 敏捷项目的始终。Scrum 敏捷项目的节奏性、迭代性、可视性使其非常适合管理产品开发和相关项目中常见的各种风险，风险会在刚刚产生的萌芽状态得到消除和控制。例如，在一开始的迭代会议上，Scrum 团队可以用引导工作坊、敏捷建模（Agile Modeling，AM）进行需求理解和细化，还可以按价值和风险程度来决定故事的优先次序（需求优先级矩阵），花足够的时间在有风险的故事上，正确地确定及减轻风险。另外，敏捷开发评估时以工作量为导向而非时间为导向。在开发任务评估时采用相对估算而非绝对估算，其目的是为风险预留对应的空间。同时 Scrum 集合一线人员、产品负责人、客户、利益相关方的参与、经验分享、集思广益，将小型团队转化为独立的管理者，采用灵活机动的模式，更有利地解决问题。

虽然 Scrum 敏捷项目的风险管理不需要使用 FMEA 这个工具，但要结合其特点来进行，也需要结构性的风险管理方法。整个 Scrum 团队负责风险管理，在整个项目过程中参与探讨风险的识别、分析、应对、跟踪和响应。

1.风险识别实践

每次迭代中整个团队都进行一次，并在产品代办事项列表中纳入风险应对的相关任务（有时以故事形式加上待办事项列表并被处理）。

2.风险分析实践

Scrum 敏捷项目主要凭主观判断、直觉及经验作定性分析去判断风险和潜在损失。敏捷开发中的短开发周期及定期检讨使这个分析可行而有效。这有别于传统项目管理中经常使用的 FMEA。

对 Scrum 敏捷项目进行风险评估时，可采用表 3-45 所示的概率和影响矩阵。

表3-45　　　　　　　　　　Scrum敏捷项目概率和影响矩阵

		严重性			
		可接受	可忍耐	不希望	不能忍
可能性	不会发生	小（G）	中（Y）	中（Y）	大（O）
	可能发生	小（G）	中（Y）	大（O）	特大（R）
	肯定发生	中（Y）	大（O）	大（O）	特大（R）

此矩阵对概率和影响进行组合，以便把单个项目风险分成不同的优先级：I类（R，代表红色）、II类（O，代表橙色）、III类（Y，代表黄色）、IV类（G，代表绿色），分别对应不同的服装型号：特大（Extra Large）、大（Large）、中（Medium）和小（Small）。类似于传统项目管理的概率和影响矩阵（如图2-8所示）。

3.风险应对实践

Scrum 敏捷项目的风险应对策略与传统项目，只不过应对的具体活动会有所不同。

有些风险可以通过开展具体活动（称为敏捷风险管理中的"风险任务分配"）来解决，有些则需要关注活动所采取的方式（称为敏捷风险管理中的"风险标记"）。例如，开发产品用户界面时出现的需求风险可能会鼓励团队使用结对编程（Peer Programming）——一种两个个体协同工作的敏捷技术——来执行所有这类用户故事。因此，在稍后的迭代过程中，团队会识别所有受影响的活动，并将其标记以关联该风险处理决策。其他常用风险应对活动还包括：静态代码质量（例如Findbugs）、代码集体所有权（Collective Code Ownership）、原型设计（Prototyping）等。

4. 风险跟踪实践

在一种被称为"风险墙"的实践中，建议同时寻找风险燃尽图和其他风险相关制品（如风险登记表、风险缓解看板或用户故事地图），使其保持可见性，以提高透明度，并积极征求团队反馈，同时以与其他敏捷项目任务一致的方式进行维护。

5. 风险响应实践

Scrum敏捷开发中的工件（如任务板）、会议（如计划会议）、非正式的沟通（面对面交谈、协同解决方案等）都能帮助团队有效地管理风险。项目状态的高度可视化和透明化可以使所有的项目相关方（不仅仅是项目团队）都会对项目的风险进行关注，而且关注每一天的风险。一旦发生风险，项目团队能快速响应。

局限性：

在应用FMEA时，很多企业采用RPN的限值（如当RPN=80或100时）作为采取措施的依据，这只是习惯上的做法，并没有一个强制要求采取措施的RPN值。如果仅采用RPN限值来决定是否需要采取措施会带来误导。

以表3-46为例，如果一家企业选择100作为RPN限值，那么小组就要求对RPN值为120的特性B采取措施。

表3-46　　　　　　　　　　　　　　RPN值示例

项目特性	严重度	发生度	探测度	RPN
A	9	2	5	90
B	5	6	4	120

但在此例中，虽然特性B的RPN较高，且超过100，但是优先措施应该为严重度等级较高的特性A，尽管它的RPN较低，而且90也低于限值。

另外，建立限值可能会促使小组成员产生错误行为，即小组成员花时间去试图求证一下低发生度或低探测度的等级的数值，以期降低RPN值。这种做法是不可取的，因为这种行为会使得引起失效模式的真正问题得不到解决，只是让RPN值低于限值。

实操贴士：

（1）优先级选取时应综合分析严重度、发生度和探测度，优先考虑严重度，而不是仅通过RPN限值来决定，RPN限值仅能用作参考。FMEA小组在初次进行FMEA分析时，可以预设一个决定措施的优先级别，比如，规定以下四种情况为优先采取措施的顺序：

① 严重度（S）≥8时；

② 严重度（S）×发生度（O）≥30时；

③ 发生度（O）×探测度（D）≥30时；

④ RPN≥100时。

（2）在实际分析中可根据情况作适当的调整。总之，FMEA是持续改进的工具。如果初期RPN为100的失效模式时采取了措施减少或消除，为持续改进需要，可以调整为RPN为80时就应采取措施。

2019年6月3日，由美国汽车工业行动集团（AIAG）与德国汽车工业联合会（VDA）联合开发的新版FMEA手册（第五版）正式发布。在新版FMEA中，采用了全新的严重度、发生度（频度）和探测度评分标准，取消了RPN，采用措施优先级AP（Action Priority），分为高、中、低三级。对不同AP优先级，采取有针对性的措施降低风险级别，同时也可以判定现有的控制是否充分。

① 高优先级（H）：最高级别的改进优先级，团队必须（Shall）确定适当的行动以改进预防和/或探测控制；如果没有改进措施，应有文件化的理由说明。

② 中优先级（M）：中等级别的改进优先级，团队应当（Should）确定适当的行动，以改进预防和/或探测控制；如果团队结合公司实际情况，不采取改进措施，应有证据显示为什么控制是足够的。

③ 低优先级（L）：最低级别的改进优先级，团队可以（Could）确定改进预防和/或探测控制的措施。

3.2.11 工具11：相关方分析图（SAM）

工具名称： 相关方分析图（Stakeholder Analysis Mapping，SAM）。

发明者： 2019年刘建荣。

定义： 用来识别和管理项目相关方的工具。

用途： 识别关键相关方、评估相关方（影响力、参与度、需求度、关联度等）、制定相关方管理策略。

模板： 见表3-47。

表3-47　　　　　　　　　　相关方分析图（SAM）模板

名称 Name	（1）相关方画像 Stakeholder Persona	（2）同理心地图 Empathy Mapping	（3）相关方价值图 Value Mapping

使用说明：

相关方分析有三个步骤：

第3章　项目管理工具

第一步：识别（Identifying）

识别相关方是识别你的项目有哪些项目相关方，分析和记录他们的利益、参与度、相互依赖性、影响力和对项目成功的潜在影响的过程。这一步的目的是使项目团队能够建立对每个相关方或相关方群体的适度关注。

本步骤应根据需要在整个项目期间定期开展，通常在编制和批准项目章程之前或同时首次开展。在必要时需重复开展，至少应在每个阶段开始时，以及项目或组织出现重大变化时重复开展。

识别相关方可以采用专家判断、问卷和调查、集体头脑风暴的方式。识别相关方时，应考虑所有被项目影响到的人员、对项目有影响力的人员、对项目成功与否感兴趣的人员。

将识别后的相关方填在表3-47第一栏"名称"下。

实操贴士：

① 尽管相关方既可以是个人，也可以是单位，但你最终打交道的还是个人。确保你能准确识别出相关单位中的相关个人。

② 一定不要遗漏任何一个相关方，哪怕你觉得他不重要，没有人喜欢被忽视特别是无视。

③ 项目经理和团队正确识别并合理引导所有相关方参与的能力，能决定项目的成败。为提高成功的可能性，项目经理应尽早开始识别相关方并引导相关方参与。

④ 如果有大量相关方，或相关方社区的成员频繁变化，或相关方和项目团队之间或相关方社区内部的关系复杂，可能有必要对相关方进行优先级排序。

⑤ 识别相关方以及绘制相关方画像、同理心地图和相关方价值图时，项目经理可以邀请团队核心成员，利用不同颜色的报事贴（Post-It）来集思广益、共同完成。例如识别相关方时，每位成员将自己想到的相关方写在报事贴上，一个相关方一张报事贴，并贴在大白板或墙上，去掉重复的相关方，就可以得到相关方清单。

第二步：评估（Evaluating）

现在你也许有一长串相关方名单（个人或单位）。第二步就是评估相关方的关联度、影响力、参与度和需求度。这里会用到与设计思维（Design Thinking）相关的两个工具：相关方画像（Stakeholder Persona）和同理心地图（Empathy Mapping）。

有些相关方可以对项目施加影响，或推动或阻碍。有些相关方可能对项目有兴趣，有些则不在乎。相关方画像主要用来评估相关方的影响力和对项目的兴趣。其各栏内容填写如表3-48所示。

相关方识别后，我们首先要明确他们之间的关联度以及各自的角色。接下来，通过评估相关方的影响力和对项目的兴趣，我们可以知道哪些相关方是需要重点关注的。我们可以按照相关方对项目的影响力和兴趣，在影响力/兴趣方格图（图3-20）中标出他们的位置。例如，你的老板可能有高的影响力和高的支持力，你的家庭可能有高的支持力但低的影响力。

项目管理：操作指南

表3-48   相关方画像主要内容

背景 Profile	关联度 Identity	角色 Role	影响力				态度		沟通频率	
			职位P	技术T	关系R	总分	现有X	期望O	现有X	期望O
填入姓名、组织职位、地点、联系方式、项目角色等，并注明相关方身份（如总经理、质量总监、销售代表等）	先画出所有重要相关方之间的关系图；接着标示相互间的关系状态： —— 正面 ══ 友好 ╪ 公开冲突 ⊖ 暗地冲突 ⎱ 同盟 最后在箭头上标出一方预期从另一方获得的价值	请选择相关方在项目中的角色： C：咨询者 D：决策者 U：用户 E：评估者 I：影响者 A：批准者	其中：P（Position）指职位影响力；T（Technical）指技术影响力；R（Relationship）指关系影响力。请分别选择相关方在这三个方面的影响力水平： 3：影响力高 2：影响力中 1：影响力低			总分=P+T+R	请选择相关方的现有态度： 5：强烈支持（倡导者） 4：比较支持（支持者） 3：中立（中间派） 2：比较反对（批评者） 1：强烈反对（阻碍者）	请确定期望相关方的态度	请选择与相关方现有的沟通频率： 1：从来没有 2：碰过面 3：面对面沟通 4：较少 5：经常	请选择与相关方期望的沟通频率

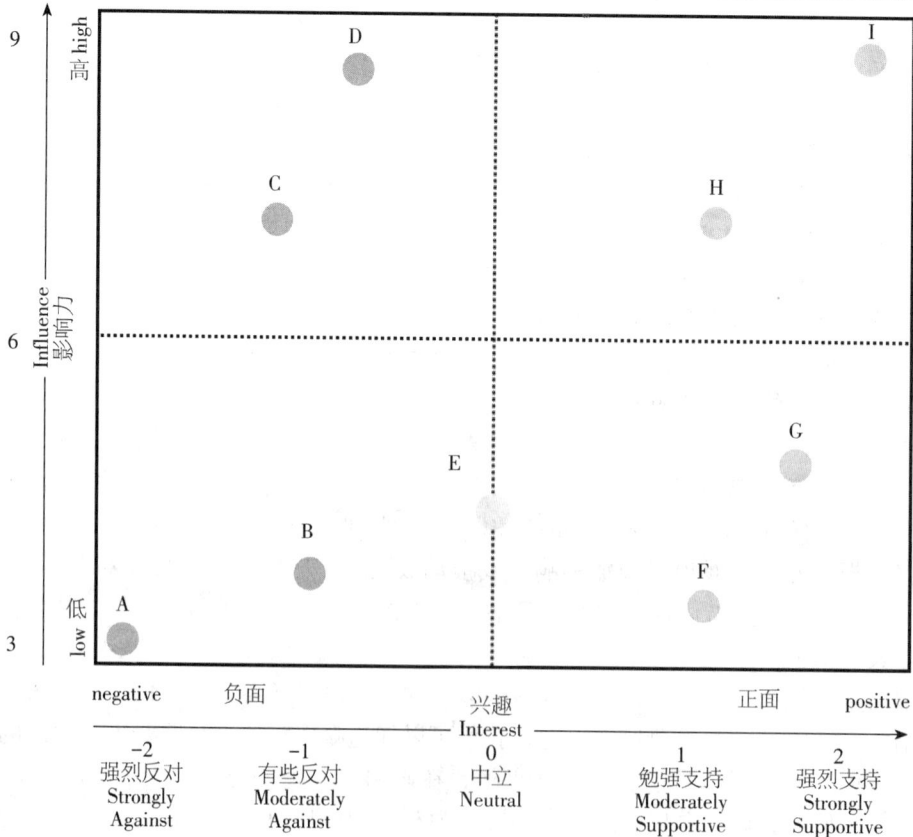

图3-20 影响力/兴趣方格图

对于处在四个不同象限的相关方，采取不同的管理和沟通策略：维持、促进或撤退（如图3-21所示）。

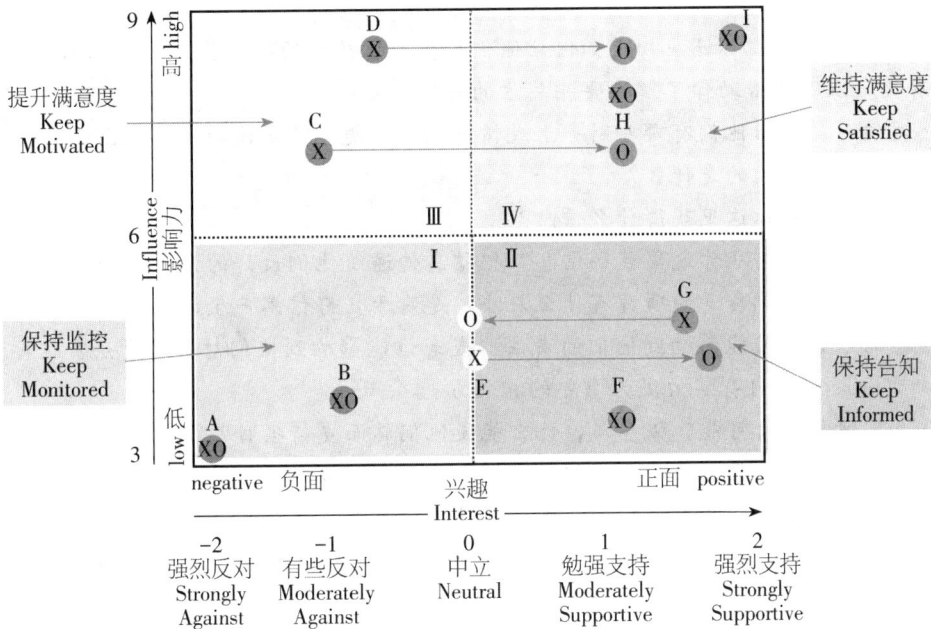

注："X"表示相关方现有位置。"O"表示期望位置。"→"表示要缩短的差距。

图3-21　相关方管理组合图

- 针对第一象限（低影响力、低支持力）的相关方，策略是保持监控。只需最小投入，但不要给他们发过多的信息打扰他们。如图3-21中处于第一象限的相关方A和B。

- 针对第二象限（低影响力、高支持力）的相关方，策略是保持告知。主要采用单向沟通的策略，确保这些相关方收到适度的信息（如通过简讯），与他们面谈确保没有大的问题发生。这些相关方通常对项目的细节非常有帮助，但有时过分关注细节未必是好事。如图3-21中处于第二象限的相关方F和G。F维持现状，G我们则希望降低他的兴趣至中立，因为G的过分热情参与会给项目带来反作用。

- 针对第三象限（高影响力、低支持力）的相关方，策略是提升满意度。运用密集沟通和说服拉他们入伙（如利用第四象限的倡导者），使他们满意，但要掌握分寸，不要让他们对你的信息感到不耐烦。如图3-21中处于第三象限的相关方C和D。

- 针对第四象限（高影响力、高支持力）的相关方，策略是保持满意度。这些相关方你应再度确认他们的兴趣所在，尽最大努力确保他们满意并全力参与，使他们成为项目的倡导者。如图3-21中处于第四象限的相关方H和I。

- 针对不属于这四个象限的中立者（一般情况下，这类人不占少数），策略主要是提升满意度。如图3-21中的相关方E。

实操贴士：

为了更好地制定策略，你需要深入了解重要的相关方。你应该知道他们对你的项目的感觉和反应如何，你还应知道如何让他们尽全力支持你的项目，如何与他们进行沟通才最有效。以下是帮助你了解重要相关方的关键问题：

- 对项目的产出他们有哪些财务上或情感上的兴趣？是正面的还是负面的？
- 最能激励他们的是什么？
- 他们期望从你这里获得什么信息？
- 他们期望如何从你这里获得信息？把信息传递给他们最好的方式是什么？
- 他们现在对你负责的项目有什么看法？是基于良好信息产生的看法吗？
- 总的来说，谁能影响到他们的看法，或者谁能影响到他们对你的看法？这些影响者中的部分是否凭自身实力成为重要的相关方？
- 如果他们不大可能积极参与，什么能使他们转而支持项目？
- 如果你认为自己无法赢得他们的支持，你会如何应对他们的对抗？
- 还有谁会受他们的看法影响？这些人是否凭自身实力成为相关方？

回答这些问题的最好方法就是直接与你的相关方交谈，询问他们的观点通常是与他们建立成功关系的第一步。

通过汇总这些问题的答案，你可以很容易地判断出哪些相关方有可能是你项目的阻碍者或批评者，哪些相关方有可能是倡导者或支持者。你可以在影响力/兴趣方格图中用不同颜色加以区分：倡导者或支持者用绿色，阻碍者或批评者用红色，其他中立的用橙色。

评估完相关方的影响力和参与度，接下来就是评估相关方的需求度。我们运用同理心地图完全站在关键相关方的角度，从而更好地去理解相关方的痛点、需求和需要解决的问题。

同理心地图是对"用户是谁"的一种可共享的可视化。它的好处包含两个方面：①让大家对相关方的理解保持一致；②帮助我们做出"以相关方为中心"的管理策略设计决策。例如，工艺优化项目经理需要项目重要相关方一线操作工的配合。在了解到操作工目前的痛点之一是加班少（影响收入）、需点之一是增加收入，在说服操作工积极配合项目任务时，就可以重点说明该工艺优化项目对于操作工工作效率提升带来的好处，进而帮助他们增加收入的实际价值，从而获得他们对项目的买入。

同理心地图（如图3-22所示）包括八个部分：假如我是相关方，我会想什么（①所想）、感到什么（②所感）、说什么（③所言）、做什么（④所为）、看到什么（⑤所见）、听到什么（⑥所闻）、担心什么（⑦所痛）和需要什么（⑧所需）。

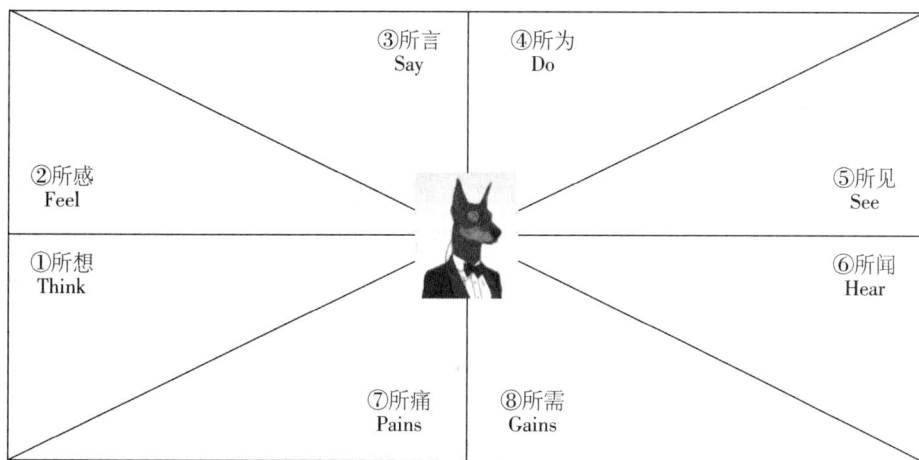

图3-22 同理心地图

实操贴士：

项目经理邀请团队成员绘制同理心地图时，要求大家像演员一样，移情到相关方的角色身份来描述每个角色的经历、经验以及想到、感到、听到、看到的信息，说的话、做的事、困扰的问题、需求。同理心地图所收集到的信息最好通过相关方问卷调查、访谈或体验等来验证。

第三步：管理（Managing）

管理相关方参与就是与相关方进行沟通和协作以满足其需求与期望、处理问题，并促进相关方合作参与的过程。

这一步是基于第二步的评估，运用如图 3-23 所示的 相关方价值图 （Stakeholder Value Mapping，SVM）制定并实施影响策略来获得或提高关键相关方的支持，确保他们积极参与到项目中来，并尽可能减少相关方的抵制。

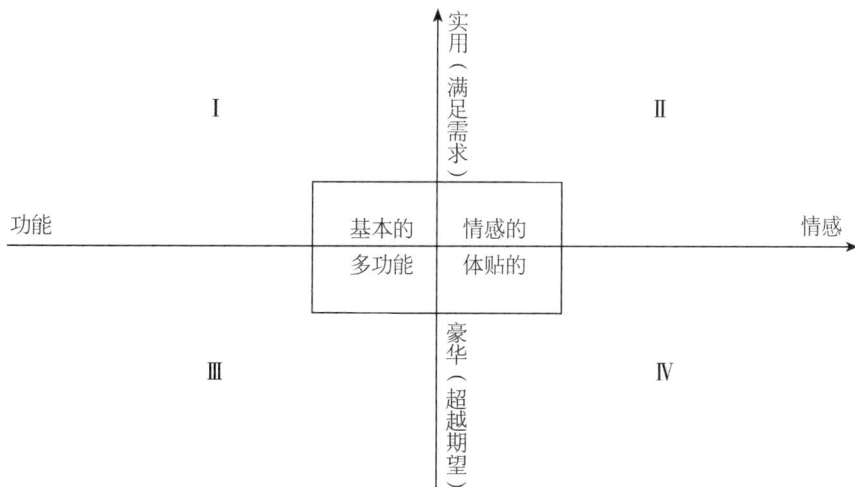

图3-23 相关方价值图

运用相关方价值图设计产品时，要考虑产品的两大属性：功能属性和情感属性。著名战略咨询公司美国贝恩（Bain & Company）的研究发现，情感属性对于预测净推荐值的重要性是功能属性的2倍。以苹果手机为例，全球有那么多"果粉"的原因不仅是其强大的功能，还有很多情感因素，如拥有苹果手机是身份的象征等。

因此，制定相关方管理策略时，我们不仅要满足其基本功能需求（卡诺模型中的基本需求和绩效需求）和高级功能需求（卡诺模型中的兴奋需求），更要满足其基本情感需求和高级情感需求。基本功能需求相当于马斯洛需求金字塔中的生理需求，情感需求则相当于心理需求（安全、尊重、归属、自我实现）。

有了相关方价值图，我们就可以制定如表3-49所示的相关方参与计划（Stakeholder Engagement Plan），最后要做的事就是根据计划管理相关方的参与。

表3-49   **相关方参与计划**

关键相关方	痛点/需点	影响策略	期望的新行为（更多/更少）	期望的新角色（如有）	潜在"双赢"	行动及沟通计划		
						什么	谁	何时

实操贴士：

①相关方满意度应作为项目目标加以识别和管理。有效引导相关方参与的关键是重视与所有相关方保持沟通（包括团队成员），以理解他们的需求和期望、处理所发生的问题、管理利益冲突，并促进相关方参与项目决策和活动（可结合3.2.7中的工具关键质量特性CTQ）。

②尽早管理相关方对潜在问题的期望通常是一个不错的主意。这给了他们如何解决问题的充分思考时间，并维护了你可靠的信誉。

③良好的相关方管理还有助于你管理通常伴随大项目的政治因素。它有助于你赢得相关各方的支持，并消除项目上的压力。

读者可以试着用相关方画像、同理心地图和相关方价值图对你现在正从事或即将从事的项目做一个全面的相关方分析，并看看你与他们的沟通是否有效，要获得支持者更多的支持或赢得批评者或反对者还需要采取哪些行动？

【例】相关方画像示例（见表3-50）

从表3-50中可以看出，A、B、C三个相关方的优先级依次为B、A、C。通过相关方画像,可以期望财务总监从现有的中立态度转变为比较支持,与其沟通频率期望从现有的较少沟通转变为经常沟通;期望项目经理能维持现有的强烈支持态度,与其维持现有的经常沟通;期望质检员从现有的比较反对态度转变为比较支持,与其沟通频率从现有的从未见面转变为较少沟通。

表3-50 相关方画像示例

背景 Profile	关联度 Rel.	角色 Role	影响力				态度		沟通频率	
			职位P	技术T	关系R	总分	现有X	期望O	现有X	期望O
A.财务总监	略	A	3	2	1	6	0	1	4	5
B.项目经理		U	2	3	3	8	2	2	5	5
C.质检员		I	1	2	1	4	-1	1	1	4

图3-24为某公司质量疑虑和合理化汇报系统改善项目中的关键相关方之一操作工的同理心地图(部分)。

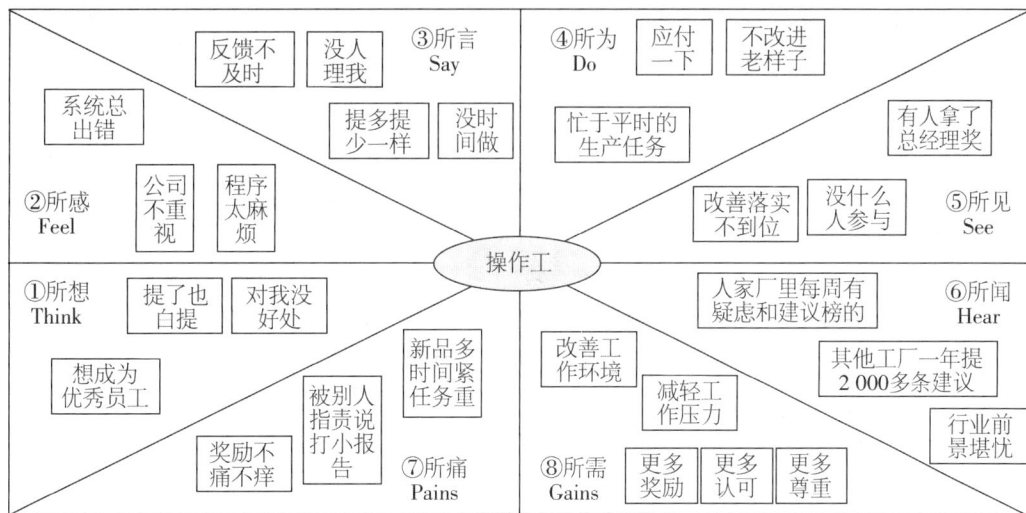

图3-24 操作工同理心地图(部分)

从图3-24中我们可以看出,操作工的需点和痛点主要是:希望提出了疑虑和建议后能被公司重视,及时反馈采纳情况,采纳的要落实,并给予适当的奖励;系统设计更加人性化,方便提建议等。因此,我们可以根据操作工及其他重要相关方的同理心地图识别出的这些需求,设计相应的管理策略(建立反馈制度、优化奖励制度和提交方式等)。

图3-25为针对上述案例中的操作工制定的相关方价值图(部分)。

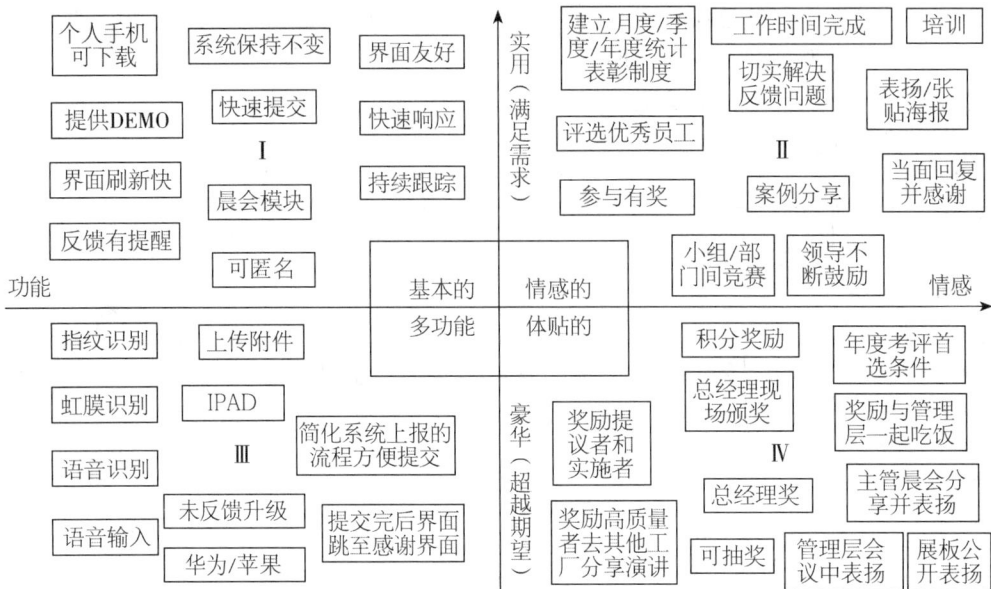

图3-25 操作工价值图（部分）

Scrum敏捷实践：敏捷更关注互动。Scrum主管为了与各相关方（团队成员、产品负责人、用户、第三方等）实现有效互动，同样需要运用相关方分析图帮助其站在相关方的角度去分析其需求（主要是项目需求和情感需求）并制定管理策略。用户故事地图作为敏捷开发和管理的核心工具，则帮助其与团队成员站在用户的角度去分析其产品需求。

局限性：相关方画像、同理心地图及相关方价值图作为设计思考的工具，帮助我们站在相关方的角度去分析其需求并制定管理策略。分析肯定会有偏差，因此，分析结果必须确认（最好经过实地调研并与相关方本人确认），管理策略必须进行筛选决策（确保方案可行且有效，因为设计思考用的是右脑的创造性思维，只管数量，而决策用的是左脑的逻辑性思维，得管质量）。同时，同理心会给我们的思维活动和情绪增加负担，甚至可能干扰道德判断。这些都是项目经理在应用相关方分析图这一工具时要注意的事项。

3.2.12 工具12：灵活性矩阵（FM）

工具名称：灵活性矩阵（Flexibility Matrix，FM）。

发明者：2019年刘建荣。

定义：灵活性矩阵是用来分析项目时间、成本和范围这三个要素的灵活性（可调整幅度）并基于分析结果与相关方谈判以争取更合适的灵活性（增加项目可行性）的工具。

用途：界定项目关键驱动力、分析项目可行性和与相关方谈判。

模板：见表3-51。

表3-51　　　　　　　　　　　　　　灵活性矩阵（FM）模板

三要素	发起人要求（原定目标）		项目经理期望（期望目标）	谈判后结果（调整目标）	补救措施
	关键驱动力/灵活性分析	具体要求			
时间					
成本					
范围					

使用说明：项目经理在接活时，为确保项目可行而不是不可行，必须做以下三件事：

第一件事，从发起人的角度来分析时间、成本和范围这三个要素的灵活性并界定关键驱动力，明确发起人在这三个方面的具体要求（时间要求、成本要求及范围要求），最后将分析结果填在"发起人要求"这一栏内（关键驱动力可用红色或阴影标注，如表3-52）。灵活性有三种：最小灵活性（Least Flexible，LF）、中等灵活性（Moderately Flexible，F）及最大灵活性（Most Flexible，MF）。灵活性最小意味着可调整幅度小，最大意味着可调整幅度大。时间最小灵活性，意味着工期紧；成本最小灵活性意味着预算少；范围最小灵活性意味着范围大。

表3-52　　　　　　　　某设备公司设备安装调试项目的灵活性矩阵（FM）

三要素	发起人要求（原定目标）		项目经理期望（期望目标）	谈判后结果（调整目标）	补救措施
	关键驱动力/灵活性分析	具体要求			
时间	LF，关键驱动力	2019年6月15日	不变	不变	
成本	F	①7×24装机（28名工程师）②高级工程师数量≥80%③备件100%入库	①7×12装机（14名工程师）②高级工程师数量≥50%③关键备件100%入库，其他备件50%入库	①7×12装机（14名工程师+客户提供14名工程师现场支持）②高级工程师数量≥50%③关键备件100%入库，其他备件50%入库	—
范围	F	①14台设备全部投产②产量（小时）：10 000片③安全：零事故…	①5台关键设备投产②产量（小时）：5 000片③安全：零事故…	①5台关键设备投产②产量（小时）：5 000片③安全：零事故…	—

第二件事，从项目经理的角度分析这三个要素的灵活性，即项目经理期望的时间、成本及范围要求（如何才能可行），并将分析结果填在"项目经理期望"一栏内。

第三件事，分析发起人要求和项目经理期望之间的差距，与相关方（包括发起人）进行谈判，并将谈判结果填在"谈判后结果"一栏内。谈判的主要目的是争取项目尽量可行（要么时间长一点，要么预算或资源多一点，要么范围小一点）。记住：关键驱动力是不可谈判的，必须无条件满足。

实操贴士：

①很多时候，尽管你努力谈判，结果未必能如你所愿。比如，你期望能有10万元预算，而发起人最后只答应给8万元，这时你要制定好补救措施。如果工期不能变，预算少2万元，你要想好补救措施（例如，请采购与供应商谈判争取省下2万元），并填写在"补救措施"一栏内。

②灵活性矩阵不仅项目经理可以用，项目成员也可以用。项目管理本来就是一个各方沟通、达成一致意见和认可方案的过程。

【例】某设备公司设备安装调试项目的灵活性矩阵（FM）（见表3-52）

从表3-52中可以看出，客户的进度要求（2019年6月15日完工）是最小灵活性，为关键驱动力。但成本和范围是中等灵活性。拿成本中的工作时间和工程师数量来说，客户要求提供28名工程师，每天3班倒，每周工作7日，但项目经理评估下来，只能提供14名工程师，每周工作7日，每天工作12个小时。项目经理方经与客户方谈判后，客户方同意项目经理方提供14名工程师，每周工作7日，每天工作12个小时，并同意己方也派14名工程师提供现场支持，以加快安装进度。因谈判后结果可以满足，故无须补救措施。

Scrum敏捷实践： 敏捷项目现在比较常用的一个实践是在项目启动前签署框架性合同，而在项目运作3~4个迭代，团队的速率相对稳定、产品待办事项（用户需求）的梳理比较清晰之后，再作相对详细的报价，敲定合同细节。这给了Scrum主管更大的谈判空间，确保项目可行。Scrum主管要谈判的对象主要是两个人，一个是外部客户，另一个是内部客户，即产品负责人。

局限性： 项目经理固然可以用灵活性矩阵来接活，与发起人等相关方谈判。但对于发起人是外部客户的项目（如客户下了一个新产品订单），如果与客户的协议已经签署（谈判是公司销售人员去谈的），项目经理（如果你是来自研发的项目经理，这份订单在你看来是"不可能完成的"，因为跟客户谈协议的销售人员为了拿下单子可能会盲目承诺，或是这些人也不太懂技术，当然也可能是公司高层命令或被迫接下来的订单等）的谈判空间虽然小，但依然要去谈判：一方面争取足够的内部资源，另一方面像表3-52中的案例一样让销售人员去跟客户协商一个解决方案。否则项目经理注定要成为受害者。当然，最好是前期跟客户洽谈项目和协议的人就用灵活性矩阵，在内部沟通一致的前提下，确保接的活是可行的而不是不可行的。

3.2.13　工具13：项目（团队）章程（PC（TC））

工具名称： 项目章程（Project Charter，PC）和/或团队章程（Team Charter，TC）。

发明者： 1215年，英王约翰签署的《自由大宪章》（The Great Charter）是世界上

第3章　项目管理工具

最早的不成文宪法。大约在公元前1776年，古巴比伦国王汉谟拉比颁布的法律汇编《汉谟拉比法典》（The Code of Hammurabi）[①]是世界上现存的第一部比较完备的成文法典。

定义：项目章程是由项目启动者或发起人发布的，正式批准项目成立，并授权项目经理使用组织资源开展项目活动的文件，其是指导项目实施和管理工作的根本。团队章程是记录团队价值观、共识和工作指南，明确规定项目团队成员可接受行为的文件。

用途：项目章程明确了项目与组织战略目标之间的直接联系，确立了项目的正式地位，并展示了组织对项目的承诺，其主要作用如下：

① 正式宣布项目的存在，对项目的实施赋予合法地位；

② 粗略地规定项目的范围，这也是项目范围管理后续工作的重要依据；

③ 正式任命项目经理，授权其使用组织的资源开展项目活动。

团队章程通过明确的约定规则规范团队成员的行为，可能带来五个方面的绩效改进：

① 减少团队内部冲突，促进团队沟通与合作；

② 提高行动速度，降低行动成本；

③ 提升决策质量；

④ 推广共同价值观；

⑤ 提高团队成员的满意度。

模板：项目章程模板见表3-53。

表3-53　　　　　　　　　　　　**项目章程（PC）模板**

项目名称*	
项目发起人*	
项目经理*	
项目团队*	
项目背景（或项目历史、项目目的）*	
项目目标*	
主要可交付成果*	
关键相关方名单及要求	
影响说明及波及面	
项目里程碑（和/或关卡、和/或主要阶段）*	

---

① 团队章程主要目的就是明确团队的行为准则（The Code of Conduct）。

工作细分	
项目审批要求*	
假设	
风险	
限制	
项目资源*	
项目组织*	
批准及签署*	

注：表中标*的为必选项，未标*的为可选项。

团队章程模板见表3-54。

表3-54　　　　　　　　　　　　　　　**团队章程（TC）模板**

项目使命	
项目愿景	
价值观或行为规范*	
组织方式*	
决策方式*	
冲突解决方式*	
录用和解雇方式	
利益分配方式	

注：表中标*的为必选项，未标*的为可选项。

使用说明：

1.项目章程

项目章程可由发起人编制，或者由项目经理与发起机构合作编制。建议采用后一种。项目经理先草拟章程，再与发起人协商达成一致意见，最后请发起人签署发布。如果缺少前期可行性分析、与发起人的协商过程的话，项目经理能做的工作就是回顾项目章程，如果这时候发现项目不可行的话，项目经理就比较被动了，因为决定项目继续、暂缓或否决的权利在发起人等手里，很可能项目经理要被迫沦为"受害者"（Victim）甚至"替罪羊"（Scape Goat）。

项目章程记录了关于项目和项目预期交付的产品、服务或成果的高层级信息。针对不同的项目，项目章程可简可繁。在大项目上，可以是一大本；在小项目上，可以是一页纸。

第3章 项目管理工具

从某种意义上说，项目章程实际上就是有关项目的要求和项目实施者的责、权、利的规定。因此，在项目章程中应该包括如下几个方面的基本内容（见表3-55）：

表3-55 项目章程的框架

章程各个部分	典型内容
项目名称*	· 列出项目名称
项目发起人*	· 说明项目发起人名字（及职位、联系方式）
项目经理*	· 说明项目经理的名字（及职位、联系方式）
项目团队*	· 列出项目团队成员的名字（及职位、联系方式）
项目背景（或项目历史、项目目的）*	· 说明实施该项目的初衷和原因（列出问题和机会，并说明项目的投资分析结果。例如，研发新产品项目，可能是为了在新产品研发成功并投向市场之后，能给公司带来一定的利润增长。项目的目的，通常与一定的需求紧密相联。对于那些需要利益相关者投入大量资金与时间的项目来说，明确目的更是非常重要，他们要清楚投入这么多资源究竟是为什么） · 说明不解决该问题或未能把握机会对业务的影响 · 列举支持该项目的商业案例
项目目标*	· 详述整个项目的预期目标：花多少时间用多少成本达到什么规模
主要可交付成果*	· 对项目要取得的最终可交付成果（产品、服务或结果）和一些重要的中间可交付成果，作概括性说明
关键相关方名单及要求	· 列出项目关键相关方并明确他们的要求
影响说明及波及面	· 说明项目将会对什么人或什么事产生影响、波及面如何
项目里程碑（和/或关卡、和/或主要阶段）*	· 列出项目主要的里程碑（和/或关卡、和/或主要阶段） · 概述进度要求（完成各阶段或主要里程碑的时间周期） · 明确地论证实现的条件 · 明确管理检查点或决定点（里程碑/关卡）
工作细分	· 列出各项目里程碑/阶段下的主要工作要素 · 列出所需的关键资源（例如执行某些工作包所需的内部或外部资源）
项目审批要求*	· 说明项目的成功或完成或验收标准（用什么标准来评价项目成功、由谁对项目成功下结论、由谁来签署项目结束等）、退出标准（在何种情况下才能关闭或取消项目或阶段）等
假设	· 列出在规划过程中不需要验证即可视为正确、真实或确定的因素，作为项目工作的前提条件

项目管理：操作指南

续表

章程各个部分	典型内容
风险	· 列出项目潜在的主要风险及应对措施
限制	· 说明项目组织环境和外部条件的约束情况（如环境、设备、技术等）
项目资源*	· 说明预先批准的财务资源（项目的预算范围），列出可能会增加预算的各种情况；说明可使用的人员、设备等其他资源
项目组织*	· 明确项目中岗位设置：项目经理、项目成员、项目发起人、项目客户（包括公司内部和外部）及高层管理者等 · 明确各岗位的职责及权限
批准及签署*	· 列出批准及签署项目章程的人员（发起人等）姓名及职位

注：表中标*的为必选项，未标*的为可选项。

上述基本内容既可以直接列在项目章程中，也可以援引其他相关的项目文件。同时，随着项目工作的逐步展开，这些内容也会在必要时随之更新。

一般情况下，小型项目的章程只有一页，中大型项目可以长达数十页甚至数百页。其好坏不取决于长短，关键是其内容是否周全，是否包括了所有的部分，是否罗列了所有该罗列的细节。作为项目经理，要确保项目章程提供了项目相关方所需掌握的一切信息。但信息量不应过大，只要足够各相关方审批项目即可。所有多余的工作都是浪费时间。

实操贴士：

项目章程又名项目纲要或项目综述，应该是一个简短的文件，<u>建议就一页</u>（这也是项目章程常被称作"一页文件"（One Page Document）的原因）。如果一页文字或表格无法完成，也可以将一些必要的信息（如更详细的风险分析、财务分析等）作为附件。

项目章程的制定流程如下：

第一步，回顾依据。项目依据包括：项目可行性分析结论、合同、项目工作说明书、项目的环境因素、组织过程资产等。

第二步，草拟章程。项目经理在整合团队资源草拟项目章程时，应尽可能使项目的具体实施人员参与章程的制定。

第三步，获得批准。项目经理要获得内部项目相关方、项目客户（不论是内部还是外部）与项目发起人的批准。

第四步，宣读章程。项目经理在接下来的项目启动会上要宣读章程，提醒项目团队严格按照章程开展项目。

实操贴士：

① 如果接手的是旧项目，项目经理应仔细回顾其项目章程以查明漏项，因为项目

问题百出很可能是由于项目章程不够完善。

② 包括项目目标等在内的项目章程应该是各相关方认可的，而不应该是项目"强塞"给大家的。因此，笔者建议在公司高层签发项目章程前，应该与项目经理及其他相关方有一个沟通的过程。

③ 有的公司的项目章程内容还包括项目团队行为规范，建议最好制定包含这一内容的团队章程。

2.团队章程

如前所述，团队章程首先作为一个交流工具，其价值在于把抽象理念变成具体的、有价值的行动，提高了成员缔结心理契约的可能性而不是违反心理契约。因此，"通过明确的约定规则规范行为"是团队章程的基本内容。

团队章程的框架如表3-56所示。

表3-56 团队章程的框架

属性	目的/利益
项目使命	描述项目存在的理由。如中国"嫦娥奔月"项目的使命是实现中国航天"深空探测"领域零的突破
项目愿景	描述项目未来的图景。美国阿波罗登月项目的愿景是"人类登上月球"
价值观或行为规范*	明确项目团队成员的共同行为规范或准则。例如：准时参加项目团队会议，如有特殊原因不能参加需提前告知项目经理并获制度许可；禁止种族、性别、性向等歧视
组织方式*	明确后勤保障、议事日程、工作职责和完成目标的期限。例如：项目经理的职权
决策方式*	明确决策的依据和准则。例如：项目决策采用投票表决的方式
冲突解决方式*	明确冲突调解程序（包括假设冲突不可调解和冲突可以调解）。如成员之间意见相矛盾，并且无法讨论出结果时，由管理人员决策
录用和解雇方式	明确项目成员录用和解雇的程序
利益分配方式	明确项目奖励分配方案

注：表中标*的为必选项，未标*的为可选项。

实操贴士：

① 团队章程为所有团队成员共同制定和认可，并为所有成员服务。在团队章程中团队成员可以约定相互的权利和义务，制定团队行事的基本原则，并设计面临突发事件时的应对措施。

② 项目经理应<u>在项目启动会上宣读项目章程和团队章程</u>，提醒项目团队严格按照章程开展项目。

【例】某公司操作系统升级项目章程（见表3-57）

表3-57   **某公司操作系统升级项目章程**

项目名称	操作系统升级到 XP 或 2003Server
项目发起人	Sharon Brenley，CIO
项目经理	Micheal Sheron，网络管理员
项目团队	艾得温、安·贝林那、卡罗、斯洛德、卡森·玛丽亚、图拿、施特
项目背景	· 在过去5年中我公司使用的都是 Windows NT。我们学会了用它，越来越喜爱它、接受它并且和它一起成长。但现在该让它成为历史了，我们将接受一种来自 Microsoft 的新技术，类似于 Windows NT，但要好得多，那就是 Windows XP。Windows XP 可以帮助我们提高生产率，它更灵活，更安全，也更简单。 · 另外，今年晚些时候，我们还将引进和 XP 完美结合的新技术，比如专业化生产车间里的红外线网络以及新的会计电算化软件。 · 当然，我们将会继续注重网络实现以及我们因此而实现的利润，XP 也不会改变我们的现有方针，而且会给我们创造更多的机会。 · 去年我们普遍感到现有的服务器速度变慢，陈旧过时。我们将用6个新型多处理器服务器来替换它们，这些服务器装满了 RAM、RAID 驱动器以及快速可靠的磁盘阵列，这意味着能够提供给我们更快、更可靠以及更高的生产率，给所有的服务器安装的操作系统将是 Windows 2003。 · Windows 2003 能够帮助使用者更快找到资源，使我们的网络持续工作更长时间，并提供更强的安全性
项目目标	· 2006年12月3日之前所有微机升级到 Windows XP； · 2006年12月20日之前所有服务器升级为5个 Windows 2003 Server
主要可交付成果	· 在每一个台式机和便携机上安装 Windows XP； · 在6台新服务器上安装 Windows2003
进度安排	· 9月脚本生成。 · 10月100个示范用户部署，同时 Windows2003 Server 的测试和设计开始。 · 11月为期一个月的4小时培训课程开始，同时 XP 安装到他们的计算机上。2005年11月15日前3个 Windows 2003 Server 安装好。 · 12月 XP 的部署完成。每个现有服务器改为 Windows 2003 操作系统。 · 所有的工作在2006年12月20日前完成
项目资源	· 预算：275 000元（包括 XP、2003 Server、客户访问许可证、咨询费、培训费）。 · 使用4个月的测试实验室。 · Donaldson Education 的现场咨询指导
批准及签署	（签字） 日期：　　年　　月　　日

第3章 项目管理工具

【例】××公司××项目团队章程

团队章程见表3-58。

表3-58 　　　　　　　　**××公司××项目团队章程**

项目名称	××公司××项目
项目代号：	××××××
文件代号：	××××××
版　　本：	V1.0
日　　期：	××××年××月××日
撰　　写：	×××
变更记录：	

1.详阅与遵守

本工作准则应于项目启动会议时或本项目小组人员确定后，以 E-mail 方式寄送给每个项目小组成员。所有项目小组人员阅读后，须以 E-mail 方式告知已详细阅读此准则，并愿意在此项目期间确实遵守此准则。

如项目期间小组人员有所异动，所有新加入的小组人员均须比照上述流程办理。

2.行为准则

本项目小组成员在此项目工作期间应遵守以下所列的行为准则。

2.1　行为举止

工作地点为 LF 市××集团本部（按需可能出差到××相关企业）。上班时除须遵守本公司所制定的工作规范外，如在客户/厂商所提供的工作场所，也须遵守客户/厂商对该工作场所所制定的工作规章制度，如不在工作时间上网浏览新闻、股票行情等。

2.2　守时

早上9：30到下午5：30为工作时间，小组成员可弹性调整上下班时间，每天工作时间须达8小时。如前一天加班过久，当天经项目经理同意后可调整上班时间。

2.3　诚信

与工作同仁相处时须坦率以对，不得欺瞒。

不得与客户达成任何私下交易。

对工作同仁承诺任何事情以前，须先考虑是否能够达成。承诺后全力以赴，如果发现无法达成所承诺的事情，须在第一时间通知相关人员，以共同讨论出解决办法。

2.4　尊重

与工作同仁相处时须注意沟通态度，彼此尊重。

2.5 效率

如小组成员另有任务无法以全部时间投入此项目，则注意每次工作时须能立刻衔接目前项目进程，避免花太多时间在熟悉上次工作内容或已完成的工作事项上，导致无法立即进行项目工作。

2.6 安全与保密

各项目组成员一定要注意交通与饮食安全，保持身体健康，以旺盛的精力投入到工作中；

午餐时间和下班时间最后一个离开办公室的同事请锁好门，个人贵重物品如笔记本电脑、手机等请自己妥善保管；

所有项目组成员在顾问之间未达成一致意见之前，不得将内部意见转达给客户。

3.约定准则

与厂商/客户进行任何形式的约定时（如会议、讨论等），应遵守以下所列的约定准则。

3.1 会议规范

进行会议前（含电话会议），会议召集人须事先发布会议通知。会议通知应包含会议时间、地点和讨论事项。参加人员应针对讨论事项事先准备相关数据，并于会议期间将所有事项做成决议。

3.2 决策规范

进行任何形式的约定时，须注意此约定的决策审核人员为何人。所有非项目经理的决策，都应经过项目经理审核通过后才正式生效。项目经理审核通过后，下决策人员应以适当文件（如表格、E-mail等）将该决策结果做记录。

3.3 讨论规范

与客户的讨论，须将讨论内容与结论以文件记录或E-mail通知相关人员进行确认；如果只是小组内的讨论，自行记录即可。

3.4 支持协议

凡已达成的协议，小组成员应视为工作目标的一部分，全力支持。

3.5 文件控管

本小组文件控管方式全部遵照项目所制定的文件控管规范。

3.6 进行方式

任何约定的进行，均须经过以下四个步骤：

① 详细了解约定的内容，确保约定须兼顾所有参与人员的利益。

② 提出适当的承诺，以利订立合适的约定内容。

③ 支持并落实约定内容。

④ 事后须评估检讨过程与结果是否与预期一致。

4.行政规范

本项目小组成员于此项目工作期间应遵守以下行政规范。

第3章　项目管理工具

4.1　进入项目组流程

4.1.1　对于要进入××项目工作的项目组成员，如果工作期限超过一个月，都要申请E-mail ID和VPN账号。

4.1.2　项目助理提供支持（项目助理：×××，电话：×××××××，手机：××××××××××），包括：负责项目组成员E-mail ID和VPN账号的申请，负责安排项目组新成员的座位，并负责更新项目成员清单（Contact List）。

4.1.3　项目组新成员需要学习项目基本资料（例如项目管理规范、项目组成员的行为准则等）和项目技术实施相关信息，各分项目经理和组长负责项目新成员的入门培训。

4.2　工作移交流程

4.2.1　项目管理办公室（PMO）确认新顾问到位。

4.2.2　分项目经理和即将离开的人员共同讨论确定工作移交的内容。

4.2.3　项目组新成员和即将离开人员进行工作移交并填写工作移交单，工作时间根据具体情况确定。

4.2.4　分项目经理和项目经理签署工作移交单，工作移交完毕。

4.2.5　分项目经理通知项目助理更新项目成员清单。

工作移交流程如图3-26所示：

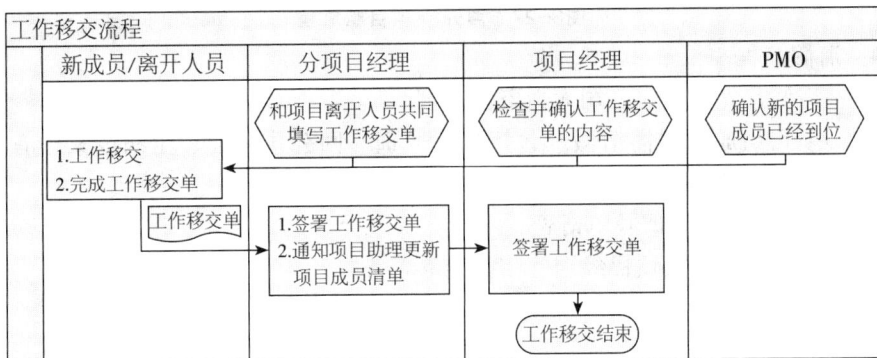

图3-26　××项目工作移交流程

4.3　离开项目组流程

4.3.1　分项目经理至少提前2天通知项目助理有项目成员离开项目组。

4.3.2　项目助理仔细检查由分项目经理和项目经理签字的工作移交单。

4.3.3　项目助理收回离开成员的项目组物品，同时填写项目成员注销单（Departure Checklist）。

4.3.4　项目助理在项目成员离开的最后一天注销相关E-mail ID。项目经理注销该成员的××系统登录权限。

4.3.5　项目助理填写项目成员注销单，由项目经理签署。

4.3.6　项目助理更新项目成员清单。

离开项目组流程如图 3-27 所示：

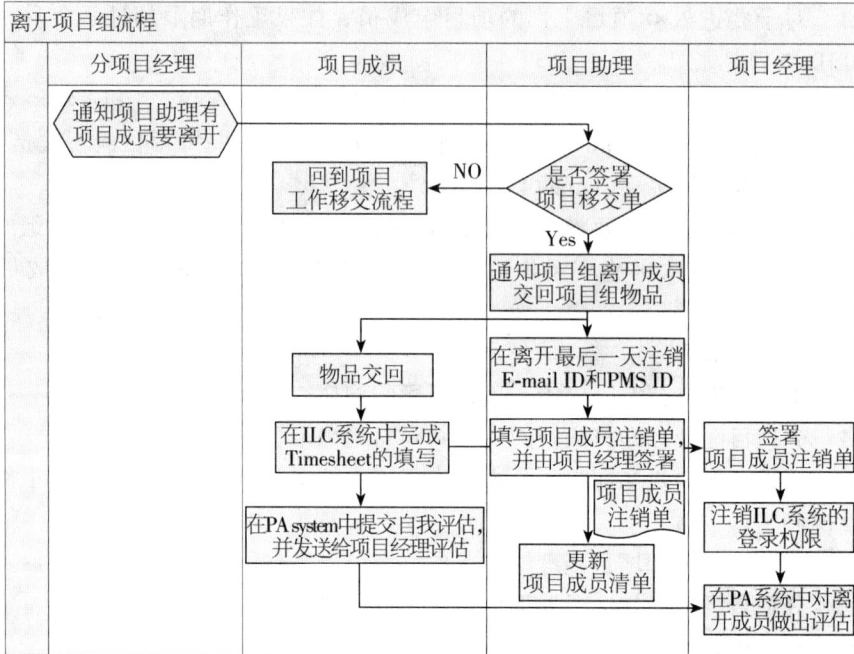

图 3-27　离开××项目组流程

4.4　请假流程

4.4.1　请假首先要遵守公司人力资源政策。

4.4.2　项目组成员如需请假（包括参加培训、回公司开会、生病或家中有事等），需事先征得客户组长和本组顾问组长的同意。

4.4.3　提前 3 天填写请假申请表。

4.4.4　分项目经理及项目经理签字批准。

4.4.5　项目助理备案。

4.5　费用报销规定

4.5.1　项目组成员需要遵循公司出差/报销规定。

4.5.2　非北京顾问每 2 周可回家一次，北京顾问每周可回家一次，星期天晚上回到 LF，星期五下午离开 LF。特殊情况，需要事先得到项目经理批准。

4.5.3　项目组成员需要提早通过公司指定的机票代理——国旅运通或其他代理机构购买最低折扣的机票。

4.5.4　周五下午均由××派车送到机场和北京，特殊情况需打出租的，需经项目经理批准。周日返回 LF，建议联络一辆可长期使用的出租车。出租费用应该合理并且尽量多人同时返回。

4.5.5　项目组成员每 2 周通过××系统进行费用报销。

4.5.6　项目组活动费用，如与客户吃饭等，需要事先报批项目经理，费用要符合公司的报销规定。

4.5.7　出差津贴：仅工作在LF并住在LF才可以报销出差津贴。北京顾问只有在下午6：00以后离开LF的才可以有半天的出差津贴，非北京顾问仅在飞机起飞时间在下午6：00后才可以有半天的出差津贴。

4.6　宾馆规定

4.6.1　宾馆房间：项目组成员统一入住××。但回家或请假期间，必须办理离店手续，并自己告知下次入住时间。每次离店时按规定在下午2：00之前办理离店手续，否则半天的房费由个人负担。

4.6.2　宾馆洗衣：每人每天以××元为限。

4.6.3　宾馆电话：如业务上需用宾馆电话和使用商务中心服务项目，在项目经理批准后，方可开通使用，其他电话和商务中心相关费用由个人负担。

4.6.4　物品损坏赔偿：所有因个人行为引起的物品损坏均由个人负责赔偿。

4.6.5　宾馆用餐费用每人不得超过以下限额，超过部分由食用者个人支付：早餐：××元；中餐：××元；晚餐：××元。

4.6.6　集体用餐：建议并鼓励集体用餐。

4.6.7　酒和饮料自付：酒类（如啤酒、红酒和白酒）和饮料类（如矿泉水、果汁等）由饮用者自己支付。

5.相关信息

5.1　主要人员

参照最新相关人员列表文件××。

5.2　其他联络人

参照最新相关人员列表文件××。

Scrum敏捷实践：

1.Scrum敏捷项目章程

敏捷项目非常强调人员重于流程，口头交流强过纸面交流。相反，很多正规的方法论都要求重量级的项目章程、项目初始文档，以此来得到资金以及可以继续工作的批准。这是一对矛盾。

大项目似乎在这点上稍好一些，可能因为有更多的项目管理资源。小的项目就倾向于忽视项目章程，即使真的创建了一个章程，也很少（甚至从不）被引用到。特别是小项目经常由于多种原因而走"捷径"，项目章程通常就是第一个被忽略的东西。

怎么才能做出"恰到好处"的敏捷项目章程？一页A4纸！但即使章程只有一页纸的长度，要把这份文档制定得有效也是一项很有挑战性的工作。即使对于小的项目来说，它也至少需要花好几小时完成，甚至可能花上一整天的时间。它的内容必须得到相关方的一致同意。花这些时间都是值得的，这可以节省下以后大量的时间来对项目进行可能的修订和重新调整。

在制定项目章程时，最好把所有的法律声明和无关信息从项目章程中分离出来。这些东西固然对项目的成功很重要，但对执行项目的人却通常并不重要。所以，应该把这些东西放在单独的文档中。那样，就可以创建出一个不足一页纸的项目章程了，制作章程的目的，只是提供简明扼要的、对项目获得成功进行的定义。

2. Scrum敏捷团队章程

敏捷团队的章程采用了其他说法，比如团队契约、工作协议、团队公约等。而在水晶（crystal）敏捷系列方法中，明确设置了团队方法体系建成这样的实践，这个实践与建立团队章程是完全一致的。

Scrum敏捷项目最好在启动阶段就制定包含团队章程的项目章程，以明确团队要达成的目标和要遵守的规则。

某敏捷项目团队章程的示例扫下面二维码可见。

某敏捷项目
团队章程示例

局限性：

1.项目章程的局限性

项目章程有公告文件的性质，发布即事实。和合同一样，基本是不变的。但毕竟只是文件，不是真正意义上的"宪章"（Charter），不能解决问题，更不能依赖它去解决所有问题。团队章程也一样，不能完全依赖它去约束项目成员的行为规范（Code of Conduct）。无论如何，项目经理都要维护章程，并以身作则。

2.团队章程的局限性

没有一样工具是适合所有任务的，许多因素可能会降低团队章程达到预期结果的可能性。其中四个因素是团队成员经常会遇到的：（1）初期分歧。团队成员只有在礼貌而开放的基础上合作，团队章程才能发挥效用，否则难以被团队成员所接受。（2）成员流动。一个解决方案是安排专人不断修订。（3）设立条件。团队任务越重要，越具有创新性和多样性，团队就越需要一份章程。（4）组织背景。例如，集中决策的组织会阻碍项目团队所商定的群体决策方式的执行。

3.2.14 工具14：项目管理计划（PMP）

工具名称： 项目管理计划（Project Management Plan，PMP），亦称项目管理计划书。

发明者： 不详。

定义： 描述项目规划、执行、监控和收尾方式（政策、程序和文档）的一份文件，它整合并综合了所有子管理计划和基准，以及管理项目所需的其他信息。

用途： 用于管理项目的主要文件之一。

模板： 见表3-59。

第3章　项目管理工具

表3-59 项目管理计划（PMP）模板

内容	说明
1.前言	文件说明、文件目的/范围/内容、更新记录、修订原则、缩写与简称、参考文档等
2.项目综述	项目概述、项目背景、商业目标、项目目标等
3.范围/需求管理计划	业务/产品/相关方需求、范围描述SOW、工作分解结构WBS、范围基准、验收标准及程序等
4.进度管理计划	进度基准、主要里程碑和交付时间、详细计划、状态报告、审核流程等
5.成本管理计划	成本基准、成本管理程序、预算编制制度、成本核算制度、经费/资金管理制度、财产/资产管理制度、质量成本管理制度、成本报告等
6.质量管理计划	质量标准、质量目标、角色与职责、质量工具、质量管理/问题处理/质量改善程序、质量措施等
7.资源管理计划	组织架构、团队管理制度、项目人力资源/主要角色和职责、资源安排与协调等
8.沟通管理计划	沟通接口、沟通方式、文档管理制度、保密制度、会议管理制度、沟通计划等
9.风险管理计划	风险管理流程、风险概率和影响定义、风险应对措施等
10.采购管理计划	采购策略、招标文件、供方选择标准等
11.相关方管理计划	相关方影响力和兴趣方格图、相关方参与计划等
12.变更管理计划	变更管理流程/制度
13.其他	配置管理计划、管理控制、合同协议、EHS政策、附件等

使用说明：

项目管理计划主要包括表3-59中列出的13个部分。一般情况下，项目管理计划组件包括（但不限于）：子管理计划（范围/需求、进度、成本、质量、资源、沟通、风险、采购、相关方、变更、其他管理计划）、基准（范围、进度和成本）。究竟需要哪些项目管理计划组件，取决于具体项目的需求。

实操贴士：

① 编写项目管理计划的过程就是确认项目目标和范围、理清项目资源、思考项目任务和实现方法、解决在实施过程中就质量、时间、成本、风险等重要项目因素的管理与控制，以及确定项目交付成果的过程。编写时，应遵循全面性（考虑项目所涉及的各个方面）、合理性（考虑企业的实际情况）、针对性（考虑项目的实际情况）和简洁性四大原则，才能保证项目目标的顺利达成。

② 项目管理计划的任何变更都以变更请求的形式提出，且通过组织的变更控制流

程进行处理。

【例】A公司某工程项目的项目管理计划

项目管理计划见表3-60。

表3-60 　　　　　　　　　　　　**项目管理计划表** 　　　　　　　文件代号：××××

	姓名	签名	日期
作者			
审核			
核准			

请于本文件交件日起五日内告知核准结果。

1.前言

1.1　文件说明

本文件的目的是，为确保项目的顺利进行以及项目的执行质量，从而清晰地定义出项目管理的方式，并在项目执行过程中准确地遵循此管理模式。本文件主要内容包括合同内容摘要，A公司与B公司双方的职责、管控、变更管理、风险管理、沟通管理等内容（分别在下列各节细述）。

1.2　文件更新记录

本项目管理计划书由A撰写，其更新记录见表3-61：

表3-61 　　　　　　　　　　　　　　**更新记录**

版　本	日　期	姓　名	更改内容
Draft	08/09/20××	×××	撰写计划书内容大纲
⋮			

2.简介

2.1　目的

本项目管理计划书之目的在于叙述本项目的协议、管理办法、需求、责任以及风险等，并表达成功的完成项目所将采取的管理计划。本计划书在项目进行期间将提供适切的指引给后续加入本项目的人员，并提供项目最新的状态为所有参与本项目的人员参考。

2.2　内容

兹就本项目计划书后面之各节内容，加以概要说明：

（1）略述本项目的起因，完成后的系统架构，以及合约内容。

（2）确认需求基准，这是本项目的起始点，并且列出任务清单以及本公司承诺要交付的产品。认可的条件也将被叙述。

（3）叙述项目的计划，除了本公司与B公司在合约上所注明的计划外，内部所使用任务分项计划也将在此叙述。

（4）叙述本项目的组织结构、责任划分，以及参与人员所需的技术能力。B公司及技术支持小组的责任以及和本项目组织的关系也将在此叙述。

（5）叙述由B公司及技术支持小组所提供的设备、产品以及服务，这些都是本项目组织为了完成合约条款所必须按时取得的支持。由提供单位所取得之承诺和同意也在此说明。

（6）风险管理。风险项目将被提出并评估，在项目进行期间针对风险项目拟订行动计划以降低这些风险项目对项目造成冲击的可能性。

（7）说明针对项目计划所采取的管理控制方式，以及早发掘潜在的问题，这也包括了项目组织、客户、技术支持组间的沟通及简报的方式。

（8）说明技术管理，含衡量这些技术的标准。

（9）说明项目最新的状态，将在每次项目沟通后被更新。

3.项目管理计划修定时机

本计划书将在整个项目进行期间被采用，若有下列情形，则计划书须作修定。

• 合约变更

• 计划及责任变更

• 风险评估变动

• 技术管理或控制方式变更

此外，最新的进度及状况数据亦将在每次项目沟通后更新。

4.项目概述

本节将对整个项目做一概略性介绍，并概况性描述未来将完成系统之全貌。另与本项目相关合约资料亦一并说明。

4.1　项目目标

本项目主要目标将在合同签订后启动，从项目启动之日开始3个月内完成面向YN省的系统R1.2并在KM上线验证；在13个月内逐步完成R1.2全省推广，总体完成省集中系统的建置和全省推广使用。

4.2　项目范围

为了建设本项目，A将扮演系统整合服务提供商的角色，负责整体项目的计划和执行，并确保达成项目目标。从项目实施和管理的角度，A以一个项目管理办公室与系统整合管理作为整体项目实施作业的基础，另外依项目时程和内容，分成下列五个子项目：

• 项目管理办公室服务子项目

• XYZ二期系统功能增强实施子项目

• XYZ系统全省推广子项目

- 融合计费项目监理子项目
- IT基础设施服务子项目

4.2.1 项目管理

B公司XYZ二期实施项目是一个非常复杂的项目，A作为系统整合服务提供商，不仅要带领双方认可的下包商提供系统整合服务，同时也负责项目管理的工作。在本项目中，A将采用项目管理办公室（以下简称"PMO"）的方式进行项目管理。

- 建立项目办公室
- 项目整体管理和控制
- 项目整体质量管理
- 需求与架构管理
- 转型变革管理
- 融合计费项目监理
- 系统推广管理

PMO的生命周期从项目签署合约起，到项目初验结束。项目初验后，系统将交由B公司的支撑等相关部门运维。系统初验后的技术支持服务，将由A的下包商具体负责。PMO作为项目实施过程中的管理机构，将由A与B公司的专家共同组成。为达到项目的平滑过渡，从系统初验到终验阶段，A将协助B公司进行下包商的管理。

4.2.2 XYZ系统增强服务（略）

4.2.3 XYZ系统全省推广服务（略）

4.3 整体系统架构图

随着本期项目的执行，全省XYZ核心系统架构进行并完成如下的架构演变（整体系统架构图略）。

5.合约协议

本节内容说明本项目需求基准：二期项目工作范围，并依此范围描述列出A于本案中之工作项目、交付产品，与系统验收条件等。

5.1 基准（Baselines）

5.1.1 本项目包含下列子项目

- 项目管理办公室服务子项目
- XYZ二期系统功能增强实施子项目
- XYZ系统全省推广子项目
- 融合计费项目监理子项目

5.1.2 教育培训

请参考5.3.2节教育训练。

5.2 工作说明

详细工作项目请参阅合约内之工作说明书，上述各子项目主要工作目标如下：

第3章 项目管理工具

（1）项目管理办公室服务子项目

本XYZ二期实施项目是一项复杂的工程，它的成功需要系统集成商和客户方的精诚合作。由于项目所使用的硬件、软件及专业服务由多个方面组成，因此项目的管理复杂化。为此，A将建立项目办公室，在总体项目实施过程中提供全面管理及控制，提供必要的人员配置及技术资源，管理整体项目计划与执行，协调解决具体实施过程的重大问题，建立培训体制对相关组织人员进行必要的培训，向项目领导小组汇报项目进展。

（2）XYZ二期系统功能增强实施子项目（略）

（3）XYZ系统全省推广子项目（略）

（4）融合计费项目监理子项目（略）

5.3 交付项目

交付项目作品系指乙方根据工作说明书的规定向甲方提供的文字作品或其他创作作品，例如程序、程序表列、程序设计工具、文档、报告、图表等。乙方将向甲方交付工作说明书中规定属于乙方责任范围内的交付作品。交付作品不包括商品化的软件或硬件；这类软件或硬件将按照另行签署的协议提供。

5.3.1 文件（见表3-62）

表3-62　　　　　　　　　　　　文件

文件	预计时点	负责人	附注/文件编号
略			

5.3.2 教育训练（见表3-63）

表3-63　　　　　　　　　　　　教育训练

课程名称	主要对象	参加人数	课程时数	场次	负责人
略					

5.4 验收标准

请参照合约内之工作说明书所述之验收方式。

5.5 合约条款

请参照合约内之工作说明书所述之合约条款。

6.项目计划

本节将描述双方合约中同意之项目时程及项目工作细项结构说明。

6.1 计划概要

本项目自合同正式签订之日起×个月完成A的责任。本时间表（见表3-64）基于B公司和项目参与各方积极参与、配合并履行了相关的责任。本项目的实施应尽可能地遵循本估计时间表，但在实施过程中可能发生调整或改变。

以下计划表明预期的项目启动日从××××年××月××日起的项目总体实施进度安排。

项目实际开工日期将以双方签署合同的日期为准。

表3-64　　　　　　　　　　　　　　　　**时间表**

条目	关键里程碑	预计时间	版本备注
1	项目启动	mm/dd/yyyy	
2	R1.2系统上线	mm/dd/yyyy	
3	R2.0系统上线	mm/dd/yyyy	
4	系统第一批推广上线	mm/dd/yyyy	R1.2版本
5	系统最后一批推广上线	mm/dd/yyyy	R1.2版本

6.2　工作任务分解图

应用工作任务分解图（WBS）工具将工作项目细分成可衡量之工作单元，项目管理过程将依此层级作项目结构图进行管理、监督等事宜。请参考本项目详细项目计划（见表3-65）。

表3-65　　　　　　　　　　　　　　　　**项目计划**

WBS	任务名称	大纲级别
1	项目启动	1
1.1	项目启动汇报会议	2
1.2	局方项目组成立	2
1.3	A项目组成立	2
1.4	地州项目成员动员（电视电话会议）	2
2	以下略	1

7.组织

为使项目顺利推动，A和B公司双方将各成立项目小组，并明确规范各小组职责及小组间沟通协调关系。下列各节将逐一详述。

7.1　组织图（略）

7.2　项目组织结构

合理稳定的项目组织与明确的责任分工是保障项目成功的要素之一。A的项目组织结构，是本着确保项目实施成功，同时在关键技术、业务、管理领域提供相关关键支持与咨询的原则而设计的。在整体项目组织结构中既考虑了A提供服务的组织结构，同时亦考虑了B公司应提供的相应项目组织与相关责任。

在本项目中，A将运用其成熟的项目管理方法选择拥有丰富项目管理经验的项目总监和项目经理参加此项目。

在本项目中设置如下由B公司与A共同组成的组织：

- IT指导委员会
- 项目领导小组
- 项目管理办公室
- 内部专家组
- 外聘专家组

上述组织协同合作，完成各自的职责（见表3-66），在整体项目的管理、技术、业务、组织各方面提供决策支持。

表3-66　　　　　　　　　　　　　　　　项目职责

角色	职责
IT指导委员会	确保实现IT战略与规划，配合集团总部IT的转型工作，监督举措实施，执行对关键设计原则的把关，管理B公司信息化范围内的工作
项目领导小组	项目领导小组由B公司高级主管与A高级主管组成。A项目总监、B公司项目总监、B公司项目经理、A项目经理是项目领导小组的成员。项目领导小组，是项目的直接最高决策机构，主要听取项目经理发起的阶段性总结报告、解决项目管理办公室权限之外的纠纷及进行问题的决策，在项目重大变动时决定项目的执行方向
项目管理办公室	略
内部及外聘专家组	略

7.3　组织管理制度

- 项目管理委员会是本项目实施过程中的最高决策机构；
- 项目经理是本项目实施过程中的日常执行和管理者；
- 项目各工作小组是本项目实施过程中完成某个或某些主体任务的基本职能机构；
- 在项目实施过程中，各个项目组织应履行各自的职责并完成相关的任务；
- 在项目实施过程中，为达成项目总体目标，各项目组织之间应互相支持与协作，加强交流与沟通；
- 在整个项目组织中，各层组织分别向其上层组织负责，并执行项目会议和报告制度；同时，每层项目组织有责任管理其下层组织的各项工作，并分配有关任务。

7.4　各工作项目负责人

为了确保二期项目的顺利执行，同时为了保证双方的有效配合，从PMO运作角度出发，对人员作如下的安排（更新部分以项目组的Team Roster中的内容为准）。

工作项目负责人列表（略）。

7.5　组织间协调

在项目开始阶段，PMO将和每个系统实施项目小组确定实施项目小组经理的授权范围。在授权范围之内，A和B公司的正式的协调将由B公司各个实施项目经理与A各个实施项目经理负责，其他所有的协调，将由B公司PMO项目经理与A PMO项目经理负责。有关文件的核准、交付项目的验收，以及其他任何会影响项目进行的事项均包括在协调事项之中，但有关合同内容的变动，则须双方另行签订变更授权书。

对于会议中的决议事项，须记于会议记录中，任一方在收到会议记录3个工作日内无异议，即视为同意并以会议记录日期后第3个工作日为生效日。

8.沟通计划

8.1　目的

• 辅助所有成形的项目团队与相关单位之间的沟通

• 提早了解问题与问题可能给项目组带来的影响

• 清楚地表达项目进度状况与相关投入活动及资源

• 立即针对议题与议题带来的可能的潜在的风险做出响应

• 吸收各方面的意见，逐步改进项目执行过程

• 及时地反映任何会影响项目计划的问题以及可能带来的风险

• 提供一个集中的信息氛围，吸收对项目执行有益的各类信息

• 强化项目计划的执行价值，维持项目团队的工作积极性

8.2　沟通制度

• 项目经理是双方唯一的联系点

• 项目组成员、项目组之间保持顺畅、友好的沟通，以提高整个项目组的效率

• 项目经理负责协调双方人员、内部人员发生的矛盾

• 文档服务器提供项目组的文件交互渠道

• 面对面的交流是项目执行期间第一沟通方式

• 电话、传真、E-mail是项目组成员必须采取的沟通手段。

8.3　会议管理

8.3.1　项目工作组会议

会议由项目工作组组长负责召开，参加人员为本组成员，必要时可请项目经理参加。主要议题为本组的工作进度、技术问题、人员调配和资源申请、完成工作的情况和进一步的工作安排。项目工作组会议应形成工作报告并上报项目经理。项目工作组会议应每周召开一次。

8.3.2　项目经理会议

由项目经理负责召开，参加人员为项目经理和项目组长。项目组长应汇报本组工作情况及有关问题，并为问题的解决提供方案建议及可供决策的有关信息。项目经理会议应讨论下一步的工作安排和资源调配，并将有关安排分派给各项目工作组。项目经理会议应形成项目工作状况报告。项目经理会议应每周召开一次。为了有效监督项目进程，项目经理会议应在每半个月提供一份综合报告递交项目协调委员会。在必要时，项目经理会议可提议召开项目协调委员会会议，以便讨论并决策一些重大问题。

8.3.3　项目领导小组会议

由项目领导小组成员参加，项目经理列席参加，并负责汇报项目进展情况、有关问

题和下一步工作安排。对一些重大问题，项目协调委员会应形成对各方均有约束力的决议，以保证项目正常实施。项目协调委员会会议为1～2个月一次的不定期会议。

所有重要会议要求事先确定会议议题，确保会议目标明确，会议力求简短、效率高，以解决问题和制订行动计划为中心．

8.4 报告管理

8.4.1 会议纪要（见表3-67）

表3-67   会议纪要

报告目的	记录项目组讨论的内容，状况更新和信息交流
次数	每次会议后一个工作日内
会议记录	各项目指派会议记录
出席人员	全体项目组成员
负责人	各项目主管/经理
发送对象	参加会议的所有人员以及PMO核心工作团队
使用编号格式	01 PMO_MeetingMinutesMTemplate_v1.01_05272004.doc

所有的会议必须有会议纪要，项目会议记录由各项目主管/经理负责归档。所有会议纪要须提交到项目管理办公室进行归档。

8.4.2 项目进度报告（周报）

自项目起始日起必须按周交项目进度报告（见表3-68）。

表3-68   周进度报告

报告目的	更新上周完成的任务，下周工作计划，项目的问题与风险
次数	每周二18：00前提交前一周的项目进度报告
负责人	各子项目的项目经理
发送对象	PMO管理人员
使用格式	另行公布

8.4.3 项目进度报告（月报）

自项目起始日起必须按月提交项目进度报告（见表3-69）。

表3-69   月进度报告

报告目的	更新上月完成的任务、下月工作计划，项目的问题和风险
次数	每月第三周结束前提交前一个月的项目进度报告
负责人	PMO项目经理
发送对象	IT管理委员会
使用格式	另行公布

9.组织双方在本项目中应提供的支持及协助（Dependency）

9.1 B公司的支持及协助（见表3-70）

表3-70 B公司的支持及协助

项目	需求时间	依据
1.成立项目工作小组	项目开始前	合约、SOW
2.指定项目负责人	项目开始前	合约、SOW
3.负责成立各地州的项目组	项目开始前	合约、SOW
4.提供组织变革所需要的访谈配合	项目执行过程中	合约、SOW
5.提供项目工作人员所需之工作场所	项目开始前	合约、SOW
6.提供问题响应中心所需要的各项设施	项目执行过程中	合约、SOW
7.落实省公司内部各业务部门的项目参与人员	项目开始前	合约、SOW
8.确认项目各类的提交件	项目执行过程中	合约、SOW
9.负责外围系统厂商的协调与落实	项目执行过程中	合约、SOW
10.负责提供项目所需要的各类信息及资料	项目执行过程中	合约、SOW
11.提供培训所需要的场所以及培训人员	项目执行过程中	合约、SOW
12.负责组织业务部门确认业务基线差异	项目执行过程中	合约、SOW
13.负责落实信息分公司的专业人员参与项目	项目执行过程中	合约、SOW

9.2 内部的支持及协助（见表3-71）

表3-71 内部的支持及协助

项目	需求时间	依据
1.提供有效的项目人员	项目开始前	合约、SOW
2.按时交付各阶段项目文件及其他提交件	项目执行过程中	合约、SOW
3.提供使用者培训服务	项目执行过程中	合约、SOW
4.从整体上与公司管理层共同完成对下包商的管理	项目执行过程中	合约、SOW
5.内部沟通的有效执行	项目执行过程中	合约、SOW

10.风险管理

风险管理之主要目的是在项目执行期间，不断分析找出潜在的问题，并采取适当的预防及减轻风险之行动，以期对项目影响之程度降至最低。

风险分析与承担是项目管理的每日活动，亦为项目愈趋成熟的关键步骤，在项目进行中应由各工作小组负责人研判可能发生的风险，并评估区分高、中、低之程度，提出风险分析与承担方案，并于各工作小组内部沟通会中审慎研讨后，由各工作小组组长拟具风险承担行动计划，并必须指定负责人及预定完成日，列入追踪管制；按实际执行结果，确认无风险时，方能解除该项管制。在项目运行期间，对风险的增加和删除，应预先判断，并视实际状况随时增减，凡经判断与B公司有关的风险，应由各工作小组提送项目经理，定期或不定期于工作报告中向B公司汇报，以确保B公司能充分了解项目情况及需要配合之处。

11.管理控制

本节所描述的项目管理控制的方法，包括变更管理（Change Control Management）、要项管理、安全防护等。

11.1 变更管理

变更管理是通过有序地管理变更来稳定开发过程、减少项目风险。本程序的制定是为了检查所有的变更请求，决定哪些需要实施、哪些需要推延、哪些需要否决。在得到客户方的认可后，进度和成本将相应地做出调整。一个有效的变更控制程序对于避免项目延期和超支是必要的。

本项目的变更管理程序大致如下。请参考《附件二：变更控管程序》以及《附件三：变更申请表》。

• 项目的变更应严格遵守项目合同规定的变更流程，并填写变更申请表。

• 变更申请表应交付变更评审委员会，并由其对变更情况进行技术、时间、工作量的评估。

• 项目经理在获得变更授权后需准备过程修改建议书，并提交给评审委员会，经评审委员会同意后实施变更。

11.2 要项管理

任何由项目人员或B公司相关人员所提出来的问题，需采取适当的行动才能解决或排除的，称为要项（Action Item），要项由各组项目负责人员记录下来，内容含下列事项：

• 要项说明以及所需采取的行动。

• 针对该要项需负责的人。

• 发布要项的时间，以及待解决或排除的时间。

各项目小组负责人负责追踪这些要项的状态，对于逾期的要项须汇报给项目经理，已完成的要项则通知相关人员。项目经理在月会上向B公司及相关人员报告系统各要项之状态。

11.3 安全防护

• 项目人员在B公司指定的工作地点作业时，应遵守B公司及各该地点之一切上班纪律与工作守则。

• 本合约所开发之软件产品，其著作权属A所有。

• 本项目完成或因任何因素造成本合约终止时，A将归还所有有关B公司的资料，并保证未交还财金公司之相关数据均已自行销毁。

• 所有有关侵犯权利或泄露机密而涉及刑事者，将依有关法律处理。

11.4　沟通及简报

11.4.1　项目现况报告

项目现况报告采取书面报告方式，分周报及月报。

周报（Weekly Status Reports）：各组项目组长每周定期向项目经理提交，报告内容含全组工作进度、问题反映，如有计划变更应含变更原因、影响范围及新计划内容。

月报（Monthly Status Reports）（略）。

11.4.2　内部沟通会议

内部沟通会议将在每周固定时间召开，所有项目组长均需参加，下列项目为必要的沟通项目：

• 每一个工作项目（WBSID）的进度。

• 要项现况。

• 上次会议（与B公司之定期或不定期会议）事项报告。

• 本次会议（与B公司之定期或不定期会议）事项报告。

• 变更需求单之现况。

• 下一个交付项目之现况。

• 人员配置状况。

每个月由双方召开项目沟通会议一次，B公司由项目负责人、项目经理及其他相关人员参加，A则由项目经理、项目开发组长及其他相关人员参加，讨论项目如下：

• 项目进度，完成事项。

• 建构基准的变更。

• B公司支持及协助项目的现况。

• 问题及待B公司裁决事项。

• 风险评估。

• 要项现况。

• 其他。

项目沟通会议的数据以及会议记录由A整理完成后送交B公司。

另视需要双方随时召开临时会议，以利项目的进行。

11.5　争议协调升级程序

本程序定义了详细的处理程序，以说明在执行项目工作说明书定义的服务工作中出现需要按照本程序进行解决的问题时的解决方法。

• 在B公司与A之间产生问题时，项目组成员将努力在项目内部解决该问题。如双方人员进行进一步的沟通和交流，陈述不同观点，寻求解决方案。如果项目组在3个工作日内不能解决该问题，则该问题升级为级别1，需将问题及时上报双方项目经理。

• 级别1：在收到项目组上报的问题后，B公司项目经理将与A项目经理一起组织或协调其他专家以及双方项目组成员，对该问题进行进一步分析并解决。如果在3个工作日内不能解决该问题，则该问题升级为级别2，双方项目经理需将问题及时上报项目决策协调委员会。

• 级别2：由双方项目经理中的任一方召集项目决策协调委员会解决该问题或给出决策。

• 在所有问题解决过程中，A将提供本项目工作说明书定义的与上述问题无关的其他服务，前提是上述问题不会影响到这些服务。B公司将按协议为该项服务付费。

12.标准及程序

A项目经理负责制定建构管理之各式文件及程序撰写准则，所有文件及程序将遵照这些准则进行。

12.1　文档管理

本项目是一个多承建商和多子项目的复杂项目，其间产生的文档种类是多样的，数量是庞大的。为了文档传递的顺畅、信息沟通的便捷，各项目组成员在实施过程中必须遵循本文档管理中的规定和流程。

本项目列入建构管理之相关文件必须遵循建构管理程序，由建构管理员进行适当控管。

• 确认建构管理之管理内容（如应用系统、文件等）。

• 确认各建构管理项目之所有人，包括产生及负责维护之人员。

• 执行开发过程各管理项目之版本控制，并确认相关人员皆使用正确版本。

• 确认各管理项目之最后版本。

• 记录并监控各建构循环执行状况。

• 确认开发过程中各文件之适当管理。

• 正确分送各建构项目并记录收送者。

• 确认所有建构项目之修改皆有适当变更管理。

12.2　文档格式

12.2.1　文档工具说明（见表3-72）

表3-72　　　　　　　　　　　　　　　　文档工具说明

条目	说明	工具及版本	后缀
描述性文档	文字型的文档	Microsoft Word 2020 中文版	.doc
OO 设计相关的图示	类图/系统时序图/使用案例关系图	Rational Rose 2020 中文版	.mdl .html
复杂的多图案图示	对于需要大量图片、制作要求精美的画面	Microsoft PowerPoint 2020中文版	.ppt
流程定义	流程图	Visio 2020 中文版	.vsd
其他复杂关系图示	简单图示可利用 Word 提供的作图工具，复杂的关系图包括网络图	Visio 2020中文版	.vsd
项目计划	项目任务细分计划书	Microsoft Project 2020 中文版	.mpp
表单	包含大量信息的复杂表格	Microsoft Excel 2020 中文版	.xls

12.2.2　项目组代号（见表3-73）

表3-73　　　　　　　　　　　　　　　　**项目组代号**

项目组	代号
项目办公室	PMO
端到端订单受理系统	O&P
ODS系统	ODS
EAI/EIP系统	EAI
现有系统改造组	LSE
架构环境组	ITS
融合计费账务项目组	BIL
客户关系管理项目组	CRM
其他	OTH

12.3　文档名称及编号

12.3.1　一般文档资料的名称及编号定义

12.3.1.1　一般文档资料的名称定义

文档名称必须为中文与英文混合的方式，由中文确定文件内容，英文确定版本和类型。格式如下：mmmm_Vn_A_Lang.xxx

其中：

· mmmm：中文（或英文）名称全称，不建议使用短名。

· Vn：V是固定的，n代表版本号。

· A：A可为T，代表模板，为G代表使用规范级标准说明，为D代表提交件，为I代表内部使用或中间产品。

· Lang：Lang代表语言，CN，EN，TN分别表示简体中文、英文及繁体中文。

· xxx：文件后缀。

例：document_standard_V1.0_T_CN.doc，即文档规范说明1.0中文模板。

12.3.1.2　中文名称确定

目前的文档中的中文文件名称定义为：

· 需求说明书。

· 工作任务分解细目。

· 数据字典。

· 需求跟踪管理表格。

· 项目组状态报告。

· 会议纪要。

· 访谈纪要。

12.3.1.3　一般文档资料的编号定义

文档资料编号：XYZ_YYMMDD_nnn

12.3.2　会议/访谈纪要的名称及编号定义

12.3.2.1　会议/访谈纪要的名称定义（略）

12.3.2.2　会议/访谈纪要的编号定义（略）

12.3.3　组内中间文档的名称及编号定义

12.3.3.1　组内中间文档的名称定义（略）

12.3.3.2　组内中间文档的编号定义（略）

12.4　文档保存方式

本项目配有专门的文件服务器。

在文档所有者往服务器上提交文件时，必须遵循以下几点：

- 第一次提交文件时，按要求填写文件服务器上对于各项目的"文档控制表．xls"。
- 根据文件服务器的目录设置，正确存放提交文件（见"文件服务器"）。
- 对于服务器上已存在文件的修改，必须及时更新"文档控制表．xls"中的相关栏位。
- 如果文档版本有变，请在文档控制表中更新最新的版本号。
- 随着工作的进行，必须及时正确地更新"文档控制表．xls"中的"文档状态"一栏。

所有文档应保存在文件服务器上，目录结构见下。建议使用文档管理工具如PCB，Teamroom，Rational ClearCase。

所有提交件除按工作说明书规定的方式提交给客户外，文档应有打印件及客户签字，保存在总承包商、客户及A处各一份。所有文档应定期备份，1个月备份一次，阶段结束时备份一次。备份件应保存在其他机器上。

文档资料清单存放在总目录下。本目录根据项目的实际情况可酌情调整，以适应PCB的归档。

12.4.1　目录结构（举例，见表3-74）

表3-74　　　　　　　　　　　　　　　　　目录结构

总目录	主目录	子目录	备注
B公司IT转型项目	项目管理	合同文档	
略			

12.4.2　文档管理相关表单

所有列入建构管理之相关文件必须由建构管理员进行适当控管并翔实记录下列数据，请见文档控制表（略）：

- 文件编号：请依文件命名标准。
- 文件名称：说明该文件名称，需与文件标题一致。
- 文档名称：与文档名目一致。
- 文件所有人/修改人：说明该文件之所有人或修改人。
- 目前版本：说明该文件之目前版本。
- 目前版本更新日期：说明该文件之目前版本更新日期。
- 目前文件状态：说明该文件目前状态，如初稿撰写中、客户核准中、核准完毕等。

12.5 文档资料的权限控制

12.5.1 文档资料的保密

鉴于本项目的工作范畴，本项目涉及B公司、A、分包商的保密信息。对B公司、A、分包商任一方提供的资料只限于在本项目中使用，另两方负有保密的责任。

12.5.2 文档资料的使用范围

所有文档资料只限于本项目组在B公司IT转型项目中使用。

12.5.3 文档资料的权限（见表3-75）。

（请根据本项目的特殊情况进行修改）

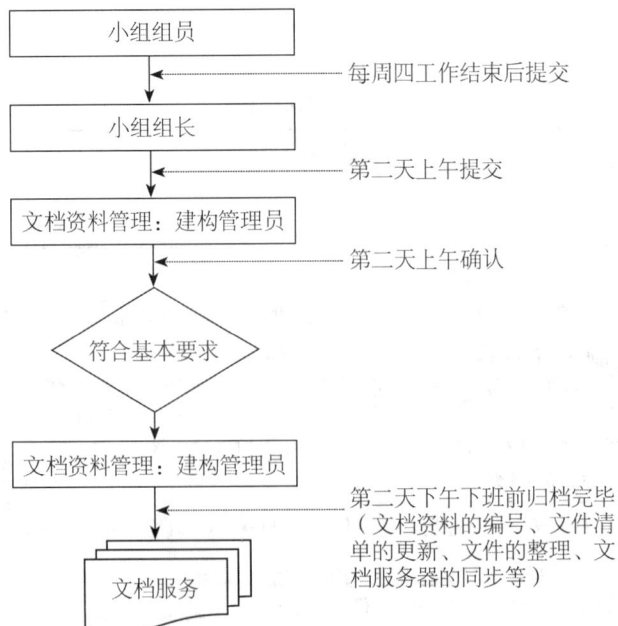

表3-75 文档资料权限

权限	权限对象说明	备注
阅读的权利	项目组全体成员	
修改、删除的权利	文件的拥有人（OWNER）	文件的创建者不代表文件的拥有人
改名的权利	文件的拥有人、文档管理员	

12.6 文档提交/查阅/发送/归档管理流程

（请根据本项目的特殊情况进行修改）

由于本项目由多个分包商组成，多数工作成果只要按阶段提供即可。在什么阶段、什么小组需要提供每天的工作成果，需要PMO统一考虑。对于项目资料的查询，也应有单独的控制机制。

12.6.1 每周工作报告提交与归档过程（见图3-28）

（请根据本项目的特殊情况进行修改）

图3-28 每周工作报告提交与归档过程

253

12.6.2 会议纪要的归档和发送过程（见图3-29）

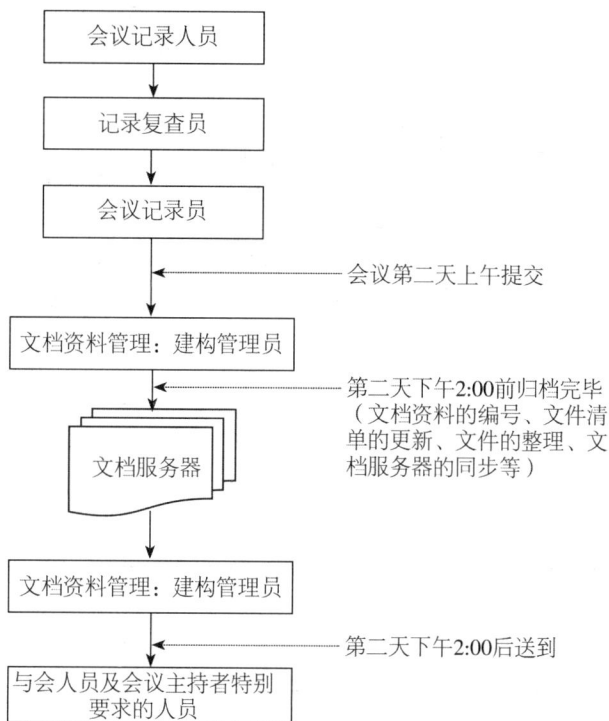

图3-29 会议纪要的归档和发送过程

12.6.3 其他资料的归档和发送过程（见图3-30）

如提供的用户原始资料、规范等的传递。

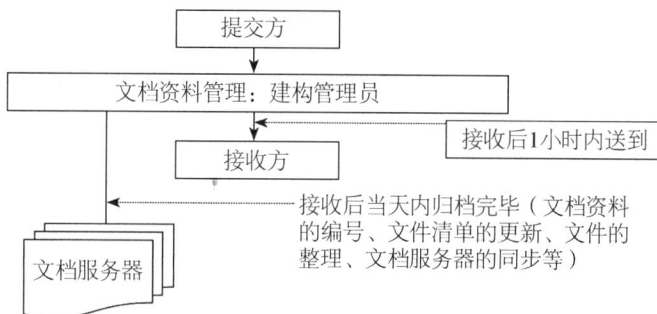

图3-30 其他资料的归档和发送过程

12.6.4 文档的查阅

（请根据本项目的特殊情况进行修改）

当项目从外部获得参考文档时，会有两种形式：电子文档和纸质文档。

• 对于电子文档，其提交文件遵循以上提交规则。本项目文档服务器采用的文件管理可以对文件的迁入和迁出进行限制管理，以保证文件在修改过程中的版本一致性。而对于阅读者来说，通过浏览功能即可进行查阅（见图3-31）。

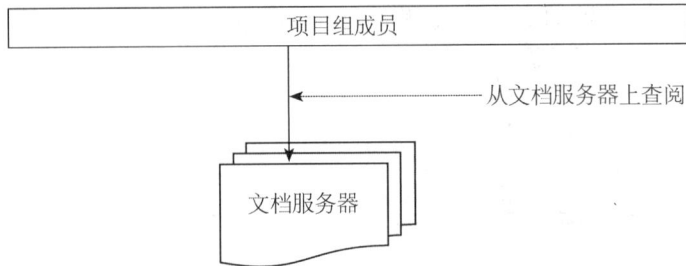

图3-31　电子文档查阅

• 对于纸质文档，将由项目群或项目组专人管理，需要者可借阅。其管理登记样表见表3-76。

表3-76　　　　　　　　　　　　　　　纸质文档查阅

项目名称	姓名	资料名称	出借日期	归还日期	签名

13.其他（略）

14.项目现况

本项目各子项目执行进度，请参考每月进度报告。

附件：略。

Scrum敏捷实践： Scrum敏捷项目亦需要简洁的管理计划，特别是刚尝试敏捷实践的公司。因为都是同一类型的项目，一般由项目管理部门（如项目管理办公室）统一编制，对项目的进度、沟通、风险等管理做出规定。如关于每日立会，可做出以下的规定：

• 主持人轮流担任，负责控制节奏，记录问题，以备会后跟踪；

• 每人讲自己昨天做了什么，有什么问题，今天的计划是什么；

• 其他人了解别人的工作情况，并发现、指出可能存在的问题；

• 对于发现的问题，鼓励认领，其余由Scrum主管指定责任人；

• 时间通常控制在15分钟以内。

局限性： 项目管理计划编写的全面性与简洁性两大原则很难平衡。笔者建议应侧重考虑全面性，即宁全勿缺。

3.2.15　工具15：工作分解结构（WBS）

工具名称： 工作分解结构（Work Breakdown Structure，WBS）。

发明者： 20世纪60年代美国国防部和航天局。

定义： 项目团队为实现项目目标、创建所需可交付成果而需要实施的全部工作范围的层级分解。

用途： 组织并定义项目的总范围，分解并定义各层次的工作包。

模板： WBS的表示方式主要有三种：

（1）标准格式：树形的层次结构图（类似于组织架构图，见图3-32）。

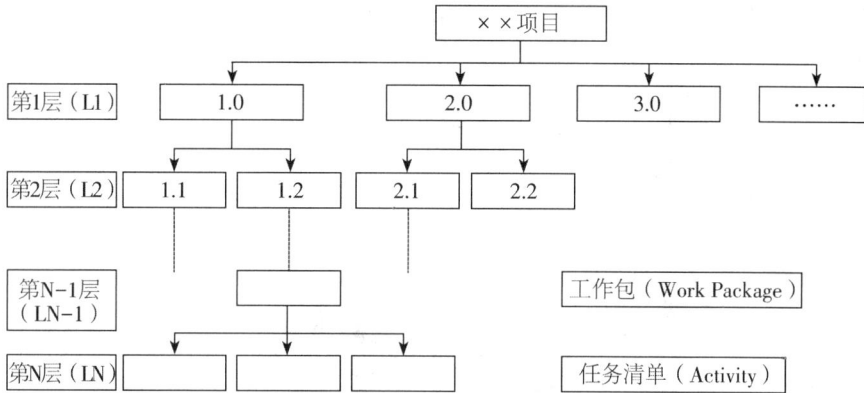

图3-32　树形结构式WBS

（2）行首缩进式或直线缩排式表格（见表3-77）。建议大家用Excel来做，这样便于随时修改。在实际应用中，表格形式的WBS应用比较普遍，特别是在项目管理软件中。

表3-77　　　　　　　　　　　　　　　　行首缩进式WBS

WBS代码	任务描述
1.0	
1.1	
1.1.1	
1.1.2	
1.1.3	
⋮	
1.2	
⋮	
1.3	
⋮	
2.0	
2.1	
⋮	
2.2	
⋮	

（3）思维导图（Mind Mapping）式WBS（见图3-33）。使用思维导图的好处就是想到什么就写下什么，不用管顺序。最中心的圆圈里是项目名称，周围的圆圈是分解的工作。一个圆圈一件事。

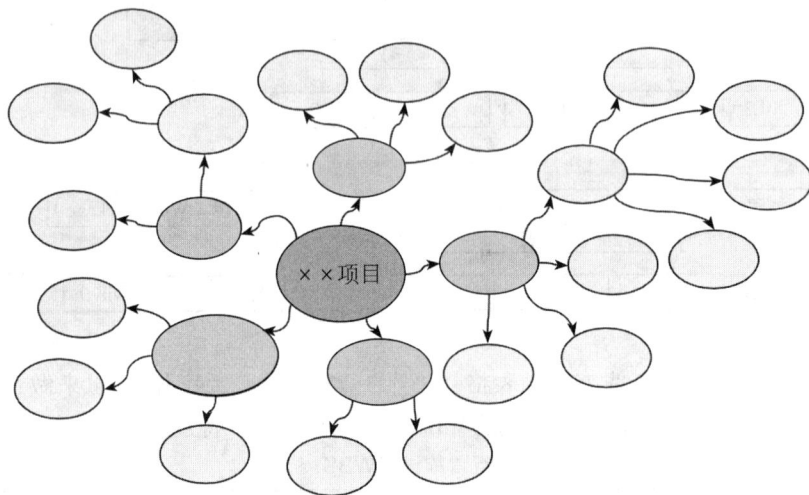

图3-33　思维导图式WBS

使用说明：创建WBS可用下列一种或几种方法：问卷调查、一对一的个别交流与讨论或团队会议。建议用团队会议作为制定最全面的WBS的主要手段。

典型的WBS有5级，图3-34为C919大飞机的典型WBS示例。

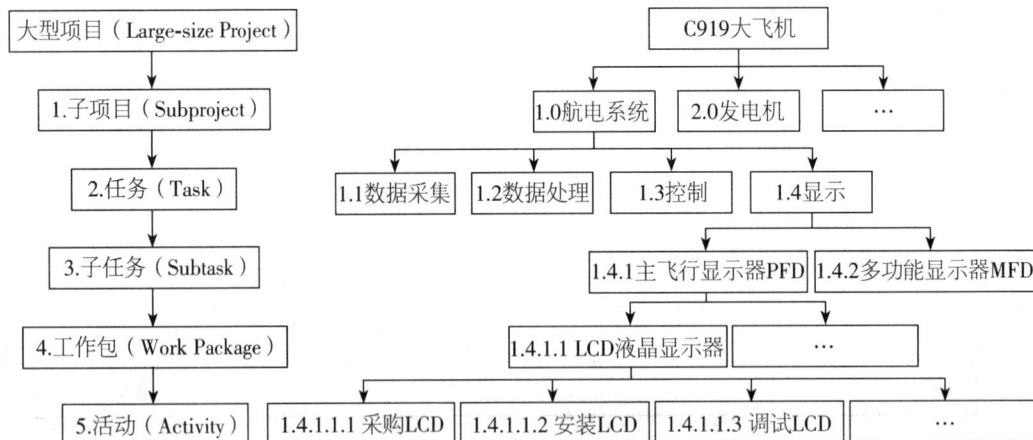

图3-34　典型WBS的层级及示例

当然，大的项目可能有5层以上（比如，子项目下还有孙项目，子任务下还有孙任务等），小的项目可能只有3层甚至只有2层（第一层就是工作包，第二层就是任务，如后面的【例】F1赛车进站维修项目WBS）。

WBS创建需遵循一定的原则（具体原则见2.2.2第八步），其过程如下：

（1）分析范围文件。包括项目章程、项目范围说明书、工作说明书等。

（2）明确项目范围。明确提供给客户的可交付成果（可交付成果可能是某种有形的产品如"冰箱"，也可能是无形的服务或研究结果如"节能对比效果"），识别项目中的工作区域（中间产品或用于补充可交付成果），识别和确认项目的阶段和主要可交付物。

（3）确定WBS结构。不同的项目，其范围、性质可能都不一样，项目管理的目标和重点不尽相同，项目的WBS结构也并不一样。确定项目的WBS结构必须遵循以下步骤：①确定项目特性并确定WBS层次，比如项目的不确定有多大？项目的规模又是多大？②确定项目管理的重点，为项目管理目标划分优先级别，比如，项目质量是放在第一位的，还是项目进度居于首位？③针对项目管理目标的优先级别确定每级WBS分解方法①。一般情况下，确定项目的WBS结构需要组合几种方法进行，在WBS的不同层次使用不同的方法（如第一层使用阶段，第二层使用交付物）。④确定WBS结构。

（4）分解项目工作。如果有现成的具有"相似性"项目的模板，应该尽量利用。画出WBS的层次结构图。WBS较高层次上的一些工作可以定义为子项目、子目标、重要的可交付物、项目生命周期主要阶段、重要里程碑等。再逐级按逻辑细分为更小的、易于管理的组件或工作包，使其形成顺序的逻辑子组，直到复杂的工作要素和成本花费成为可计划和可控制的管理单元。倒数第二层（小项目可能就是第一层）是工作包（Work Package）。工作包必须详细到可以对该工作包进行估算（成本和历时）、安排进度、做出预算、分配负责人员或组织单位。工作包的下一层即最后一层是单个活动（Activity）。活动由几个任务（Task）组成，每个任务会由不同的人执行。这些通常不认为是WBS的一部分。工作包为活动定义和责任分派提供了逻辑基础。成本估算和计划编制是在活动层执行的。然而，在活动层控制成本通常是不切实际的，因为收集实际成本数据有困难。通常在其上一层——工作包——或更高层进行成本控制。因此，分解到活动后，还要分解到一个人执行的任务（理由见后面的【例】F1赛车进站维修项目WBS）。

（5）验证分解的正确性。项目经理和有关成员应该仔细分析每项任务，以便决定：①是否有遗漏项（特别是遗漏一些重要的里程碑）？如有遗漏，加以弥补，确保覆盖100%的工作。②是否所有的任务都是必要的？如果发现较低层次的项没有必要，则修改组成成分。如果有必要，建立一个编号系统。③是否需要重新分解某些任务？如有需要，修改以使这些任务能被更快完成，同时还能降低成本。④每一组成部分是否分解得足够详细？如果发现有些项分解得不够详细，则继续分解直到单个活动。

（6）编制WBS词典。WBS词典（WBS Dictionary）是针对WBS中的每个组件（Component，反映WBS任意层次上的任何要素），详细描述可交付成果、活动和进度信息的文件。WBS词典相当于对WBS元素的规范，即WBS元素必须完成的工作以及对工作的详细描述；工作成果的描述和相应规范标准；元素上下级关系以及元素成果输入输出关系等。同时WBS词典对于清晰地定义项目范围也有着巨大的规范作用，它使得

---

① 根据不同的功能需求，一个项目往往存在多种WBS分解方式。常用的有：按照产品结构、组织结构、费用结构、合同及支付管理结构、风险结构、资源结构等分解，还有按照专业、子系统、子工程、项目的地域分布、实施过程、产品或项目的功能、产品的物理结构、项目的各个目标等分解数十种方法。每种方法皆有其优缺点。

WBS易于理解和被组织以外的参与者（如承包商）接受。在建筑业，工程量清单规范就是典型的工作包级别的WBS词典。WBS词典通常包括工作包描述、进度日期、成本预算、人员分配、质量要求、验收或完成标准、假设条件和制约因素、风险及应对措施等信息。对于每个工作包，应尽可能地包括有关工作包的必要的、尽量多的信息。当WBS与OBS（Organizational Breakdown Structure，组织分解结构）综合使用时，要建立账目编码（Code of Account）。账目编码是用于唯一确定项目工作分解结构每一个单元的编码系统。成本和资源被分配到这一编码结构中。表3-78和表3-79是WBS词典的两个示例。

表3-78　　　　　　　　　　　　　WBS词典示例1

编码	6.6
工作名称	结构部件选型
可交付成果	结构部件型号及图纸
验收标准	型号确认，图纸上传设计管理系统
负责人	张三
预计工时	7个工作日
上游输入	设计计算结果
下游输入使用部门	采购部
假设条件	设计计算结果准确
风险及应对	无满足需要的货架产品（定制）

表3-79　　　　　　　　　　　　　WBS词典示例2

编码	名称	完成标准	负责人
3.1	开发接触开关	根据Q表中的技术规格表的所有要求，开发新的接触开关的外形尺寸和内部结构	刘一
3.2	识别接触开关测试A计划	选择10个不同的工作环境作为测试的范围，并且拟定各个接触开关需要测试的要求点	王二
3.3	拟定质量规划	通过开发部门、销售部门和质量保证部门的批准，提出质量规划并且编成文件	张三
3.4	发货前拟定驱动器的质量	先进行内部的测试，了解接触开关的大致情况，做内部的情况分析	李四
3.5	为接触开关测试发货	抽样一部分接触开关送去A环境进行测试	赵五
3.6	进行接触开关测试	20天内对测试后数据进行分析，汇总意见，总结、报告给规划部门	黄六
3.7	根据结果修正接触开关	如果存在明显缺陷的话，对结构和构造进行分析，然后修正，寄往生产部门	田七

（7）建立范围基准。经批准的产品关键质量特性（CTQs）、项目范围说明书、WBS

和相应的 WBS 词典，共同构成了项目范围基准，后续任何变更，必须经过正规的变更控制程序，才能实施。确认变更后，重新明确范围、梳理变更与其他工作的逻辑关系、分解至独立工作包、核对充分必要性、编制或更新 WBS 词典，重新审批后，将其变更结果输出给相关过程。

实操贴士：

① 建议大家借助报事贴（Post-It）来进行。给参加 WBS 头脑风暴会议的每位项目成员发一本报事贴（7cm² 左右正方形那种），请他们集思广益，将其能想到的工作贴在相应的阶段、主要交付物、里程碑或子目标下面。每张报事贴上只能写一件事（名词或动词结构），可用不同颜色的报事贴来代表不同层次的工作（如粉色代表第二层，蓝色代表第三层，绿色代表第四层，黄色代表第五层等）。头脑风暴后，检查所有的报事贴，主要看有无遗漏项，有无重复项。

② 自上而下分解完毕后，可自下而上核对整个工作分解结构是否符合100%原则，各层级组件的汇总是其上层组件的充分必要工作，既无遗漏也无多余事项，使整个项目产品范围和工作范围完全展现在 WBS 中。

③ 需要强调的是，WBS 不是一次性的工作，而是贯穿项目始终，一方面遵循渐进明细原则，对未来事项的策划实施在适当时间进行相应分解；另一方面，要在项目实施过程中，尤其有变更输入时，要不断检查、审视工作分解结构是否符合100%原则，防止范围蔓延。

④ 随着其他计划活动的进行，不断地对 WBS 更新或修正。同时，WBS 还要反映项目的变更。WBS 的配置和内容与具体工作包会随项目变化而有所不同，必要时会增加、删减、变更或澄清某项工作。

⑤ 尽管所有的项目都是唯一的，但是一个特定组织中的工作一般都与以前做过的工作相似（如都是产品研发）。因此，通常可以将 WBS（至少在上面几层）做成模板，从而不必为每个新的相似项目重新创建一个 WBS。因此，项目经理应致力于将高质量的 WBS 标准化，建立模板，填充组织过程资产，以便其他项目经理可以借鉴，高效优质地建立工作分解结构，也可以在后续使用过程中，不断完善和优化。

【例】F1 赛车进站维修项目 WBS

谈到项目团队，最经典的案例之一就是 F1 赛车团队。每位车手都不是一个人在战斗，其身后有若干个项目团队：技术团队、维修（PIT）团队、后勤团队等。以 F1 赛车进站维修项目为例，法拉利、红牛等车队为什么能创造加油和换胎纪录（最快的换胎纪录是2018年红牛车队 PIT 团队创造的1.923秒，刷新了之前由法拉利保持的最快进站纪录——1.95秒，而正常情况下换胎平均用时是3~4秒），一个非常重要的原因就是运用了 WBS。但 WBS 运用好坏，对项目最终结果可是影响巨大的（要知道红牛车队其史上最慢换胎纪录可是整整14秒！）

首先我们来看一下 F1 赛车进站时的人员配置情况。总共需要至少22位工作人员的参与（见图3-35）。

项目管理：操作指南

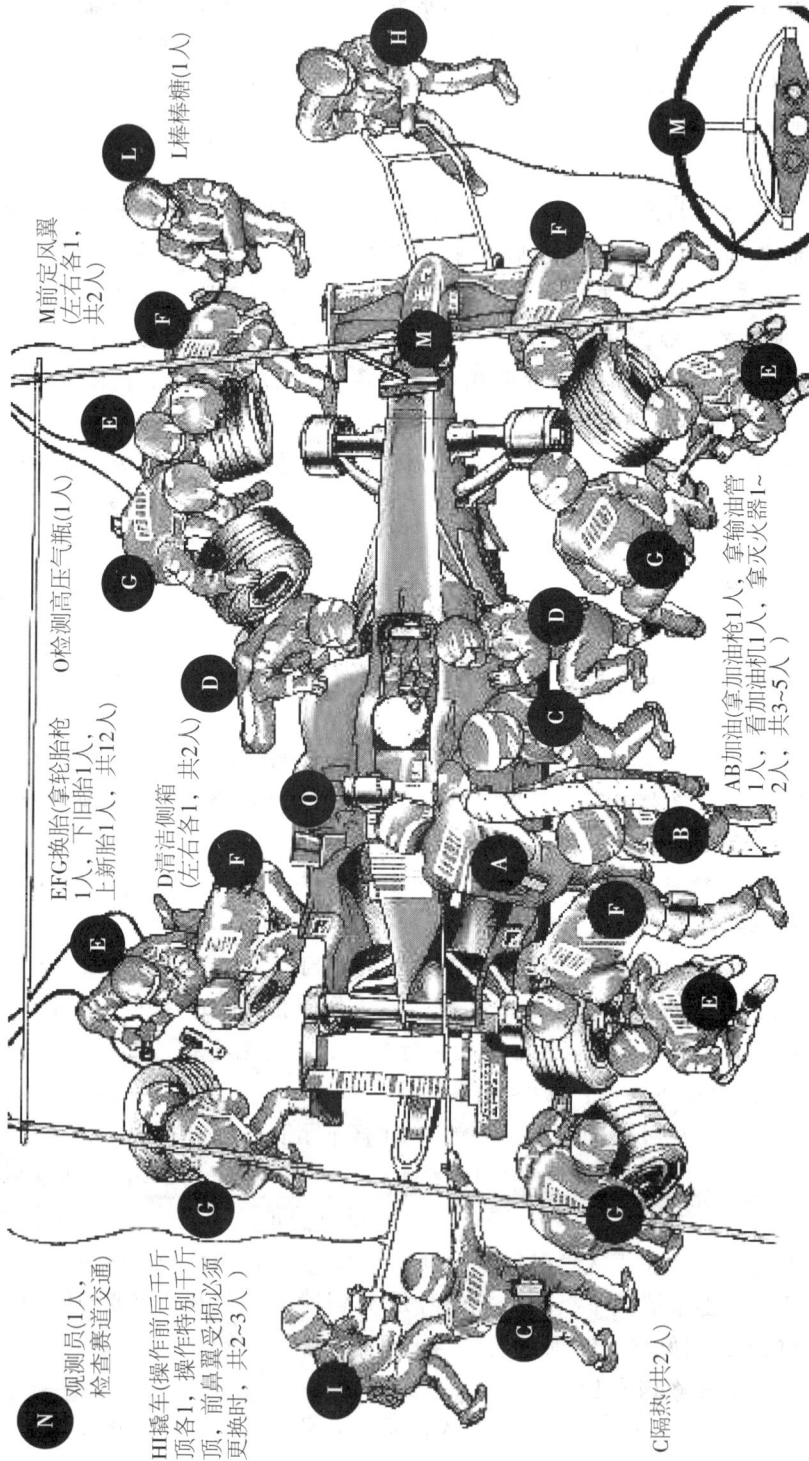

图3-35　F1赛车维修站人员配置

N观测员(1人，检查赛道交通)

HI撬车(操作前后千斤顶各1，操作特别千斤顶1人，前鼻翼受损必须更换时，共2~3人)

EFG换胎(拿轮胎枪1人，下回胎1人，上新胎1人，共12人)

D清洁侧箱(左右各1，共2人)

O检测高压气瓶(1人)

L棒棒糖(1人)

M前定风翼(左右各1，共2人)

AB加油(拿油加油枪1人，着加油机1人，拿输油管1人，拿灭火器1~2人，共3~5人)

C隔热(共2人)

第3章 项目管理工具

接下来，我们看一下F1赛车进站维修项目的WBS。首先，进行第一层分解。进站需要做哪些事呢？换胎、加油、举牌……到这里还没有结束，这只是工作包。还要再往下分。比如，换轮胎还要再往下分到第二层：换左前胎、换左后胎、换右前胎、换右后胎。到这里还没有结束，只是到活动，还需要把活动继续往下分到第三层，每个轮胎四个任务：任务1卸螺母，任务2下旧胎，任务3上新胎，任务4紧螺母。到这里才分解完毕。这时我们就可以科学分工了。任务1和任务4张三做（两个任务都是张三做的原因是任务1和任务4不是连续动作，之间有等候时间，而且轮胎枪在其手中），任务2李四做，任务3王二做。如果我们只是笼统地吩咐张三、李四和王二去换左前胎，会出问题的，因为有可能三个人抢着去拿新轮胎。更不要说让12个人去换胎，会更乱套的。因此，通过这样的层层分解，就可以让每个人各司其职，做到分工明确，进而提升项目的效率与效果，又快又好！这就是F1赛车进站维修项目的树形WBS（见图3-36）。

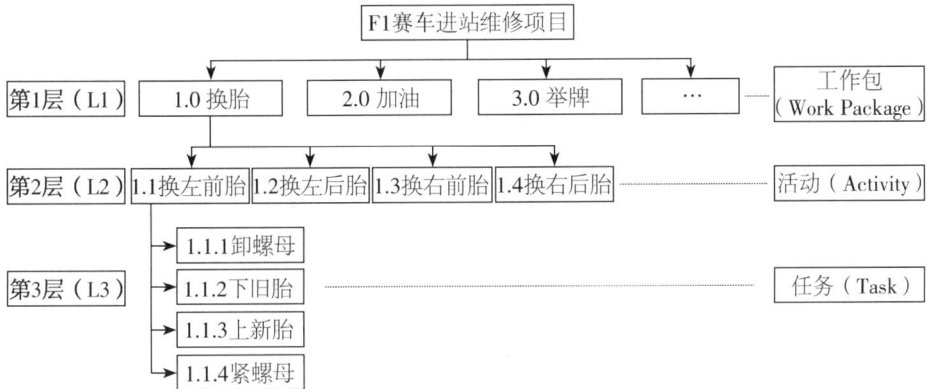

图3-36 F1赛车进站维修项目树形WBS

如果用Excel表格来表示则如表3-80所示：

表3-80 F1赛车进站维修项目表格式WBS

WBS代码	任务描述
1.0	换胎
1.1	换左前胎
1.1.1	卸螺母
1.1.2	下旧胎
1.1.3	上新胎
1.1.4	紧螺母
1.2	换左后胎
⋮	⋮

项目管理：操作指南

续表

WBS代码	任务描述
1.3	换右前胎
⋮	⋮
1.4	换右后胎
⋮	⋮
2.0	加油
⋮	⋮
3.0 ˙	举牌
⋮	⋮

如果用思维导图来表示则如图3-37所示：

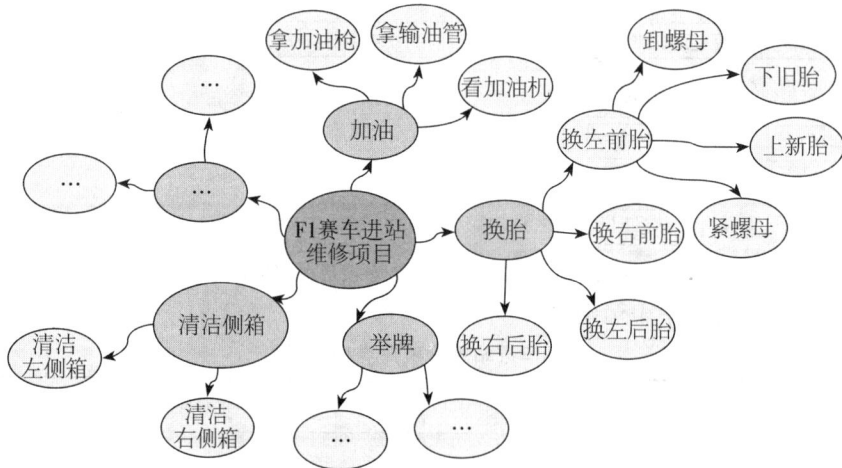

图3-37　F1赛车进站维修项目思维导图式WBS

Scrum敏捷实践：

敏捷项目的分解采用典型的主要交付物MD的方法得到WBS。首先产品负责人在产品计划会议上负责基于商业价值挑选某次交付中应该包含的用户故事（产品待办事项列表），然后开发人员在冲刺计划会议上负责基于开发的风险、用户故事之间的依赖关系等挑选在某次冲刺中要实现的用户故事（产品待办事项），并基于经验采用头脑风暴的方法大家一起分解得到冲刺待办事项列表。冲刺待办事项列表是Scrum团队在冲刺期间完成的任务列表，相当于WBS中的任务清单（Task List，不是活动清单Activity List，活动的下一层才是个人负责的任务），里面列举的任务是为了实现该用户故事必须做的事情，按照简化的原则，可做可不做的任务则删除之。估计的工作量是由责任人自己估算的，任务的工作量合计应该不超过用户故事估算的工作量。如果任务拆分后发现工作量的合计远远大于用户故事估计的工作量，则可能需要对用户故事的工作量估算值进行修订。冲刺待办事项列表可以采用Excel、白板或者敏捷的项目管理工具进行维护。

表3-81为Scrum敏捷项目的WBS示例：

表3-81　　　　　　　　　　　Scrum敏捷项目WBS示例

WBS（发布>冲刺>用户故事>任务）			时间				
冲刺	用户故事	任务	第1天	第2天	第3天	第4天	…
1.冲刺1	1.1 作为会员，我可以阅读其他会员的个人资料，以便找到合适的人	1.1.1　编码…	8	4	8	0	
		1.1.2　设计…	16	12	10	4	
		1.1.3　与××见面…	8	16	16	11	
		1.1.4　设计UI…	12	6	0	0	
		1.1.5　自动化测试…	4	4	1	0	
		1.1.6　其他编码…	8	8	8	8	
	1.2 作为会员，我可以更新我的结算信息	1.2.1　更新安全测试…	6	6	4	0	
		1.2.2　设计解决方案…	12	6	0	0	
		1.2.3　写一个测试计划…	8	8	4	0	
		1.2.4　自动化测试…	12	12	10	6	
		1.2.5　编码…	8	8	8	4	
	⋮	⋮					
2.冲刺2	2.1 …						
	⋮	⋮					
⋮	⋮	⋮					

局限性：WBS的局限性主要表现在以下两个方面：

（1）传统的、单一的树形结构的WBS层次清晰，结构性强，非常直观，但不是很容易修改，对于大的、复杂的项目也很难表示出项目的全景。由于其主观性，一般在小的、适中的项目中使用得较多，可直接绘图。同时，由于缺乏灵活性与可变性，其几乎不存在被优化与调整的可能，致使难以实现最优的项目管理资源配置。鉴于传统WBS

无论从任何视角进行分解，都不存在最佳分解方式，无法覆盖全局，国内外数位学者（Godinot Chua，2006；高星，成虎，2004；郑大伟，2010；谢磊等，2010；张真，2014；王敏，2014）提出了矩阵WBS或多维矩阵WBS这一改进的立体结构分解方法以期消除单一WBS树形结构所带来的弊端。屏蔽了主观因素的影响，统筹了对项目的多角度认知，从而建立了一个全面的、立体的、灵活的、客观的WBS，引领项目参与者全方位审视项目，并能提供给不同的参与者针对特定管理需要的WBS结构，满足专业化与个性化的管理需求，使创建最优的WBS成为可能。

（2）PBOK中指出：范围定义的工具为WBS模板，而模板来自以前项目中的WBS，即WBS模板得以应用的原因在于项目间的"相似性"，这与项目的本质特征"唯一性"相矛盾。因此，应用WBS模板的方法并不完美。但即便如此，因为一个特定组织中的工作一般都与以前做过的工作相似（如都是产品研发），因此，通常可以将WBS（至少在上面几层）做成模板，从而不必为每个新的相似项目重新创建一个WBS。新项目的WBS创建只需要在WBS模板的基础上做必要的修改即可，而不必花不必要的时间和精力去创建一个"全新的"但经常会遗漏工作的WBS。

3.2.16 工具16：网络计划技术（NPT）

工具名称：网络计划技术（Network Planning Technique，NPT），包括PERT（Program/Project Evaluation & Review Technique）与CPM（Critical Path Method），前者一般译为项目评估和回顾技术或计划评审技术或计划协调技术，后者一般译为关键路径（或线路）技术或关键路径法，两者有时统一记为PERT/CPM[1]。

发明者：PERT是1958年美国海军特种工程局在研制导弹核潜艇中提出的控制进度的管理方法。CPM是1956年美国杜邦公司在兰德公司的协助下研发的管理方法。

定义：网络计划技术是指以网络图为基础的计划模型，它主要利用网络图的形式表达一项工程中各项工作的先后顺序及逻辑关系，经过计算分析，找出关键工作和关键线路，并按照一定目标使网络计划不断完善，以选择最优方案；在计划执行过程中进行有效的控制和调整，力求以较小的消耗取得最佳的经济效益和社会效益。NPT既是一种计划优化方法，又是一种有效的事前控制方法。

用途：NPT适用于生产技术复杂、工作任务繁多、任务之间联系紧密的项目计划的制订和优化，其最基本的优点就是能直观地反映工作项目之间的相互关系，使一项计划构成一个系统的整体，为实现计划的定量分析奠定了基础。同时，它运用数学最优化原理，揭示整个计划的关键工作以及巧妙地安排计划中的各项工作，从而使计划管理人员依照执行情况的信息，有科学根据地对未来做出预测，使得计划自始至终在人们的监督和控制之中，使用尽可能短的工期、尽可能少的资源、尽可能好的流程、尽可能低的成

---

[1] CPM和PERT这两种计划方法是分别独立发展起来的，但其基本原理是一致的，都是通过网络图和相应的计算来反映整个项目的全貌，所以又叫作网络计划技术。两者最大的区别在于：一是PERT关注活动的开始或完成的事件或里程碑，CPM则关注执行的任务或活动的本身；二是PERT对每项活动用三点估计法来确定任务持续时间。此外，后来还陆续提出了一些新的网络技术，如GERT（Graphical Evaluation and Review Technique，图示评审技术），VERT（Venture Evaluation and Review Technique，风险评审技术）等。

本来完成所控制的项目。具体表现在：

（1）可以进行各种时间参数的计算，能在工作繁多、错综复杂的计划中找出影响工程进度的关键工作和关键线路，便于管理人员明确项目活动的重点，便于优化对项目活动的资源分配；同时抓住主要矛盾，集中精力确保工期，避免盲目抢工（当管理者计划缩短项目完成时间，节省成本时，就要把考虑的重点放在关键路径上）。

（2）通过对各项工作机动时间（时差）的计算，可以更好地运用和调配人员与设备，节约人力、物力，达到降低成本的目的。

（3）在计划执行过程中，当某一项工作因故提前或拖后时，能从网络计划中预见到它对其后续工作及总工期的影响程度，便于采取措施。

（4）可以使各级主管人员熟悉整个工作过程并明确自己负责的项目在整个工作过程中的位置和作用，增强全局观念和对计划的接受程度，为有效开展控制工作，以及对工作各个阶段、各个方面的协调创造了条件。

模板：见图3-38。其中A~K为每个节点的任务编码，箭头标识了任务间的逻辑关系。任务编码下方左三列数字的中间一行为估计的任务跨度。实线为关键路径，虚线为非关键路径。

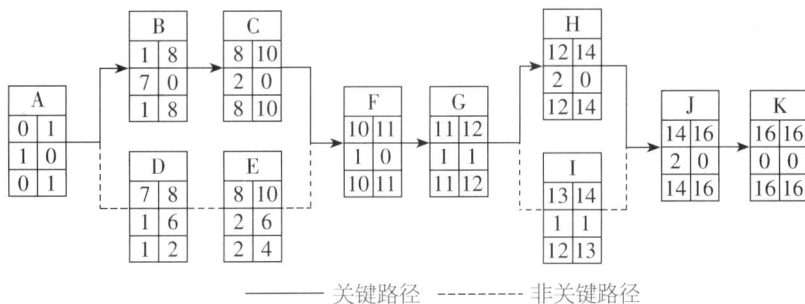

图3-38　网络图和路径

使用说明：NPT的使用有四个步骤：

第一步，绘制网络图。

PERT网络是一种类似流程图的箭线图。

网络计划技术是在网络图上加注工作时间参数等而编制成的进度计划，由网络图和时间参数两大部分组成。网络图是由箭线和节点组成的用来表示工作流程的有向的网络图形。

紧前关系绘图法（Precedence Diagramming Method，PDM），亦称优先图示法，是创建进度模型和网络图的一种技术，用节点表示活动，用一种或多种逻辑关系连接活动，以显示活动的实施顺序。

PDM包括四种依赖关系或逻辑关系。紧前活动是在进度计划的逻辑路径中，排在某个活动前面的活动。紧后活动是在进度计划的逻辑路径中，排在某个活动后面的活动。这些关系的定义如表3-82所示。

项目管理：操作指南

表3-82　　　　　　　　　　　紧前关系绘图法（PDM）的活动关系类型

逻辑（依赖）关系类型	图示（假设任务A和B跨度皆为2天）		先后顺序类型
完成到开始（FS）：只有紧前活动完成，紧后活动才能开始	A B	0%B以100%A为前提	顺序式 （或先后式）
	A FS,+1　B	0%B以100%A为前提，B有1天滞后量	
	A FS,−1 B	0%B以50%A为前提，50%B以100%A为前提，B有1天提前量	交叉式 （或搭接式）
开始到开始（SS）：只有紧前活动开始，紧后活动才能开始	A B	0%B需要0%A	平行式 （或并列式）
	A SS,+1　B	0%B需要0%A，B有1天滞后量	
完成到完成（FF）：只有紧前活动完成，紧后活动才能完成	A B	100%B要求100%A	
开始到完成（SF）：只有紧前活动开始，紧后活动才能完成	A　　B	100%B以0%A为前提	

　　上述四种关系中，SF是最少用的逻辑关系。例如，只有启动新的应付账款系统（紧前活动），才能关闭旧的应付账款系统（紧后活动）。FS是最常用的逻辑关系。表3-82第一种FS关系中，任务A结束后马上开始任务B，两个任务间无间隔（或滞后）时间。这种逻辑关系亦称紧连顺序关系。第二种FS关系中，FS，+1表示任务B有1天的滞后量（相对于紧前活动，紧后活动需要推迟的时间量），即任务A完成1天后，任务B才能开始。这种依赖关系亦称间隔顺序关系。紧连顺序关系和间隔顺序关系皆属于顺序或先后关系。第三种FS关系中，FS，−1表示任务B有1天的提前量（相对于紧前活动，紧后活动可以提前的时间量），即任务B可以在任务A结束前1天开始。这种依赖关系亦称交叉或搭接关系，即两个任务之间有一部分重叠或只有一段时间是平行进行的。SS、FF和SF三种关系亦称平行或并列关系。

　　一般NPT的网络图分为双代号网络图和单代号网络图。大多数项目管理软件都使用单代号网络图。

　　由一个节点表示一项工作，以箭线表示工作顺序的网络图称为单代号网络图。单代号网络图的逻辑关系容易表达，且不用虚箭线，便于检查和修改。但不易绘制成时标网络计划，使用不直观（不同于 双代号时标网络图 ）。

节点是单代号网络图的主要符号，用圆圈或方框表示。一个节点代表一项工作或工序，因而它消耗时间和资源。节点所表示工作的名称、持续时间和编号一般都标注在圆圈或方框内，有时甚至将时间参数也标注在节点内，如表3-83所示。

表3-83　　　　　　　　　　　　　单代号网络图节点的表示形式

任务识别码ID/描述 （其他数据：责任、花费等）	
晚开始LS	晚结束LF
任务跨度TD	浮动FF
早开始ES	早结束EF

注：早开始为最早开始日期（Early Start Date，ES），早结束为最早结束日期（Early Finish Date，EF），晚开始为最晚开始日期（Late Start Date，LS），晚结束为最晚结束日期（Late Finish Date，LF），任务跨度为任务的持续时间或工期（Task Duration，TD），浮动或自由浮动时间（Free Float，FF），又称"时差"，指在不延误任何紧后活动最早开始日期或违反进度制约因素的前提下，某进度活动可以推迟的时间量。

每个节点都必须编号，作为该节点工作的代号。一项工作只能有唯一的一个节点和唯一的一个代号，号码可间断，但严禁出现重号。编号要由小到大，即箭头节点的号码要大于箭尾节点的号码。

箭线在单代号网络图中，仅表示工作之间的逻辑关系。它既不占用时间，也不消耗资源。单代号网络图中不用虚箭线。箭线的箭头表示工作的前进方向（指向紧后任务），箭尾指向紧前任务。

绘制单代号网络图时，还要遵循以下原则：

①不允许出现双向箭头或无箭头的连线。

②严禁出现无箭尾节点或无箭头节点的箭线。

③严禁出现循环回路。

④只能有一个起点节点和一个终点节点。当开始的工作或结束的任务不止一项时，应虚拟开始节点（S_t 或 S）或结束节点（F_{in} 或 F），以避免出现多个起点节点或多个终点节点（见图3-39）。

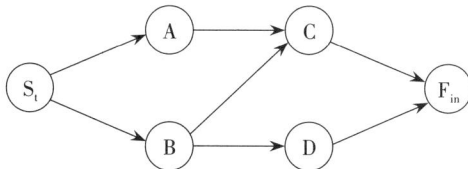

图3-39　带虚拟节点的网络图

⑤箭线不宜交叉。当交叉不可避免时，可采用过桥法或指向法绘制。

⑥在一幅网络图中，单代号和双代号的画法不能混用。

⑦正确表达逻辑关系。表3-84列出了单代号网络图的逻辑关系。

表3-84 　　　　　　　　　　　　**单代号网络图的逻辑关系**

序号	工作之间的逻辑关系	网络图中的表示方法
1	A工作完成后进行B工作	A → B
2	B、C工作完成后进行D工作	B → D, C → D
3	B工作完成后，C、D工作可以同时开始	B → C, B → D
4	A工作完成后进行C工作，B工作完成后可同时进行C、D工作	A → C, B → C, B → D
5	A、B工作均完成后进行C、D工作	A → C, A → D, B → C, B → D

单代号网络图的绘制步骤如下：

① 列出任务清单，理清任务之间的逻辑关系（顺序式、并列式还是交叉式），找出每一项工作的紧前工作有哪些。

② 根据任务清单，先绘没有紧前任务的任务节点。

③ 逐个检查任务清单中的每一项任务，如该任务的紧前任务节点已全部绘在图上，则绘该任务节点，并用箭线和紧前任务连接起来。

④ 重复上述步骤，直至绘出整个计划的所有任务节点。

⑤ 绘制没有紧后任务的任务节点。

⑥ 绘制开始节点和结束节点。

⑦ 检查确认无误。

实操贴士：

在绘制网络图的过程中，要避免过于前后顺序化（即有太多的先后关系，会把项目工期拉得太长），但也要避免一项任务依赖于过多的前续活动（即有太多的紧前活动，会导致资源紧张；同时，只要有一项紧前任务完不成，项目就无法继续进行）。

初中语文课本里有篇文章，是中国科学院院士、数学家华罗庚写的《统筹方法》。书中举了一个泡茶的例子。当时的情况是：开水没有；水壶、茶壶、茶杯要洗；火已生了，茶叶也有了。怎么办？

办法甲：洗好水壶，灌上凉水，放在火上；在等待水开的时间里，洗茶壶、洗茶杯、拿茶叶；等水开了，泡茶喝。

办法乙：先做好一些准备工作，洗水壶，洗茶壶、茶杯，拿茶叶；一切就绪，灌水烧水；坐待水开了泡茶喝。

办法丙：洗好水壶，灌上凉水，放在火上，坐待水开；水开了之后，急急忙忙找茶叶，洗茶壶、茶杯，泡茶喝。

哪一种办法省时间？我们能一眼看出第一种办法好，后两种办法都窝了工。

办法甲可以用网络图来表示（见图3-40）：

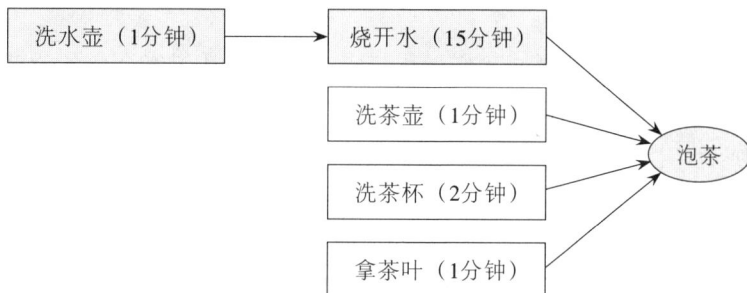

图3-40 泡茶方法甲网络图

从图3-40中可以一眼看出，办法甲总共要16分钟（而办法乙、丙需要20分钟）。如果要缩短工时、提高工作效率，应当主要抓烧开水这个环节（因为洗水壶到烧开水这一条路径是关键路径），而不是抓拿茶叶等环节。同时，洗茶壶茶杯、拿茶叶总共不过4分钟，大可利用"等水开"的时间来做。

洗完水壶，才能烧开水，这种依赖关系称为强制性依赖关系。而洗茶壶、洗茶杯、拿茶叶，谁先谁后，关系不大，这种依赖关系称为选择性依赖关系。

现在假设某项目有A~K共11个任务。

在分析了它们之间的依赖关系后，我们绘制了如图3-41所示的网络图：

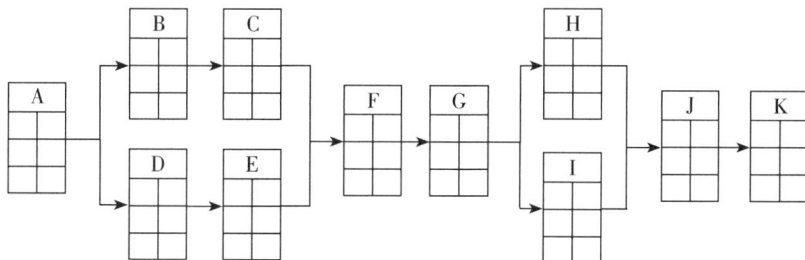

图3-41 网络图示例

第二步，估计任务跨度。

运用PERT估计任务跨度时，采用的是三点估计法（Three-Point Estimating）：

$$T_E = (T_o + 4 \times T_m + T_p)/6.$$

其中：

T_E 为期望时间（Expected Time）。用三点估算计算出完成某活动的期望值，即有 50% 的可能性在该工期内完成。

T_o 为乐观估计时间（Optimistic Time），即基于活动的最好情况所估算的活动持续时间。

T_m 为最可能的时间（Most Likely Time），即基于最可能获得的资源、最可能取得的资源生产率、对资源可用时间的现实预计，资源对其他参与者的可能依赖关系及可能发生的各种干扰等，所估算的活动持续时间。

T_p 为悲观估计时间（Pessimistic Time），即基于活动的最差情况所估算的活动持续时间。

以图3-41中的网络图为例，我们运用三点估计法估计了每个任务的持续时间，如图3-42所示。任务K的持续时间为0，代表K是一个里程碑。

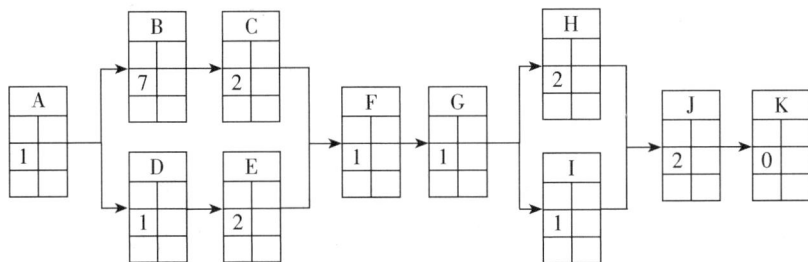

图3-42 估计任务跨度例子

实操贴士：

估计持续时间时，前后单位要统一，还要区分持续时间（亦称任务跨度或工期）与人员用时（工时）的区别。注意：工期≠工时。持续时间（Duration）指完成一个活动所需要的工作时段总数，而工时，亦称人力投入（Effort），指完成一个任务所需要的人工单位数，两者通常都以小时、天和周来表示。例如，采购一个进口零件持续时间需要30天，但人力投入可能仅需要1天。

第三步，计算关键路径。

关键路径技术或关键路径法（Critical Path Method，CPM），是在项目进度模型中，估算项目最短工期，确定逻辑网络路径的进度灵活性大小的一种方法。其中，关键路径或关键线路（Critical Path，CP），是项目网络图中最长的路径，它决定了项目最短的可能持续时间。关键路径上的所有任务跨度总和即为项目的总工期。因此，关键路径可以用来确定项目的总时间跨度（即工期），并依此确定项目能否在预定的日期内完成。

如节点不太多，网络图绘制完成之后，即可在网络图上直接计算其时间参数。计算工期最早时间是从左向右逐个节点进行计算，即从第一个节点算到最后一个节点。计算最迟时间则从最后一个节点算起，一直算到第一个节点。有了最早与最迟时间参数后，即可计算每个任务的浮动和项目的总浮动。

网络图中，总浮动最小的任务是关键任务。从起始节点到终止节点均为关键任务（与任务重不重要没有任何关系，只看任务跨度），而且所有任务的浮动都为零的路径即为关键路径。关键路径上某项任务或一系列同步任务延误可能推迟项目的完成时间，而不处于关键路径上的某一任务或一系列同步任务的延误，可能会、也可能不会推迟项目的完成时间，这取决于该任务有多大的浮动。

以图3–41中的网络图为例，计算结果如图3–38所示。其中，实线（A→B→C→F→G→H→J→K）为关键路径，A、B、C、F、G、H、J皆为关键任务；虚线（A→D→E→F→G→I→J）为非关键路径。将任务A、B、C、F、G、H、J、K的跨度相加，即得到项目总的工期（Lead Time，LT）：LT=1+7+2+1+1+2+2+0=16天。在非关键路径A→D→E→F→G→I→J上，任务D、E与B、C并联，其浮动FF=（7+2）–（1+2）=6天共享，即6天浮动可以D用，也可以E用。故D的晚开始指的是D把6天的浮动时间都用光的情形。在非关键路径G→I→J上，任务I与H并联，浮动LF=2–1=1天。

第四步，优化。

网络计划优化是网络计划技术的精华之所在。它是在满足既定的约束条件下，按某一目标，对网络计划进行不断检查、评价、调整和完善，以寻求最优网络计划方案的过程。网络计划的优化有工期优化、费用优化和资源优化三种。

1.工期优化（也称时间优化或进度优化）

工期优化是在网络计划的工期不满足要求时，通过压缩计算工期以达到要求工期目标，或在一定约束条件下使工期最短的过程。简而言之，就是通过不断缩短关键路径上的关键工作的持续时间等方法，达到减少工期的目的。

在确定需缩短持续时间的关键工作时，应遵循以下四大原则：

（1）QES优先的原则：缩短持续时间对质量、环境和安全（Quality，Environment & Safety，QES）影响不大的工作。

（2）花费最少的原则：缩短持续时间所需增加的人工、材料等费用最少的工作。

（3）先肥后瘦的原则：缩短持续时间相对比较长的任务或有充足备用资源的工作。

（4）前紧后松的原则：缩短网络图中前半部分任务的持续时间。

网络计划的工期优化步骤如下：

（1）计算项目工期并找出关键路径及关键工作。

（2）按要求工期计算出工期应缩短的时间目标ΔT：

$$\Delta T = Tc - Tr$$

式中，Tc=Calculated Time，为计算工期；Tr=Required Time，为要求工期。

（3）确定各关键工作能缩短的持续时间。

（4）将应优先缩短的关键工作压缩至最短持续时间，并找出新关键线路。若此时被压缩的工作变成了非关键工作，则应将其持续时间延长，使之仍为关键工作。

（5）若计算工期仍超过要求工期，则重复以上步骤，直到满足工期要求或工期已不能再缩短为止。

工期或进度压缩技术是指在不缩减项目范围的前提下，缩短或加快进度，以满足进度制约的因素、强制日期或其他进度目标。常用方法有：

（1）赶工。这是通过增加资源，以最小的成本代价来压缩进度工期的一种技术。例子包括：批准加班、增加额外人力/设备等资源、激励供应商、外包或支付加急费用，来加快关键路径上的活动。赶工只适用于那些通过增加资源就能缩短持续时间的，且位于关键路径上的活动，但赶工并非总是切实可行的，因为它可能导致风险和/或成本的增加。赶工得加料（增加资源），缩小范围来加快进度不是赶工加料，是偷工减料。

（2）快速跟进。将正常情况下按顺序进行的活动或阶段改为至少是部分并行开展，即调整任务间的依赖关系，将某些顺序式（串联）的任务调整为平行（并联）或交叉作业。快速跟进可能造成返工或风险增加，只适用于能够通过并行活动来缩短关键路径上的项目工期的情况。为加快进度而使用提前量通常会增加相关活动之间的协调工作量，并增加质量风险。快速跟进还可能增加项目成本。

并行工程（Concurrent Engineering）运用的就是快速跟进技术，强调产品设计与工艺过程设计、生产技术准备、采购、生产等种种活动并行交叉进行。乔布斯当年就是受并行工程的启发而设计苹果的 ANPP 流程的。并行工程首先由美国国家防御分析所提出："并行工程的目标是提高质量、降低成本、缩短产品开发周期和产品上市时间。并行工程的具体做法是：在产品开发初期，组织多种职能协同工作的项目组，使有关人员从一开始就获得对新产品需求的要求和信息，积极研究涉及本部门的工作业务，并将需求提供给设计人员，使许多问题在开发早期就得到解决，从而保证了设计的质量，避免了大量的返工浪费。"这也是苹果公司每年都有新品上市的重要原因。

（3）强制缩短。尽可能缩短关键路径中某些关键任务的持续时间。

（4）关键路径转移。利用非关键路径上任务的浮动，用浮动的资源（人力、设备等）来支持关键任务，以缩短其持续时间，使工期缩短。

（5）激励。通过物质奖励（如项目奖金）和精神激励（如正面反馈）提高项目成员的积极性，进而提高工作效率与效果，使工期缩短。

2003 年"非典"时期一周内完成北京小汤山医院的建设、2020 年新冠肺炎疫情肆虐时期 10 天内完成武汉火神山医院的建设，使用的就是工期优化技术，包括赶工、快速跟进等，其中，完成奇迹至关重要的一个因素就是项目组的自我激励，众志成城，与时间赛跑。

实操贴士：

①赶工方法有很多，要确定哪种方法更为合适。一般情况下，要选择"压缩性价比"最高（压缩性价比=压缩所耗费的额外成本/节省的天数。如压缩所耗费的额外成本是 100 元，节省的天数是 5 天，则压缩性价比=100/5=20）的方法。当然，还要看项目相关方需求。如 A 方法压缩成本是 100 元，可以省 5 天；B 方法压缩成本是 200 元，可以节省 8 天。虽然方法 A 的压缩性价比（20）<方法 B 的压缩性价比（25），但若客户要求节省 8 天出来，那只能选方法 B 了。

② 赶工有风险，欲速则不达。给任务增加人手意味着：增加了团队内部沟通协调所需的时间，减缓了项目进度；人手越多，任务的分工也就越细，因此对分工产生混淆和误解的概率就越大；新增加的人员需要先了解任务情况，从而消耗了公司管理层和项目团队的时间。当任务团队多于6人时，每增加1人，就给该任务增加10%的工时。总之，通过增加资源来缩短工期容易产生分工混淆、沟通不畅、浪费时间等问题，尤其当任务本身已滞后时，这些问题会更加突出。要注意的是：给进度已经滞后的项目增加资源往往会使其进度更加滞后。这就是著名的 布鲁克斯法则 （Brooks's Law）。

③ 缩短关键路径时，可能其他的非关键路径就成为关键路径。同时，不能忽视对非关键行动产生影响的问题，这些行动的延期会导致关键路径的移动，并影响整个日程安排。比如，非关键路径上的任务一旦耽搁久了，也可能会动态地变成新的关键路径。做项目犹如开车，虽然主要看前方，开在关键路径这条主路上，但也要提防非关键路径，避免忽然从非关键路径上插进来一辆车从而引发事故。

2.费用优化（亦称工期-成本优化）

在一定范围内，工程的施工费用随着工期的变化而变化，在工期与费用之间存在着最优解的平衡点。费用优化就是寻求最低成本时的最优工期及其相应进度计划，或按要求工期寻求最低成本及其相应进度计划的过程。

工程的成本包括工程直接费和间接费两部分。在一定时间范围内，工程直接费随着工期的增加而减少，而间接费则随着工期的增加而增大，它们与工期的关系曲线见图3-43。工程的总成本曲线是将不同工期的直接费和间接费叠加而成，其最低点就是费用优化所寻求的目标。该点所对应的工期，就是网络计划成本最低时的最优工期。

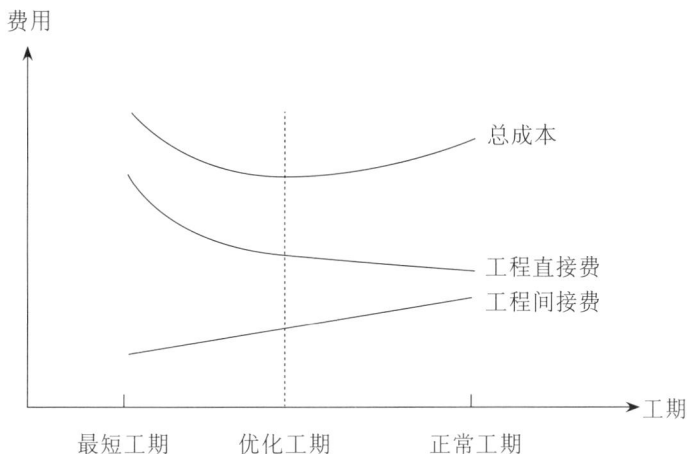

图3-43　工期-费用关系曲线

费用优化的一般步骤如下：

① 按工作正常持续时间确定关键工作和关键路径。

② 计算网络计划中各项工作的费用率。

③ 按费用率最低的原则选择优化对象。

④ 考虑不改变关键工作性质并在其能够缩短的范围内，确定优化对象能够缩短的时间并按该时间进行优化。

⑤ 计算相应的费用增加值。

⑥ 考虑工期变化带来的间接费和其他费用，在此基础上计算项目总费用。

⑦ 重复上述步骤，直到总费用最低为止。

3.资源优化

资源是为完成施工任务所需的人力、材料、机械设备和资金等的统称。完成一项工程任务所需的资源量基本上是不变的，不可能通过资源优化将其减少。资源优化就是要解决资源的供需矛盾或实现资源的均衡利用，即通过改变任务的开始和完成日期，以调整计划使用的资源，使其等于或少于可用的资源，使资源按时间的分布符合优化目标。资源优化分为"资源有限，工期最短"的优化和"工期固定，资源均衡"的优化。

"资源有限，工期最短"的优化，即在资源有限时如何使工期最短。就是使单位时间内资源的最大需求量小于资源限量，使需延长的工期最少。要逐步对各个时间单位进行资源检查，当资源需用量大于资源限量时，应对计划进行调整，使整个工期内每个时间单位都能满足资源限量的要求。其中，应用资源平滑技术时，活动只在其自由和总浮动时间内延迟（实现非关键路径上资源的优化），不会改变项目关键路径，完工日期也不会延迟，但它无法实现所有资源的优化。

"工期固定，资源均衡"的优化，即当工期一定时如何使资源均衡。就是在可用资源数量充足并保持工期不变的前提下，通过调整部分非关键工作进度，使资源的需求量随时间的变化趋于平稳的过程，也就是"削峰填谷"。一般来说，理想的资源计划安排就是平行于时间轴的一条直线，如图3-44所示。

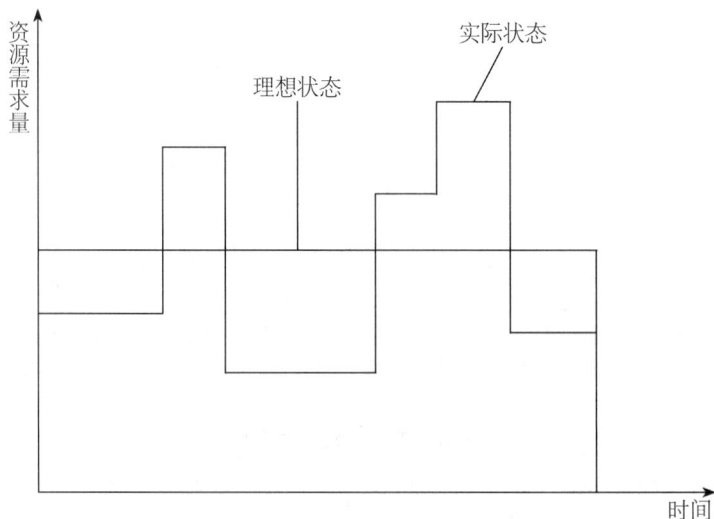

图3-44 工期固定，资源均衡示意图

资源平衡技术是为了在资源需求与资源供给之间取得平衡，根据资源制约因素对开始和结束日期进行调整的一种技术。如果共享资源或关键资源只在特定时间可用，数量有限，或被过度分配，如一个资源在同一时段内被分配至两个或多个活动，就需要进行资源平衡。也可以为保持资源使用量处于均衡水平而进行资源平衡，还可以用浮动时间来平衡资源。资源平衡往往导致初始关键路径改变。

如果计划优化后，仍然不能满足工期要求，就需要与发起人在内的关键相关方协商，就项目定义进行变通：要么缩小范围，要么延长工期，要么增加额外资源。

实操贴士：

① 建议读者可以使用小报事贴来进行这四个步骤，这样更加直观，且操作方便。

第一步，先把所有任务按表3-56所示的格式写在报事贴上，一个任务一张报事贴。在大白纸（可贴到墙壁上）上或白板上或可写字玻璃面板上排出任务的顺序，确认无误后，用马克笔画箭头，绘制网络图。建议绘制完网络图后再给每个任务编码，这时编码会更有逻辑性。

第二步，把用三点估计法或其他方法估计出来的任务跨度填在报事贴任务跨度TD一栏。还可将每个任务的责任人、估计所花费的成本等信息写在报事贴的左上角和右下角。

第三步，在报事贴上填写计算后的其他五栏内容（早开始ES、早结束EF、晚开始LS、晚结束LF和浮动FF），并用红色马克笔标出关键路径，在大白纸空白处写上项目的总工期LT。

第四步，通过移动报事贴，重建依赖关系，或采取改变任务跨度、改变资源（增加人力、设备、费用等）等方法实现网络计划优化。

② 建议读者在运用Excel软件时，可以将甘特图（看不出任务间的依赖关系）与网络图（不能直观反映任务的跨度）二者有机地结合在一起。如图3-45（局部）所示，任务A、B、C、D彼此间的依赖关系及各自的任务跨度一目了然。我们还可以用红色线条标出关键路径，并可在线条旁标注浮动。

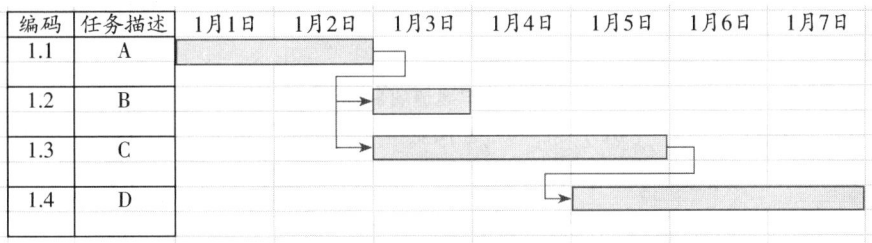

编码	任务描述	1月1日	1月2日	1月3日	1月4日	1月5日	1月6日	1月7日
1.1	A							
1.2	B							
1.3	C							
1.4	D							

图3-45　网络图与甘特图的结合

【例】新地牢建造项目

路易十世把你抓为俘虏，要求你为他的城堡加盖3个新地牢。小的地牢很难设计，需要12周，但是容易建造，只需1周；中等的地牢设计需要5周，建造需要6周；大的地牢设计只需1周，但建造周期很长，需要9周。

你有一个设计师和一个建筑师。设计师不会建筑，建筑师不会设计。请绘制新地牢建造的网络图，标出关键路径，计算最短工期。

按照你的初期规划，你绘制了如图3-46所示的网络图，图中带网格线的那条路径是关键路径（1.1→2.1→3.1→3.2），最短工期显示为19周。

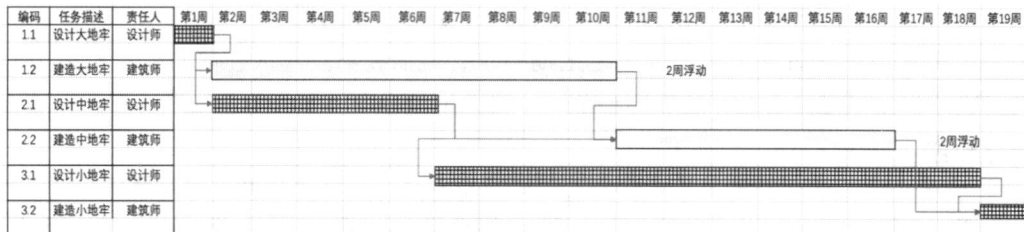

编码	任务描述	责任人	第1周	第2周	第3周	第4周	第5周	第6周	第7周	第8周	第9周	第10周	第11周	第12周	第13周	第14周	第15周	第16周	第17周	第18周	第19周
1.1	设计大地牢	设计师																			
1.2	建造大地牢	建筑师											2周浮动								
2.1	设计中地牢	设计师																			
2.2	建造中地牢	建筑师														2周浮动					
3.1	设计小地牢	设计师																			
3.2	建造小地牢	建筑师																			

图3-46　新地牢建筑项目网络图

按照上述规划，虽然工期最短，但有2周建筑师没有活干（如图3-46所示，任务1.2和2.2共有2周浮动），可能会成天睡觉或出去游玩。万一国王在这2周的某一天来视察，发现建筑师不务正业，会认为你的方案工期虽短，但让他多浪费了粮食和工钱，不是最佳方案，那会吃不了兜着走。想到这你不由浑身起了鸡皮疙瘩，心想："这个方案不行！我得优化！"以下是你想到的几个优化方案：

优化方案一：资源优化。改变建筑师建筑大地牢这一任务的开始时间，即设计师设计完大地牢后，不急着让建筑师来上班，让其晚2周再来，即第4周才开始建造大地牢。这样，建筑师在整个项目期间都有活干，不再有浮动时间，随便国王什么时候来视察都不会发现任何一方无所事事还拿工钱。优化方案一如图3-47所示。

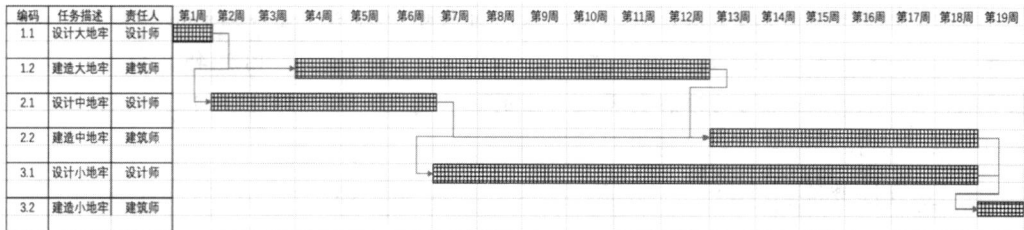

编码	任务描述	责任人	第1周	第2周	第3周	第4周	第5周	第6周	第7周	第8周	第9周	第10周	第11周	第12周	第13周	第14周	第15周	第16周	第17周	第18周	第19周
1.1	设计大地牢	设计师																			
1.2	建造大地牢	建筑师																			
2.1	设计中地牢	设计师																			
2.2	建造中地牢	建筑师																			
3.1	设计小地牢	设计师																			
3.2	建造小地牢	建筑师																			

图3-47　新地牢建造项目优化方案一

按照这种优化方案，最短工期依然是19周，但关键路径就有两条，一条是1.1→2.1→3.1→3.2，另一条是1.1→1.2→2.2→3.2（任务1.2有2周的滞后量），这会增加项目延期的风险（因为任何一条关键路径延期都会带来项目的延期，而且在这个项目里，因为所有的任务都是关键任务，因此任何一个任务延期都会带来项目的延期）。而且你也担心国王质疑你为什么不让建筑师早点来上班，早开始早完工。

优化方案二：赶工。建议设计师加班。如设计小地牢时，可以每天多工作2.4个小时（按每周7天，平均每天12个小时，即从早上日出干到晚上日落），这样就可以缩短设计小地牢的工期2周，建筑师在建造完中地牢之后，就可以马上开始建造小地牢。这样，项目总工期就会缩短2周至17周，而工钱也不会多付（因为是按工时付费）。优化方案二如图3-48所示。

编码	任务描述	责任人	第1周	第2周	第3周	第4周	第5周	第6周	第7周	第8周	第9周	第10周	第11周	第12周	第13周	第14周	第15周	第16周	第17周	第18周	第19周
1.1	设计大地牢	设计师																			
1.2	建造大地牢	建筑师																			
2.1	设计中地牢	设计师																			
2.2	建造中地牢	建筑师																			
3.1	设计小地牢	设计师																			
3.2	造小地牢	建筑师																			

资源负荷	设计师	84	84	84	84	84	84	100.8	100.8	100.8	100.8	100.8	100.8	100.8	100.8	100.8	0
(小时/周)	建筑师	0	84	84	84	84	84	84	84	84	84	84	84	84	84	84	84

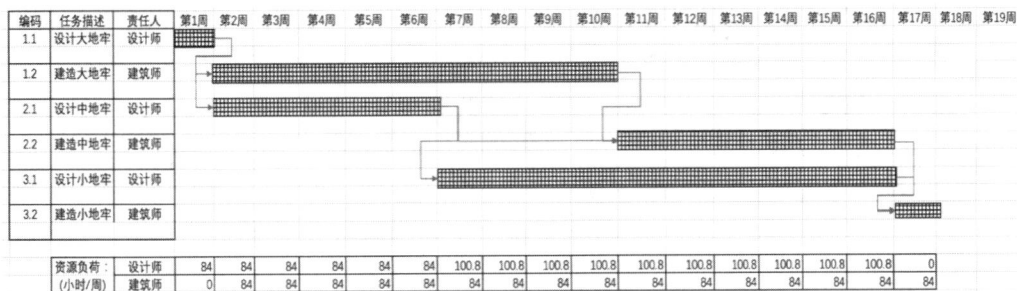

注：图下方标注了设计师和建筑师两人每周的资源负荷情况。

图3-48　新地牢建造项目优化方案二

按照这种优化方案，会有与优化方案一同样的项目延期风险，而且每天超长时间工作会影响工作质量（设计师在设计小地牢的10周内平均每天要工作14.4个小时，尽管自己恨不得他们每天工作24个小时来加快工期）。若因此出现设计缺陷进而导致质量事故，那可是要杀头的！

快速跟进？费用优化？你绞尽脑汁，拿不定主意。

Scrum敏捷实践： 网络计划技术不是完全适用于敏捷项目。比如，PERT中的三点估计法。敏捷项目进行工作量估算时，用的是类比法。时间是敏捷开发过程中最为稀缺并不可替代的资源。为提高敏捷个体和团队的时间利用率和产能，实现固定时间和成本限制下最大产出，还是要用到网络计划技术，特别是进度优化技术。

敏捷开发的基本特征是迭代开发，而迭代开发强调的是"小批量、频繁交付"，因此，每次迭代所要实现的需求相对较少。这使得迭代开发中的项目计划制订相对容易，制订项目计划时任务与任务间的逻辑关系也比较容易掌握。但是，由于迭代开发往往采用时间盒的方式进行，即要求每次迭代的时间是固定的，而每次迭代所要实现的需求的个数及难度都不尽相同，这就要求我们在某些情况下要尽可能地优化项目计划，以保证工期不会超出时间盒的范围。

优化项目计划的常见方法是尽可能地使各个任务并行。比如，有两个功能的开发任务，其中一个功能A依赖于另外一个功能B。但这并不意味着我们必须将这两个功能的开发任务串行安排（即先开发B功能，再开发A功能）。此时，可以使用测试桩（Testing Stub）来模拟B功能的实现，这样使得A功能的开发和测试可以先独立于B功能的实现。因此这两个功能的开发可以并行。

消除浪费是加快进度的另一个重要途径。计划安排时要尽量避免开发过程中的各种浪费，如重复劳动、返工、过度设计等。

避免重复劳动也是缩短工期的一个常见方法。在Story驱动的一个迭代开发过程中，从第二个迭代开始，往往存在多个Story的实现涉及同一个模块的代码修改。此时，计划可以安排多个人并行开发这几个Story，但是转Story测试时，这几个Story可以合并成一个"大Story"一起转测试。从而避免了多次测试同一个模块带来的浪费。

返工则是软件开发过程中常见的一种浪费。避免返工不仅有利于加快进度，同时也

能够提升软件的质量。敏捷开发中的一些优秀实践，如"定义完成的标准"（DoD）、
"结对编程"、"测试驱动开发"（Test-Driven Development，TDD）等都有助于避免返工。

过度设计也是一种常见的浪费。所谓"过度设计"，是指在设计阶段为未来可能发
生的变化做过多的预测，并针对这些预测在设计上做过多预防。正如俗话所说"计划不
如变化快"，过早地为这些可能根本就不会出现的变化做处理成了一种浪费。因此，敏
捷开发中提倡"简单设计"（Simple Design）。所谓简单设计并不是没有设计，而是采用
尽可能简单的设计方案。

另外，Scrum主管对团队有效的激励也是进度优化不可或缺的环节。

局限性：PERT并不适用于所有的计划和控制项目，其应用领域具有较严格的限
制。适用PERT法的项目必须同时具备以下条件：

（1）事前能够对项目的工作过程进行较准确的描述；

（2）整个工作过程有条件划分为相对独立的各个活动；

（3）能够在事前较准确地估计各个活动所需时间、资源。

如果不顾项目本身的特点，盲目使用时间网络分析法，则可能导致计划严重偏离实
际，不仅不能指导和控制实际工作，反而造成工作进程混乱失控的严重局面。

3.2.17 工具17：甘特图（GC）

工具名称：甘特图（Gantt Chart，GC），又称横道图、条状图（Bar Chart）。

发明者：1917年，美国工程师亨利·劳伦斯·甘特（Henry Laurence Gantt，1861—1919）。

定义：展示进度信息的条形图，以横轴表示日期，纵轴表示活动，横条表示活动自
开始日期至结束日期的持续时间。

用途：通过横道图来显示项目进度信息，它直观地表明在整个期间上计划和实际的
活动完成情况对比。管理者由此可便利地弄清项目还剩下哪些任务要做，并可评估工作
进度。有专业软件支持，故无须担心复杂计算和分析。

模板：见图3-49。

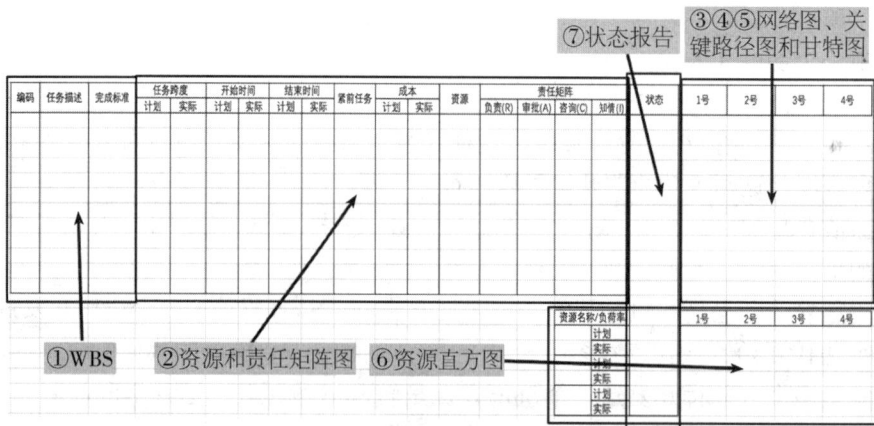

图3-49　甘特图模板（Excel版本）

第3章 项目管理工具

使用说明:

该模板可谓是"七合一",它整合了七个工具:①工作分解结构WBS;②资源和责任矩阵图;③网络图;④关键路径图;⑤甘特图;⑥资源直方图;⑦状态报告。

① WBS部分。主要填写三部分内容:任务编码、任务描述及任务的完成标准。

② 资源和责任矩阵图。左边部分填写资源状况:任务跨度(计划和实际)、开始时间(计划和实际)、结束时间(计划和实际)、紧前任务、成本、资源(完成任务所需分配的资源,如设备、材料等)。右边部分填写责任矩阵:负责(R)、审批(A)、咨询(C)、知情(I)。

③④⑤网络图、关键路径图和甘特图。最上面是日期,日期下面绘制甘特图,但用箭头根据前面的紧前任务标注出任务间的逻辑关系,并标出关键路径和浮动,可以说是带日期、跨度和关键路径的网络图,也可以说是带逻辑关系和关键路径的甘特图。

⑥ 资源直方图。左边列出项目中用到的关键资源(人员、设备等),右边写下单位时间内每个资源的负荷率。

⑦ 状态报告。在项目执行过程中,根据数据日期(记录项目状态的时间点)任务进展情况和资源使用情况填入任务或资源状态:R(红色)、Y(黄色)和G(绿色)。

"七合一"甘特图的绘制步骤如下:

第一步,列出任务清单(Task List)。在模板①处"编码""任务描述"两栏内按行首缩进式填写WBS,并在"完成标准"一栏内填写每个任务的完成标准(Completion Criteria)。

第二步,排序。确定任务间的逻辑关系,在模板②处"紧前任务"一栏内填写每项任务的紧前任务。

第三步,估计。有四项估计工作。

一是时间估计。估计每项任务的跨度,并设定开始时间和结束时间,填写模板②处"任务跨度""开始时间/计划""结束时间/计划"三栏。

二是成本估计。估计每项任务的花费,填写模板②处"成本/计划"一栏。

三是资源估计。估计每项任务需要配备的资源(设备、材料等),填写模板②处"资源"一栏。

四是责任分配。确定每项任务的负责(R)、审批(A)、咨询(C)和知情(I)情况,将人名填写在模板②处"责任矩阵"中的四栏内。

第四步,绘制带逻辑关系和关键路径的甘特图。在模板③④⑤处最上面填写项目时间单位(小时/日/周等),下面绘制带逻辑关系、关键路径及浮动的网络图。横条代表任务跨度,箭头表示任务间逻辑关系,带网格的任务代表关键路径,非关键路径上标出浮动(见图3-50)。

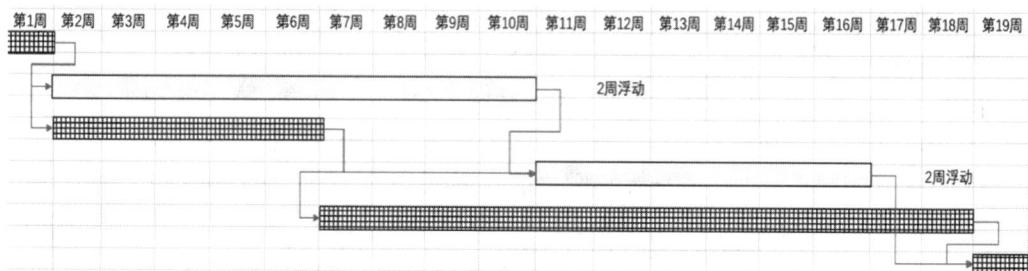

图3-50 带逻辑关系和关键路径的甘特图示例

第五步，计算资源负荷率。在模板⑥处最左边"资源名称/负荷率"一栏内填写关键资源名称，日历栏内填入每一资源在单位时间内的负荷率。读者还可以绘制每一资源对应的资源直方图（资源负荷率的计算及资源直方图的绘制方法见3.2.8中的工具资源池）。

如何防止资源超出负荷，达到整个项目工作负荷均匀分配，就牵涉到资源平衡和资源平滑这两个资源优化技术（参见3.2.16中的工具网络计划技术）。资源平衡（Resource Leveling），对项目进度计划进行调整以优化资源分配，并可能会影响到关键路径，而资源平滑（Resource Smoothing），则是在不影响关键路径的情况下使用自由浮动时间和总浮动时间。

常用资源平衡措施包括：

① 重新安排关键路径上的负荷配给百分率（即负荷率）。

② 调配其他资源，提供协助或替代。

③ 选择部分工作任务发包。

④ 缩小某项工作任务的范围等。

常用资源平滑措施包括：

① 重新安排有浮动的任务以减轻关键路径上的负荷。例如，张三某天的关键任务需要花费11个小时，非关键路径上的李四正好这天有浮动，于是来支持他，结果张三这天只花了7个小时就完成了关键任务，就不会超负荷。

② 运用浮动，延长任务跨度，减少资源配给的百分率。例如，张三某天的任务需要花费12个小时，但由于这项任务有1天的浮动，张三就可以利用这1天的浮动，将此任务分成2天做，每天花6小时，就不会超负荷。

第六步，优化。审查你所制订的计划，确保没有遗忘任何事情（如审查范围是否仍然有效，分工是否明确，责任是否落实，风险是否更新等），并运用3.2.16网络计划技术中的网络优化技术等方法对计划进行优化，直到满足项目进度、成本及范围目标。最终得到的项目计划就是"基准计划"，将被冻结，将来发生的一切都将以此基准计划为衡量标准。

第七步，审批。将基准计划提交给发起人，以征得批准和认可。获批后，项目经理就可以执行基准计划了。

第八步，监控。在项目执行中，收集项目进度信息，并将相关信息填入模板②资源和责任矩阵中"任务跨度/实际""开始时间/实际""结束时间/实际""成本/实际"四栏，模板⑥资源直方图中"资源名称/负荷率"一栏，模板⑦"状态报告"一栏，并更新③④⑤带逻辑关系和关键路径的甘特图。

为了与管理层沟通，一页纸项目管理（PMP）中列出的是里程碑计划或概括性计划。

里程碑计划是以项目中某些重要事件的完成或开始的时间点作为基准所制订的计划，以中间产品或可实现的结果为依据，显示了项目为实现最终目标所必须经过的关键状态。

编制里程碑计划可以在制订项目进度计划之前或之后进行，主要步骤如下：

① 从项目的最终成果也就是最后一个里程碑开始，反向进行。

② 在项目各个阶段、各个事件中，采用一定的方法初步设置里程碑。

③ 对初步设置的里程碑进行审查：是否确实是里程碑且是重要的里程碑？是否还有遗漏？

④ 分析每条因果路径，找出逻辑关系，并进行修改。

⑤ 编制里程碑计划，可以用里程碑图或表的形式表达。

可在PMP后面附上详细的甘特图。

【例】小妹婚礼筹备

假设今天是2030年1月1日下午。昨天晚上，小妹向父母宣布将于1月23日结婚，确实把他们吓了一大跳。小妹委托自己最好的两个闺蜜之一小芳帮忙筹划自己的婚礼。

大家经过一天的努力，列出的筹备信息如下：

（1）没有联系上小妹指定的伴娘——另外一个最好的闺蜜晓英。按照双方之前的约定，小妹会承担晓英往返京沪的机票（约2 000元），及在沪住宿费用（住外滩艾美酒店，每晚约1 000元，至少需要住2个晚上）。

（2）必须有一天的时间预订徐家汇教堂，然后教堂发布公告。公告发布17天后才可以使用教堂。一般使用2天，前1天用于装饰和布置。如果向教堂捐款6 000元，也许公告发布10天后就可以使用教堂。以前有过先例。

（3）计划在王开照相馆拍结婚照，一天才能拍完，但需提前一周预订，费用为3 000元。拍完后7天可取。加急3天可取，但需付加急费500元。

（4）计划在和平饭店举行婚宴（晚上），需至少提前10天预订。预计10桌，每桌费用预计为5 000元（自带酒水、香烟等除外）。新娘希望婚宴上能有酒店著名的外滩爵士乐队全程伴奏，费用约为5 000元。新郎新娘当晚会入住酒店总统套房，费用为10 000元。

（5）小妹坚持要穿定制的礼服。需要3天时间选择新娘礼服的式样及布料。订购和收到布料需要8天时间。布料价格约为2 000元（邮寄免费）。如果支付200元空运费用，时间可以缩短至5天。如果自己完成缝纫工作，则需要11天时间。如果交给裁缝店完成，则只需6天，但每天的费用为1 000元。小妹担心质量问题，坚持让裁缝店完成。新娘和伴娘的礼服还需预留2天时间试穿和修改，外加2天时间洗烫。两套礼服的洗烫费用为400元。急件洗烫可在1天内完成，但费用为800元。

（6）整理出客人名单和地址需要4天时间，必须由母亲亲自操办。确定邀请信和信封的式样需要3天时间，印刷又需12天。印刷费用为1 000元。如果多支付500元，则印刷时间可以缩短至5天。所有邀请信必须在婚礼前10天寄出（本市及江浙最迟在9天前）。写地址需要1天时间。快递费用约为1 500元。

（7）需要2天时间确定婚庆公司。确定流程和节目需要2天，制作节目需要1天时间。费用约为10 000元（包括婚车、奖品、礼品、现场布置等）。婚宴当天上午在教堂举行结婚仪式，下午在饭店进行彩排，晚上举行婚宴。

按照以上信息，我们绘制了图3-51所示的小妹婚礼筹备的甘特图（请柬部分）：

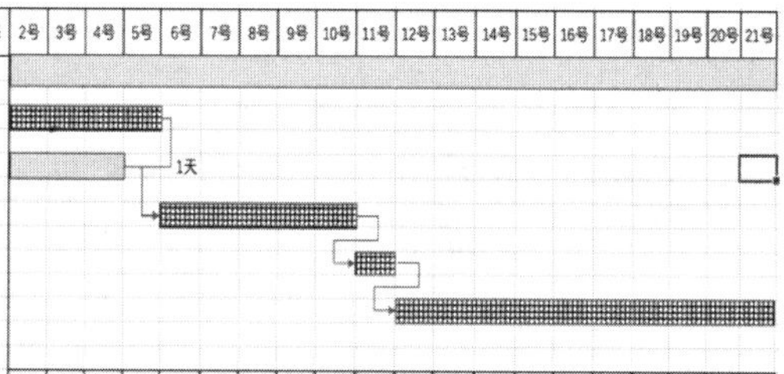

编码	任务描述	完成标准	任务跨度 计划	任务跨度 实际	开始时间 计划	开始时间 实际	结束时间 计划	结束时间 实际	紧前任务	成本 计划	成本 实际	资源	责任矩阵 负责	责任矩阵 审批	责任矩阵 咨询	责任矩阵 知情	状态
6	请柬		20		2号		21号			3000			母亲	小妹	小妹男朋友	家人	
6.1.1	确定名单	不遗漏亲朋好友	4		2号		5号		/	0			母亲	小妹	小妹男朋友	家人	
6.1.2	确定式样	有创意、有个性	3		2号		4号		/	0			小妹男朋友	小妹	小芳	母亲	
6.2	印刷请柬	按期按质交付	5		6号		10号		6.1.1、6.1.2	1500			商务印书馆	母亲	小妹	家人	
6.3	写地址	不写错	1		11号		11号		6.2	0			母亲	小妹	小妹男朋友	家人	
6.4	快递请柬	电话确认提前收到	10		12号		21号		6.3	1500			母亲	小妹	小妹男朋友	家人	

资源名称/负荷率		2号	3号	4号	5号	6号	7号	8号	9号	10号	11号	12号	13号	14号	15号	16号	17号	18号	19号	20号	21号
母亲	计划	100%	100%	100%	100%	0	0	0	0	0	100%	100%	0	0	0	0	0	0	0	0	0
	实际																				
小妹	计划																				
	实际																				
小妹男朋友	计划																				
	实际																				

图3-51　小妹婚礼筹备甘特图（请柬部分）

读者可尝试用Excel借助笔者提供的模板将小妹婚礼所有七项筹备（伴娘、教堂、婚照、婚宴、礼服、请柬、婚庆）的总甘特图绘制出来。

Scrum敏捷实践：Scrum敏捷项目的进度管控一般用燃尽图。

燃尽图（Burn-down Chart）是展示剩余待完成工作与当前时间关系的图形化表达方式。每天更新每个故事或特性的剩余工作量（Effort Remaining），通过对比清晰判断当前的进度是否正常。理想情况下，该图是一个向下的曲线，随着剩余工作的完成，“燃尽”至零。业界一般认为燃尽图是2000年左右在Fidelity Investments工作的Ken Schwaber发明的。

绘制燃尽图时，横轴表示时间，纵轴表示剩余工作量。把工作拆分成若干工作要点，完成一个就减去一个，以此来衡量工作距离全部完成的剩余时间。一般可以在图中绘制三条线段，第一条表示计划的工作进度，第二条记录实际的工作进度，第三条表示预测报告日期后的工作进度。如图3-52所示。

第3章 项目管理工具

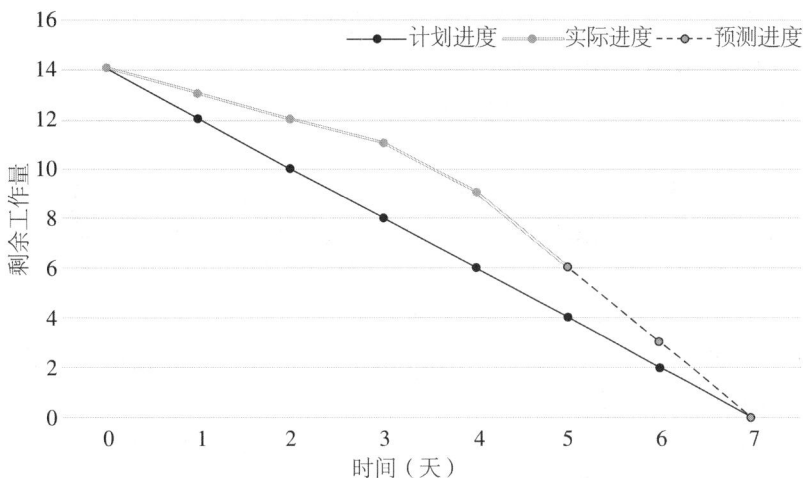

图3-52 燃尽图示例

用Excel绘制燃尽图时，只要将计划数据和实际数据表格标记，选择"插入>二维折线图>带数据标记的折线图"（如图3-53所示），即可生成如图3-52所示的燃尽图。

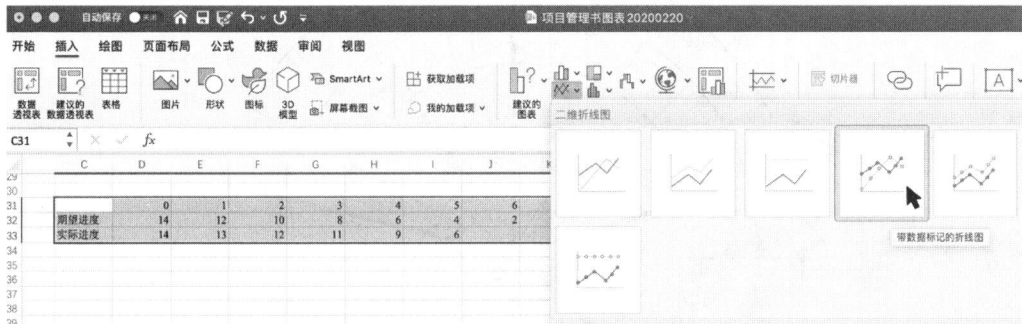

图3-53 用Excel绘制燃尽图

当实际工作曲线低于期望值时，则表示工作可能提前完成，相反的情况则可能会延期。如果每次绘制的图标实际进度曲线都在期望值下方，则表示计划做得过于保守，可以适当缩短；相反的情况则表示计划过于激进，应当适当延长。也可以通过多次的记录统计，了解工作团队的工作效率是否有一定的提升，找出提高效率的办法。

局限性：

甘特图事实上仅仅部分地反映了项目管理的三重约束（时间、成本和范围），因为它主要关注作为一种计划管理工具的进程管理（时间），而且只适用于不超过30项活动的中小型项目。尽管现在能够通过项目管理软件描绘出项目活动的内在关系，但是如果关系过多，纷繁芜杂的线图必将增加甘特图的阅读难度。

甘特图的致命缺点就在于不能反映工作任务之间的相互关系。因此，随着生产技术的迅速发展，项目规模越来越大，各个环节之间的关系越来越复杂，利用甘特图就难以使计划构成一个系统的整体，因而也就不能从数学的高度去分析工作之间相互制约的数量关系，以便揭示计划中的关键环节。这样当某件工作的进程提前或拖后时，就难以发现其对整个计划的影响，当然也就不能对此做出迅速的反应和采取有效的措施。另外，由于甘特图不能实现定量分析，因而也就谈不上实现计划的最优化，从而也就妨碍了现代化的科学计算手段——电子计算机的应用。于是，网络计划法就应运而生了。笔者发明的"七合一"甘特图将网络图、关键路径图和甘特图合三为一，同时融合了WBS、资源和责任矩阵、资源直方图和状态报告四个工具，则克服了这一致命缺点。

3.2.18 工具18：团队雷达（TR）

工具名称： 团队雷达（Team Radar，TR）。

发明者： 2002年美国圆桌集团（The Table Group）创始人兼总裁帕特里克·兰西奥尼（Patrick Lencioni）。有较大改动。

定义： 将团队在信任、正视、承诺、担责和结果五个方面的汇总得分绘制成雷达图。

用途： 评估团队运行效果。

模板： 见图3-54。

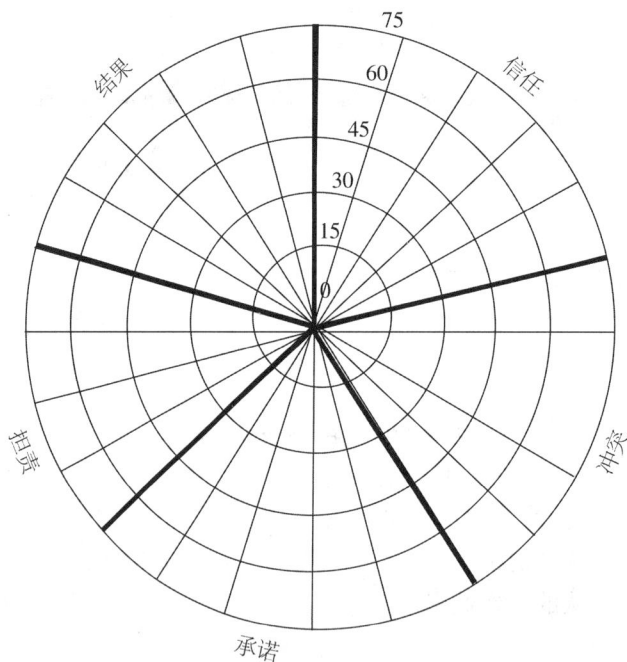

图3-54 团队雷达模板

使用说明：

团队雷达最好是由项目团队核心成员集体绘制。其绘制步骤如下：

第一步：个人给项目团队行为打分。

请根据表3-85中的描述选择最符合您目前所在项目团队情况的分数。5分=总是，4分=经常，3分=有时，2分=很少，1分=从无。评估的真实性很重要，应避免反复推敲

第3章　项目管理工具

答案后再选。您的"第一直觉"通常是最准确的。分别计算团队在信任、冲突、承诺、担责和结果五个维度上的总得分，并根据分数绘制团队雷达。

表3-85　　　　　　　　　　　　　团队行为评估

团队行为描述	得分				
A.信任	从无	很少	有时	经常	总是
① 团队成员敢于公开承认自己的缺点、不足、弱项和错误	1	2	3	4	5
② 当团队成员的言行不当或有损于集体时，他们会马上真诚地表示歉意	1	2	3	4	5
③ 错误也会发生在我们团队身上。我们对待错误的方式是将其视为学习机会	1	2	3	4	5
④ 我们的信任基础是允许犯错误。我们宽以待人，能原谅他人的过错，接受别人的道歉	1	2	3	4	5
⑤ 团队成员赞赏并学习别人的技术和经验	1	2	3	4	5
⑥ 当我们谈及不在场的团队成员时，我们带着欣赏和尊敬	1	2	3	4	5
⑦ 团队成员主动给别人提供反馈和帮助，并在工作可能出现问题时，相互提醒	1	2	3	4	5
⑧ 团队成员欢迎别人对自己所负责的领域提出问题和给予关注	1	2	3	4	5
⑨ 团队成员毫不犹豫地寻求他人的帮助	1	2	3	4	5
⑩ 在我们团队里，我敢于公开且坦诚地说出我的烦恼、忧虑或担心	1	2	3	4	5
⑪ 在我们团队里，创新想法、观点或感受得到关注	1	2	3	4	5
⑫ 我们拥有的氛围能让我更容易地分享我的知识和个人经验	1	2	3	4	5
⑬ 团队成员对彼此的个人状况感兴趣，了解彼此的业余生活，而且能够相互攀谈这些内容	1	2	3	4	5
⑭ 我们把时间和精力花在解决实际问题上，而不是流于形式	1	2	3	4	5
⑮ 我们珍惜集体会议或其他可以进行团队协作的机会	1	2	3	4	5
信任总分：					
B.冲突	从无	很少	有时	经常	总是
① 团队成员在讨论问题时非常热烈，且不存在相互提防的情况	1	2	3	4	5
② 团队会议期间，大家把最重要的也是最棘手的问题或持不同意见的问题拿到桌面上来共同探讨	1	2	3	4	5

续表

团队行为描述	得分				
③ 我们在团队内公开讨论困难和压力	1	2	3	4	5
④ 在团队里即便是敏感的问题也会公开讨论	1	2	3	4	5
⑤ 我们立场不一时会进行辩论直到达成一致的意见	1	2	3	4	5
⑥ 如果有异议，我会说出自己的观点而不用担心被团队排斥在外	1	2	3	4	5
⑦ 团队会议气氛活跃、令人鼓舞而不枯燥	1	2	3	4	5
⑧ 团队会议高效，能快速地解决实际问题	1	2	3	4	5
⑨ 头脑风暴会议时，团队成员畅所欲言，没有批评、评价或打断	1	2	3	4	5
⑩ 团队会议时，大家能站在别人的角度和公司的高度考虑问题，而不是站在自己的立场或角度	1	2	3	4	5
⑪ 团队会议结束时，我们能形成一致决策，并产生行动计划	1	2	3	4	5
⑫ 为发展需要，我们汲取所有团队成员的意见，听取并利用周围批判性的反馈	1	2	3	4	5
⑬ 相互反馈、质疑或辩论时，我们对事不对人	1	2	3	4	5
⑭ 我们接受团队的多样性，并将之用于创造性的对话	1	2	3	4	5
⑮ 我们定期审视我们的日常工作和习惯并做了必要改变	1	2	3	4	5
冲突总分：					

C.承诺	从无	很少	有时	经常	总是
① 尽管会议开始的时候有分歧，但是结束时，大家相信所有人都能够按照达成的一致意见行动	1	2	3	4	5
② 团队成员讨论问题后能够找到明确的解决方案，并且马上开始实施	1	2	3	4	5
③ 我们在团队内外共同支持所作决策，尽管如果是个人作决策会与团队决策不一样	1	2	3	4	5
④ 我们执行团队决策时毫不犹豫，勇往直前	1	2	3	4	5
⑤ 情况一旦有变，我们能果断地调整协议或工作方向，不会没完没了地内疚	1	2	3	4	5
⑥ 我们拥有一个吸引所有人的共同愿景	1	2	3	4	5
⑦ 我们确保所有成员的目标一致	1	2	3	4	5

团队行为描述	得分				
⑧ 我们相信目标的意义并充满激情地执行	1	2	3	4	5
⑨ 我们设定了明确的工作方向和重点	1	2	3	4	5
⑩ 我们自己做决定，自己来承担	1	2	3	4	5
⑪ 如果决策有误，我们承担共同的责任，而不是试图埋怨个人	1	2	3	4	5
⑫ 团队成员了解同事所负责的工作，知道该工作对集体利益的作用	1	2	3	4	5
⑬ 我们确信在困难时期能互相支持	1	2	3	4	5
⑭ 我们遵守达成的团队合作规则	1	2	3	4	5
⑮ 我们培养从错误中学习的能力	1	2	3	4	5
承诺总分：					

D.担责	从无	很少	有时	经常	总是
① 我们互相提醒对方的缺点或不利于工作的行为	1	2	3	4	5
② 我们相互监督他人的工作计划和进展	1	2	3	4	5
③ 我们发现潜在问题时毫不犹豫地向同事指出	1	2	3	4	5
④ 我们绝不让其他团队成员失望，在完成各自分配的任务时互相支持	1	2	3	4	5
⑤ 如果其他团队成员看起来实现目标有困难，我们会寻求机会帮助他	1	2	3	4	5
⑥ 我们谈论工作负荷，并在需要加班时互相支持	1	2	3	4	5
⑦ 我们不仅为自己，还为团队中其他成员的行动或变更负责	1	2	3	4	5
⑧ 发生问题时，团队成员之间不会相互指责或埋怨，而是把重点放在如何解决问题上	1	2	3	4	5
⑨ 我们确保让表现不尽如人意的成员感到压力，使其尽快地改进工作	1	2	3	4	5
⑩ 我们尊重团队中始终以高标准要求自己的同事	1	2	3	4	5
⑪ 我们避免在绩效管理及改进计划等方面的过度形式主义	1	2	3	4	5
⑫ 我们知道团队其他成员的任务，并知道他们为实现目标而需要的特别付出	1	2	3	4	5
⑬ 我们遵守期限、协议和规则	1	2	3	4	5

团队行为描述	得分				
⑭ 如果承诺或协议未得到遵守，我们会及时讨论确保达成一致认可的方案	1	2	3	4	5
⑮ 环境或团队中与我们的发展相关的变化会在团队里定期讨论	1	2	3	4	5
担责总分：					
E.结果	从无	很少	有时	经常	总是
① 团队成员愿意为集体的利益而牺牲个人或局部的利益	1	2	3	4	5
② 我们自愿为团队目标努力，甚至将其置于我们的个人目标和利益之上	1	2	3	4	5
③ 我们知道"全局"并知道要做什么	1	2	3	4	5
④ 我们的行动或变更总是基于我们共同达成的目标	1	2	3	4	5
⑤ 如果团队目标不能实现，士气将大受影响	1	2	3	4	5
⑥ 如果实现共同目标有风险，我们会迅速采取纠正措施	1	2	3	4	5
⑦ 我们知道我们目标实现的最重要的标志，并知道我们现在所处的位置	1	2	3	4	5
⑧ 团队成员不急于得到别人对自己贡献的肯定，但能够很快指出他人的成绩	1	2	3	4	5
⑨ 我们不提倡个人英雄主义	1	2	3	4	5
⑩ 我们为我们的成就感到自豪，并以适宜的方式加以庆祝	1	2	3	4	5
⑪ 我们想办法留住有成就导向的员工	1	2	3	4	5
⑫ 我们正确对待成功和失败	1	2	3	4	5
⑬ 团队凝聚力强，避免解体	1	2	3	4	5
⑭ 我们定期回顾我们的客户（内外）对我们产品、服务或结果的满意程度	1	2	3	4	5
⑮ 结束讨论时我们有具体明确的决策：谁在何时做何事	1	2	3	4	5
结果总分：					

第二步：根据每个人的打分绘制集体雷达（如图3-55）。

第三步：集体沟通，就项目团队行为的打分形成一致意见，形成团队雷达（如图3-56）。

第四步：集体沟通，就期望的团队雷达达成一致意见（如图3-57），并针对团队需改进区域集体商讨出解决方案，制订行动计划，并付诸实施。

注：如果某维度得分≥56分，说明该项目团队在此维度上属于高绩效运行团队（High-Performing Team）；如果49分≤某维度得分<56分，说明该项目团队在此维度上属于中绩效运行团队（Average-Performing Team）；如果某维度得分<49分，说明该项目团队在此维度上属于低绩效运行团队（Low-Performing Team）。

【例】某项目团队的团队雷达

图3-55是某团队四位成员（A、B、C、D）绘制的集体雷达。

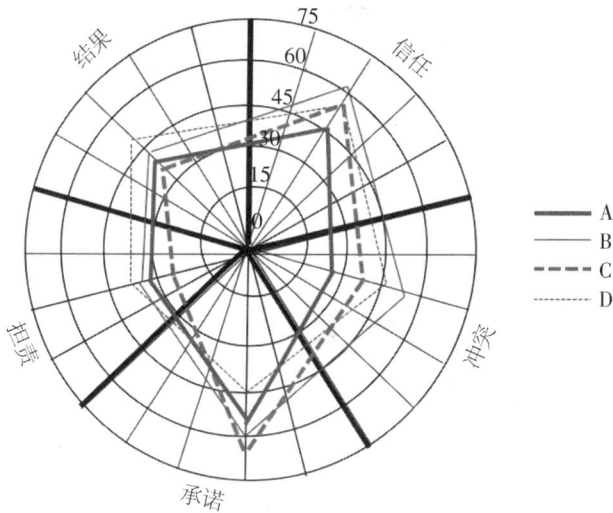

图3-55　某团队集体雷达

图3-56是四位成员经沟通达成一致认可的团队雷达。

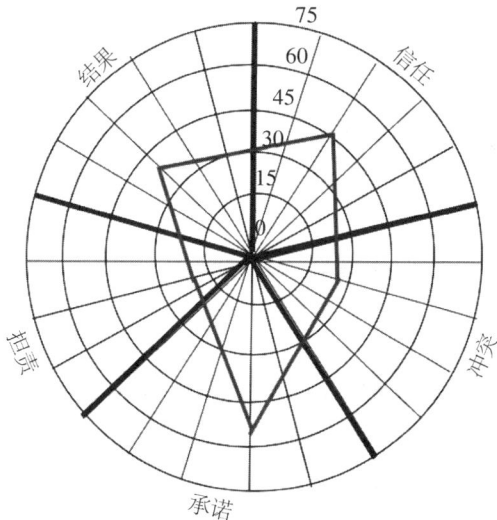

图3-56　某团队一致认可的团队雷达

从图3-56中我们可以看出，该团队总体运行效果欠佳，除了在承诺上表现尚可外，在其余四个方面表现都不好，尤其是在担责和冲突上。因此，项目经理需要采取相应措施去改善这一现状。具体方法见2.3.2第十一步：团队建设管理的内容。

图3-57是四位成员经沟通达成一致认可的期望的团队雷达（虚线部分）。

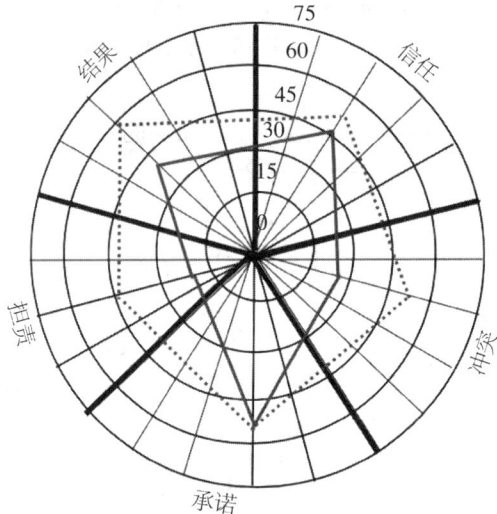

图3-57　某团队一致认可的期望的团队雷达

Scrum敏捷实践：Scrum敏捷项目能否成功依赖于Scrum敏捷团队。Scrum主管可以在每个冲刺结束后的回顾会议上与团队成员一起运用团队雷达来集体评估团队运行效果，也可以在平时运用这一工具来随时了解团队运行状态。

局限性：如果只是项目经理一个人对团队运行效果进行测评，未必能真实反映团队运行的实际状况。解决这一问题的办法就是项目经理邀请部分项目团队核心成员一起进行测评，大家经过沟通达成一致认可的团队雷达，不仅有助于大家对团队真实的运行效果有客观的认识，还有助于项目团队的沟通。

3.2.19　工具19：能力和动力矩阵（S&WM）

工具名称：能力和动力矩阵（Skill & Will Matrix，S&WM）。

发明者：1966年，美国俄亥俄州立大学的心理学家卡门（A.K.Korman）教授。1969年美国行为学家保罗·赫塞博士（Paul.Hersey）和肯尼思·布兰查德博士（Kenneth Blanchard）在此基础上开发了情境领导理论（Situational Leadship Theory，SLT）。

定义：通过将项目团队成员根据能力和动力高低水平划分成四种类型（四个象限）进而决定采取何种领导风格与类型相匹配的一种方法。

用途：通过提升项目成员绩效提升项目领导有效性。

模板：见图3-58。矩阵中共有四个象限，代表项目团队成员不同的类型或成熟度水平：低能力低动力（象限Ⅰ）、低能力高动力（象限Ⅱ）、低动力高能力（象限Ⅲ）、高能力高动力（象限Ⅳ），分别对应不同的领导风格：指令（Direct）、指导（Guide）、激励（Excite）和授权（Delegate）。

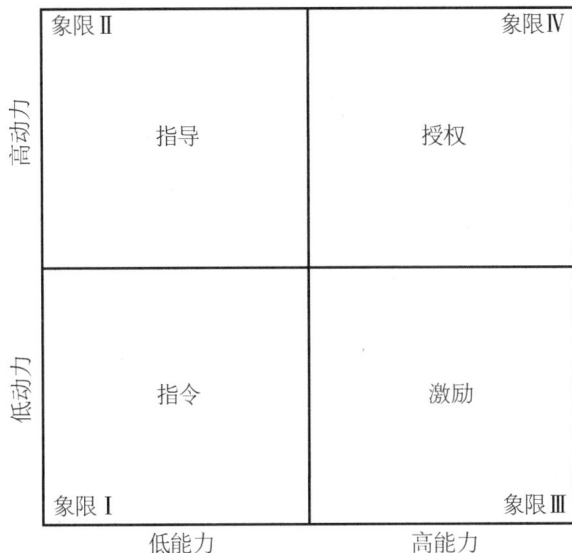

图3-58　能力和动力矩阵（S&WM）模板

使用说明：要运用能力和动力矩阵，你必须对你的项目团队成员有充分的了解，能准确评估其能力和动力水平。使用步骤如下：

第一步：诊断。

诊断是评估项目团队成员的工作成熟度（能力）和心理成熟度（动力）水平。根据项目成员的能力和动力水平在图3-58的矩阵中标出每个成员所处的象限。

第二步：弹性。

弹性是能轻松自在地使用不同的领导风格。领导风格应"随需而定"，即根据项目成员所处象限选择匹配的领导风格。

第三步：约定。

约定是与部属建立伙伴关系，与部属协议他所需要的领导风格。

实操贴士：

①领导风格无所谓好坏。没有最好的领导风格，只有最合适（匹配）的领导风格。

②领导风格不是一成不变的。即便针对同一个员工，分配给其四项不同的任务，可能会分别采取四种不同的领导风格，因为该员工在这四项任务上的能力、动力可能都不一样。

③相对而言，动力比能力更重要。没有动力，就没有学习的欲望，能力就不会提升。就算能力本来就很强，但若没有动力，能力也无法转化为实际绩效。

④领导如果能将下属都培养到处于象限Ⅳ，看起来可以做"甩手掌柜"，其实不

然，因为他们很容易从象限Ⅳ掉到象限Ⅲ。如何维持他们的高动力水平将是一大挑战，因为部门内部不可能有那么多的晋升机会，且薪酬水平公司也有严格规定，不可能随意加薪。

【例】负责日光灯安装任务的小韩

老王最近接手了厂房设施的改进项目，他把其中的日光灯安装部分交给了小韩，小韩在问清了时间限制、亮度要求及可利用的人员和资金后，立即起草了一份计划。老王接到小韩的计划，见其中还包括对可能问题的预计和防范，以及应急措施等，对此计划感到十分满意，便令小韩按计划执行。时间过半，小韩告诉老王，原来订购的日光灯有严重的质量问题。目前考虑紧急向另一家备选公司订货，并已与供应商沟通，得到了他们的承诺，估计不会影响项目完成的日期。

从此案例中我们可以看出小韩动力很高，但能力有限，处于象限Ⅱ，老王应采取的适宜领导风格是指导式（非授权式），即给予小韩持续不断的反馈和辅导，帮助小韩提升能力水平。

【例】质量经理的四个下属

老王是某公司质量部的经理，有四个下属A、B、C、D，会经常领导公司其他部门做一些质量改善项目。其中，A是新进公司的员工，能力低，但积极性非常高。B、C、D三位皆是老员工。D在四位当中能力最强，动力也高。B、C能力一般（中等），动力也一般。图3-59是四个下属所处的象限。

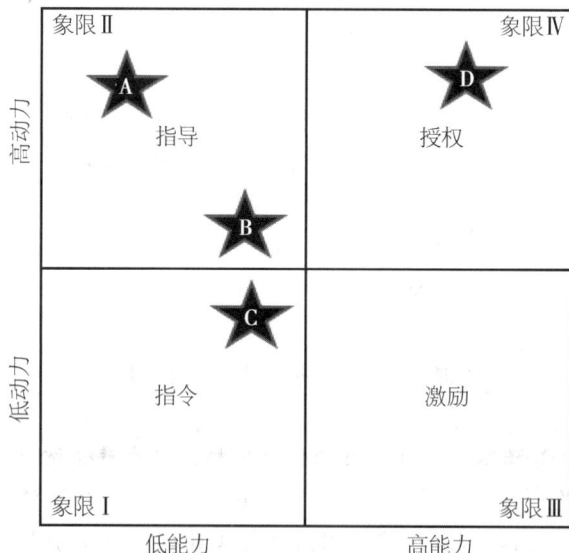

图3-59　能力和动力矩阵示例

从图3-59中我们可以看出，针对A，老王的适宜领导风格是指导式，即通过各种培训和辅导（由自己或安排其他三位老员工对他进行辅导）迅速提升其能力。针对B和C，目前的主要任务是调动其积极性，让他们有学习和工作的动力，再逐步提升他们的能力。针对D，固然可以继续提升他的能力（见图3-60）。但老王要考虑一个很重要的问题：如果D的能力和动力都很高，而部门又没办法提拔他（除非老王自己挪窝），如何留住D将是一个挑战。

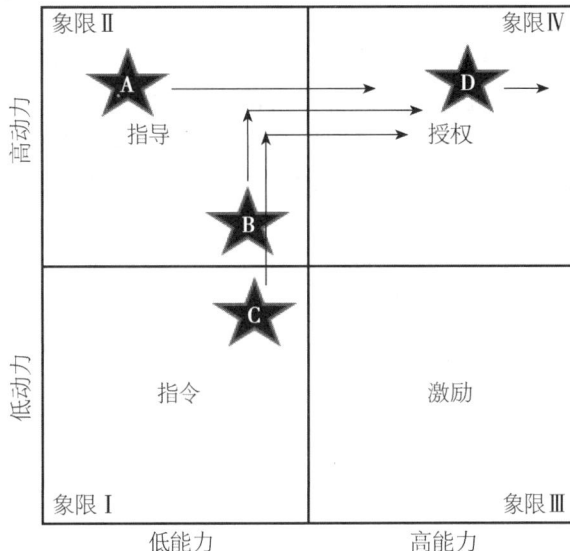

图3-60 能力和动力矩阵应用示例

Scrum敏捷实践：

Scrum敏捷项目团队的Scrum主管（Scrum Master，SM，亦称敏捷专家、敏捷大师或者敏捷教练）是团队的导师和组织者，其主要职责一是负责Scrum流程，使其正确使用并达到最大的效果，二是负责屏蔽外界对开发团队的干扰，三是建设管理好项目团队，确保成员贯彻敏捷原则、价值观，增强团队的凝聚力。Scrum主管不是项目经理、IT经理的角色，而是一个仆人式领导，其要与产品负责人一起，及时为团队成员提供帮助。

美国管理学家罗伯特·格林里夫（Robert K.Greenleaf，1904—1990）的仆人式领导（Servant Leadership）是一种存在于实践中的无私的领导哲学。此类领导者以身作则，乐意成为仆人，以服侍来领导；其领导的结果亦是延展其服务功能。仆人式领导以服务员工为第一要务，鼓励指导、培养、授权、委派、支持、帮助、赞美、倾听、先见以及权力的道德用途。仆人式领导揭示了领导者的真正本质，领导者的基础不是正式权力，而是建立在爱、服务与牺牲基础上的非正式权力。

当Scrum主管愿意像仆人一样对待团队成员，并尽可能地满足其合理要求，与成员之间建立关爱、尊重、信任、接纳的关系时，就能进而树立威信，还能以此来激励团队成员发挥其最大潜能，为实现项目共同目标而努力工作。

因此，Scrum主管虽然并非项目经理，但是仍然肩负着很多项目经理的职能。一方面通过反馈、支持等方法调动成员的内在动力，使其维持在较高水平；另一方面通过团队学习（如定期知识分享）等方法打造学习型团队，提升团队的整体能力水平。

Scrum主管是熟悉敏捷开发模式及敏捷实施流程的人员，一般可由敏捷团队当中的开发负责人担任，部分能力很强且懂技术的产品经理也可担任这个角色，因涉及工作量评估和分派等工作，最好都是由技术能力较强的人员担任。在某些Scrum敏捷项目团队中，Scrum主管由开发团队的成员轮流担任，他们是对产品最熟悉的人，也是对Scrum流程最熟悉的人，因此每一个人都具备成为Scrum主管的潜力。

局限性： 能力和动力矩阵的局限性主要体现在：根据情境理论，领导风格的选择不仅取决于下属的成熟度水平这一情境，还取决于领导者所处的其他情境。领导者要分析情境要素的不同状况，采取不同的领导行为，才能激励下属，实现有效管理。比如，在军队中，领导者有较高的权力，有严格的组织纪律约束和高涨士气，有效的领导方式就是层层发布命令使下属明确任务目标。而在一个合作式的组织团体当中，以命令下达工作任务的方式就不一定奏效，领导者应注重与下属的沟通与协商一致，以保持良好的合作气氛。另外，组织绩效的提高，不仅有赖于领导者一方的努力，还要力争培育一个使领导者能顺利工作的环境，比如，给领导者以相应的职权，进行必要的信息沟通，对决策时间的保证等。

3.2.20 工具20：挣值管理（EVM）

工具名称： 挣值管理（Earned Value Management，EVM）。

发明者： 1967年美国国防部。

定义： 将项目范围基准、成本基准和进度基准整合在一起形成绩效测量基准，通过引进"挣值"这一中介变量，进而客观测量项目绩效和进展的一种管理方法。

用途： 测量项目范围、进度和成本绩效。

模板： 表3-86中的A、B、C、D、F列出了挣值管理需要收集和计算的数据，共18个。读者可以根据项目实际情况决定分析、计算哪些数据。一般情况下，SV、SPI、CV、CPI是四个最常用的数据。E需要读者根据分析和计算结果制定相应的调整策略。

表3-86 挣值管理（EVM）模板

A：三个关键指标			
① 计划价值PV：	（②完工预算BAC： ）	③ 挣值EV：	④ 实际成本AC：
B：进度绩效测量			
⑤ 进度偏差SV：	⑥ 进度绩效指数SPI：	⑦ 任务完成百分比PC：	
C：成本绩效测量			
⑧ 成本偏差CV：	⑨ 成本绩效指数CPI：	⑩ 成本消耗百分比PS：	
D：综合绩效测量			
⑪ 临界指数CI：			

续表

E：调整策略	
F：项目绩效预测	
⑫ 完工尚需估算ETC（假设工作按计划进行）：	ETC（重新自下而上估算剩余工作）：
⑬ 完工估算EAC（如果预期项目剩余部分的CPI不变）：	EAC（如果未来工作将按计划速度完成）：
EAC（如果最初计划不再有效）：	EAC（如果CPI和SPI都会影响剩余工作）：
⑭ 完工偏差VAC：	
⑮ 完工尚需绩效指数（成本）$TCPI_c$（按原定BAC完成）：	$TCPI_c$（按新的EAC完成）：
⑯ 完工尚需绩效指数（进度）$TCPI_s$（按原定BAC完成）：	$TCPI_s$（按新的EAC完成）：
⑰ 完工时间预测ETTC：	⑱ 项目完工时间延迟预测ED：

使用说明： 以下是挣值管理的步骤（见图3-61）。

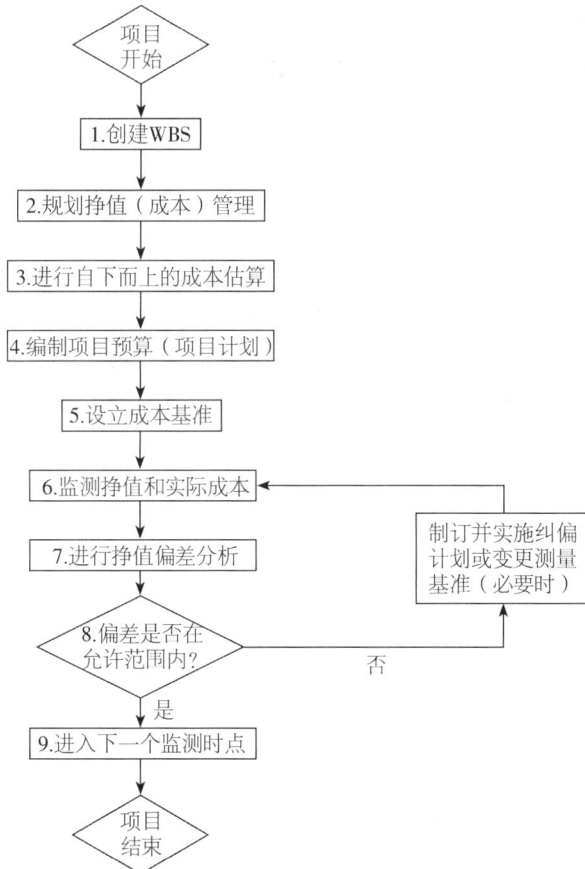

图3-61　挣值管理步骤

第一步：创建WBS（见3.2.15工作分解结构WBS）。

第二步：规划挣值（成本）管理。除了定义WBS中用于项目管理的控制账户（Control Accounts，CA，每个CA都有唯一的编码和账号，直接与执行组织的会计制度相联系）、规定计量单位/精确度/准确度/控制临界值/跟踪方法/报告格式等，还要确定监控时点、拟用的EVM技术（如加权里程碑法、固定公式法、完成百分比法等）。

第三步：进行自下而上的成本估算。

第四步：编制项目预算。根据WBS按照工作包将成本汇总（Cost Aggregation）到控制账户，最终形成项目预算。

第五步：设立成本基准。被批准的按时间分段（通常以周或月为单位）的完工预算（BAC）用来测量、监视与控制项目总体成本绩效，通常以S曲线表示，又称"绩效测量基准"（PMB）。

第六步：监测挣值和实际成本。落实执行单位和各层次监管单位的职责，并对已完成工作进行监控和测量（将测量值填入表3-86）。

第七步：进行挣值偏差分析。计算各项评价指标，在深入了解项目现状的基础上进行挣值偏差分析（将计算结果填入表3-86）。

第八步：检查偏差是否在允许范围内。如果不在允许范围内，应发出警告，及时制订纠偏计划并实施纠偏措施。必要时，要变更测量基准。如果在允许范围内，则进入到第九步。

第九步：进入下一个监测时点，直到项目结束。

实操贴士：

① 成本基准包括应急储备（Contingency Reserve），不包括管理储备（Management Reserve）。但是管理储备属于项目总预算和资金需求的一部分。动用管理储备应对不可预见的工作时，就要把管理储备增加到成本基准中去，从而导致成本基准的变更。如果已识别的风险没有发生，就可能要把储备从项目预算中扣除，当作项目盈利。相反可能会发起变更，请求更多的储备来应对新识别的风险。

② 要运用EVM，必须要有一个定义清楚的项目范围，并且通过运用自下而上的计划制订过程，把每个时间段内的项目范围和配置的资源都整合起来。

③ EVM在项目进展到15%~20%时使用最为有效。

【例】金字塔建造

你是5 000年前负责埃及金字塔建造的项目经理，工期为10年。有一天，法老问你：金字塔建造到什么程度了？你知道建造整个金字塔需要100万块石头，也知道迄今为止已用了70万块。假设头10万块石头的铺设成本是1元/块，第二个10万块石头的铺设成本是2元/块，依此类推，最后10万块石头的铺设成本是10元/块，在法老问你的时候，按计划，应该铺设65万块石头，你知道这时已花费了250万元。请计算挣值（指数及百分比请精确到小数点后两位，其余数值请精确到个位数）。E调整策略、ETC（重新自下而上估算剩余工作）、EAC（如果最初计划不再有效）这三个空格不需要填写。

答案见表3-87。

表3-87   金字塔建造挣值管理

A：三个关键指标
① 计划价值PV：245 （②完工预算BAC：550） ③ 挣值EV：280 ④ 实际成本AC：250
B：进度绩效测量
⑤ 进度偏差SV：35　⑥ 进度绩效指数SPI：1.14　⑦ 任务完成百分比PC：50.91%
C：成本绩效测量
⑧ 成本偏差CV：30　⑨ 成本绩效指数CPI：1.12　⑩ 成本消耗百分比PS：45.45%
D：综合绩效测量
⑪ 临界指数CI：1.28
F：项目绩效预测
⑫ 完工尚需估算ETC（假设工作按计划进行）：270　ETC（重新自下而上估算剩余工作）：/
⑬ 完工估算EAC（如果预期项目剩余部分的CPI不变）：491 EAC（如果未来工作将按计划速度完成）：520 EAC（如果最初计划不再有效）：/　　　　EAC（如果CPI和SPI都会影响剩余工作）：461
⑭ 完工偏差VAC：59 或 30 或 89
⑮ 完工尚需绩效指数（成本）$TCPI_c$（按原定BAC完成）：0.9 $TCPI_c$（按新的EAC完成）：1.12或1.28
⑯ 完工尚需绩效指数（进度）$TCPI_s$（按原定BAC完成）：0.89 $TCPI_s$（按新的EAC完成）：1.10或1.25
⑰ 完工时间预测ETTC：3 202天 ⑱ 项目完工时间延迟预测ED：−448天（提前448天完成）

Scrum敏捷实践：敏捷挣值只能在迭代中使用。敏捷中的挣值是基于已完成的功能（用户故事点）。主要计算公式如下：

进度绩效指数（挣得效率）SPI=EV/PV=完成的功能/计划的功能。如迭代计划完成40个用户故事点，但实际只完成了30个，SPI=30/40=0.75<1。进度偏差SV=EV−PV=完成的功能−计划的功能=30−40=−10<0。意味着挣值管理效率较低，进度滞后。

成本绩效指数（投资效率）CPI=EV/AC=已完成的功能值/实际的成本。如已完成的30个用户故事点的功能值是300万元人民币，而实际的花费是320万元人民币，则CPI=300/320=0.94<1。成本偏差CV=EV−AC=已完成的功能值−实际的成本=300−320=−20<0。意味着投资效率略低，成本超支。

局限性：EVM的局限性主要表现在以下几个方面：

（1）WBS是使用挣值法的第一个难题，因按不同分解类型得出的WBS差别很大，所以需要找到一个能兼顾这些矛盾的层次结构。

（2）已完成作业量是挣值法的基本参数之一，对其进行准确而有效的预测是至关重要的。但在量度一个整体单元的已完成工作量时，往往会因很多不确定因素的存在而出现无法衡量的问题。

（3）在挣值法中不区分关键路径和非关键路径（因此不清楚所完成的工作是不是关键路径上的活动），但项目管理中两者对项目的影响是有很大差别的，在项目监测时是区别对待的。因此，采用挣值法对项目进行监控时，不能针对重点进行纠偏。同时，在项目活动中，如果只用挣值来进行绩效考评，则很可能出现项目执行组织为了追求更好的挣值测量，以取得良好的表面上的项目绩效，将那些难度大的工作放在一边，而只做相对容易的工作，甚至以关键任务成本来急于完成非关键的任务，以至于项目的进度不能够得到真正的保障，甚至导致项目完工的推延。因此，在进行实际项目绩效分析时，除了考虑挣值因素外，还应该考虑关键路径法 CPM。因此，只有将 CPM 与 EVM 结合使用，才是完整有效的。在实践中应将两者结合起来，重点针对关键路径上的活动来进行挣值分析。

（4）EVM 只是局限于对项目进度、成本和范围的集成管理，还应该进一步扩展为包括质量、风险等诸要素的项目全要素集成管理。因为一个项目的成功涉及项目进度、成本、范围、质量、风险、相关方等诸多要素。因此，建议读者使用 EVM 进行项目监控时，最好结合项目健康诊断 PHD 进行全要素集成管理。

（5）另外，EVM 对数据要求过高，为收集数据将必须付出高额的资金和大量的人力，并且需要借助信息系统辅助完成分析工作。高昂的数据收集费用、系统购买及维护费用，使其应用成本已经远远超出一般项目所能承受的范围。

第4章

案例资料附录

4.1 经典案例

成功的项目管理案例很多,为了读者阅读的方便,我们这里援引了三个非常典型的成功案例,请读者结合前面所学的知识加以思考、总结与借鉴。

4.1.1 美国陆军的知识管理[①]

美国陆军是公认的全球知识管理做得最好的标杆组织之一,引来全世界知名企业和组织机构的争相借鉴。从纯学术的角度考察,美国陆军是拥有用户最多、投入资源也最多的知识管理实践组织之一。

美国陆军知识管理的要点可归纳如下:

(1)明确需要达到的效果

(2)制定知识管理战略前已实践知识管理措施

(3)制定知识管理战略及愿景

(4)定义知识管理的核心任务

(5)规划知识管理的实施体系

(6)实施控制的八项措施

(8)事后回顾

读者可查找期刊原文,亦可扫描下面的二维码了解详细内容。此二维码生成于2021年7月,如果因网址变动导致链接无效无法直接阅读,上网实名搜索即可。

---

① 原文见何德勇. 向美国陆军学知识管理〔J〕. 经理人,2010(5).

【资料链接】

4.1.2　华为崛起的项目管理力量①

华为一直非常重视项目管理，项目管理在促进公司发展、实现商业价值和推动人才培养等方面发挥了重要的作用。

……

华为系统开展"以项目为中心"运作的变革，体系化地构建项目管理能力。

（1）强底气，建设项目管理体系

• 用项目组合管理价值

• 关注商业价值实现

• 科学度量成熟度

（2）聚人气，培育项目管理文化

• 以客户为中心

• 契约精神

• 结果导向

• 团队协同作战

（3）鼓士气，培养项目管理人才

• 基层历练阶段

• 战训结合阶段

• 理论收敛阶段

读者可查找期刊原文，亦可扫描下面的二维码，了解更加详细的华为项目管理的内容。本二维码生成于 2021 年 7 月，如果因网址变动导致链接无效无法直接阅读，上网实名搜索即可。

【资料链接】

4.1.3　火神山医院 10 天落成记②

湖北，荆楚大地、云泽之乡。楚人，自视为火神祝融的后代。当下，一场"火神"

---

① 原文见马莹. 华为崛起的项目管理力量 [J]. 项目管理评论，2018 (5).
② 资料来源：新华社记者. "火神"战瘟神——火神山医院 10 天落成记 [EB/OL]. (2020-02-03). http://m.xinhuanet.com/2020-02/03/c_1125523730.htm.原文是一篇集图片、视频、文字于一体的综合性网络新闻报道，未改动.

第4章 案例资料附录

驱赶瘟神的角斗战事正酣。

今天，一座名为火神山的医院，正式落成。战疫魔，增添了新的利器，开辟出新的战场。

总建筑面积超过3万平方米，架设箱式板房近两千间，接诊区病房楼ICU俱全……这个建筑面积相当于半个北京"水立方"的"战地医院"，从开始设计到建成完工，历时10天。

经中央军委主席习近平批准，中国人民解放军抽组1 400名医护人员，于2月3日起在这所医院承担新型冠状病毒感染的肺炎医疗救治任务。

过去10天，发生了什么？怎么做到的？新华社记者带你去探访火神山医院落成全过程。

·"不可能完成的任务"

铺开武汉地图，位于武汉西南的知音湖犹如一匹奔驰的骏马。刚建成的火神山医院，就在这匹骏马的鼻尖之处。

这里，曾经是武汉职工疗养院，遍布着藕塘、土丘。

"10天建座医院，这怎么可能完成？"这是众多参加火神山医院设计、施工者，接到任务指令时的第一反应。

中建三局三公司项目经理方翔从事土木建筑行业多年。他说："按照常规流程，3万多平方米建筑量的项目，至少要两年。紧急状态搭建临时性建筑都需要1个月，更何况是新建一座传染病医院？"

"不可能完成的任务"的背后，是异常严峻的疫情形势。从确定新建火神山医院的1月23日当天到2月1日，9天中，武汉市确诊病例从495人陡增至4 109人。

不断增加的定点医院床位数量，远远跟不上疫情蔓延速度。"根据2003年抗击'非典'时的经验，新建集中收治疫情患者的医院，能够很大程度上缓解现有医院的压力，减少交叉感染。"一位参与抗击非典的医疗专家表示，临时医院启用后，更重要的作用是减少社会恐慌情绪。

过往抗击重大疫情，也曾经创造过奇迹。

2003年4月，北京建成可容纳1 000张病床的小汤山医院，两个月内收治了全国七分之一的"非典"病人，其间无一名医护人员被感染，创造了人类医学史上的奇迹。

当年建好小汤山医院用了7天。现在的工程能力更高了，10天完成任务，很困难吗？

紧急的疫情让人们已经忘记了，武汉抗疫斗争高峰是在春节前。小汤山建设是在4月份，火神山医院建设期间，适逢大量工人假期返乡，"别说原材料采购、物流运输，就连工地上吃喝拉撒，这些后勤都难以保障"。武汉市城建局一位工作人员介绍。

疫情，不等人。与死神竞速，情势紧迫，间不容发。各方面迅速动员，进入战时状态。

——选址。规划、环保等部门紧急会商，定在知音湖畔的武汉市职工疗养院。这里远离人口稠密的汉口主城区，交通、管道等配套基础设施齐备。

——设计。小汤山非典医院设计方迅速参与。中信建筑设计院等设计机构组成60多个人的应急项目团队，5小时内就拿出设计方案，不到24小时绘出设计图。

——施工。多家建筑企业踊跃请战。指挥部最终确定由中建三局、武汉建工、武汉航发、汉阳市政四家企业参建，明确施工任务，立下"军令状"，迅速组织开工。

没人想到，一个建筑工地，成为数千万人瞩目的焦点。火神山建设现场场景被网络"云直播"后，数千万网民在屏幕前当起了"监工"。

"这不是一场单纯的工地直播，而是抗击疫情的希望，大家都希望能够快点，更快点。"类似的网络评论天天时时可见。

入夜，工地上灯火通明。不远处，武汉三镇是焦灼中等待的万家灯火。

·分区严隔离 病房戴"口罩"

从空中俯瞰，火神山两栋住院楼，整体呈中间医护两边病房的"鱼骨状"布局。"主鱼骨"是中间的长走道，功能为医护人员通道和办公区域。走道连接"次鱼骨"的9个病房区，在走道里可步行至任何一间病房。

作为一所传染病医院，大到房间的结构布局，小到一个下水管道，在各项防护措施方面，近乎苛刻。而充分借鉴小汤山医院，让火神山医院的设计与建设"站在巨人的肩膀上"。

曾参与小汤山医院设计的全国知名设计大师黄锡璆，腊月二十九晚上专门给设计组打来电话，提出小汤山医院设计中曾经留下的遗憾和不足：病房紧挨地面，没有隔空层，容易潮湿；没有设置专用病区走道，开门就是院子，管理不便……

"我们在设计时充分听取这些宝贵的意见和建议。"中信建筑设计研究总院有限公司副总建筑师、火神山医院设计总负责人汤群说。

——分区严格隔离。通过设置清洁区、半污染区、污染区及医护人员专用通道和病人专用通道的布置方式，严格避免交叉感染。医疗区与生活区同样严格隔离。医护人员进出病区设置包括风淋在内的专用卫生通过设施，最大限度地保护医护人员的健康安全。

——病房戴上"口罩"。离地面架空30厘米的每间病房，放置两张病床，均设有独立的卫生间。两扇窗户和通道组成的专用隔离防护窗，用于药品和食品的传递。医院绝大部分房间都是负压房间，房间内的压力比外面低，如同给病房带上"口罩"，避免病毒随着气流产生交叉感染。

——污染集中处理。医院铺设了5万平方米的防渗膜，覆盖整个院区，确保污染物不会渗透到土壤水体中，同时医院安装了雨水、污水处理系统，经过两次氯气消毒处理，达标后才可排放。所有房间排风均经过消毒杀菌及高效过滤达标后，才高空排放。

大年初一，原北京小汤山"非典"医院院长张雁灵专程来武汉考察得知，火神山医院配备多台高端CT，大幅提升ICU重症病房数量，组建专家委员会为病人制订个性化诊疗方案等情况，评价"总体非常好，只需做局部调整"。

"很多设计标准、设备配备，都要优于当年的小汤山'非典'专科医院。"张雁灵说，火神山医院的建成并投入使用，将对防控疫情产生重大意义。

- **"极度压缩时间空间的战役"**

1月24日，己亥年除夕，各类设备进场。

入夜，运输车司机吕俊和同事们一块围聚，端上盒饭，简陋地"团年"。他的"守岁"就是从凌晨3点后开车运土，累了，在车上眯个眼。

作为家中独子的吕俊，长这么大第一次不在家里过年，"不忍心让父母在家中独守除夕夜，但这个工程实在太重要了"。

除夕夜，数百台挖掘机、推土机，上千名工人和吕俊一样，在机器轰鸣声中，迎来庚子年第一个清晨。

除夕当天，施工方累计平整全部场地5万平方米，相当于7个足球场大小。开挖土方15万立方米，足以填满57个标准游泳池。

"头一天去，工地还是一片沼泽，推土机进场都快陷进去了。第二天早上再看，土堆已经推平，沼泽被填实，完全看不出之前的模样了。"一位技术人员在朋友圈中感慨。

铺设碎石、压实基础、开挖基槽……按正常流程，工期节点按天算。在火神山，一切节点都得以小时，甚至以分钟计算。极限的工期要求，现场设计、施工、监理人员一齐守在现场，边设计、边施工、边修改、边调整。

工地上，到处是车，到处是人。白天，机器轰鸣、人声鼎沸；入夜，灯光如昼、焊花四闪。所谓"基建狂魔"，其实不过是一群善良勇敢的人穿上盔甲，在所有人的祝福中默默地负重前行。

"戴书记，您的鞋子破了，回去换一双吧！"中建商砼永丰厂党支部书记戴银刚，多次听到别人的善意提醒。武汉宣布建设火神山医院当晚，他就赶回岗位，火速集结队伍投入战斗。

妻子身怀六甲，他无暇照顾；鞋子破了几天，来不及回去换一双。"等这场战役结束了，我要跟即将出世的孩子好好讲讲火神山的故事。"他说。

最高峰时，工地上有7 000多名工人，800多台挖掘机、推土机等设备同时作业。上一个单位刚完成场地铺沙，下一个单位马上进场铺防渗膜，后面铺设活动板房基脚的单位还在催促。高密度的人群、机械，让现场施工空间极为有限。

"火神山项目是在极度压缩的时间、压缩的空间内，展开的一场战役。"火神山建设指挥部一位负责人说："没别的，就是豁出去，干！"

受其他工序影响，原本留给排水管道安装的72小时施工时间，被压缩到只剩30个小时。用作病房的集装箱板房，距地面只有30厘米，排水管道安装只能由工人钻进这狭小缝隙中，逐个安装到位。

身材瘦小的工人王旋主动申请第一个下地埋管示范，带领400多名工人伏地作业。

不少人衣服划破，手臂划伤，匆匆处理后便又钻回逼仄的空间作业，直到全部排水管道顺利安装完成。

每个工人、每台装备，就像一颗颗螺丝钉、一个个零部件，紧密扣在一起，驱动着这台巨型机器，迅速搭建起一座抗击疫情的"安全岛屿"。

中建三局董事长陈华元说，武汉是我们的家园，这是一场保卫战、生死战，建好火神山医院就是保卫大武汉，"必须不惜代价，不讲条件，不惧困难，尽锐出战"。

有国外网友评价，昼夜不停的挖掘机大军及建筑工人、源源不断输送至武汉的物资，"整个国家都为这场战斗做准备，速度不可思议"。

"我一生中从未见过这种动员。"世界卫生组织总干事谭德赛1月31日在日内瓦举行的发布会上说："也许你正在关注的是中国将在10天之内建成的一家大医院，但这不是他们正在采取的措施的唯一目标，我相信这些措施将扭转（疫情）趋势。"

火神山医院完工了。很多工人、设备将第一时间转战，前往同样收治被感染者的雷神山医院，继续他们的战斗。

扫描下面二维码可赏阅原文图片与视频。本二维码生成于2021年7月，如果因网址变动导致链接无效无法直接阅读，上网实名搜索即可。

【资料链接】

4.2　　相关名词缩写与释义

下面是本书涉及的英文缩写汇总。

英文缩写	英文全称	中文含义
4S	Select，Summarize，Solidify，Spread	选择、总结、萃取、推广
5S	Seiri，Seiton，Seiso，Seiketsu，Shitsuke	整理、整顿、清扫、清洁、素养
8D	Eight Disciplines	团队问题解决八步法
AAR	After Action Review	事后回顾
AC	Actual Cost	实际成本
APM	Agile Project Management	敏捷项目管理
BAC	Budget at Completion	完工预算
BPS	Best Practice Sharing	最佳实践分享

第4章 案例资料附录

英文缩写	英文全称	中文含义
CBA	Cost Benefit Analysis	成本效益分析
CC	Change Control	变更控制
CCB	Change Control Board	变更控制委员会
CCPM	Critical Chain Project Management	关键链项目管理
CI	Critical Index	临界指数
CM	Communication Matrix	沟通矩阵
CMK (or Cm)	Machine Capability Index	机器能力指数
CPI	Cost Performance Index	成本绩效指数
CPM	Critical Path Method	关键路径技术（或关键路径法）
CTP	Critical to Process	关键过程特性
CTQ	Critical to Quality	关键质量特性
CV	Cost Variance	成本偏差
DMAIC	Define，Measure，Analyze，Improve，Control	定义、测量、分析、改进、控制
DISC	Dominance，Influence，Steadiness，Compliance	支配、影响、稳健、服从
DoD	Definition of Done	完成标准（或定义）
EAC	Estimate at Completion	完工估算
ED	Estimate Delay	项目完工时间延迟预测
EEF	Enterprise Environmental Factors	事业环境因素
EF	Early Finish	早结束
EQ	Emotional Quotient	情商
ES	Early Start	早开始
ETC	Estimate to Complete	完工尚需估算
ETTC	Estimated Time to Complete	完工时间预测
EV	Earned Value	挣值
EVA	Earned Value Analysis	挣值分析

续表

英文缩写	英文全称	中文含义
EVM	Earned Value Management	挣值管理
FA	Feasibility Analysis	可行性分析
FF	Finish-to-Finish	完成到完成
	Free Float	自由浮动（或时差）
FM	Flexibility Matrix	灵活性矩阵
FMEA	Failure Mode and Effects Analysis	失效模式和影响分析
FS	Finish to Start	完成到开始
GC	Gantt Chart	甘特图（或横道图、条状图）
GPS	Global Positioning System	全球定位系统
	Goal，People，Strategy	（企业发展定位系统）目标、人员、战略
IOS	In/Out of Scope	范围内外（或圈内圈外）
IPMA	International Project Management Association	国际项目管理协会
IPMP	International Project Manager Professional	国际项目经理资质
IQ	Intelligence Quotient	智商
LF	Late Finish	晚结束
LS	Late Start	晚开始
MACE	Mutually Exclusive，Collectively Exhaustive	相互独立、完全穷尽
MATAR	Mitigation，Avoidance，Transference，Acceptance，Report （or Reserve）	（马塔策略）减轻、规避、转移、接受、上报（或储备）
MD	Major Deliverable	主要交付物
MoSCoW	Must，or Should & Could or Won't	（莫斯科法则）必须有、应该有、可有可无、不需要
MQ	Moral Quotient	德商
MS	Milestone	里程碑
MS	Meeting with the Sponsor	与发起人会谈
ND	Network Diagram	网络图

续表

英文缩写	英文全称	中文含义
NPT	Network Planning Technique (or Technology)	网络计划技术
NPV	Net Present Value	净现值
OKR	Objectives & Key Results	目标和关键结果
OPA	Organizational Process Assets	组织过程资产
PAA	Process Assets Accumulation	过程资产积累
PBP	Payback Period	投资回收期
PC	Percent Complete	任务完成百分比
	Project Charter	项目章程
	Project Closing	项目收尾
	Project Coordinator	项目协调员
PCR	Project Charter Release	项目章程签发
PD	Plan Development	计划制订
PDCA	Plan, Do, Check, Act	（戴明环）计划、执行、检查、处理
PDM	Precedence Diagramming Method	紧前关系绘图法（或优先图示法）
PE	Plan Execution	计划实施
PERT	Project Evaluation and Review Technique	项目评估和回顾技术（或计划评审技
PF	Project Finish	项目结束
PHD	Doctor of Philosophy	哲学博士学位
	Project Handling Doctor	项目管理博士
	Project Health Diagnosis	项目健康诊断
PL	Project Leader	项目领导
PLC	Product Life Cycle	产品生命周期
PM	Project Management	项目管理
	Project Manager	项目经理
PMB	Performance Measurement Baseline	绩效测量基准
PMBOK	Project Management Body of Knowledge	项目管理知识体系

续表

英文缩写	英文全称	中文含义
PMI	Project Management Institute	项目管理协会
PMO	Project Management Office	项目管理办公室
PMP	Project Management Page	一项纸项目管理
	Project Management Plan	项目管理计划（书）
	Project Management Professional	项目管理专业资质
PO	Project Officer	项目专员
POS	Project Objective Statement	项目目标声明
PR	Project Repository	项目知识库
PS	Percent Spent	成本消耗百分比
	Project Start	项目开始
PSS	Project Scope Statement	项目范围说明书
PV	Planned Value	计划价值
QFD	Quality Function Deployment	质量功能展开
R&RM	Resource & Responsibility Matrix	资源和责任矩阵
RACI	Responsible, Approve, Consult, Inform	（锐西法则）负责、审批、咨询、知情
R（A）M	Responsibility（Assignment）Matrix	责任（分配）矩阵
RCA	Root Cause Analysis	根本原因分析法
RESEA	Report, Exploiting, Sharing, Enhancement, Acceptance	（雷斯策略）上报、开拓、分享、提高、接受
RFP	Request for Proposal	招标书
R（A）M	Responsibility（Assignment）Matrix	责任分配矩阵
ROI	Return on Investment	投资收益（或回报）率
RP	Resource Pool	资源池
RPN	Risk Priority Number	风险顺序数（或系数或总分）
S&WM	Skill & Will Matrix	能力和动力矩阵

续表

英文缩写	英文全称	中文含义
SAM	Stakeholder Analysis Mapping	相关方分析图
SF	Start-to-Finish	开始到结束
SM	Scrum Master	Srum主管（或敏捷大师、敏捷教练）
	Status Monitoring	状态监督
SN	Stakeholder Negotiation	相关方谈判
SMART	Specific，Measurable，Achievable（or Attainable），Relevant，Time-bound	（聪明目标）具体、可衡量、可实现、相关、有时限
SOW	Statement of Work	工作任务书
SPI	Schedule Performance Index	进度绩效指数
SS	Start-to-Start	开始到开始
SV	Schedule Variance	进度偏差
SVM	Stakeholder Value Mapping	相关方价值图
TBM	Team Building & Management	团队建设和管理
TC	Team Charter	团队章程
TCPI	To-Complete Performance Index	完工尚需绩效指数
TG	Tollgate	检查站（或收费站）
TR	Team Radar	团队雷达
USM	User Story Map	用户故事地图
VAC	Variance at Completion	完工偏差
VC	Variance at Control	偏差控制
VOC	Voice of the Customer	客户呼声
VUCA	Volatility，Uncertainty，Complexity，Ambiguity	易变性、不确定性、复杂性、模糊性
WBS	Work Breakdown Structure	工作分解结构

4.3　相关术语索引与释义

下面是本书涉及的术语及其定义。前面已有详细定义的术语这里不再重复解释，仅标出对应页码。这些术语及定义力求与美国项目管理协会著的《项目管理知识体系指南（PMBOK①指南）》（第六版）（2018年5月电子工业出版社出版）保持一致。

B

并行（或同步）工程　Concurrent（or Simultaneous）Engineering：见第272页。

布鲁克斯法则　Brooks's Law：给进度已经滞后的项目增加资源往往会使其进度更加滞后。"IBM360系统之父"弗里德·布鲁克斯（Frederick P.Brooks）教授在他1975年所著的《人月神话（The Mythical Man Month）》中首次介绍了这一法则。

A："离系统上线只有3个月时间了，还有这么多功能没有备齐，怎么办？"

B："可以从隔壁团队抽调一个工程师来帮忙吗？领导对这个项目很重视。"

A："好，应该可以抽调两个来，他们都是经验丰富的程序员，争取在1个月内完成。"

最后的结果是，他们成功地把项目拖延了4个月，比没有添加人手的预计时间还要晚。

C

参数估算　Parametric Estimating：指基于历史数据和项目参数，使用某种算法来计算项目持续时间或成本的一种估算方法。

产品愿景声明　Product Vision Statement（PVS）：见第162页。

成本效益分析　Cost Benefits Analysis（CBA）：见第167页。

冲刺　Sprint：见第127页。

触发器　Triggers：也称启动征兆、风险征兆或预警信号。是表明风险刚刚发生或即将发生的迹象。原指一种自动报警装置，达到其事先设定的临界值（或发生事先设定的事件）时会报警，同时启动应急性措施，如烟感报警器。也有公司使用指示器（Indicator）来触发应急性措施。

次要驱动力　Weak Requirement：见第4页。

D

戴明环　Deming Cycle：亦称PDCA循环（PDCA Cycle）、戴明轮（Deming Wheel）或持续改进螺旋（Continuous Improvement Spiral）。起源于20世纪20年代，有着"统计质量控制之父"之称的著名统计学家休哈特（Walter A.Shewhart，1891—1967）在当时引入了"计划-执行-检查PDS（Plan-Do-See）"的雏形，后来美国著名质量管理大师戴明（William Edwards Deming，1900—1993）博士于20世纪50年代初将PDS循环进一步完善，发展成为PDCA循环——"计划（Plan）-执行（Do）-检查（Check/Study）-处理（Act）"的质量持续改进模型。

电梯法则　Elevator Pitch or Speech：亦称"30秒钟电梯理论"或"电梯演讲"。

它源于著名管理咨询公司麦肯锡（McKinsey）的一次沉痛教训：该公司曾经为一家重要的大客户做咨询。咨询结束的时候，麦肯锡的项目负责人在电梯间里遇见了对方的董事长，该董事长问麦肯锡的项目负责人："你能不能说一下现在的结果呢？"由于该项目负责人没有准备，而且即使有准备，也无法在电梯从30层下到1层的30秒钟内把结果说清楚。最终，麦肯锡失去了这一重要客户。

迭代 Iteration：亦称辗转，是一种不断用变量的旧值递推新值的过程。其重点在于重复（Again and Again）过程，每一次对过程的重复被称为一次"迭代"，而每一次迭代得到的结果会被用来作为下一次迭代的初始值。迭代是重复反馈过程的活动，其目的通常是为了接近并到达所需的目标或结果。

E

二八原则 Pareto's Principle：亦名二八定律、80/20定律、帕累托法则等。被广泛应用于社会学及企业管理学等。1897年意大利经济学家帕累托（1848—1923）在研究资源配置时从大量具体的事实中发现：社会上20%的人占有80%的社会财富。

F

发起人 Sponsor：见第4页。

范围蔓延 Scope Creep：见第50页。

范围内外 In/Out of Scope（IOS）：别名"圈内圈外"。见第158页。

风险 Risk：见第65页。

风险报告 Risk Report：提供关于整体项目风险来源的信息，以及关于已识别的单个项目风险的概述信息。

风险敞口 Risk Exposure：指在某个项目中，针对任一特定对象，适时做出的对所有风险的潜在影响的综合评估。

风险储备 Risk Reserve：指根据项目风险规律事先制定应急措施和一个科学高效的项目风险计划，一旦项目实际进展情况与计划不同，就动用后备应急措施。项目风险应急措施主要有费用、进度和技术三种。费用上的应急措施主要是事先准备风险应急费（在项目预算中要单独列出，不能分散到具体费用项目下，否则项目经理会失去对支出的控制），确保项目按预算完成；进度上的应急措施主要是事先制订一个较紧凑的进度计划，在关键路径上设置一段时差或浮动时间，确保项目按期完成；技术上的应急措施主要是事先准备技术应急费（不列入项目预算而单独列出来，放到公司管理备用金账上，由项目执行组织高层领导掌握）或技术后备时间，确保项目按技术要求完成。

风险登记册 Risk Register：记录风险管理过程输出的文件，内容包括（但不限于）已识别的风险清单（描述及标识号）、类别、级别、原因、影响、触发条件、责任人、应对措施等。

风险临界值 Risk Threshold：即风险阈值，为某种特定的风险敞口级别，高于该级别的风险需要处理，低于该级别的风险则可接受。它反映了组织与项目相关方的风险偏好程度，是项目目标的可接受的变异程度。

风险事故　Peril：也称风险事件。见第65页。

风险因素　Risk Hazard：见第65页。

复盘　Replay：见第43页。

G

甘特图　Gantt Chart（GC）：又称横道图、条状图（bar chart）。见第278页。

赶工　Crash：见第272页。

工作包　Work Package：位于工作分解结构每个分支最底层的可交付成果或项目工作组成部分，用于分配成本和价值。

工作分解结构　Work Breakdown Structure（WBS）：见第254页。

工作任务书　Statement Of Work（SOW）：对需提供的产品、服务或成果的叙述性说明。

沟通矩阵　Communication Matrix（CM）：见第199页。

关键路径技术　Critical Path Method（CPM）：亦称关键路径法。见第270页。

关键驱动力　Key Driver：见第4页。

关键质量特性　Critical to Quality（CTQ）：见第172页。

关键质量特性树　Critical-To-Quality Tree：简称为CTQ树、CTQ树图或关键树。见第176页。

关卡　Gate（G）or Tollgate（TG）：亦称门径或检查站。见第163页。

H

画像　PERSONA：是美国"VB（Visual Basic）之父""交互设计之父"艾伦·库珀（Alan Cooper）于1995年提出来的一种通过调研和问卷获得的典型用户模型，是用于产品需求挖掘与交互设计的方法。其中：P代表基本性（Primary），E代表同理性（Empathy），R代表真实性（Realistic），S代表独特性（Singular），O代表目标性（Objective），N代表数量性（Number），A代表应用性（Applicable）。

活动　Activity：在项目过程中实施的工作单元，由几个任务组成，每个任务会由不同的人执行，是一揽子（相对多）的工作。

J

机器能力指数　Machine Capability Index（CMK or C_m）：若$C_m<1.0$，说明设备能力严重不足，应采取紧急措施，对设备进行检修。必要时还应采取相应的追溯措施，以消除混入不合格品的可能性。若$1.0 \leqslant C_m<1.33$，说明设备能力不足，必须安排检修。如果仍继续用于生产，则应大大提高制成品的抽检频次，甚至实行全检控制。若$C_m \geqslant 1.33$，说明该设备能力充足，可以正常生产。C_m计算方法和判别原则在不同企业会有所差异，如有些企业采用的C_m值是1.67而非1.33。

基准　Baseline：也被称为基线。见第90页。

绩效测量基准　Performance Measurement Baseline（PMB）：见第85、90页。

计划价值　Planned Value（PV）：见第98页。

第4章 案例资料附录

假设 Assumption：指那些在制订计划时，未经验证但仍被视为正确、真实或确定的因素。

检查点 Checkpoint：指在规定的时间间隔内对项目进行检查，比较实际与计划之间的差异，并根据差异进行调整。可将检查点看作是一个固定"采样"时点，而时间间隔根据项目周期长短不同而不同，频度过小会失去意义，频度过大会增加管理成本。常见的间隔是每周一次，项目经理需要召开例会并上交周报。重要的检查点是里程碑，例会是检查点的表现形式。

检查清单 Checklist：又称核对单。是一种结构化工具，通常列出特定组成部分，用来核实所要求的一系列步骤是否已得到执行或检查需求列表是否已得到满足。不同于在收集数据时用作查对清单的计数表格——核查表或计数表（Checksheet）。

间接成本 Indirect cost：指不与生产过程直接发生关系、服务于生产过程的各项费用，亦称固定成本。间接费用一般包括规费和管理费用。规费是政府和有关权力部门规定必须缴纳的费用（简称规费），包括工程排污费、工程定额测定费、社会保险费、住房公积金、危险作业意外伤害保险等。管理费是企业组织生产和经营管理所需费用，包括：①管理人员工资；②办公费；③差旅交通费；④固定资产使用费；⑤工具用具使用费；⑥劳动保险费；⑦工会经费；⑧职工教育经费；⑨财产保险费；⑩财务费；⑪税金，指企业按规定缴纳的房产税、车船税、城镇土地使用税、印花税等；⑫其他。

渐进明细 Progressive Elaboration：见第51页。

焦点小组 Focused Group：指召集预定的相关方和主题专家，了解他们对所讨论的产品、服务或成果的期望和态度。由一位受过训练的主持人引导大家进行互动式讨论。

节点 Node：见第55页。

紧前关系绘图法 Precedence Diagramming Method （PDM）：亦称优先图示法。见第265页。

经济内部收益率 Economic Internal Rate of Return （EIRR）：就是指拟建项目在计算期内各年资金流入现值总额与资金流出现值总额相等、净现值等于零时的折现率。项目经济内部收益率要与社会折现率进行比较，当 $EIRR \geq is$ 时，项目被认为在宏观效益上可行；否则，项目在经济上不可行。在进行项目方案比较时，以经济内部收益率大的方案为优。经济内部收益率最通俗的理解为项目投资收益能承受的货币贬值或通货膨胀的能力。

经验教训登记册 Lessons Learned Register：用于记录在项目中所获取知识的项目文件，它用于当前项目，并列入经验教训知识库（Lessons Learned Repository）。

净推荐值 Net Promoter Score （NPS）：亦可称口碑。是一种计量某个客户将会向其他人推荐某个企业或服务的可能性的指数。它是最流行的顾客忠诚度分析指标，专注于顾客口碑如何影响企业成长。

决策树分析 Decision Tree Analysis：是在已知各种情况发生概率的基础上，评估与一个决策相关的多种可选方案在各种情况下的可能后果的方法，是直观运用概率分析的一种图解法。由于其决策分支画成图形很像一棵树的枝干，故称决策树。

K

卡诺模型　Kano Model：见第174页。

可交付成果　Deliverable：指在某一过程、阶段或项目完成时，必须产出的任何独特的并可验证的产品、成果或服务。

快速跟进　Fast Tracking：见第272页。

L

类比估算　Analogous Estimating：指使用相似活动或项目的历史数据估算当前活动或项目的持续时间或成本的一种方法。

里程碑　Milestone（MS）：见第55、163页。

灵活性矩阵　Flexibility Matrix（FM）：见第222页。

M

蒙特卡罗分析　Monte Carlo Analysis：是一种计算机模型分析方法，基于概率分布和概率分支进行多次迭代，每次迭代都随机抽取输入数据，最终输出的是可能的项目结果的概率分布区间。

敏感性分析　Sensitivity Analysis：是一种不确定性分析方法，将项目结果的变化与定量风险分析模型中输入的变化建立关联，从而确定对项目结果产生最大潜在影响的单个项目风险或其他不确定性来源，并分析、测算其对项目结果的影响程度和敏感性程度，进而判断项目承受风险的能力。

敏捷　Agile：见第121页。

墨菲定律（或墨菲法则）Murphy's Law：见第65页。

目标和关键结果法　Objectives & Key Results（OKR）：1971年由英特尔公司创始人安迪·葛洛夫（Andy Grove）基于德鲁克的目标管理（Management By Objectives，简称MBO）推出，并由约翰·道尔（John Doerr）引入到谷歌，1999年OKR在谷歌发扬光大，在脸书（Facebook）、领英（LinkedIn）等企业广泛使用。2014年，OKR传入中国。2015年后，百度、华为等企业都逐渐使用和推广OKR。由于OKR强调基层员工的创造力，所以目标确定首先是让基层员工讨论自己的目标、部门目标再汇总公司目标，这是一个自下而上的过程；随后再进行自上而下的目标分解。

N

能力和动力矩阵　Skill & Will Matrix（S&WM）：见第290页。

能力矩阵　Skill Matrix：见第191页。

P

仆人式领导　Servant Leadership：见第293页。

Q

7±2法则 Miller's Law：源自美国认知心理学家乔治·A.米勒（George A.Miller）

第4章 案例资料附录

教授1956年发表于《心理学评论》的一篇重要论文:《神奇的数字7±2:我们信息加工能力的局限(The Magical Number Seven, Plus or Minus Two: Some Limits on Our Capacity for Processing Information)》。米勒最早对短期记忆能力进行了定量研究,他注意到,年轻人的记忆广度大约为7±2个单位(阿拉伯数字、字母、单词或其他单位),过多或偏少都不适宜。

7S模型 7S Model:是麦肯锡研究中心设计的企业组织七要素,指出了企业在发展过程中必须全面地考虑各方面的情况,包括结构(Structure)、制度(System)、风格(Style)、员工(Staff)、技能(Skill)、战略(Strategy)、共同的价值观(Shared Values)。

期望值法 Expectancy Method (EM):是通过计算项目净现值的期望值和净现值大于或等于零时的累计概率,来比较方案优劣、确定项目可行性和风险程度的方法。其步骤如下:首先,估计每个风险的负面影响,并用货币的形式把它们表示出来。例如,"延误1个月的成本将是30 000人民币"。接着,给风险发生的概率赋值(0%至100%),那么,"延误1个月的风险发生概率是30%"。然后,用发生概率乘以延误成本得到期望值(Expected Value,简称EV),即发生概率对货币影响的加权值。例如,EV = RMB30 000 × 30% = RMB9 000。最后,按期望值的高低顺序对风险清单进行排序。

强制性依赖关系 Mandatory Dependency:又称硬逻辑关系或硬依赖关系。是合同所要求的或工作本身的内在性质所决定的依赖关系,往往与客观限制条件有关。例如,装修房子时,只有墙壁粉刷完了才能在墙壁上贴墙纸。

情境领导 Situational Leadership (SL):见第94页。

R

燃尽图 Burn-down Chart:见第282页。

任务 Task:在项目过程中实施的最小的工作单元,是由一个人执行的(相对少)的工作。

S

Scrum 源于英式橄榄球运动中的"并列争球"。在橄榄球比赛中,球员们可以相互紧密靠拢构成争球姿势(形成Scrums)以获得对球的控制权。Scrum敏捷开发的创始人萨瑟兰和施瓦伯(2017)将Scrum定义为一种框架,在此框架中人们可以解决复杂的自适应的难题,同时也能高效并创造性地交付可能具有最高价值的产品。

社会折现率 Social Discount Rate (is):是建设项目经济评价的通用参数。它表明社会对资金时间价值的估量,是建设项目经济可行性的主要判断依据。我国目前的社会折现率取值为10%,之前是8%。

失效模式和影响分析 Failure Mode & Effects Analysis (FMEA):见第204页。

时间盒 Timebox:见第128页。

实际成本 Actual Cost (AC):见第99页。

数据挖掘 Data Mining:称为数据库中的知识发现,就是从大量数据中获取有效的、关键的、新颖的、潜在有用的、最终可理解的信息的过程。在质量管理中的应用主要是指把产品研制过程中产生的大量的结构化或半结构化的数据信息，通过数据信息系统（如各种电子表单、PDM 系统、OA 系统等）收集到统一的数据库中，然后通过规约、清洗，过滤出无效信息，减少数据库信息量，同时通过数据变换，使数据库中的数据转化为适合数据挖掘的形式，最后应用统计方法、事例推理、决策树规则推理、模糊集、神经网络、遗传算法等数据挖掘方法挖掘出关键数据信息，再通过模式评估和知识转换，最终识别出产品 CTQ。数据挖掘在 CTQ 识别中的应用是一个反复循环的过程，任一步骤如果没有达到预期目标，都需要回到前面的步骤，重新调整并执行。通过数据挖掘识别产品 CTQ 时，至少 60% 的费用可能要花在信息收集阶段，而其中至少 60% 的精力和时间需要花在数据预处理过程中。

双代号时标网络图 Activity-on-Arrow with Time Scale：是以时间坐标为尺度编制的网络图。它通过箭线的长度及节点的位置，明确表达工作的持续时间及工作之间恰当的时间关系，是目前工程项目中常用的一种网络计划形式，具有以下特点：能够清楚地展现计划的时间进程；直接显示各项工作的开始与完成时间、工作的自由时差和关键线路；可以通过叠加确定各个时段的材料、机具、设备及人力等资源的需要。但由于箭线的长度受到时间坐标的制约，故绘图比较麻烦。

素质 Competency：亦被称作能力、技能、胜任力等，目前尚无统一的中文名称。由哈佛大学教授戴维·麦克利兰（David McClelland）等于 1972 年提出，指的是对个人及公司绩效至关重要的，可指导、可观察、可衡量，被描述成行为的技能。素质分为核心素质（如诚信、担责等）、可转换素质（如领导素质）及技术素质（如编程）。素质模型（Competency Model）=核心素质（Core Competency）+可转换素质（Transferrable Competency）+技术素质（Technical Competency）。素质模型是现代人力资源管理的基础，不仅可应用于招聘选拔，还可用于培训、职业发展、企业文化建设、薪资福利管理、绩效考核等。

损失 Loss：见第 65 页。

T

特性 Feature：是可以区分的特征（可以固有的或赋予的；可以定性的或定量的；有各种类别的，如物量的、感官的、时间的、功能的等）。质量本身就是一组固有特性满足要求的程度。质量特性是与要求有关的，产品、过程或体系的固有特性，包括产品特性（指在图纸或其他的工程技术资料中所描述的零部件或总成的特点与性能，如尺寸、材质、外观、性能等特性）和过程特性（指被识别产品特性具有因果关系的过程变量）。过程特性仅在它发生时才能被测量出来，对于一个产品特性，可能有一个或多个过程特性。在某些过程中，一个过程特性可能影响到多个产品特性。特性（质量或过程）可分为特殊特性（包括关键特性和重要特性）和非特殊特性（一般特性）。为了有效地在产品研制和生产过程中开展质量保证工作，需要从质量工程"关键少数，次要多数"的角度准确地把握质量保证的重点和对象，为此在质量特性和过程特性的基础上，把两者划分为关键质量（或过程）特性、重要质量（或过程）特性和次要或一般质量

（或过程）特性。其中关键质量（或过程）特性是指影响和决定产品质量的关键的少数质量（或过程）特性，它们是产品相关性能技术指标及其参数（或过程参数）的集合，来源于客户对产品质量的需求，如发生故障，会危及人身财产安全，使产品丧失其主要功能，严重影响产品使用性能和降低产品寿命，对环境产生违反法规的污染，以及必然会引起客户投诉等的特性。重要质量（或过程）特性指如发生故障，会影响产品使用性能及寿命，可能引起客户投诉的特性。一般质量（或过程）特性指有合理的预计的变差，且不大可能严重影响产品的安全性、政府法规的符合性及配合/功能的产品特性或过程参数，如发生故障，对产品的使用性能及寿命影响不大，不至于引起一般客户投诉，但有可能导致挑剔客户抱怨的特性。

同理心地图　Empathy Mapping or Map：也称移情地图。是美国 XPLANE 公司的 Scott Matthews 于 2009 年发明的，主要是帮助读者将自己扮演成最终用户的角色，完全站在客户的立场，充分理解他们的需求、痛点和需要解决的问题。

团队雷达　Team Radar（TR）：见第 284 页。

团队章程　Team Charter（TC）：见第 79、224 页。

W

网络计划技术　Network Planning Technique（NPT）：见第 264 页。

网络图　Network Diagram（ND）：是网络计划技术中的一个图解模型，形状如同网络，故称为网络图。它表示项目所有活动及其之间的逻辑关系（依赖关系），并从左到右来表示项目的时间顺序。

问题日志　Issue Log：记录和监督问题信息的项目文件。

5个为什么分析法　5Why：又称五问法、为什么-为什么分析法。就是对一个问题点连续以 5 个"为什么"来自提问，以追究其根本原因。虽为 5 个"为什么"，但使用时不限定只做"5 次为什么的探讨"，主要是直到找到根本原因为止，有时可能只需问 3 次，而有时也许得问 10 次，才能有结果，但一定是要"打破砂锅问到底"的。5Why 法的关键在于：鼓励解决问题的人要努力避开主观或自负的假设和逻辑陷阱，从结果着手，沿着因果关系的链条，顺藤摸瓜，直至找出原有问题的根本原因。最初，5Why 法由丰田汽车公司的创始人丰田喜一郎的父亲丰田佐吉提出，由丰田生产方式或系统（Toyota Production System，简称 TPS）的设计师大野耐一纳入丰田生产系统的入门课程，作为问题求解培训的一项关键内容。

X

显性成本　Explicit Cost：是指厂商在生产要素市场上购买或租用所需要的生产要素的实际支出，即企业支付给企业以外的经济资源所有者的货币额。如支付的生产费用、工资费用等。

相关方　Stakeholder：亦称干系人、利益相关方、利益攸关方。指利益受项目影响的个人或组织（如客户、发起人、执行组织或公众）。

相关方参与计划　Stakeholder Engagement Plan：相关方参与计划是项目管理计

划的一个组成部分，为促进相关方有效参与项目决策或执行而规定并所需的策略和行动。基于项目的需要和相关方的期望，相关方参与计划可以是正式或非正式的，亦可是非常详细或高度概括的。

相关方分析图 Stakeholder Analysis Mapping（SAM）：见第214页。

相关方画像 Stakeholder PERSONA：美国"交互设计之父"Allen Cooper提出来的一种通过调研和问卷获得的典型用户（相关方）模型，是用于产品需求挖掘与交互设计的方法。其中：P代表基本性（Primary），指该用户角色是否基于对真实用户的情景访谈；E代表同理性（Empathy），指用户角色中包含姓名、照片和产品相关性的描述，该用户角色是否引发同理心；R代表真实性（Realistic），指对那些每天与顾客打交道的人来说，用户角色是否看起来像真实人物；S代表独特性（Singular），每个用户是否是独特的、彼此很少有相似性；O代表目标性（Objective），该用户角色是否包含与产品相关的高层次目标，是否包含关键词来描述该目标；N代表数量性（Number），用户角色的数量是否足够少，以便设计团队能记住每个用户角色的姓名，以及其中的一个主要用户角色；A代表应用性（Applicable），设计团队是否能使用用户角色作为一种实用工具进行设计决策。而另一个单词Profile，是指利用已经获得的数据勾勒用户需求、用户偏好的数据分析方法。这两个词都可以翻译为用户画像，但第一种用于产品用研与交互设计；第二种用于运营与数据分析。

相关方价值图 Stakeholder Value Mapping（SVM）：用来针对相关方的需求、痛点、不满、期望和渴望，设计一套满足相关方需求或者超越相关方期望的解决方案的工具。

项目 Project：是为创造独特的交付物（产品、服务或成果）而进行的临时性工作。我国台湾地区称项目为专案（Program）。严格意义上讲，project和program两者是有区别的：project为"项目"，而program应为"项目集"，是一组相互关联且被协调管理的项目、子项目集和项目集活动，以便获得分别管理所无法获得的利益。与project和program相对应的还有portfolio，意为"项目组合"，指为实现战略目标而组合在一起管理的项目、项目集、子项目组合和运营工作。可见，项目组合的范围最大，可包含项目集和项目，项目集的范围其次，可包含项目。

项目变更管理 Project Change Control：见第106页。

项目范围说明书 Project Scope Statement（PSS）：见第52页。

项目管理 Project Management：见第1页。

项目管理计划 Project Management Plan（PMP）：常被称作项目管理计划书。见第84、236页。

项目健康诊断 Project Health Diagnosis（PHD）：见第151页。

项目镀金 Project Goldplating：见第50页。

项目漂移 Project Drift：见第50页。

项目团队组建 Project Team Establishment：见第74页。

项目章程 Project Charter（PC）：见第73、224页。

项目整体变更控制 Project Integrated Change Control：见第106页。

项目知识库 Project Repository （PR）：见第140页。

选择性依赖关系 Optional Dependency：又称首选依赖关系、优先依赖关系或软逻辑关系。即任务间的顺序是非强制性的，可以有若干选项。例如，制作木桌时，可以先做四条腿，再做桌面，最后把桌腿安到桌面上；也可以先做桌面，再做四条腿，最后把桌腿与桌面组合起来。

Y

一页纸项目管理 Project Management Page （PMP）：见第1、134页。

隐性成本 Implicit Cost：指厂商本身自己所拥有的且被用于企业生产过程的生产要素的总价格。是一种隐藏于企业总成本之中、游离于财务审计监督之外的成本。是由于企业或员工的行为而有意或者无意造成的具有一定隐蔽性的未来成本和转移成本，是成本的将来时态和转嫁的成本形态的总和，如由管理层的决策失误、信息失真、人员流失或浪费、内耗等所带来的成本。相对于显性成本来说，隐性成本隐蔽性大，且难以避免、不易量化。

盈亏平衡点 Break Even Point （BEP）：亦称零利润点或保本点，指企业经营处于不盈利不亏损时所需达到的业务量（销售额或销售量）。其计算公式如下：$BEP=C_f/(P-C_v-T) \times 100\%$。其中，$C_f$ 为固定成本（Fixed Cost），P 为销售收入（Proceeds of Sales），C_v 为变动成本（Variable Cost），T 为税金（Tax）。

影子价格 Shadow Price：又称最优计划价格或计算价格。它是指依据一定原则确定的，能够反映投入物和产出物真实经济价值，反映市场供求状况和资源稀缺程度，使资源得到合理配置的价格。

应急措施 Contingent Actions：见第70页。

用户故事 User Story：见第186页。

用户故事地图 User Story Map （USM）：指将需求从主题级别分解到用户故事级别所得到的结构。用户故事地图USM不同于设计思考的工具用户体验地图（User Experience Map，简称UEM）或用户旅程地图（User Journey Map，简称UJM）。UEM展示的是用户在使用一款产品和服务的过程中每个阶段的体验，包括行为、感受（痛点和满意点）、思考想法。

预防措施 Preventive Actions：见第70页。

Z

责任矩阵 Responsibility Matrix：亦称责任分配矩阵（Responsibility Assignment Matrix，简称RAM）。见第137页。

增量 Increment：指在软件开发过程中，先开发主要功能模块，再开发次要功能模块，逐步完善，最终开发出符合需求的软件产品。每一个增量，都可以通过迭代来实现。

正交试验设计法 Orthogonal Design：产品质量的好坏很大程度上是由设计决定的，因此，新产品的开发设计阶段就十分重要。为了保证设计的好产品能够成为真正的高质量的产品，需要对产品制造过程进行多因素（因子）的试验以识别出CTQ。由于多因素（因子）的试验次数较多，于是人们通过试验设计（DOE）来选择最佳试验，从而实现用少量的试验识别出CTQ的目的，其中正交试验是一种常用的试验设计方法。在开展正交试验时，首先应明确试验目的、试验指标，确定因子和水平、选用合适的正交表，再进行试验，并记录试验结果。试验完成后，通过直观分析、方差分析等数据分析方法对试验数据进行分析，确定关键因素（因子），从而识别出CTQ，最后通过试验验证CTQ的正确性。

挣值 Earned Value （EV）：见第98页。

挣值分析法 Earned Value Analysis （EVA）：见第98页。

挣值管理 Earned Value Management （EVM）：见第98、294页。

知识萃取 Knowledge Extraction：见第43页。

直接成本 Direct Cost：指直接用于生产过程的各项费用，亦称可变成本。直接成本一般包括人工、材料、机械、设备、措施等费用。措施费可以分为通用措施项目费（包括安全、文明施工费，夜间施工增加费等）和专用措施项目费（包括混凝土、钢筋混凝土模板及支架费，脚手架费等）两大部分。

质量功能展开 Quality Function Deployment （QFD）：是日本的两位教授和质量管理专家赤尾洋二与水野滋于1966年首先提出来的。它是把客户或市场对产品的需求进行多层次的演绎分析，转化为产品的设计要求、零部件特性、工艺要求、生产要求的过程。运用QFD方法，可以大大缩减产品开发周期，降低开发成本，提升产量和质量。QFD是以客户要求为产品研制的指导思想，在产品设计中确定产品研制的关键环节、关键的零部件和关键的工艺，实现将客户要求转化为产品设计的要求，将产品设计要求转化为部件、过程和生产的要求。质量功能展开主要是利用由客户需求、产品特性、客户需求的重要程度、计划矩阵、客户需求与产品特性之间的关系、特性与特性之间的关系、目标值七部分组成的"质量屋（House Of Quality，简称HOQ，由美国学者J.R. Hauser和Dou Clausing于1988年发明的将客户需求转化为产品技术需求的工具）"，通过规范化的方法，完成将客户需求转化为产品特性、将产品特性转化为零件特性、将零件特性转化为关键工艺操作、将关键工艺操作转化为生产要求的过程。

资源池 Resource Pool （RP）：是一种配置机制，用于对项目资源进行虚拟存储和管理。原为IT用语，就是在系统初始的时候创建一组资源，放到一个池子里，当有资源请求时，由资源池管理器从资源池里面挑选一个目标资源出来工作，然后给该资源标识为"忙"，标示为"忙"的资源不能再被分配使用。资源使用完后放回去，管理器把该资源的"忙"标示清除掉，以示该资源可以再被下一个请求使用。资源池避免了频繁的创建和销毁系统资源的过程，而系统资源的申请和销毁一般都是比较耗时的。因此，这是一种以"空间"换"时间"的管理方式。

资源平衡 Resource Leveling：见第280页。

资源平衡技术 Resource Levelling Technique：见第274页。

资源平滑　Resource Smoothing：见第280页。

资源日历　Resource Calendar：是确定每种具体资源的可用时间（工作日和非工作日）的日历。

资源直方图　Resource Histogram：亦称资源条形图或资源负荷直方图，是按一系列时间段显示某种资源的计划或实际工作时间的条形图。

自下而上估算　Bottom-Up Estimating：是估算项目持续时间或成本的一种方法，通过自下而上逐层汇总WBS组件的估算而得到项目估算结果。

自上而下估算　Top-Down Estimating：是估算项目持续时间或成本的一种方法。它自上而下逐层分解WBS组件的时间或预算，确保任务在规定工期或预算内完成，适用于工期或预算在项目定义中有明确规定的情形。

专家判断　Expert Judgement：指基于某应用领域、知识领域、学科或行业等的专业知识而做出的，关于当前活动的合理判断。这些专业知识可来自具有专业学历、知识、技能、经验或培训经历的任何小组或个人。

组织过程资产　Organizational Process Assets（OPA）：见第35页。

4.4　工具清单

1.一页纸项目管理（PMP）

2.项目知识库（PR）

3.项目健康诊断（PHD）

4.范围内外（IOS）

5.里程碑（MS）

6.成本效益分析（CBA）

7.关键质量特性（CTQ）

8.资源池（RP）

9.沟通矩阵（CM）

10.失效模式和影响分析（FMEA）

11.相关方分析图（SAM）

12.灵活性矩阵（FM）

13.项目（团队）章程（PC/TC）

14.项目管理计划（PMP）

15.工作分解结构（WBS）

16.网络计划技术（NPT）

17.甘特图（GC）

18.团队雷达（TR）

19.能力和动力矩阵（S&WM）

20.挣值管理（EVM）

后记

本书定稿交付出版之际，新冠肺炎疫情仍余波未平。

笔者特地收录了武汉火神山医院建设项目的案例，以此向各地的战"疫"英雄们致敬，并祝愿"抗疫项目"最终的胜利早日到来。

在本书的写作过程中，笔者查阅、参考了大量的文章、文献和作品，在此一并表示感谢！

由于笔者水平和创作时间有限，书中不足之处在所难免，诚请广大读者批评指正。

下面一首打油诗，送给各位项目经理或有志于从事项目管理工作的读者，愿共勉。

没有一页纸，沟通会累死；

没有资源池，处处受牵制；

没有立章程，地位不保证；

没有定范围，变更永相随；

没有接好活，注定犯大错；

没有分到位，代价很昂贵；

没有检查点，项目有风险；

没有定基线，项目老在变；

没有里程碑，项目往后推；

没有搞团建，士气看不见；

没有知识库，项目难进步；

没有做回顾，项目不结束。

2020年岁尾